高中数学教材编写研究

章建跃 李海东 主编

人民教育出版社

·北京·

图书在版编目（CIP）数据

高中数学教材编写研究/章建跃，李海东主编. —北京：人民教育出版社，2020.12（2025.8重印）
ISBN 978-7-107-35152-5

Ⅰ.①高… Ⅱ.①章… ②李… Ⅲ.①中学数学课—教材—研究—高中 Ⅳ.①G633.602

中国版本图书馆 CIP 数据核字（2020）第 251119 号

高中数学教材编写研究

出版发行	人民教育出版社
	（北京市海淀区中关村南大街 17 号院 1 号楼　邮编：100081）
网　　址	http://www.pep.com.cn
经　　销	全国新华书店
印　　刷	唐山玺诚印务有限公司
版　　次	2020 年 12 月第 1 版
印　　次	2025 年 8 月第 2 次印刷
开　　本	787 毫米×1 092 毫米　1/16
印　　张	20.75
字　　数	432 千字
定　　价	48.00 元

版权所有·未经许可不得采用任何方式擅自复制或使用本产品任何部分·违者必究
如发现内容质量问题、印装质量问题，请与本社联系。电话：400-810-5788

前　言

　　根据深化课程改革、落实立德树人根本任务的要求，从 2014 年开始，人民教育出版社中学数学编辑室以新一轮高中课程改革为契机，组织数学家、数学教育研究人员、各级教研员和一线教师，围绕立德树人根本任务，就如何发挥数学学科育人功能，通过发展学生数学学科核心素养，为培养德智体美劳全面发展的社会主义建设者和接班人作出贡献等关键问题，开展了持续研究。特别是在教科书、教师教学用书的编写过程中，聚焦在将核心素养落实于数学教学与评价的各环节，我们针对原教材中存在的不适应发展学生数学学科核心素养要求的问题，展开了深入而广泛的探索与实践，取得了很多成果，使教科书在已有的基础上又上了一个新台阶。为了帮助中学教师更好地理解教科书的编写意图，发挥研究成果指导中学数学教学实践的作用，我们在撰写教材介绍的基础上，对教材研究成果进行整理，形成这本《高中数学教材编写研究》。

　　教材研究可以有不同角度。作为教材编写者，我们按照教材的系统要素，循着教材编写的阶段与过程，以每一个环节中提出的问题为导向，从教材编写实践中去梳理脉络，形成实践基础上的理性思考，归纳其中蕴含的规律性，形成具有理论架构的教材编写经验性成果，这可以看成是对教材编写有借鉴意义的行动研究。可以说，这是具有"草根性"的研究，但也是非常宝贵的，因为其中具有大量的直接经验以及经验基础上的理论思考。

　　教材编写者最为重视的是对相关内容数学本质的分析，而且有自己的独特视角，即：从研究一个数学对象的基本套路出发，分析相应的数学内容、逻辑结构、知识发生发展的合理过程、内容所蕴含的数学思想和方法等；同时，注重通过分析内容在培养学生"四基""四能"上的作用，明确相应的发展数学学科核心素养的价值。在深入分析内容的基础上，思考如何通过教材传达深化课程改革中提出的立德树人理念，如何落实课程标准的要求，为教师搭建从课程标准到课堂教学的桥梁，从而帮助教师"在教学活动中，准确把握课程目标、课程内容、学业质量的要求，合理设计教学目标，并通过相应的教学实施，在学生掌握知识技能的同时，促进数学学科核心素养的提升及水平的达成。"引导教师"在教学与评价中，既关注学生对具体内容的掌握情况，更关注学生数学学科核心素养水平的表现；既关注数学学科核心素养各要素的不同特征及要求，更关注数学学科核心素养的综合性与整体性。"促使教师"结合相应的教学内容，落实'四基'，培养'四能'，促进学生数学学科核心素养的形成和发展，达到相应水平的要求"。

另外，对于一些内容的细节处理，也是在教材研究中非常有价值的东西。例如，有人认为，"称 $f：A \to B$ 为从集合 A 到集合 B 的一个函数"中的 B 本身就是一个抽象的集合，而且在函数的后续研究中，集合 B 再无用处，真正重要的是值域，所以这里的 B 应该统一规定为实数集 **R**；有人认为，"设函数 $f(x)$ 的定义域为 I，如果 $\forall x \in I$，都有 $-x \in I$，且 $f(-x) = f(x)$，那么函数 $f(x)$ 就叫做偶函数"中，"都有 $-x \in I$"是多余的；有人认为，在向量的基本概念这里，应该把"向量的夹角"定义放在这里，因为这是"要素的基本关系"；规定了向量 **0** 与任意向量平行，为什么不规定向量 **0** 与任意向量垂直？为什么借助单位圆定义三角函数而不再用"终边上点的坐标比定义"？……如果把这些内容的讨论结果记载下来，那么不仅对教师理解教材有极大的帮助，而且也给今后的教材修订与编写留下宝贵的财富。再比如，素材的适切性是历次教材编写中讨论的重点，如果把其中讨论的问题、不同观点、形成的共识等梳理清楚，并概括到教材的处理上去，那么就不仅能体现出"研究"的味道，而且也能生动地展示"教材是集体智慧的结晶"。

总之，教材研究中可以研究的问题很多，本来也有非常完整的规划，想要通过从教材的整体设计到每一个主题内容的主线建构，再到每一章节的结构、栏目、素材、内容编排乃至例题、习题的设计等的回顾与反思，对教材建设相关的各方面问题进行全面梳理，将教材编写中的一些规律性的东西进行归纳总结，形成一本既有坚实的实践基础又有较为深入的理论分析的教材研究专著，但终因种种因素，所成的书稿还远远没有达到上述要求，敬请广大读者见谅。另外，书中可能还存在一些错漏，希望读者不吝赐教，以便我们及时改正。

章建跃　李海东
2020 年 7 月

目 录

第一编 总论/1

　　核心素养导向的高中数学教材变革/3

第二编 主题编写研究/51

　　函数/53

　　几何与代数/78

　　概率与统计/92

　　数学建模活动/100

第三编 必修课程教材编写研究/119

　　第一章　集合与常用逻辑用语/121

　　第二章　一元二次函数、方程和不等式/129

　　第三章　函数的概念与性质/136

　　第四章　指数函数与对数函数/149

　　第五章　三角函数/162

　　第六章　平面向量及其应用/171

第七章 复数/182

第八章 立体几何初步/195

第九章 统计/209

第十章 概率/216

第四编 选择性必修课程教材编写研究/231

第一章 空间向量与立体几何/233

第二章 直线和圆的方程/241

第三章 圆锥曲线的方程/254

第四章 数列/268

第五章 一元函数的导数及其应用/279

第六章 计数原理/292

第七章 随机变量及其分布/302

第八章 成对数据的统计分析/320

第一编 总 论

核心素养导向的高中数学教材变革

2018年新年伊始，教育部正式颁布了普通高中课程方案和各科的课程标准。高中教育是学生个性形成、自主发展的关键期，高中课程是实现高中育人目标的重要载体，也体现着国家意志。新的课程标准是在深化课程改革落实立德树人根本任务和实施新高考改革的大背景下修订的，体现了国家对普通高中课程的基本规范和质量要求，是教科书编写、教师教、学生学、考试与评价的直接依据。以落实立德树人根本任务为宗旨，以《普通高中数学课程标准（2017年版）》（以下简称《标准（2017年版）》）为依据，人教版《普通高中教科书·数学》（A版）（以下简称《人教A版》）进行了全方位修订。本次修订努力培根固源、守正出新，力争在发挥数学学科育人功能，使数学学科核心素养落地，为学生全面而有个性的发展作出独特贡献等方面实现创新与突破，从而为新一轮普通高中课程改革作出应有贡献。

《人教A版》编委会未雨绸缪，在正式着手教科书修订之前，开展了大量的前期研究，并且紧跟课程标准修订的步伐，把握好课程改革的新动向，使教科书修订工作做到了有条不紊、扎实推进，圆满完成了全套教科书的修订工作。为了使广大高中数学教师和数学教育研究者更全面、深入地了解《人教A版》的编写情况，把握教科书的编写意图，更有效地利用教科书提供的学习主题、基本线索和具体内容，发展学生数学核心素养，落实立德树人根本任务，为培养德智体美全面发展的社会主义建设者和接班人作出应有的贡献，本文将详细介绍《人教A版》的修订情况和主要变化，并提出用好教科书的一些建议。

第一部分 对《普通高中数学课程标准（实验）》及教科书实施的回顾与反思

教科书使用者对教科书的意见和建议是教科书修订的实践依据。《普通高中课程标准实验教科书·数学》（人教A版）（以下简称《原教科书》）依据2003年颁布的《普通高中数学课程标准（实验）》（以下简称《标准（实验）》）编写，并于2004年秋季开始使用，至今已有16个年头。对十几年教科书使用的实践经验进行系统梳理，总结提炼并继承已有成功经验，确保教科书在原有基础上取得不断进步，质量得到稳步提高，以达到积跬步以至千里的效果；同时，反思教科书使用中出现的各种问题，有针对性地提出改进和完善教科书的举措，使教科书更好地适应学生学习和教师教学的需要，这是教科书修订的基础。

因为《标准（实验）》的改革力度大，而且是"课标、教材同时实验"，是在一线教师缺乏心理准备、没有多少可借鉴经验的情况下，非常迅速地在全国范围全面铺开所谓"教材实验"，所以在教科书投入使用后，必然出现较大的教学不适应性，引起广大教师的大量意见。为此，我们从2005年开始持续进行了教材使用跟踪研究，其间做了两次大样本调研。通过持续的课堂观察、抽样调查、师生访谈、专题研究等，获得了大量关于教科书适宜性的一手资料。通过整理，归纳出一些对教科书修订有指导价值的结论。

一、关于课程理念和目标

我们知道，世纪之交的中小学数学课程改革，"人人学有价值的数学，人人都能获得必需的数学，不同的人在数学上得到不同的发展"成为数学课程的"基本理念"。这一理念反映在高中数学课程中，就是"构建共同基础，提供发展平台""提供多样课程，适应个性选择"，为此，设置了"多层次、多种类"的选修课程。

显然，随着我国社会、经济发展，高中教育的普及，普通高中教育的性质和任务发生了变化，与此相适应，高中数学课程应该具有基础性、多样性与选择性，以满足不同学生在数学上的不同需要，这里的关键是如何把握好三者之间的平衡。作为国家课程，满足大多数学生"全面而有个性的发展"需要是首位的；同时，从数学的学科性质、数学课程的育人功能看，掌握必需的数学知识、接受基本的数学思维训练，就像学会识字和阅读、能顺利进行表达和交流一样，是一个人适应社会生活的需要，也是为高等教育和职业发展做好准备的需要，因此数学课程应在"基础性"上多下功夫。"选择性"是需要的，但它要与学生的未来发展倾向相协调，这种倾向更多是从其他学科体现的。一线教师对这个问题的关注度较弱，他们更加在意高考怎么考，但从数学课程在人的发展、社会发展和数学自身发展中的作用看，还是应该从如何打好学生的数学基础上作出更大努力。当然，高中阶段到底应该提供哪些数学必修和多样性选修课程，是由标准制定者负责的，作为实现课程目标的主要载体，数学教科书需要考虑的主要问题是，"怎样才是真正的打好数学基础""如何帮助学生利用课标规定的课程内容打好数学基础"。

《标准（实验）》的基本理念共有10条，全面而且富于理想，但这些理念离我国基础教育发展的现实较远，一线教师的普遍感觉是"理念虽好但落实困难"。数学课程的"三维目标"也很全面，教师们都说"三维目标好是好，但其可操作性不强"，同样出现难以落实的问题。教学实践中存在的普遍现象是：教学设计"三维目标分列"，课堂教学"三维目标分裂"，知识技能目标成为核心，但搞的是"一个定义，三项注意，几个例题，大量练习"，过程与方法目标走过场，情感、态度与价值观目标喊口号，成为应付检查的"标签"。究其原因，三个维度的理论基础各不相同，先天不足导致三个维度相互割裂而无法统整，课程专家也没有给出具体学科中落实"三维目标"的原则和方法，尽管课程标准说了"三维目标是一个整体",但处于抽象化的"三维目标"在具体学科课程中没有得到恰当的、确切的解释,教科书编者也无法结合具体内容解读"三维目标",导致"过程与方法""情感态度价值观"目标悬空,极大地削弱了课程改革实效。我们的观点是,课程标准理念、三维目标落实不下去,不能认为是教师观念落后所致,课程设计者的责任应该是首要的。不切实际的理念、无法与具体内容相融合的高大上目标定位,对课程改革事业的发展是有害的。

二、关于课程结构

《标准(实验)》的课程结构有两个关键词:模块化、螺旋上升。通过问卷调查得到的数据显示,多数教师认为"模块化"结构不利于教学,而且教龄越长的教师越倾向于认为"模块化"对教学不利。教师们认为,"模块结构严重破坏了数学学科的结构体系,破坏了知识的系统性";"数学本来是最具有逻辑严密性的理论体系,而模块化的结构使数学的严谨性荡然无存";"'模块化'打乱了知识的逻辑顺序,又没有建立起合理的'模块'体系,导致知识的前后顺序出现混乱,如模块1的学习需要用模块5的知识等";"模块的逻辑性差,内容杂乱无章,无序可循,按任何一种模块顺序排列,都会出现知识的逻辑顺序问题";"各模块之间内在联系不强。有些新知识的学习缺乏应有的知识铺垫,造成学生学习新知识的困难";"课标教材内容的排序上有不合理性,知识的衔接有缺陷";"知识体系被打乱了,人为地给学生的数学学习造成很大障碍,使学生的逻辑思考受到阻碍";"每一个模块都有课时限制,为了凑课时,模块内的知识点删减过度,出现知识跳跃性";"螺旋上升使有些联系紧密的数学内容分散在不同系列或模块中(例如解析几何分散在必修2、选修系列1,2和选修系列4中),造成割裂和遗忘,并且增加了教学所需的时间";"螺旋上升使重点不突出,几乎所有内容都很肤浅,学了与不学无明显差别,浪费时间,造成以往所说的'夹生饭'";"只让学生停留在'感受'中,没有升华到理性思维,如何能够用知识解决问题?";"教材按模块编写,使教材的编写如同幼儿在限定的描红格中写生字"……教师们提出"是否可以不完全按照模块的形式来编写教材",或"适当调整几个模块之间的顺序,使知识的逻辑性更强"。

从上面列举的教师观点看,主要指出了以下几个方面的问题:第一,模块化导致"课标教材"整体知识结构出现逻辑性问题;第二,受课时限制,删减了一些知识,导致知识不连贯,以及为了拼凑课时而把一些没有直接联系的知识放在同一模块(如必修5中"解三角形""数列"和"不等式");第三,螺旋上升地安排知识,人为割断了知识的逻辑链条,教学要求变得模糊不清,难以把握。广大教师对"模块化"的认同度不高。

显然,《标准(实验)》设计的"必修+必选+任选"的课程结构,是为了体现基础性、选择性和发展性。但在教学实际中,由于师资条件、教材培训、"一切为高考"所导致的"高考不考就不教"以及硬件设施跟不上、经费投入不足等,"选修"成为集体的选修。特别是选修系列 3，4，在送审阶段就有《信息安全与密码》《欧拉公式与闭曲面分类》《三等分角与数域扩充》《数列与差分》《统筹法与图论初步》《开关电路与布尔代数》等专题被"集体枪毙"。除了在 2004 年开始阶段，选修系列 3 有《数学史选讲》少量发行，其余几乎无人问津；几乎所有省份都只选系列 4 中的高考专题《几何证明选讲》《坐标系与参数方程》和《不等式选讲》。这种现象足以说明，《标准（实验）》的课程结构设计是严重脱离实际的，相关各界对此应当进行深刻反思。今后的课程标准和教科书修订，应当认真对待理想和现实间的矛盾。

三、课程内容及学习顺序的问题

《标准（实验）》在课程内容及其学习顺序上也出现较大问题，下面举几个比较典型的例子。

1. 增加新内容

必修和必选课程中，增加了算法初步、推理与证明、框图以及概率统计（如几何概型）等内容。《标准（实验）》制订组认为，增加算法初步"是为了提高学生有条理地处理和解决问题的能力，并能理解计算机的某些基本语言中的算法（数学）成分，体现了信息时代对具有较高数学素养公民的要求"；设计推理与证明的内容，"要求学生结合已学过的数学实例和生活中的实例，对合情推理、演绎推理以及数学证明的方法进行概括与总结，体会合情推理、演绎推理以及数学证明在数学结论发现、证明与数学体系建构中的作用。这样处理是为了使学生进一步加深对推理与证明的理解，掌握推理与证明的基本方法，提高数学思维能力，形成对数学较为完整的认识"；"为了提高学生思维的条理性、清晰性，养成用框图清晰地表达和交流思想的习惯，《标准》在选修 1-2 中设计了框图的内容，供希望在人文、社会科学方面发展的学生学习。"[1]

调研中我们发现，"算法初步"因为没有具体数学知识为载体，而计算机的基本语言在信息技术课程中有较为系统的学习，再加上大量教师对计算机程序语言的本质理解不深刻，高考中算法题目的形式比较固定等原因，教学中对这一内容不重视，学生往往采用机械记忆式学习，以应付高考为满足，使《标准（实验）》中规定的"体会算法的基本思想以及算法的重要性和有效性，发展有条理的思考与表达能力，提高逻辑思维能力"的目标落实不到位。"框图"的部分内容与"算法初步"有一定重复，同样是没有具体数学知识为载体，而且高考不考，所以这部分内容基本不教。"推理与证明"的情况也差不多，大多数教师认为，高中数学学习中天天都在学习推理、证明，将它单独设章是没有必要的。事实上，心理学中早有实验表明，脱离具体学科知识，单纯进行思维训练、证明方法训练，对提高学生的思维能力没有效果。

2. 内容顺序不合逻辑

在内容顺序上，《标准（实验）》把以往作为训练集合语言的载体、学习函数概念与性质的基础的"一元二次不等式"（同时也有衔接初高中的作用）后移到数学 5；把作为数学表达和交流的基本工具、逻辑思维的基本语言，同时也是衔接初高中数学学习、提升数学思维的抽象性、提高学生表述数学推理论证过程严谨性与准确性的良好载体——"常用逻辑用语"，后移到选修系列 1，2。特别是，把基本初等函数、立体几何、解析几何、统计、概率、向量、三角恒等变换、解三角形、数列、不等式等内容打乱，安排在不同模块和系列；分三个层次设计几何的内容，即必修课程中的几何，包括立体几何初步、解析几何初步、平面向量、解三角形等，必选系列中的几何，包括圆锥曲线与方程、空间向量与立体几何，选修系列 3，4 中的球面上的几何、坐标系与参数方程、几何证明选讲等。这样的安排导致数学内容的内在逻辑链条被人为割裂，课程结构缺乏系统性，有紧密联系的内容被肢解，知识与数学思想方法的主线变得模糊不清，其结果是前面已经指出的蜻蜓点水、理解肤浅，造成遗忘率高，浪费很多时间。实际教学中，教师们想出的对付办法是用 2 年不到甚至是 1 年半的时间就结束新课，然后用 1 年多的时间进行高考复习。因为在高考复习中，教师可以按照函数、立体几何、解析几何、统计与概率等逻辑线索重新组织学习内容。课程标准制订组有良好的愿望，但问题是这样的改变没有通过试验就贸然投入全国范围的使用，其结果必然是"好心办坏事"，而把这样的事情办砸了，对我国基础教育的发展带来难以弥补的伤害，其中的教训是很深刻的。看来，到高中阶段，内容安排应该以数学知识内在逻辑的合理性为第一要务。其实，正如《原教科书》的"主编寄语"中指出的，"数学是自然的"，任何一个数学知识的起源与发展都不会是强加于人的，从它的背景、形成过程和应用，以及它与其他概念的联系上看，都是水到渠成、浑然天成的产物。因此，教科书内容的安排，数学知识的内在逻辑连贯性是非常重要的，只有在内容的前后顺序合乎逻辑的前提下才能设计出符合学生认知规律的教材。教科书的创新是在学习内容及其蕴含的数学思想方法前后一致、逻辑连贯的体系下，通过选择适当的素材，创设与学生认知过程相适应的、能引发学生学习欲望的问题情境，以恰时恰点的问题引导学生开展自主探究、建构概念、发现和证明性质，以及应用数学知识解决问题等过程而实现的。

为了适应社会发展的需要，教科书内容吐故纳新是必需的。但是，从课程改革的历史经验看，新的内容（如向量、微积分、统计与概率等）进入中学数学课程都要经历一个从试验到固定下来的过程，而且这个过程不可能缩短。作为数学课改的核心，教学内容的改革不是一件简单的事情，不仅涉及社会需要、数学的需要、学生是否学得了、课时是否允许等，教师的习惯、是否教得了等也是一个大问题。例如概率、统计的内容改革至今仍举步维艰，原因之一是教师的知识储备不够，许多教师在大学没有学多少概率、统计知识，对这一内容不熟悉，把握不准确，他们还不习惯于不确定性数学的教学。因此，新增内容一定要先进行较长时间的实验，这既是一个让广大教师熟悉的过程，也是一个宣传和思想准备的过程。教科书内容的增加并不像有人所说的那样，"看准了就可以大胆地做"。即使真的要"做"，其含义也应是"小范围实验"。

四、数学课业负担问题

我们知道，国家在《普通高中课程方案》中规定的数学周课时数是 4 课时，但实际上全国绝大多数学校的数学周课时数都在 6 课时以上，而且大量重点中学的数学周课时数在 7 课时或以上。绝大部分教师认为，实施课改后教师和学生的负担都加重了。我们以开放性问题调查了造成课业负担加重的原因，结果如下：

1. 高考指挥棒

教师们认为，"现行的教育、教学体制，主要围绕高考转，一切为高考服务，高考评价机制、高校招生制度不改，学生负担不会减少"；"课程、教材改了，但高考却不变，迫使老师和学生加大习题训练量，提高难度"；"新教材虽然降低了难度，但内容增多了。高考难度不减，所以绝大多数教师不敢只讲课本，都要增加一些难题让学生练习。故实际教学中不仅增加了内容，而且提高了难度，这样就加重了负担。现在毕竟是应试教育"；"高考把解题速度作为一个重要因素，题量又大，这就迫使我们要求学生做大量习题提高速度"；"面临高考压力，三年的教学内容两年结束，怎能减轻负担？生存第一呀！"

2. 新增知识多，体系结构乱，教学要求不好把握

教师们认为，"新增知识太多，每学期安排的教学内容太多（一学年四个模块），学生没有时间消化、巩固，对学生掌握基本知识不利"；"什么都学一点，但蜻蜓点水，可老师又不放心，深挖深掘，学生额外负担能不加重吗？"；"内容过多，五花八门，眼花缭乱，打一枪换一个地方，学生没有深入理解数学思想方法的时间，难以形成系统的认识和思维方式"；"体系打乱，知识分散，范围太广，深度不够"；"知识体系较以往相比显得有些布局不合理，内容过多，理解难以深入，全学期只有一个星期复习时间，几乎天天讲新课"；"在教学中老师需要补一些知识，不补则太肤浅，学生更难掌握，所以加重了负担"；"进度太快，无法按课标上的要求提高学生的自主探究能力，就像吃饭一样，既要吃得快，又要细细品味，这无法实现"；"速度推进太快，学生对知识的掌握与巩固大打折扣，特别是立体几何部分，用 18 课时就要建立起空间概念，对很多学生来说是不可能的"……

3. 难点集中，课时紧张

高一上学期要学习函数、立体几何初步、解析几何初步，这些都是难点内容，难点集中导致学生数学学习"压力山大"，学生的普遍感受是"在初中，觉得自己数学还是学得比较好的；到高中，发现数学太难了，怎么也学不会"。教师们认为，初中数学课程要求降低了，学生的数学水平也普遍下降，而高中（特别是高考）要求不降，而且与初中比较，高一内容在抽象性上一下子提高了，导致大量学生感到学不会，这是给学生的"当头棒喝"，对学生的学习自信心打击太大，湮灭了大量学生的数学兴趣。另外，高一入学阶段需要安排课时处理初高中衔接问题，更导致了课时紧张。

4. 初高中衔接有问题

虽然初高中数学课程内容不衔接现象历来存在，但这一次是特别严重的。教师们说，

"初中与高中脱节,让学生不适应","现在初中对运算、逻辑推理等都降低了要求,有些内容删去不学了,但高中却要作为基础,因此高中老师不得不补,无形中又增加了学习内容"。初高中脱节的具体内容,代数方面主要有字母运算、乘法公式、因式分解(特别是十字相乘法)、韦达定理、不等式、二次函数(初中只有初步了解);平面几何中关于三角形和圆的知识,例如三角形的重心、垂心等,直角三角形射影定理,以及圆周角、圆的切线与割线、相交弦、圆内接四边形等方面的知识。教师们认为,平面几何欠缺的这些内容放到高中的《几何证明选讲》中,既增加高中负担,也抽去了初中通过平面几何培养逻辑推理能力的大量载体,是很不明智的。教师们的疑问是:为什么以往初中能够完成的平面几何学习,现在要放到高中?事实上,在20世纪60年代,我国就已经把平面几何全部放在初中;改革开放后,我国初中数学教师和研究人员进行过"平面几何入门教学"的实验研究,在大面积提高平面几何学习质量上有成功的经验。非常可惜,这次课改丢掉了这些优良传统。为了弥补缺口,许多地方都编写了类似于《初高中数学衔接读本》的"补充教材",既加重学业负担,也加重经济负担。

5. 教学方式与课改要求不适应

教师们认为,《原教科书》有许多好的创新点,如设置"观察""思考""探究"等栏目,以问题引导学习,从而加强"问题性";使用"先行组织者"等手段,加强类比、特殊化、推广等逻辑思考方法的引导,以加强"思想性";强调数学知识之间、数学与现实之间的联系以及数学应用,以加强"联系性"等,这些创新不仅改进了教科书的呈现方式,而且在促进学生学习方式、教师教学方式的改进上也能发挥较好作用。然而,在教师教学观念跟不上课程改革要求、教学方式方法落后于课程改革要求、评价机制与课程改革不配套、课时不足,以及"普通高中扩招后,学生基础达不到高中学习要求"等现实情况下,教科书的创新做法在教学实施过程中效果并不理想。教师们表示,"对新教材中提倡的教学方式方法把握不好,因此只能采用自己熟悉的做法";"学生没有自主学习的习惯,很多需要独立思考的内容都完成不好,因为害怕学生能力不够,耗费太多时间,所以本来应该让学生自主探究的内容都由老师包办代替了"。另外,"改变自己的教学方式必然要经历一个过程。目前大多数学校采用月考甚至周考评价,一旦有几次考不好,校长就要找你谈话了。采用大量做题的方式最保险,而且也最省力,如果采用新的教学方式,不仅要付出巨大努力,而且要冒着考试成绩下降的风险,所以老师也就不想改变自己了";"现在我们老师起早贪黑,教学成了卖苦力、拼体力的活了。"

6. 高中要学习的科目太多,对学生的要求太全面

在《普通高中课程方案(实验)》中规定了高中阶段要学习的课程,这些课程是为了使学生实现"全面而有个性地发展"而设置的,理论上讲都有其不可替代性。但许多教师认为,"高中开设的科目繁多,高一同时开10门课程,因各科都要成绩,所以教师争时间,压学生做大量练习","各科都高压作业,周六、周日都是不停地上课,学生穷于应

付,根本没有时间自主探究","现在把素质教育的'素质'强调成'综合素质',要求高中生各科都全面,各科齐头并进,严重增加了学生负担。"所以,如何处理好"全面发展"与"有个性发展"的矛盾,是一个需要研究的问题。

7. 教辅资料的干扰

"教辅资料非常乱,与新教材不配套,歪曲了课改的理念,教辅书的题目不仅偏难,而且另搞一套"……

综上所述,造成学生负担重的原因非常复杂,课程设置、教材内容、教师教学、高考评价、配套资源等都在其中起作用。课程改革试图在减轻负担上有所作为,但实际上负担不减反增。不仅学生负担很重,教师负担也很重。从大多数教师的观点看,造成负担重的最主要原因是高考问题。但高考问题决不仅仅是教育内部的问题,本质上是社会问题,是社会上的各种竞争(实际上是生存竞争)在教育内部的反应。所以,仅靠课程改革显然解决不了课程负担加重的问题。

五、小结

上述调查结果表明,《原教科书》在适宜性上有较大的改进空间,其中有些需要通过《标准(实验)》的修订完善来实现,有些需要通过教科书修订来实现,更深层次的,还需要通过教育改革乃至整个社会的综合改革来实现。教科书修订中,不仅要从学科知识体系的逻辑合理性、素材选择的适切性、知识讲解的明确性、简洁性等方面作出努力,做到知识的发生发展过程自然而然、水到渠成,还要从学生认知的角度加强思考,努力做到易学易懂,例如在素材选择的适切性,问题情境的与时俱进,知识讲解与学生年龄特征的适应性,语言的启发性,习题配置的难易适当且按由易到难的顺序编排,等等。

第二部分 教科书修订的理论基础

根据深化课程改革落实立德树人根本任务的总体要求,为了更好地贯彻《标准(2017年版)》的基本理念与要求,充分发挥数学学科特有的育人价值与功能,使教科书成为实现数学课程目标、发展学生数学学科核心素养的关键性教学资源,使教科书提供的学习主题、基本线索和具体内容成为"教"与"学"活动的基本依据,首先需要认识清楚基于核心素养的课改新理念、新要求,明确教科书修订的大方向,并进而明确修订目标、指导思想以及修订工作中必须遵循的一些基本原则,从而为整个教科书修订工作奠定理论基础。

从2014年年初开始,在5年多时间里,我们结合教科书的研究与编写工作,对数学教育理论与教学实践中的一些关键问题,例如,如何理解数学教育中的立德树人;如何理解中学数学;如何通过理解数学、理解学生、理解教学,实现教师专业化发展和教学水平的提升;如何实施"核心素养导向的数学教学";如何才能使学生的数学学科核心素养得到良好发展;等等,展开了较为深入的研究,形成了一些观点。这些观点曾经在各种杂志上发表过,这里我们在已有基础上作出系统梳理,希望对广大教师了解本套教科书有帮助。

一、对数学教育中立德树人的认识

通常,人们会认为"德育"与数学教学"弱相关",因为数学课堂中的推理、运算等主要数学活动似乎与人的道德、品性等没有直接关联,但事实上这仅仅是表面现象。数学教育中的德育是深层次的,有其独特的内涵。

随着我国社会、经济的发展,高中教育的性质和培养目标也在发生变化,正如《普通高中课程方案》指出的:普通高中教育是在义务教育基础上进一步提高国民素质、面向大众的基础教育,其培养目标是进一步提升学生的综合素质,着力发展核心素养,使学生具有理想信念和社会责任感,具有科学文化素养和终身学习能力,具有创新精神和实践能力,具有自主发展能力和沟通合作能力。[2]这一培养目标事实上就界定了高中各科德育的共同内涵。当前,发展学生的核心素养就是立德树人的具体化。

数学学科对培育学生的正确价值观、必备品格、关键能力的贡献就是发展学生的数学学科核心素养,这是数学学科立德树人的功能和育人贡献之所在。《标准(2017年版)》提出,数学教育中的立德树人要体现数学学科特点,其基本内涵是:

学生能在获得"四基"、提高"四能"的过程中,发展数学学科核心素养,逐步学会用数学眼光观察世界,用数学思维思考世界,用数学语言表达世界;提高学习数学的兴趣,增强学好数学的自信心,养成良好的数学学习习惯;树立敢于质疑、善于思考、严谨求实的科学精神;发展自主学习能力,提高实践能力,提升创新意识;认识数学的科学价值、应用价值、文化价值和审美价值。[3]

我们认为,理性思维和科学精神是数学抽象、逻辑推理、数学建模、直观想象、数学运算、数据分析六个数学学科核心素养要素(也即六大关键能力)的灵魂,所以发展学生的数学学科核心素养是数学学科立德树人的具体化,而聚焦点应放在理性思维和科学精神的发展上,这是由数学的学科特点所决定的。《标准(2017年版)》指出:"数学是研究数量关系和空间形式的一门科学。数学源于对现实世界的抽象,基于抽象结构,通过符号运算、形式推理、模型构建等,理解和表达现实世界中事物的本质、关系和规律。"[3]这表述阐明了数学与大自然及人类社会的天然联系,数学是表达宇宙空间本质的工具。同时,数学最本质的特征是逻辑的严密性,其中蕴含着讲规则、重证据、依逻辑、实事求是、严谨求实的科学精神与为人品格。这样,数学不仅有理解和表达现实事物的本质、关系和规律以及发展学生理性思维的工具属性,也有鲜明的科学精神、为人品格等价值观念属性。所以,数学教育必然是工具性和价值观的统一体,体现数学教育本来面目的数学课堂教学必然是"德智融合"的,科学精神的培育是自然而然地融入"四基""四能"的教学中的。也就是说，如果课堂教学没有把育德和育智紧密结合起来，那么就没有完整体现数学教育的真谛。

理性思维得到良好发展的具体表现是：能抓住纷繁复杂事物中的关键要素，善于发现事物的本质、关系和规律；善于返璞归真、精中求简、以简驭繁，能在一般观念指导下思考和解决问题；对自己的判断和选择有清晰且自觉的认识，能有理有据、前后一致、逻辑连贯地阐明观点；善于透过现象看本质，识破似是而非的诡辩；形成重论据、有条理、合乎逻辑的思维品质，养成以理服人的行为习惯。

总之，符合立德树人要求的数学教育，就是要充分挖掘和利用数学课程内容所蕴含的育人资源，发挥数学在形成人的理性思维、科学精神和促进人的智力发展中的独特作用，用数学的方式开展育人活动，使学生在掌握"四基"、提高"四能"的过程中，学会有逻辑地、创造性地思考，形成数学的思维方式，发展理性思维，养成科学精神，成为善于认识问题、解决问题的人才。

二、对基于核心素养的数学课程改革的认识

(一) 数学育人要发挥数学学科的内在力量

众所周知，学校育人主要是通过一门门学科课程的教学活动实现的，各学科课程教学对全面贯彻党的教育方针、落实立德树人根本任务、发展学生的核心素养都有自己独特的、其他学科所无法替代的价值，因此学科育人必然具有学科特性，必须发挥学科的内在力量。

那么，如何发挥数学学科的内在力量呢？因为本轮课程改革以核心素养为导向，所以我们不妨从数学学科核心素养的内涵入手探寻答案。

《标准（2017年版）》指出，数学学科核心素养是具有数学基本特征的思维品质、关键能力以及情感、态度与价值观的综合体现，是在数学学习和应用的过程中逐步形成和发展的。[3]其中，"思维品质、关键能力以及情感、态度与价值观"是学科核心素养的"三维结构"，而"具有数学基本特征""在数学学习和应用的过程中逐步形成和发展"则分别强调了学科特点和培养途径。因此，唯有体现数学基本特征、强调数学的过程性、注重思维品质关键能力情感态度价值观的数学教学，才能发挥好数学学科的内在力量，才能把发展学生数学学科核心素养的任务落在实处。

那么，数学的基本特征到底是什么呢？对于这样的重大问题，我们可以从数学家的论述中得到启示。

A. D. 亚历山大洛夫在《数学——它的内容、方法和意义》中指出："甚至对数学只有很肤浅的知识就能容易地觉察到数学的这些特征：第一是它的抽象性，第二是精确性，或者更好地说是逻辑的严格性以及它的结论的确定性，最后是它的应用的极端广泛。"[4]这是在我国数学教育界流行最广的观点。迈克尔·阿蒂亚说：数学最使我着迷之处是不同

分支之间有着许许多多的相互影响，有着预想不到的联系和惊人的奇迹，数学的统一性与简单性都是极为重要的，因为数学的目的就是用简单而基本的词汇去尽可能多地解释世界。张恭庆说：数学的基本特征，一是高度的抽象性和严密的逻辑性，二是应用的广泛性与描述的精确性，三是研究对象的多样性与内部的统一性。

陈省身在为《数学百科全书》撰写的序言中指出："在人类的思想史上，数学有一个基本和独特的地位。几千年来，从巴比伦的代数、希腊的几何、中国、印度、阿拉伯的数学，直到近代数学的伟大发展，虽然历史有时中断，但对象和方法则是一致的。数学的对象不外'数'与'形'，虽然近代的观念，已与原始的意义，相差甚远。数学的主要方法，是逻辑的推理。因之建立了一个坚固的思想结构。这些结果会对其他学科有用，是可以预料的。但应用远超过了想象。数学固然成了基本教育的一部分。其他科学也需要数学作理想的模型，从而发现相应科学的基本规律。"

丘成桐在《数学的艺术》中指出：

从历史中，我们看到将无数有意义的现象抽象和总结而成为定律时，中间的过程总是富有情感的！在解决大问题关键的时刻，科学家的主观的情感起着极为重要的作用，这个情感是科学发现的原动力！面对着震撼我们心弦的真理时，好的科学家会不顾一切，不惜冒生命的危险去发掘真理，去挑战传统的理论，甚至于得罪权贵，伽利略对教会的著名挑战就是这种情感表现的一面。

为什么？

当一个科学家发现他们推导出来的定律或定理是如此的简洁，如此普遍，如此有力地解释各种现象时，他们不能不赞叹自然结构的美妙，也为这个定律或这个定理的完成而满意。这个过程值得一个科学家投入毕生的精力！苟真理之可知，虽九死其犹未悔！

从上述论述中可以看到，高度的抽象性、逻辑的严谨性和应用的广泛性是数学的三个基本特征，统一性、简单性是抽象性的自然结果，而精确性、确定性则是逻辑严谨性的具体表现。陈省身指出的是数学的发展过程中，从古至今，其对象和方法的一以贯之：对数学对象的抽象，而得"数"与"形"；用逻辑的推理方法，而得"一个坚固的思想结构"；将数学应用于其他学科和"基本教育"，而成为推动科学进步、开发人的智力的原动力。丘成桐则阐释了在推导简洁、普遍且能有力地解释各种现象的科学定律或定理的过程中，人的情感所起的"科学发现原动力"的作用，这是他对自己完成卡拉比猜想、建立几何分析这样的人型数学结构过程中所经历情感过程的真实写照。

所以，数学教学中，体现数学基本特征是发挥数学学科内在育人力量的根本，这就需要我们通过设计系列化的、具有创新意义的数学活动，引导学生循环往复、螺旋上升地经历数学抽象、逻辑推理和数学应用（数学建模）等过程，促使学生在抽象数学对象获得核心概念的过程中发展数学抽象、直观想象素养，在发现数学性质与关系、推导数学公式、证明数学定理的过程中发展逻辑推理、数学运算素养，在应用数学的知识、思想和方法解决实际问题的过程中发展数学建模、数据分析素养。在整个过程中，都要强化学生对创新与发现的情感体验，提升他们对自然结构的美妙、客观真理的力量的感受力。

（二）数学育人要用数学的方式

在观察现象、认识事物或处理问题时，"数学的方式"是与众不同的。首先，其目标取向是"追求最大限度的一般性模式，特别是一般性算法"，而研究的起点是对面临的具体事物进行数学抽象；其次，数学的思考结构具有系统性、普适性，其"基本套路"大致可以概括为"抽象研究对象—探索数学性质—构建知识体系"；再次，数学的思考方式具有结构性、一致性、连贯性，包括：抽象化、运用符号、建立模型、逻辑分析、推理、计算，不断地改进、推广，更深入地洞察内在的联系，在更大范围内进行概括，建立更为一般的统一理论等，这是一套严谨的、行之有效的科学方法，是在获得数学结论、建立数学知识体系的过程中必须使用的思维方式；最后，数学的表达方式具有统一性，使用一套世界通用的符号形式进行交流。

数学教学中，我们必须以一个个数学对象的研究过程为载体，将数学的目标取向、思考结构、思维方式和符号化表达等有机地融入系列化的数学活动中，启发学生用数学的方式开展学习活动，逐渐形成数学的思维方式，并努力将这种思维方式转化为准确判断事物的行为方式，养成"用数学的眼光观察、用数学的思维思考和用数学的语言表达"的习惯，这是发展学生核心素养的应有之义。

以数系扩充为例。我们知道，自然数是人为了"数个数"的需要而产生的，自然数系的结构是：以1为起点，再逐个加1以致无穷而生成，因此它的最原始根本的结构是"+"运算。由这一原始结构可以建立起皮亚诺算术系统，其中的归纳公设可以保证数学归纳法的正确性，而利用数学归纳法可以得出几乎所有关于自然数的代数法则，例如可以构造出序的概念（数的大小关系），可以合理地定义"$a=b, b=c \Rightarrow a=c$"，可以归纳地证明 $a+b=b+a$，$ab=ba$，$a(b+c)=ab+ac$，$(a+b)^n = \sum_{k=0}^{n} C_n^k a^{n-k} b^k$ 等。进一步地，由同一个数的累加可以定义乘法；由加法可以考虑"反过来如何"（这是一种试探性思考，是创新思维），于是引入减法，从而得到负整数，进而将数系扩充为整数系。通过考虑乘法"反过来"的问题，得到除法运算，有了除法，我们可以构造出有理数，再以"使算术运算的运算律得以保持"为指导思想，定义有理数的加法、乘法和乘方，进而将数系扩展到有理数系。

当然，这还不够。数学内外都存在引入像 $\sqrt{2}$ 这样的数的需要，我们可以用反证法证明 $\sqrt{2}$ 不是有理数。于是，需要构造实数系。事实上，实数系的构造是非常困难的，充满了挑战性，体现了数学的创造性，同时也是用数学的方式处理问题的典范，其中涉及如何选择公理、建立定理、抽象结构等诸多数学的本质问题。

解方程的需要以及在解方程的过程中形成的对方程结构的认识，导致"虚数"的发现。一个最简单的问题就是解一元二次方程 $x^2+1=0$。如果把数的范围限制在实数，那么它就无解。四百多年前，西方数学家开始注意这个方程，文艺复兴后的意大利数学家发现它跟解三次和四次方程有关。他们知道上述方程没有实数解，但却大胆地假设它有解，并将这个想象中的解叫做"虚数"。令人惊奇的是，因为这个"虚无缥缈的数"的引入，多项式的理论成为了完美的理论。完美的数学理论很快就找到了用武之地：在数学之外，物理学家和工程学家发现虚数是用来解释所有波动现象最佳的方法，这包括音乐、流体和量子力学里面波动力学的种种现象；在数学内部，柯西和黎曼开始了复变函数的研究，将数学的眼界由一维推广到二维，改变了现代数学的发展。正如丘成桐指出的，"虚数的发现，可了不起得很！它可以媲美轮子的发现。"

数学家们为了使负数可以开方而引入虚数的概念，由此将数的范围扩充到复数系，而复数的引入充满了数学家的想象力、创造力和不屈不挠、精益求精的精神，充分体现了理性思维的力量。

在基础教育阶段，我们虽然不能让学生思考如何选择公理之类的问题，但可以让他们经历上述数系扩充的过程，在阐释"是什么""如何算"的过程中，把"如何构造新数系以满足解决现实问题和数学问题的需要""数系扩充的内容和过程是怎样的"等明确出来，使学生体验数系扩充的基本思想；可以利用"为什么分数加法不能定义为 $\frac{b}{a}+\frac{d}{c}=\frac{b+d}{a+c}$""为什么 $(-1)\times(-1)\neq-1$"等使学生体会数学推广的基本特征：使在原来范围内成立的规律在推广的范围内仍然成立；还可以通过一些典型的事例，例如证明"$\sqrt{2}$ 不是有理数""质数有无穷多个"，用数学归纳法证明二项式定理、证明等差数列的通项公式和前 n 项和公式，以及一些有用的代数公式等，让学生体会初等代数中的问题和证明，并进而逐步体会代数学所研究的是数系的结构和各种公式，它们在本质上是逐步归纳、复合的结果，"归纳乃是整个代数学的基本大法和基本功"；还可以利用适当的载体（例如二项式定理），让学生领悟"归纳地去探索、发现，归纳地定义，然后再归纳地论证"这一代数思维方式。总之，在数系扩充的教学中，用数学的方式开展育人活动，就是要以数系扩充过程中体现的"数学的方式"为依据，创设与学生认知特点相吻合的教学情境，在学生思维最近发展区内提出具有数学含金量的问题，启发学生以数系扩充的基本思想为指导开展引入新数、扩充数系、定义运算、研究运算律的系列化数学活动，在获得"四基"、提高"四能"的同时，学习"用数学眼光观察世界，用数学思维思考世界，用数学语言表达世界"的方式方法，培养敢于质疑、善于思考、严谨求实的科学精神，体验数学的科学价值、应用价值、文化价值和审美价值。

（三）掌握数学知识是发展数学学科核心素养的前提

离开知识的理解和应用，核心素养的发展将成为一句空话。要让学生真正掌握数学知识，靠"掐头去尾烧中段"，靠大量解题训练是做不到的，必须让他们经历从数学研究对象的获得到研究数学对象，再到应用数学知识解决问题的完整过程。数学对象的获得，要注重数学与现实之间的联系，也要注重数学内在的前后一致、逻辑连贯性，从"事实"出发，让学生经历归纳、概括事物本质的过程，提升数学抽象、直观想象等素养；对数学对象的研究，要注重让学生经历以"一般观念"为引导发现规律、获得猜想，并通过数学的推理、论证证明结论（定理、性质等）的过程，提升逻辑推理、数学运算等素养；应用数学知识解决问题，要注重利用数学概念原理分析问题，体现数学建模的全过程，使学生学会分析数据，从数据中挖掘信息等，提升数学建模、数据分析素养。

以发展学生数学素养为追求，要根据学生的认知规律，螺旋上升地安排教学内容，特别是要让重要的（往往也是难以一次完成的）数学概念、思想方法得到反复理解的机会；要以"事实—概念—性质（关系）—结构（联系）—应用"为明线，以"事实—方法—方法论—数学学科本质观"为暗线，并要强调结合明线布暗线，形成基本数学思想和方法的"渗透—明确—应用"的有序进程，使学生在掌握"四基"、发展"四能"的过程中有效发展核心素养。

要做到"两个过程"的合理性，即从数学知识发生发展过程的合理性、学生认知过程的合理性上加强思考，这是落实数学学科核心素养的关键点。前一个是数学的学科思想问题，后一个是学生的思维规律、认知特点问题。

（四）推理是数学的"命根子"，运算是数学的"童子功"

与其他学科比较，数学学科的育人途径有什么独特性呢？陈建功先生说："片段的推理，不但见诸任何学科，也可以从日常有条理的谈话得之。但是，推理之成为说理的体系者，限于数学一科……忽视数学教育论理性的原则，无异于数学教育的自杀"。推理和运算是数学的两个车轮子。因此，数学育人的基本途径是对学生进行系统的（逻辑）思维训练，而训练的基本手段是让学生进行逻辑推理和数学运算，这就是数学育人区别于其他学科的独特途径。当然，数学的推理不是简单的按部就班，数学运算也不是机械的程序化操作，在推理的严谨性、简洁性和灵活性、运算的正确性、敏捷性以及算法的有效性和高效性上都要有所要求。这样，学生的理性思维会得到逐步发展，科学精神也能得到很好的培养。

（五）教好数学就是落实数学学科核心素养

怎样才是"教好数学"？学生会解各种资料上的题目、考试成绩好就算教好了吗？是，但又不全是，甚至不是最重要的。从学生的终身发展需要看，从落实数学学科核心素养的要求看，更重要的是：要以"研究一个数学对象的基本套路"为指导，设计出体现数学的整体性、逻辑的连贯性、思想的一致性、方法的普适性、思维的系统性的系列化数学活动，引导学生通过对现实问题的数学抽象获得数学对象，构建研究数学对象的基本路径，发现值得研究的数学问题，探寻解决问题的数学方法，获得有价值的数学结论，建立数学模型解决现实问题。要使学生掌握抽象数学对象、发现和提出数学问题的方法，要将此作为教学的关键任务，以实现从"知其然"到"知其所以然"再到"何由以知其所以然"的跨越。

一言以蔽之，教好数学就是以数学基础知识、基本技能为载体，使学生在领悟数学基本思想、积累数学基本活动经验的过程中，学会思考与发现，培养数学学科核心素养。

(六)"四个理解"是落实核心素养的关键

理解数学、理解学生、理解教学、理解技术的水平是教师专业水平和育人能力的集中体现，是提高数学教学质量和效益的决定性因素，也是有效地提升学生数学学科核心素养的必备条件。

当前的问题，首先是有些教师在"理解数学"上不到位，数学基本功不扎实，缺少对数学知识的整体架构，在数学上"玩不转"；二是缺乏对学生是一个活生生的人的理解，对"学生到底是怎么想的"心中无数；三是缺乏独立思考，对社会上对教育的极端功利化需求缺乏必要的理性批判。由此导致的问题是，数学课缺少对数学知识的整体架构，缺少贯穿始终的"数学灵魂"（一般观念）；教师在数学上"玩不转"导致教不好数学（"如何想"讲得不够，讲不出数学味道，"我示范你模仿"太多）；机械解题训练成为课堂主旋律，而大量题目又不能反映数学内容和思维的本质。其结果是使数学课堂越来越枯燥、无趣、艰涩，大量学生的感受是"数学不好玩"。我认为，解决这些问题的关键是要在"四个理解"上狠下功夫，具体而言是：

理解数学，就是要把握数学内容的本质，特别是对内容所蕴含的数学思想和方法要有深入理解。要对一些具有统摄性的"一般观念"有深入理解并能自觉应用。例如：数学对象的定义方式（如何定义），几何图形的性质指什么，代数性质指什么，函数性质指什么，概率性质指什么，等等。

理解学生，就是要全面了解学生的思维规律，把握中学生的认知特点。例如，面对一个数学内容，学生会如何想？学生已经具备的认知基础有哪些（包括日常生活经验、已掌握的相关知识技能和数学思想方法等）？达成教学目标所需具备的认知基础有哪些？"已有的基础"和"需要的基础"之间有怎样的差异，哪些差距可以由学生通过努力自己消除，哪些差距需要在教师帮助下消除？学生喜欢怎样的学习方式？等等。

理解教学，就是要把握教学的基本规律，按教学规律办事。例如，对于教学活动的设计，关键词是：情境—问题—活动—结果。其中，"情境"是以数学内容的本质和学生的认知过程为依据设置教学情境，包括生活情境、数学情境、科学情境等。"问题"是与情境紧密结合的、从情境中生发的系列化问题，必须满足如下标准：①反映内容的本质；②在学生思维最近发展区内；③有可发展性，使学生能从模仿过渡到自主提问。"活动"是指在情境与问题引导下的系列化数学活动，是学生的独立思考、自主探究、合作交流等。教学的"结果"，既要理解知识、掌握技能，也要领悟数学基本思想、积累数学思维和解决问题的经验，从而水到渠成地使学生的数学学科核心素养得到提升与发展。

理解技术，就是要懂得如何有效利用技术帮助学生的学和教师的教。例如，把抽象内容可视化，静态内容动态化，繁杂但没有数学思维含金量的事情让信息技术帮忙做等；在人工智能时代，我们要借助技术改变课堂生态，实现大面积的个性化教学，实现优质资源共享。

以上阐述了我们对基于学科核心素养的数学课程改革的几点认识，其最核心的观点是数学育人要回归数学的学科本质，不搞花架子，实实在在地把数学教好，实现"用数学的方式育人"。事实上，所有的科学问题在本质上都是简单而有序的。人类的智慧表现在用简单的概念阐明科学的基本问题，用相似的方法解决不同的问题，而数学的方法就是这样的基本方法。中学数学中的研究对象多种多样，但研究的内容、过程和方法是一脉相承的，正所谓"研究对象在变，研究套路不变，思想方法不变"。因此，每一种数量和数量关系、图形和图形关系的教学，我们都应以"研究一个数学对象的基本套路"为指导设计和展开课堂教学，促使学生通过一个个数学对象的研究，体悟具有普适性的数学思想和方法，逐步掌握解决数学问题的那个"相似的方法"，进而逐步形成"数学的思维方式"。在这样的过程中，数学学科核心素养就潜移默化、润物无声地得到落实了。

三、对高中数学教科书体系的认识

从前面呈现的调查结果可以看到，《标准（实验）》规定的"模块化""螺旋上升"教科书体系不符合数学课程的内在逻辑一致性的要求，导致了数学学习困难，加重了学生的负担，使教学出现了某种程度的混乱。因此，新一轮教科书的结构体系必须重构。

我们对新中国成立以来由人民教育出版社出版的各版本教科书作了全面梳理，结合《标准（实验）》实施中的经验教训，归纳出建构教科书体系中的几个关键问题，并从理论到实践展开了研究。

（一）构建教科书体系的逻辑规则

教科书体系对课程实施中的教学活动方式有直接制约作用，从而直接影响着数学课程目标的实现。为了促进数学课程的有效实施，为数学教学提供结构化的、逻辑性强的活动线索，为发展学生数学学科核心素养提供优质资源，我们在构建教科书体系中遵循了一些基本的逻辑规则，这些规则是在系统观的指导下，通过实践基础上的理性概括而形成的，体现了我们从数学、学生、教学、评价等角度，对如何更好地发挥数学学科独特育人价值的思考。

1. 顺序性

顺序性主要以数学知识的纵向关联为内容组织的逻辑依据，要做到自然而然、水到渠成地引入和展开学习内容，这里的核心问题是以环环相扣的数学概念体系为依据，构建系列化的"情境＋问题"，形成具有内在逻辑关联的可持续的数学活动，从而为学生提供累积性的和持续性的学习机会。以数系的扩充为代表，初等数学的发展特点是"因袭与扩张",继承已有的基础,在已有的基础上创新,而且强调原有的规律在新的体系中仍然成立。由此,教科书必须考虑数学内容出现的先后次序以及如何再现的问题,目的是给学生提供当前学习的联系方式、类比对象,并提供螺旋上升地理解已学内容的阶梯,特别是一些核心概念及其反映的数学思想和方法更是需要提供反复理解的机会。

结构功能强大的教科书体系需要综合考虑数学知识的逻辑和学生心理的逻辑。长期以来,构建教科书体系时重点考虑的是数学知识体系的逻辑严谨性,用公理化或准公理化方式组织内容成为基本原则,对学生的智力活动过程和情感体验过程的渐进发展顺序关注不够。为了"纠偏",给不同数学基础和不同发展取向的学生以更多的选择机会,《标准(实验)》以模块化方式构建课程框架,并提出"必修课程是选修课程中系列1、系列2课程的基础。选修课程中系列3、系列4基本上不依赖其他系列的课程,可以与其他系列课程同时开设,这些专题的开设可以不考虑先后顺序。必修课程中,数学1是数学2,数学3,数学4和数学5的基础"[5],结果导致实践中五花八门的模块顺序安排。例如,必修内容的安排顺序,根据课程标准研制组2013年的调查数据[6],情况如下:

模块顺序	12345	14523	13452	14532	12435	12453
百分比	36.5%	20.9%	14.3%	11.4%	7.8%	5.4%

显然,"选择性"的本意应该是适应不同专业取向的需求而设置的选修课程,以及对同一内容要求程度高低的选择,以模块顺序的选择性来体现高中数学课程内容的选择性是一种误解,这样的"选择性"导致了教学内容的无序性,与数学的学科特征相违背,是对数学的逻辑严谨性缺乏应有的敬畏之心,必然"影响了数学课程的系统性","影响了数学知识体系的整体性"[6]。因此,《标准(2017年版)》"抛弃了模块化设置,回归到数学内容本身,设置了四条主线"[6],这是理应采取的实事求是之举。不过,《标准(实验)》对我国数学教育所造成的损失已无法挽回,教训非常深刻。

实际上,课程内容顺序问题,长期存在以内容的逻辑性为依据还是以学生的学习心理为依据的争论。一般而言,如下观点是大家都能接受的:有效发展学生数学学科核心素养的内容顺序,必须反映学生的认知规律,体现"学生是如何学数学的",同时,必须体现数学的学科特征,重视内容的独立结构,反映数学的内在逻辑,做到内容的逻辑连贯性和思想方法的前后一致性。事实上,因为个体的认知发展在某种程度上会"重演"人类认识事物的进程,所以知识的逻辑性和学习心理的逻辑性的矛盾是可以调和的。

长期的教科书编写实践表明,按顺序性要求安排内容应注意如下问题:

第一,从简单到复杂,从具体到抽象。先安排简单的、具体的内容,在形成直观认知的基础上,再安排抽象程度逐步提高的内容。这里不仅要注意研究对象的复杂、抽象程度(例如一次函数比指数函数简单),而且要注意研究过程中思维抽象程度的逐步提高。例如，统计内容，似乎初高中差别不大，都是以数据为研究对象，围绕数据分析这个核心展开安排学习内容，但事实上其中的思维抽象程度有很大差距，主要体现在问题情境复杂程度的提高，对发现和提出统计问题再到形成用于决策知识的过程中能力要求的提高。涉及的因素多了，需要考虑的问题更加细致、全面了，必然对思维水平提出高要求。

第二，为学习准备好"工具"。例如，"集合是刻画一类事物的语言和工具"，"常用逻辑用语是数学语言的重要组成部分，是数学表达和交流的工具，是逻辑思维的基本语言"[3]，而"语言""工具"既是基础，又是需要在反复使用中才能真正掌握的内容，因此集合、常用逻辑用语应先安排；不等式的有关知识是研究函数时所必备的，所以应安排在函数之前；等等。

第三，从整体到部分。根据"先行组织者"策略，在呈现具体内容之前，先呈现一些具有统摄性、包容性且容易理解和记忆的概述性内容，以帮助学生对将要学习的内容形成一个框架性认识，以避免学习的盲目性。因为高中生的抽象逻辑思维已有一定发展，所以这样做也是有基础的。例如，函数、数列、概率等都可以这样安排，先给出研究一个数学对象的整体思路，然后再进入概念的抽象、性质的推理以及用概念和性质解决问题等。

第四，以数学概念的发展顺序为参照。虽然学生对数学概念的认知不能重复历史上人类认知的过程，但人类对数学知识的认知过程往往可以成为学生学习数学知识的一种线索。这是因为许多数学新概念的引入，是因为客观条件已经成熟，是水到渠成的。例如，负数、复数的出现是不以数学家的意志为转移的，函数概念的引入也是因应科学发展的需要。数学概念产生的历史必然为数学课程内容的组织提供了历史依据。

2. 连续性

连续性涉及的是围绕数学课程中的核心概念及其反映的数学思想方法，构建连贯的学习过程，促使学生通过持续的带有探究性的数学活动达成较高的理解水平。我们认为，从符合大多数学生的实际情况考虑，只有连贯的、能从已有知识中"生长"出来的内容，才是有利于学生展开独立思考、自主学习的内容，才能从数学的内部激发学生数学学习的兴趣；以这样的内容为载体的学习活动才能保证数学思维的"含金量"，使学生逐步养成良好的思考习惯、形成数学的思维方式，才有利于学生掌握"四基"、提高"四能"。间断的、跳跃性的内容必然是晦涩难懂的，缺乏拾阶而上的"脚手架"，不利于理解水平的逐步提高，并且会使学生感到无从下手，浪费宝贵的学习时间。

数学课程中存在一些需要通过不断扩展和逐步加深的方式才能理解的内容，如集合、数系、运算、向量、函数、关系、性质、极限与导数、空间观念、数形结合、数据分析、随机思想、模型思想等，其中有关于数、量、图形、随机现象等及其相互联系的核心概念，也有关于数学探究、推理论证和研究方法的核心概念，还有关于数学应用方面的核心概念。这些内容的安排需要确保学生有足够多的递进式学习机会。例如，函数概念的安排，需要在整个中学阶段不断地进行渗透、扩张和加深，并直至大学的学习。在初中关于数的运算和运算律、代数式、方程等内容中，以用字母表示数、借助不定元建立数量关系、用代数式表示数量关系等为载体，渗透常数、变数、量与量的对应关系等概念，为领会函数概念中的变量、对应法则等提供基础，这是函数概念的认知准备阶段；在初步认知函数概念阶段，其核心是安排"变量—对应说"，并逐步安排正比例函数、一次函数、反比例函数和二次函数等现实背景丰富的、学生容易感知的具体函数，以帮助学生逐步了解函数的一般概念；进入理解函数概念阶段，核心是安排"集合—对应说"，借助已学的具体函数，用集合与对应的语言再次认识函数概念，并渐次安排指数函数、对数函数、三角函数等"基本初等函数"，帮助学生理解函数概念；对函数性质的研究，从定性到定量、从整体到局部、从宏观到微观等不同视角，运用不同的工具及思想方法，如图象直观、代数运算、极限运算……也体现了层层递进、逐步深入的特征。像函数这样的核心概念，必须以一种螺旋上升的方式来展开和再展开，给予学生多次接触、反复体悟的机会，逐步加深理解，这样才能真正掌握并灵活应用。

另外，强调连续性还蕴含了这样的观点：发展学生的数学学科核心素养，不能依靠烦琐、割裂和杂乱堆砌的知识，更不能依靠那些追求细枝末节、训练解题技巧的题库，而是需要把数学教科书构建成为一个引导学生理解核心概念的进程，这些核心概念是能够贯穿高中数学课程的，它们所蕴含的思想方法不仅对后续的数学学习是关键的，对形成人的理性思维、科学精神和解决今后生活及工作实践中的问题等也是至关重要的。

3. 整合性

整合性是指数学课程中包含的各科知识之间的联系。强调教科书结构体系的整合性，就是要注重把数学课程各主题的内容紧密联系起来，以使学生把握数学知识的整体架构，避免知识的碎片化。如果说顺序性、连续性主要是从纵向联系角度对内容组织提出要求，那么整合性则是强调了数学各部分内容之间的横向联系。

实际上，整合性既是对数学各部分内容之间固有联系性的反映，也是对学生从不同角度理解数学知识需求的反映。整合性能使学生获得数学内容统一性的认识，并对数学知识有更深入的理解。因此，为了使学生能从整体上认识数学，以提升学生对数学内容本质的理解水平，在构建教科书体系时必须考虑各主题内容的沟通与联系。例如，借助向量、解析几何，将代数、几何、三角等联系起来；以函数为纽带，将方程、不等式、数列等联系起来；等等。

另外，为了加强整合性，还应设置一些有利于体现知识综合应用的专题性内容。例如，根据《标准（2017年版）》的要求，在函数、统计等与现实紧密相关的学习后安排"数学建模活动"，在向量、解析几何、组合数学等各科知识的交汇点设置"数学探究活动"，为学生创造综合运用数学知识解决问题的机会，促使学生进一步了解数学概念和结论的产生过程，体验数学研究的过程和创造的激情，提高"四能"，培养想象力、创新精神和实践能力。又如，融入 STEM 教育理念，运用物理、化学、生物科学和地球空间科学等学科的知识理解自然，使用信息技术开展探究活动，运用数学知识发现、表达、解释和解决真实背景下的问题等。这样的整合、综合对于发展学生的高阶思维，提升跨学科、跨领域的综合能力，进而落实"三个会用"，是教科书体系构建过程中落实数学学科核心素养的重要举措。

事实上，《标准（2017年版）》采用的"主线—主题—核心内容"课程结构已为落实上述想法奠定了基础。四条主线中，"函数"主线的内容具有综合性，函数的概念、表示、性质的表现形式及其研究方法，以及无处不在的函数应用，都体现出综合性。《标准（2017年版）》强调了从整体性质、局部性质及其联系等方面研究函数，强调在函数一般概念指导下研究基本初等函数，并借助具体函数模型（函数类）加深理解抽象函数，强调利用图象直观、代数运算、极限思想等研究函数。"几何与代数"主线"突出几何直观与代数运算之间的融合"，强调通过形与数的结合，促使学生"感悟数学知识之间的关联，加强对数学整体性的理解"。"概率与统计"主线的内容具有很强的实践性，"数据分析素养对学生而言常常是一种整体性、综合性的表现"[6]。概率内容，从对随机现象的认识，到了解有限样本空间基础上的概率模型（特别是古典概型）的理解，再到掌握二项分布、超几何分布、正态分布等典型随机变量分布基础上掌握运用概率模型解决问题，都要求整合真实世界中的内容和问题、不同学科的知识以及学生的日常生活经验；统计内容，从对研究对象（总体与样本）的认识，到掌握统计分析的过程与方法，再到掌握统计的几个基本问题（成对数据相关性、回归分析、独立性检验），都要求借助生活、生产、经济、科技、教育、医疗……中的内容和问题，为学生设计从实际问题转化为统计问题，再由数据到知识形成的全过程，从而为培养学生"对数据的兴趣，能主动获取数据，能让数据说话，能通过数据思维去洞察事物的本质，寻求问题解决的途径"[6]奠定基础。《标准（2017年版）》特别强调"数学建模活动与数学探究活动"这条主线在帮助学生更好地掌握知识技能、学会数学地思考和实践的作用，认为它是学生形成和发展数学核心素养的有效载体，要求在教科书编写中，抓住数学建模和数学探究的特点进行整体设计、通盘考虑、分步实施，突出问题导向、任务驱动、自主探究、合作交流等。通过选取具有真实背景的问题情境，设计系列化数学活动，引导学生开展数学建模活动；或者通过创设问题情境，要求学生从中发现和提出数学问题，猜想合理的数学结论，调动自己已有的知识与解决问题的经验，通过拓展自己的想法达到解决问题的目的。

总之，《标准（2017年版）》要求关注同一主线内容的逻辑关系，关注不同主线内容之间的逻辑关系，关注不同数学知识所蕴含的通性通法、数学思想[3]，这"三个关注"正是对教科书体系整合性的总体要求。

4. 关联性

以上几点都是从数学课程内部对内容组织提出的要求，关联性则注重了学科之间的联系，特别是数学与物理、化学、生物等理科课程的联系。

在安排内容时，经常要考虑"为其他学科学习准备好数学知识"的问题，有时又要考虑"借助其他学科的问题引发数学学习需要"的问题。例如，物理课程中，简谐振动、波动、电学等诸多内容都要用到三角函数知识；地理学科中，描述季节变迁、潮汐运动、太阳与地球的相对运动等也要用到三角函数知识。以"数学是科学的工具"为出发点，就应考虑先于这些内容安排三角函数的学习。又如，平面向量以物理中的位移、力、速度、加速度等概念为背景，向量的线性运算、数量积也有明确的物理背景，这些物理背景对学生理解向量概念、运算以及用向量知识解决实际问题都是十分重要的，因此向量内容应安排在物理课程学完这些内容之后。不过，要真正做到这种关联性是很不容易的，因为每一学科都有自己的逻辑顺序问题，要想兼顾众多学科，其难度可想而知。实事求是的做法是"一有机会就要联系"。

（二）几对矛盾关系的处理

构建教科书体系时需要处理一些矛盾关系，其基本原则是"中庸"，要根据内容的特点选取适当的结构体系，做到兼容并蓄、不走极端。

1. 直线式与螺旋式

数学教科书体系的构建一直存在直线式和螺旋式两种逻辑形式。

直线式是按照数学知识的前后逻辑关联，将课程内容组织成直线前进的结构体系，前面的内容为后续内容做准备，后续内容不重复前面的内容。

直线式的依据是公理化结构，严格遵循数学内容的前后逻辑关系。例如，《标准（实验）》之前的立体几何课程，都是以欧几里得《原本》为蓝本，按"空间的直线和平面→空间几何体"的顺序安排，具体内容线索是：

平面三公理及其推论→平行公理→空间的等角定理→空间直线→直线与平面的位置关系→空间两个平面的位置关系→简单几何体（柱、锥、台、球）的结构特征和度量问题。

这样组织和编排课程内容，非常典型地体现了公理化思想，满足了欧几里得几何理论的逻辑性要求，很大程度上可以看成是数学理论专著的简化版、缩减版。人们认为，直线式的逻辑性强，前后不重复，因此是高效率的内容组织形式。

螺旋式是在不同学段、不同单元（模块）中，课程内容重复出现，逐渐拓展知识面、加深知识难度，即同一课程内容多次出现，后面的内容作为前面内容的扩展、深化，以交叉递进、螺旋上升的方式组织内容。

螺旋式的依据主要是人的思维发展规律以及人在理解数学知识过程中表现的认知规律。思维发展心理学的研究表明，直观行动思维、具体形象思维、抽象逻辑思维等各种思维形式的关系，不是简单的替代关系，而是替代与共存辩证统一的关系。[7]学生对数学知识的理解并不是一蹴而就的，必须经历从简单到复杂、从具体到抽象、由低级到高级的过程，这是一个在已有理解基础上扩展、深化的过程，是一个同化与顺应共存的过程。因此，从符合学生认知规律的要求出发，数学内容的组织和编排应当体现"认识的螺旋"，前后知识内容有适当的重复,而在学习要求上逐步提高,并使后面的内容成为前面内容的扩展和深化,从而使教科书体现出一个"因袭与扩张"相融合的学习进程。

例如,统计学是一门研究如何有效地收集、整理和分析数据并形成知识的科学,其核心是数据分析。高中统计内容由三个基本内容串联起来:认识研究对象(总体与样本)、理解统计分析的过程与方法(收集数据、整理数据、提取信息、推断结果)、掌握几个典型的统计问题(成对数据相关性、回归分析、独立性检验)。与函数、代数与几何等主线内容比较,统计的独特性体现在如下三个方面:(1)立论基础是数据,统计所研究的问题主要来源于数学的外部,从数据出发而不是从(公理化)定义出发展开研究;(2)主要采用归纳推理,统计的推理基础是历史经验,通过归纳推理获得结论,推理过程中,辩证思维发挥了主要作用,这不同于以公理化体系为推理基础、通过演绎推理获得结论的其他主线内容;(3)以"好与坏"为判断准则,统计学面向随机现象,探究或然性下的规律性,即使是同样的数据,也允许人们根据自己对数据背景的理解展开不同的分析、推断,得出不同的推断结果,体现了统计学不失严谨性、准确性的前提下具有艺术性的特色,而其他主线内容判断结论的准则是"对与错",要求具有严谨性、确定性。[6]

我们知道,高中统计课程中的总体与样本,收集、整理、提取信息等都是初中已经学过的。在初中阶段,通过简单实例介绍总体、样本;以学生身边的简单问题为载体,并以简单随机抽样为主,安排了一些经历收集、整理、描述和分析数据的活动,使学生了解数据分析的基本过程,体会样本与总体的关系,知道可以通过样本的数字特征推断总体的数字特征。为了让学生更深入地体会统计的三个特点,感悟在实际生活中进行科学决策的必要性和可能性,更深入地体会统计思维与确定性思维的差异、归纳推断与演绎证明的差异,积累更加丰富的数据分析经验,高中统计课程采用加深初中已有的内容、运用复杂的背景问题、拓展实际应用的方式设计学习内容,也就是采用螺旋式的教科书体系,具体处理方式是:对已学的内容,通过提高学习素材的综合性、复杂性,使学生在处理相应问题的过程中深化理解,提高认识水平。例如,为了提高对"数据"这一概念的认识水平,教科书要在根据研究目的、研究对象的随机性和拟探究的规律来确定需要收集的数据、选择收集数据的方式、确保收集到的数据有较好的精度和信度等方面提高要求。又如,在数据整理中,为了达到"看图说话"、获取对数据的感性认识的目的,要加强根据数据特征选择统计图以表示数据的过程;同时,还要学习一些新的数据处理方法,例如为了克服数据的量纲对数据分析带来的困惑,要对数据进行标准化处理等。

对成对数据的相关性、回归分析、独立性检验等拓展的内容,则是让学生通过学习样本相关系数的统计含义、一元线性回归模型和 2×2 列联表等,掌握几个典型有用的统计模型,从而实现"将实际问题转化为统计问题,再由数据到知识形成的全过程"。学习这些知识,一方面是让学生掌握一些统计模型,获得必要的统计知识和方法,使他们在遇到实际问题时能有效地构建统计模型,对数据进行推断,并回归实际问题形成决策知识;另一方面是以具体案例为载体，积累数据分析经验，逐步学会利用统计的思想和方法揭示客观世界的发展变化、相互联系的特征与规律。

总之，螺旋式教科书体系主要是为了解决学生的认知水平、思维能力不能满足数学内容的学习要求而采取的，这里的"螺旋"既包括对已学知识的深化理解，特别是对内容所蕴含的数学思想与方法的更深入理解，又包括拓展已有的知识经验以解决更广泛的问题。像函数、统计、概率等内容，必须要跟随学生的经验积累和思维发展水平，不断在新的高度上提出更高的学习要求，从而使学生获得更精确的、抽象程度更高的、应用范围更广泛的数学知识。

在构建数学教科书体系的实践中，直线式和螺旋式都是必不可少的。螺旋式具有满足学生理解数学过程的逻辑和规律的优点，但要防止兜圈子，以免出现不必要的重复而浪费课时、降低教学效率的现象。例如，《标准（实验）》将平面解析几何课程分割为三块，"必修"安排直线的方程、圆的方程，"必选"安排圆锥曲线，"任选"安排极坐标与参数方程，本来可以一气呵成的内容被割裂，造成了学习过程不必要重复。事实上，解析几何教科书的核心问题是使学生掌握坐标法、领悟数形结合的思想，即在明确描述几何图形的几何特征与问题的基础上，合理地建立坐标系，用有序数对刻画点、用方程刻画曲线，再通过代数运算研究图形的性质，而圆、椭圆、双曲线和抛物线都是平面截圆锥所得的曲线，有内在的一致性，所以不必分成两个循环。

当然，认为一切数学内容都可以或必须从头到尾采用演绎方法，从有限的公理出发，借助于逻辑推导出一切的观点，既不符合学生的认知规律，也与数学的历史发展原貌不符。"实际上，数学的发展是像树一样的，它并不是有了细细的小根就一直往上长，倒是一方面根越扎越深，同时以相同的速度使枝叶向上生发。撇开比喻不说，数学也正是这样，它从对应于人类正常思维水平的某一点开始发展，根据科学本身的要求及当时普遍的兴趣的要求，有时朝着新知识方向进展，有时又通过对基本原则的研究朝着另一方向进展。"[8]因此，保持数学知识的逻辑关系（直线式的逻辑体系）以使数学具有它所特有的严谨性、可靠性，同时在具体内容的展开中考虑"认识的螺旋"，使学生对知识的理解有一个"根越扎越深"的机会，这是内容安排的辩证法之一。

2. 逻辑顺序与心理顺序

逻辑顺序是根据数学本身的学科体系和数学概念的内在联系安排教科书内容；心理顺序是按照学生的心理发展水平和年龄特征组织教科书内容。这一对矛盾与"直线式与螺旋式"的矛盾有一定关系，但不是同一类型的矛盾。直线式与螺旋式的矛盾涉及是否考虑学生认知规律的问题，但矛盾的焦点在内容是否有适当的重复，而在数学内容的安排上仍要注重数学的逻辑性。逻辑顺序与心理顺序的矛盾焦点则在是否要按数学的逻辑性组织内容上，这是"传统教育"派与"后现代教育"派在课程内容组织方面的重大分歧之所在。

传统上，根据数学的内在逻辑顺序要求安排教科书内容被认为是天经地义的，为学生提供与数学学科结构具有一致性的学习内容,有利于学生获得系统的数学知识,形成学生自己的数学知识结构。按照数学知识内在固有的逻辑顺序安排内容,可以使学生掌握最有数学特性的科学研究方法,有利于学生形成数学地看待和认识事物的观点。后现代主义、建构主义等教育思想流派强调根据学生身心发展规律,特别是学生的兴趣、需要和经验背景来安排教科书内容。他们认为,在学生与数学教科书的关系上,学生是中心,数学内容是次要的。对学生的发展而言,学生心理顺序是主要的,数学的逻辑处于次要地位。我们发现,《标准(实验)》的内容体系构建思路受到了这种思想的影响,只是强调了必修1作为整个高中课程的逻辑基础、必修作为选修系列1,2的逻辑基础,而对于必修中其他4个模块的顺序,则认为可以由学校自行确定,选修系列3,4也可以在任何时候开设。前已指出,这样的结构体系设计是有问题的。

显然,将数学的逻辑顺序和学生的心理顺序对立起来的观点是偏颇的。我们认为,"融合"的观点是比较客观的。数学教科书内容的安排,要通盘考虑数学内容的逻辑顺序和学生的心理顺序,要以学生的发展为本,以落实立德树人根本任务,发展理性思维,培育科学精神和创新意识,提升数学学科核心素养为定向,根据学生心理(包括智力与情感)发展特征和数学知识本身的逻辑特征,编排成具有教育形态的数学教科书体系。具体而言,顾及学生心理顺序的内容安排,需要将学生的主观或直觉因素与数学知识的客观或逻辑因素综合起来考虑,先以直觉上可以理解的方式讲解内容,重点是引导学生领会隐藏于形式化逻辑推理背后的数学思想,然后逐步过渡到用比较抽象的方式作公理化解释。事实上,数学概念、定理的形成也是"起始于直觉,完成于逻辑",因此"思想先行于逻辑,推理紧跟着直觉",使学生有一个逐步走向严谨的过程,这也是与数学知识发展规律相吻合的。要把数学与处在特定心理发展阶段上的学生所真正感兴趣的事物以及他们已具备的知识经验联系起来,这样才能使学生在面对学习任务时产生有数学意义的心理过程,在学习活动中将思考、感受和行动融合起来,使学生在克服困难、掌握知识、发展数学思维、提高数学能力的过程中培养数学学习兴趣,增强学好数学的自信心,养成良好的数学学习习惯,这也正是考虑心理顺序的价值所在。

例如,在高一起始阶段安排"预备知识","以义务教育阶段数学课程内容为载体,结合集合、常用逻辑用语、相等关系与不等关系、从函数观点看一元二次方程和一元二次不等式等内容的学习,为高中数学课程的学习作学习心理、学习方式和知识技能等方面的准备,帮助学生完成初高中数学学习的过渡"[3],既关注了初高中知识的衔接,又关注了学生学习心理、学习习惯和学习方法的过渡,就是兼顾数学的逻辑顺序与学生的心理顺序的体现。① 这里,"集合"的内容定位是"刻画一类事物的语言和工具","常用逻辑用语"

---

① 事实上,我国1997年开始使用的"两省一市"高中数学教科书就是把"集合""简易逻辑"的内容安排在高一起始阶段,其目的是"符合学生的认识规律""注意与义务教育初中数学内容相衔接"。

的内容定位是"数学语言的重要组成部分,数学表达和交流的工具,逻辑思维的基本语言";"相等关系与不等关系"作为数学中最基本的数量关系,是构建方程、不等式的基础;而"用函数理解方程和不等式是数学的基本思想方法"[3]。由此可见,教科书安排"预备知识",以"语言""工具"为关键词,让学生在集合、常用逻辑用语的学习中,以一种新的语言表达方式梳理已学过的数学内容,通过掌握一些简洁、准确的数学语言,提升用抽象符号语言进行数学表达的水平,提高数学推理论证的严谨性和准确性;因为语言是思维的载体,所以在学习利用集合、常用逻辑用语等数学"专业术语"进行数学表达和交流的过程中,数学思维的抽象水平也会得到提高,从而使学生的数学思维在潜移默化中得到发展。同样地,在相等关系与不等关系、从函数观点看一元二次方程和一元二次不等式中,以"关系""联系""基本思想和方法"为关键词,让学生通过类比,理解等式与不等式的共性和差异性,掌握不等式的性质及其蕴含的数学基本思想和方法,体会"运算"在研究代数性质中的作用;用函数的观点看方程和不等式,把一元二次方程、一元二次不等式统一为相应的二次函数变化情况,建立函数、方程和不等式之间的联系,是用新思想、新观点看旧问题,可以使学生体会数学的整体性、认识函数的重要性、体验数学的思考方式,并提升发现和提出问题、分析和解决问题的能力。在此过程中,学生的思维抽象水平和逻辑严谨性都会得到提高,从而在潜移默化中实现学习方法、思考习惯的过渡。

3. 分科与混合

由于高中数学课程包含代数、几何、函数、解析几何、统计与概率等学科,在内容编排上,历来有分科和混合两种方式。分科主要是从数学的学科特点出发,为了更好地反映数量关系和空间形式各自的内在联系;混合就是将代数、几何、函数、统计、概率等综合成一门数学课,这样可以减少课程门类,加强数形结合与综合应用。

在我国中学数学课程发展历史上,分科、混合都流行过,但以分科为主,其原因是代数、几何各自内在的联系比代数和几何之间的联系更为密切,而且研究代数、几何的方法也有所不同,所以中学阶段分科编排更有利于学生循序渐进地、牢固地掌握代数和几何的一系列规律。当然,也要注意到代数与几何的相互配合,注意数与形的适当结合,避免各科孤立,互不联系。而在中学的最后阶段安排解析几何、向量几何、微积分初步等内容,解析几何、向量几何的学习一方面可以使学生把数和形的研究紧密地结合起来,使代数、几何知识融会贯通,提高学生综合运用数学知识的能力;另一方面更有利于学生系统地掌握向量的基础知识和向量法、坐标法思想,为学习高等数学打好基础。微积分初步主要是让学生通过基于物理背景的瞬时速度问题、几何直观的切线问题等,引导学生经历由平均变化率过渡到瞬时变化率的过程,了解导数是如何刻画瞬时变化率的工具,感悟极限的思想;通过具体实例感受导数在研究函数和解决实际问题中的作用,体会导数的意义;等等。通过这样的学习,建立起关于微积分的物理洞察力和几何直觉,逐渐领悟微积分的基本思想,为进一步学习打下基础。

也有主张以混合的方式安排数学课程内容的。例如，早在 1922 年，由于受美国教育思想的影响，我国就有了"混合数学"，即打破代数、几何、三角的学科界限，把有关的数学内容"一条龙"地混合安排。当时有人认为，混合安排内容有"免除学习困难、易于联络、节省时间、适于应用、增加兴趣"等优点。[9] 在 20 世纪末实施的高中数学课程，也以混合的方式编排内容，"将精选出来的代数、几何的基础知识和概率统计、微积分的初步知识综合为一门数学课"，认为这样安排内容有三方面好处："一是有利于精减教学内容，减少不必要的重复；二是有利于加强各部分知识间的相互联系；三是有利于数学思想方法的相互渗透。"[10]《标准（实验）》也提倡教科书采用混合式编排，并且具体规定了每一模块的混合内容，其中"必修 5"包含"解三角形""数列"和"不等式"等缺乏内在关联的内容，"加强知识间的联系""数学思想方法的相互渗透"等好处很难体现出来。

事实上，分科和混合考虑的问题各有侧重。分科组织内容注重数学各科内容的独立体系和知识的深度，而混合安排内容则强调了数学的整体性和知识的广度。内容的组织，应综合考虑数、代数、几何、函数、数据分析与概率等各自内在的联系，注意各科思想方法的渗透与融合，也要考虑到与学生的心理发展水平和认知特点相适应，还要顾及初中、高中各自的体系，并且还要注意与物理、化学、生物、地理等相邻学科的配合。组织内容时，分科太多则头绪太多，条块分割、各自独立，会有把本来联系紧密的数学内容搞得支离破碎，不利于学生从整体上把握数学课程；混合成一门数学课，虽有如上所述的三大好处，但真正实现并不容易，目前多是"机械混合"，各分支内容貌合神离，效果并不理想。直线式安排各科内容，有避免重复、在固定时间内可以容纳较多内容的好处，但往往造成内容深、要求高的弊端，与学生接受能力相矛盾；螺旋式组织内容可以充分考虑学生的心理发展水平，但有造成不必要重复的可能。总之，课程内容的组织可选方案不止一种，但没有万全之策，需要根据内容特点作出选择。

我们认为，整体上，中小学数学课程可以采用从混合逐步走向分科的方法，到高中阶段应采用分科为主，让代数、几何、函数、概率与统计相对集中。同时，要注意发挥坐标系、向量等数学工具的作用，加强数形结合，使代数、几何、函数等融为一体，构建一个体现数学整体性的教科书结构体系，引导学生逐渐领悟"通过几何建立直观，通过代数予以表达"的基本理念[11]，掌握用代数方法研究几何问题的"基本套路"。

第三部分 修订目标、指导思想和基本原则

基于上述认识，我们制定了教科书修订的目标、指导思想和修订工作的基本原则。

一、修订目标

（一）全面落实立德树人的根本任务，充分体现数学学科特有的育人价值，努力发挥

数学课程的育人功能。贯彻《标准（2017年版）》的基本理念与要求，贯穿发展学生数学学科核心素养的主线。

（二）根据数学内容的内在逻辑构建教科书结构体系，体现数学的整体性和连贯性，突出核心概念及其反映的数学思想和方法，按数学知识发生、发展的合理过程组织和呈现数学内容，努力使教科书做到自然而然、水到渠成。①

（三）遵循学生的认知规律，精心设计系列化数学学习活动，按学生的数学思维逻辑安排学习过程，构建一条抽象数学研究对象、发现问题和提出命题，利用有关的代数、几何、概率与统计等知识，通过直观想象、逻辑推理、数学运算、数据分析等解决问题获得新知的数学学习路径，促使学生积极主动地、创造性地学习、理解和应用数学知识，为落实数学学科核心素养奠定坚实基础。

（四）合理使用计算机代数系统、电子表格、动态几何软件等信息技术工具，提供直观图象，组织和分析数据，进行准确、快速的计算等，帮助学生开展数学学习活动，使学生能把更多精力集中于探寻解决问题的策略、推理和反思等，从而增强学生的数学体验，提高数学理解水平，提升学习效率。

（五）通过专业化的教科书制作，创新教科书呈现方式，为高中学生奉献高品质的数学教科书。既在版式设计、图文并茂等方面进行形式创新，满足高中学生的审美需求，从而增强教科书的亲和力与吸引力；更在栏目设置、素材选取、情境类型、活动方式、问题引领、语言表达等方面进行实质创新，使教科书内容平易近人、生动活泼、引人入胜，增强教科书的可读性和启发性。

二、指导思想

本次修订的准备工作从2014年开始，2016年4月正式启动。我们在全国范围内聘请数学家、数学教育研究者、教研员和一线教师，与人民教育出版社中学数学编辑室全体编写人员一起，组成教科书修订团队，以《标准（2017年版）》为依据，以已有的教科书实践检验和我们开展的相关课题研究成果为基础，以科学研究为先导，坚持实事求是的方针，在保持原教科书优点的基础上，针对问题开展修订，根据时代发展对数学教育的新要求、数学教育理论的新发展和课堂教学改革的实践需要进行创新，通过扎实细致的工作，努力使教科书质量迈上新台阶。

本次修订工作的指导思想是：

以习近平新时代中国特色社会主义思想为指导，深入贯彻党的十八大、十九大精神，

---

① 事实上，教科书结构体系有按学科知识的内在逻辑顺序（一种反映公理化体系要求的、体现知识之间前后顺序的逻辑体系）和按学习主题设计单元内容的模块化结构（围绕一个学习主题，概念、原理等按照解决问题的需要而引入）等。数学的学科特点决定了数学教科书结构体系宜采用按数学知识的内在逻辑顺序编排教科书内容。

全面贯彻党的教育方针，落实立德树人根本任务，以社会主义核心价值观为统领，以发展学生核心素养为导向，以《标准（2017年版）》为依据，遵循数学教育改革与发展的客观规律，借鉴国内外教科书改革的先进经验，在继承人教版教科书优良传统的基础上大胆创新，为实现数学课程目标、发展学生数学学科核心素养提供优质的教学资源。

三、基本原则

（一）坚持正确的政治方向

全面落实立德树人的根本任务，有机融入坚持和发展中国特色社会主义、培育和践行社会主义核心价值观的基本内容和要求，继承和弘扬中华优秀传统文化、革命文化和社会主义先进文化，加强法治意识、国家安全、民族团结、生态文明和海洋权益等方面的教育，培养学生良好政治素质、道德品质和健全人格，使学生坚定社会主义道路自信、理论自信、制度自信和文化自信，引导学生形成正确的人生观、价值观、世界观。

（二）以核心素养为导向

以中国学生发展核心素养体系为指导，在理解数学学科本质，把握数学学科核心素养的内涵与价值、结构与要素、表现与水平的基础上，明确高中数学课程的育人功能。在深入研究数学的育人价值、挖掘数学课程内容蕴含的育人资源的基础上，认真研究基于数学学科核心素养的教科书创新策略与方法，并以此为指导，选择学习素材，设计系列化数学学习活动，构建训练系统（练习、习题、复习题以及应用性、开放性、探究性问题），创新呈现方式等。

（三）反映新时代社会发展要求

反映先进的教育思想和教育理念，反映社会发展新变化、科技进步新成果，以适当的方式呈现人工智能、大数据处理等相关内容，从情境创设、任务设置到迁移应用等各方面都注重联系社会及生活实际，培养学生的社会参与意识和能力。

关注信息化环境下的教学改革，高度重视信息技术在数学教与学中的广泛应用。探索纸质教科书与数字化教学资源的整体设计，促进数字技术和新媒体在数学教学中的有效应用。

（四）落实《标准（2017年版）》

贯彻高中数学课程的基本理念与要求，以《标准（2017年版）》设置的函数、代数与几何、概率与统计、数学建模活动与数学探究活动四条主线为依据构建教科书结构体系；贯穿研究一个数学对象的基本套路，凸显数学基本概念及其蕴含的数学思想和方法的核心地位，体现数学内容的逻辑连贯性、数学思想的前后一致性，揭示数学知识发生发展过程；根据发展学生数学学科核心素养的需要，设置多种类型的数学活动主题，围绕主题精选学习素材，通过情境创设和任务驱动（问题解决）等方式设计系列化数学学习活动，让学生在学习和应用数学知识的过程中发展数学学科核心素养，形成理性思维，培养科学精神、实践能力和创新意识。注意学科间的协调配合，注重创设跨学科的学习情境，为学生提供综合应用不同学科知识解决问题的机会。

（五）确保科学性

充分反映数学内容的本质，体现数学知识发展的逻辑性、推理论证的严密性。确保教科书在体系结构上的逻辑连贯性，知识顺序的自然合理性，思想方法的前后一致性，不出现逻辑矛盾。

确保素材的准确性，概念、原理的正确性，问题解答正确无误，以及用词、术语、符号、图表等的规范性。

（六）遵循心理性

围绕普通高中教育任务和培养目标的需要，根据《标准（2017年版）》规定的内容和要求，遵循学生心理发展规律，以高中生思维发展水平为参照，确定教科书内容的广度和深度，避免过多过难。

内容选取和活动设计等符合学生的年龄特征和认知规律，注重学生的可接受性和可发展性，有效激发学生的兴趣和数学学习欲望；体现学生数学学科核心素养发展水平的层次性和成长性。

素材的选取注重现实性，紧密联系学生生活经验，使教科书内容符合我国大多数地区和学校的实际，做到利教利学。

（七）改进呈现方式

根据数学学科特点，改进版式和插图，使之更加生动活泼、新颖美观，提高教科书的可读性和审美性，营造愉悦的阅读环境，激发学生自主学习的欲望，提升阅读体验。

第四部分　修订的主要内容与变化

本次修订涉及教科书体系、教科书内容、呈现方式和美术设计等全方位内容。下面介绍修订的主要内容。

一、教材结构体系的重构

前已指出，因为《标准（实验）》的模块化课程结构设置，导致《原教科书》的结构体系极不合理，所以本次教科书修订的首要任务是重构教科书结构体系。

针对《标准（实验）》的问题，《标准（2017年版）》以"优化结构，突出主线，精选内容"为基本理念，重新构建了高中数学课程结构，并对内容进行了较大幅度调整，以适应"不分文理科"的要求。根据课程标准的变化，结合一线教师对教科书体系的意见与建议，我们从各主题的前后顺序、内容间的协调与配合，数学内容与相关学科内容的配合等角度，考察教科书各主题及各章内容逻辑顺序的合理性，通过调整不合理的内容顺序，构建更加符合数学逻辑和学生心理逻辑的教科书体系。

考虑到《标准（2017年版）》为教科书体系所奠定的良好基础，以及教科书体系与课程标准中"课程内容"保持一致将更有利于教师把握教学的内容和要求，本套教科书主要遵循《标准（2017年版）》所设定的结构体系。教科书包含了《标准（2017年版）》规定的必修课程和选择性必修课程的所有内容，突出函数、几何与代数、概率与统计、数学建模活动与数学探究活动四条主线，将它们贯穿于必修课程和选择性必修课程，数学文化不仅融入正文内容之中，而且以"文献阅读与数学写作"栏目为载体对数学文化提出具体的学习要求。数学建模活动设置在与现实联系更加紧密的函数、概率与统计等主题中，数学探究活动设置在数学知识的交汇点上。

（一）修订后的教科书结构体系

必修（第一册）（共计73课时）

章	节
第一章　集合与常用逻辑用语（10）	1.1　集合的概念 1.2　集合间的基本关系 1.3　集合的基本运算 　　阅读与思考　集合中元素的个数 1.4　充分条件与必要条件 　　阅读与思考　几何命题与充分条件、必要条件 1.5　全称量词与存在量词
第二章　一元二次函数、方程和不等式（8）	2.1　等式性质与不等式性质 2.2　基本不等式 2.3　二次函数与一元二次方程、不等式
第三章　函数的概念与性质（12）	3.1　函数的概念及其表示 　　阅读与思考　函数概念的发展历程 3.2　函数的基本性质 　　信息技术应用　用计算机绘制函数图象 3.3　幂函数 　　探究与发现　探究函数 $y=x+\dfrac{1}{x}$ 的图象与性质 3.4　函数的应用（一） 文献阅读与数学写作*　函数的形成与发展

续表

章	节
第四章 指数函数与对数函数（16）	4.1 指数 4.2 指数函数 　　阅读与思考　放射性物质的衰减 　　信息技术应用　探究指数函数的性质 4.3 对数 　　阅读与思考　对数的发明 4.4 对数函数 　　探究与发现　互为反函数的两个函数图象间的关系 4.5 函数的应用（二） 　　阅读与思考　中外历史上的方程求解 文献阅读与数学写作*　对数概念的形成和发展
数学建模（3）	建立函数模型解决实际问题
第五章 三角函数（24）	5.1 任意角和弧度制 5.2 三角函数的概念 　　阅读与思考　三角学与天文学 5.3 诱导公式 5.4 三角函数的图象与性质 　　探究与发现　函数 $y=A\sin(\omega x+\varphi)$ 及函数 $y=A\cos(\omega x+\varphi)$ 的周期 　　探究与发现　利用单位圆的性质研究正弦函数、余弦函数的性质 5.5 三角恒等变换 　　信息技术应用　利用信息技术制作三角函数表 5.6 函数 $y=A\sin(\omega x+\varphi)$ 5.7 三角函数的应用 　　阅读与思考　振幅、周期、频率、相位

必修（第二册）（共计69课时）

章	节
第六章 平面向量及其应用（18）	6.1 平面向量的概念 　　阅读与思考　向量及向量符号的由来 6.2 平面向量的运算 6.3 平面向量基本定理及坐标表示 6.4 平面向量的应用 　　阅读与思考　海伦和秦九韶

续表

章	节
数学探究（3）	用向量法研究三角形的性质
第七章 复数（8）	7.1 复数的概念 7.2 复数的四则运算 　　阅读与思考　代数基本定理 7.3* 复数的三角表示 　　探究与发现　1的n次方根
第八章 立体几何初步（19）	8.1 基本立体图形 8.2 立体图形的直观图 　　阅读与思考　画法几何与蒙日 8.3 简单几何体的表面积与体积 　　探究与发现　祖暅原理与柱体、锥体的体积 8.4 空间点、直线、平面之间的位置关系 8.5 空间直线、平面的平行 8.6 空间直线、平面的垂直 　　阅读与思考　欧几里得《原本》与公理化方法 文献阅读与数学写作*　几何学的发展
第九章 统计（12）	9.1 随机抽样 　　阅读与思考　如何得到敏感性问题的诚实反应 　　信息技术应用　统计软件的应用 9.2 用样本估计总体 　　阅读与思考　统计学在军事中的应用——二战时德国坦克总量的估计问题 　　阅读与思考　大数据 9.3 统计案例　公司员工的肥胖情况调查分析
第十章 概率（9）	10.1 随机事件与概率 10.2 事件的相互独立性 10.3 频率与概率 　　阅读与思考　孟德尔遗传规律

选择性必修（第一册）（共计43课时）

章	节
第一章　空间向量与立体几何（14）	1.1　空间向量及其运算 1.2　空间向量基本定理 1.3　空间向量及其运算的坐标表示 　　阅读与思考　向量概念的推广与应用 1.4　空间向量的应用
第二章　直线和圆的方程（16）	2.1　直线的倾斜角与斜率 2.2　直线的方程 　　阅读与思考　方向向量与直线的参数方程 2.3　直线的交点坐标与距离公式 　　阅读与思考　笛卡儿与解析几何 2.4　圆的方程 　　阅读与思考　坐标法与数学机械化 2.5　直线与圆、圆与圆的位置关系
第三章　圆锥曲线的方程（13）	3.1　椭圆 　　信息技术应用　用信息技术工具探究点的轨迹：椭圆 3.2　双曲线 　　探究与发现　为什么 $y=\pm\dfrac{b}{a}x$ 是双曲线 $\dfrac{x^2}{a^2}-\dfrac{y^2}{b^2}=1$ 的渐近线 3.3　抛物线 　　探究与发现　为什么二次函数 $y=ax^2+bx+c$ 的图象是抛物线 　　阅读与思考　圆锥曲线的光学性质及其应用 文献阅读与数学写作*　解析几何的形成与发展

选择性必修（第二册）（共计30课时）

章	节
第四章　数列（14）	4.1　数列的概念 　　阅读与思考　斐波那契数列 4.2　等差数列 4.3　等比数列 　　阅读与思考　中国古代数学家求数列和的方法 4.4*　数学归纳法

章	节
第五章 一元函数的导数及其应用（16）	5.1 导数的概念及其意义 5.2 导数的运算 　　探究与发现　牛顿法——用导数方法求方程的近似解 5.3 导数在研究函数中的应用 　　信息技术应用　图形技术与函数性质 文献阅读与数学写作*　微积分的创立与发展

选择性必修（第三册）（共计 37 课时）

章	节
第六章 计数原理（12）	6.1 分类加法计数原理与分步乘法计数原理 　　探究与发现　子集的个数有多少 6.2 排列与组合 　　探究与发现　组合数的两个性质 6.3 二项式定理
数学探究（3）	杨辉三角的性质与应用
第七章 随机变量及其分布（10）	7.1 条件概率与全概率公式 　　阅读与思考　贝叶斯公式与人工智能 7.2 离散型随机变量及其分布列 7.3 离散型随机变量的数字特征 7.4 二项分布与超几何分布 　　探究与发现　二项分布的性质 7.5 正态分布 　　信息技术应用　概率分布图及概率计算
第八章 成对数据的统计分析（9）	8.1 成对数据的统计相关性 8.2 一元线性回归模型及其应用 　　阅读与思考　回归与相关 8.3 列联表与独立性检验
数学建模（3）	建立统计模型进行预测

（二）对新结构体系的说明

修订后的教科书结构体系，围绕发展学生数学学科核心素养的需要，从数学知识的内在联系、数学与日常生活的联系、数学与其他科学的联系，以及学生的数学认知规律等方面进行思考，主要关注了以下几个问题。

1. 整体性

整体设计必修和选择性必修课程的体系，处理好数学内容的层次性与数学核心素养水平发展的连续性与阶段性的关系，使教科书形成一个整体的结构体系。对于同一主题内容，注重概念体系的逻辑连贯性、数学思想方法的前后一致性，努力使学生感受到知识发生发展过程的自然而然、水到渠成；对于不同主题内容，注意加强横向之间的联系与沟通。构建纵向贯通、横向关联的教科书体系，使教科书具有良好的整体性，使重要的数学思想方法得到螺旋上升式的重现，从而不断提升学生数学学科核心素养的水平。

我们充分关注了《标准（2017年版）》中各部分内容之间的逻辑关系，在同一主题的内容顺序、不同主题之间的衔接与沟通上作了认真考虑，以使新内容的出现有较充分的知识准备；注意了螺旋上升、逐步提高地安排内容，在不断概括的过程中，使重要的数学思想和方法的理解水平得到提高。例如，考虑到建立统计思想的难度，在必修课程中特别注意在初中统计知识基础上展开学习内容，通过实例和生动的语言，并注意统计与概率的联系，让学生体会随机抽样、用样本估计总体的思想，提供反复领悟统计思想的机会；在选择性必修课程中则通过具体案例，强调让学生亲自参与数据分析的全过程，强调用概率知识分析统计问题，并注意使用相应的统计软件，使学生既学会常用的统计方法，又进一步提升数据分析和数学建模素养。

2. 过程性

显然，"四基""四能"只有通过"思维过程的教学"才能得到落实。这个"过程"不是别的，它是学生在教师启发下积极主动地理解数学知识的思维过程，数学学科核心素养也只有在这样的过程中才能得以实现。所以，我们特别注重以数学知识的发生发展过程为载体，以恰时恰点的问题引导学生的思维活动，努力使学生经历研究一个数学对象的基本过程，在过程中培养数学思维、发展数学能力。

完整的过程体现在教科书"明线"与"暗线"的有机融合中。其中，明线是"事实—概念—性质（关系）—结构（联系）—应用"，暗线则是"事实—方法—方法论—数学学科本质观"。教科书首先强调了以反映现实的"事实"为素材创设情境，使学生感受数学知识的背景，产生对数学的亲切感，激发数学学习兴趣和激情；从情境出发提出问题，引导学生开展观察、分析、归纳、概括等思维活动，抽象出数学概念；以"研究对象要素、相关要素的关系就是性质"等为指导展开对数学对象的性质、关系、规律的研究；通过例题、习题和拓展性材料等，促使学生在用概念、性质解决问题的过程中建立它们之间的联系，加深知识理解，形成功能良好的数学认知结构。例如，在"函数"主题中，注意选用典型丰富的实例创设问题情境,为函数概念的引入、本质特征的分析和函数定义的概括提供基础,使学生感受函数概念的产生背景和抽象过程,在独立思考、自主探究的基础上,概括出用集合对应语言表述的函数概念;然后通过幂函数、指数函数、对数函数及三角函数等的研究,使学生对抽象的函数概念的理解建立在具体背景之上,实现抽象的具体。在整个过程中,都强调以函数作为描述客观世界中变量关系和变化规律的基本数学语言和工具的作用,安排用函数建立数学模型的活动,以加深对函数概念的理解,提升学生的数学抽象、数学建模、直观想象、数学运算和逻辑推理等核心素养。我们认为,注重"明线"与"暗线"的融合,才能在数学内容的表述中体现好数学学科核心素养,是教科书编写中实现数学内容与数学学科核心素养融为一体的关键举措。

3. 联系性

我们认为,"联系出思想",数学基本思想是在知识间的相互联系中得以体现并发挥作用的,其中蕴含于数学核心概念中的"一般观念"(例如,几何图形组成元素之间确定的位置关系、大小关系就是几何图形的性质,运算中的不变性、规律性就是代数性质等)的作用至关重要。因此,教科书特别注意以数学核心概念及其反映的数学思想和方法为纽带建立内容之间的联系,通过类比、比较等逻辑思维活动沟通各部分内容,使学生体会数学的思维方式,提高对数学的整体认识,提高数学思维能力,使学生学会思考,培育理性精神。例如,几何的相关内容,在不同主题中展示综合法、坐标法和向量法各自的内容和思想,适时对这些思想和方法进行沟通,还在选择性必修中对它们进行比较,引导学生思考它们各自的特点和联系;又如,围绕函数这条主线,从函数与数及其运算、代数式及其运算、方程与不等式的解等角度进行比较和研究;再如,数列中强调了通过运算发现和提出问题,并注重用函数的观点看待数列问题,对数列与函数、等差数列与一次函数及二次函数、等比数列与指数函数等进行联系与综合;再如,概率中强调了通过类比集合的关系与运算提出样本空间、随机事件的关系和运算的研究课题并给出相应的概念,以函数为类比对象构建概率的研究路径,提出概率性质的猜想;等等。

4. 选择性

《标准(2017年版)》提出,高中数学课程具有基础性、选择性和发展性。必修课程面向全体学生,构建共同基础;选择性必修课程充分考虑学生的不同成长需求,提供多样性的课程供学生自主选择;高中数学课程为学生的可持续发展和终身学习创造条件。[3]为此,教科书注意提供多层次、多种类的问题,设置拓展性、应用性栏目供学生选择,引导学生开展多样化的课内外学习活动,从而把"人人都能获得良好的数学教育,不同的人在数学上得到不同的发展"的理念落在实处。

例如,根据解析几何作为沟通几何与代数桥梁的内容特征、它与函数所存在的千丝万缕的联系以及圆锥曲线丰富多彩的光学性质,教科书安排了"探究与发现 方向向量与直线的参数方程""信息技术应用 用信息技术探索点的轨迹:椭圆""阅读与思考 圆锥曲线的光学性质及其应用"等七个拓展性栏目，让学有余力的学生自主展开探究活动，建立直线方程与一次函数、抛物线与二次函数、双曲线与反比例函数等之间的联系，研究圆锥曲线的几何性质。在每一个栏目中，都提出了有一定挑战性的、对学生思维能力培养具有较高价值的问题，在解决这些问题的过程中，可以促使学生对解析几何中的一些重要数学思想、应用广泛的数学方法等进行更深入的学习与探索。另外，解析几何中蕴含了非常丰富的数学文化资源，教科书通过"文献阅读与数学写作"栏目，要求学生以"解析几何的形成与发展"为题开展课外阅读，在拓展学生数学视野的同时，发展学生的数学写作技能。在当前教育极端功利化、应试主导数学教学的背景下，这样的教科书设计具有正本清源的作用。

根据《标准（2017年版）》的"课程定位"，对于参加高考的学生而言，"必修课程"和"选择性必修课程"事实上是"没得选"，都是必修的。因此，教科书编写中对"选择性"的处理更多放在了习题的不同层次要求上。在正式编写新版教科书之前，我们以"'人教A版'中'训练系统'的完善"为题，对《原教科书》中的习题进行了系统梳理。在研究的基础上，提出了本套教科书习题选择与编排的总体指导思想：将习题看成促进学生自主学习、提升创新意识、提高实践能力的重要平台，按照它们的功能，有层次地选择和安排，以发挥它们在巩固知识、培养能力、拓展知识、深化数学理解和应用中的作用。同时，以《标准（2017年版）》确定的学业要求、学业质量水平为指导，设计章节、主题、必修与选择性必修中的习题、复习题，体现数学内容主线之间的关联以及各数学学科核心素养间的相互协调，以利于学生整体理解、系统掌握学习内容，达成学业质量的相应要求。

5. 融合性

信息技术与高中数学课程的深度融合是时代发展对数学课程改革提出的要求。信息技术作为一种认知工具，对于促进学生对数学本质的理解、发展学生的数学思维和数学能力等都有积极作用。根据教育信息化的整体要求，我们对《标准（2017年版）》规定的课程内容与信息技术"融合"的问题进行了系统梳理，界定了信息技术在建构数学概念、发现数学结论、突破学习难点、改进课堂生态、增强数学表达和传播数学技术六个方面的作用，对不同内容的不同"融合"方式进行了深入研究，提出了信息技术与数学教科书融合的主要方式，包括：

传媒式，借助信息技术强大的储存和传递信息的功能，以插页、旁白或在主要内容中直接插入信息技术界面等方式，满足教科书呈现运算过程、演示操作步骤的需求，以增强教科书的直观性。例如，利用信息技术展现数据处理的步骤、产生随机数的步骤、展示绘制函数图象的过程、呈现丰富多彩的立体图形、递推数列的迭代过程等，都采用了这种形式。

工具式，将信息技术作为认知工具，在建构数学概念、发现数学规律以及数学建模活动和数学探究活动中呈现信息技术的应用。信息技术可以作为学生学习的效能工具、合作交流工具、探索研究工具、问题解决工具等，将信息技术作为认知工具，可以很好地体现学生的主体性地位，极大地增强学生学习的自主性。例如，在探索基本初等函数的性质，研究空间点、直线和平面的位置关系，研究圆锥曲线的几何性质，推导各种统计量的公式等，都采用了这种方式。

环境式，借助信息技术构建信息化、网络化、智能化的教学环境，呈现信息技术的应用。教科书编写中，我们综合考虑了教科书与支撑性资源的配套，注重利用信息技术为学生提供拟人、拟物的情境，提供广泛的线上资源，从而为学生的学习活动构建足够的自主学习空间，使学生在这样的环境中开展体验性认知活动。

在教科书编写实践中，我们对信息技术融合于数学内容作出了通盘考虑，强调了如下几个方面：第一，利用信息技术为学生提供大量的感性材料，丰富学习内容，增强学生的直观感知；第二，用明确的语言提示，鼓励学生使用信息技术工具开展探究性学习，为学生提供探究发现的一般方法，如从特殊到一般，数形结合等；第三，充分利用信息技术在获取或制作函数的图形、表格、解析式，进行复杂计算以快速地得到结果，进行函数拟合，处理复杂数据，制作统计图表和进行数据分析等方面的优势，帮助学生逐步学会在面对大量信息的情境下展开数学思考。

6. 实践性

"实践性"是要强调学生学习方式的转变，要把"三会"落实下来，就必须加强学生运用数学知识解决问题的实践。为此，教科书注重在各主题单元中通过"观察""思考""探究"等栏目以及"阅读与思考""探究与发现""信息技术应用"等选学栏目引导学生开展独立思考、自主探究活动，努力将独立思考、自主探究、合作交流等学习方式显性化，在教科书中作出明确提示。

《标准（2017年版）》提出，"数学建模活动是基于数学思维运用模型解决实际问题的一类综合实践活动"，"数学探究活动是运用数学知识解决数学问题的一类综合实践活动"[3]，它们都是高中阶段数学课程的重要内容。根据《标准（2017年版）》对数学建模活动的定位和要求，本套教科书围绕函数关系和相关关系，设置了数学建模活动"建立函数模型解决实际问题""建立统计模型进行预测"，使学生经历一个在实际情境中从数学的视角发现问题、提出问题，分析问题、构建模型，求解结论，验证结果并改进模型，最终解决实际问题的完整过程。这个过程的要求是逐步提升的，综合性是逐步加强的。

根据《标准（2017年版）》对数学探究活动的定位和要求，本套教科书结合数学核心内容，通过拓展、延伸和综合，安排数学探究活动，使学生经历一个发现和提出有意义的数学问题，猜测合理的数学结论，提出解决问题的思路和方案，通过自主探索、合作研究论证数学结论的完整过程。例如，在必修第二册中安排"用向量法研究三角形的性质"；

在选择性必修中安排"杨辉三角的性质与应用"等。

二、教科书体例
(一) 各章结构

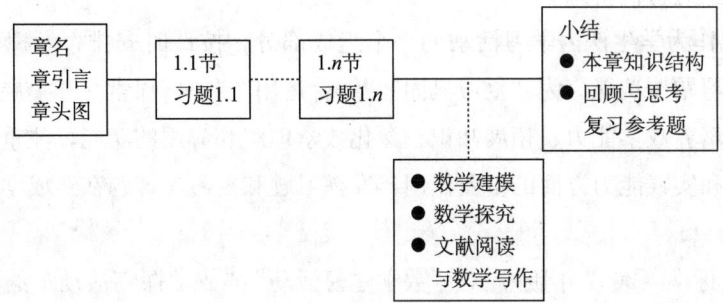

(二) 各节结构

各节结构根据内容需要而确定,每节结构大致如下:

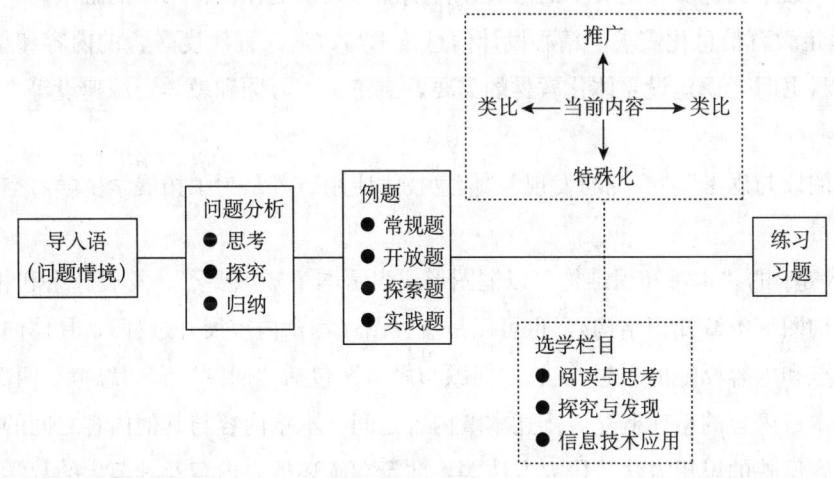

(三) 关于各部分内容的说明

1. 从章(单元)整体出发,考虑落实数学学科核心素养的策略、方式和方法,特别注意围绕核心概念设计贯穿全章的数学活动,使正确价值观、数学思维品质和关键能力等的培养落实在活动中。

2. 章引言包括三部分:(1)本章内容的引入,强调通过数学内外的适当问题情境引入本章内容;(2)本章内容的概述,使学生了解本章内容的概貌;(3)本章学习方法的引导,使学生了解本章的主要数学思想方法和学习(研究)方法。节"导入语"强调从现实世界的背景、数学理论发展的背景、数学历史上的背景出发,以问题形式引出本节所要学习的主要内容。

3. 正文讲述中,根据需要安排"观察""思考""探究""归纳"等内容,或穿插一些开放性的问题，以引发学生思考。强调数学思想方法的引导，注重"类比""归纳""特殊化""一般化"等逻辑方法的使用。

4. 除为说明知识应用而设置的常规性例题外，根据内容的需要，选取带有开放性、探索性的题目以及实践题（例如，在学生先收集资料、实例进行数学实践活动等的基础上，再在课堂里进行讲解）。

5. 将练习作为学生课内学习活动的一个组成部分，按课时安排，发挥其课内巩固所学内容之用。习题按功能分为"复习巩固""综合运用""拓广探索"三个层次，发挥习题的巩固知识、培养数学能力、拓展知识、深化数学理解和应用的功能，注重习题在培养学生的创新意识和实践能力方面的重要作用，发挥习题和复习参考题在达成学业要求上的评价功能。

6. 落实《标准（2017年版）》对"数学建模活动""数学探究活动"的要求，除以课题研究的方式，在必修课程和选择性必修课程中各安排一个数学建模活动与数学探究活动外，注重在正文中对"数学探究""数学建模"的渗透和融合，为相应的课题研究打下基础。加强"数学文化"在正文中的渗透，特别加强数学史在教科书中的融入。

7. 满足教育信息化需求，精心设计信息技术与数学课程深度融合的内容和呈现方式。在编写教科书时考虑建设立体化教材的需要，在正文、习题和教学资源建设等方面作出通盘规划。

8. "阅读与思考""探究与发现""信息技术应用"等是为了拓展学生学习空间而设置的选学栏目。

9. 小结中的"本章知识结构"以框图形式表示本章知识要点、发展脉络和相互联系，可以是结构图（本章知识结构），也可以是流程图（本章内容展开过程），具体内容是本章主要知识点和内容反映的思想方法。"回顾与思考"包括"回顾"和"思考"两部分，"回顾"是对本章内容的整体概述，阐述本章内容之间、本章内容与其他内容之间的联系，揭示本章内容反映的思想方法、研究方法等，注意在阐述核心内容及其蕴含的数学思想方法的过程中融入数学学科核心素养成分；"思考"是以问题形式引导学生回忆、总结全章内容，深化对本章核心内容及其反映的数学思想方法的理解，强调"问题引导"的目的是加强学生的主动思维，通过学生自己的独立思考归纳概括出全章内容和重要思想方法。

三、教科书主要变化

1. 注重利用章、节引言，为学生构建完整的数学学习过程

（1）根据内容特点，注意用简明的语言阐述本章的主要内容、主要数学思想方法和学习（研究）方法，体现数学内容的本质。对于某一领域的开篇，注重从宏观、整体角度进行适当引导，例如，"平面向量及其应用"，在阐述学习向量的必要性的基础上，以"背景引入—抽象向量概念（作为新的数学对象）—向量运算及其性质—向量的应用"的线索展

开。对于知识发展过程中的某一章，注意与已学内容的联系，例如"一元二次函数、方程和不等式"，注意引导学生类比初中已学的"一次函数与方程、不等式"发现和提出需要研究的问题及研究方法。

（2）更新引入的问题情境，突出情境的时代性和问题的典型性、丰富性、适切性等。例如，"指数函数与对数函数"的引言中，《原教科书》仅列举了利用碳14的残留量进行考古推断的数据，修订后的教科书提供了河南二里头村夏朝文化遗址考古发现的真实背景，不仅增强了问题的典型性，有利于激发学生的学习兴趣，而且也体现了继承和弘扬中华优秀传统文化的时代要求。

（3）加强引言与章头图的配合。"章头图"与"章引言"是有机整体，图文并茂、相互映衬不仅增强了教科书的美感，而且能使学生感受本章内容与现实世界的联系和应用。例如，"函数的概念与性质"选取天宫二号作为章头图，"统计"以计算机和大数据作为章头图的背景等，都能起到这样的作用。

2. 改进栏目设置，努力将课程目标转化为实际教学要求

修订前的教科书在正文中设置了"观察""思考""探究"等栏目，以提问的方式创设问题情境，引导学生的思考和探索活动；还设置了"阅读与思考""探究与发现""信息技术应用"等栏目供学有余力的学生选学。广大教师认为这是《原教科书》一大亮点，这些栏目在引导学生独立思考中发挥了良好作用。在栏目的具体内容上，得到教师肯定的有三个方面：一是从知识的发生、发展过程中提出问题，引导学生的数学思维活动，使学生在问题的引导下有条理地进行观察、猜想、分析、推理、论证等，有序地、符合逻辑地进行知识的概括，对于提高学生的概括能力很有好处；二是提示学生采用类比、推广、特殊化等方法进行数学思考，为学生的探究活动提供了恰当的思想方法指导，使探究活动更加有效，从而提高了探究活动的质量和效益；三是通过这些栏目提出学后反思的任务，对学生养成良好的思维习惯很有好处。

修订后的教科书继承了这些优点，并在上述栏目的基础上，增加了"归纳""文献阅读与数学写作"等栏目，专门设置"数学建模活动""数学探究活动"等板块，丰富了栏目设置，为教师探索有利于促进学生学习的多样化教学方式，引导学生阅读自学、独立思考、动手实践、自主探究、合作交流等创造了条件。

例如，在众多三角公式的学习中，教科书紧紧围绕三角函数的定义，借助单位圆，以栏目为载体，构建了这样一条问题链：

（1）根据定义，直接得出"公式一"；

（2）以"探究 公式一表明终边相同的角的同一三角函数值相等，那么，终边相同的角的三个三角函数值之间是否也有某种关系呢"引导学生探究同角三角函数的基本关系；

（3）以"利用圆的几何性质，得到了同角三角函数之间的基本关系。我们知道，圆的最重要的性质是对称性，而对称性（如奇偶性）也是函数的重要性质。由此想到，可以利

用圆的对称性,研究三角函数的对称性"为引导,设置连续的"探究"栏目,让学生探究角的终边与单位圆的交点关于原点对称、关于 x 轴(或 y 轴)对称、关于直线 $y=x$ 对称等条件下,相应的三角函数值之间的关系;

(4) 以"观察诱导公式,可以发现它们都是特殊角与任意角 α 的和(或差)的三角函数与这个任意角 α 的三角函数的恒等关系。如果把特殊角换为任意角 β,那么任意角 α 与 β 的和(或差)的三角函数与 α,β 的三角函数会有什么关系呢"为引导,并具体化为"探究 如果已知任意角 α,β 的正弦、余弦,能由此推出 $\alpha+\beta$,$\alpha-\beta$ 的正弦、余弦吗",让学生自主探索两角和与差的三角函数。

整体上看,上述栏目设计体现了"问题引导学习"的理念,从诱导公式的来龙去脉中,通过推广、特殊化等方式环环相扣地给出了一条观察事物(情境)、提出问题、分析问题、解决问题的线索,把学生的思维活动逐步引向深入,帮助学生在获得"四基"的过程中,逐步提高"四能",发展数学实践能力及创新意识,培育科学精神,促进学生学会学习。我们认为,这样的设计是落实发展数学学科核心素养这一理念的有力举措。

3. 加强内容间的有机衔接

《标准(2017 版)》的一个显著特点是设计了高中数学内容的四条既相对独立又相互联系的主线,它对教科书章节的设计提出了"三个关注"的要求,即:关注同一主线内容的逻辑关系,关注不同主线内容之间的逻辑关系,关注不同数学知识所蕴含的通性通法、数学思想。本套教科书在修订过程中特别注意改进《原教科书》在内容衔接上的缺陷,努力落实"三个关注"。例如,在"三角函数"中,既注意以函数的一般概念为指导,借鉴指数函数、对数函数的研究经验,设计三角函数的研究路径,引导学生自主构建三角函数研究的内容、过程和方法;又注意引导学生关注三角函数的特殊性,充分利用周期性简化研究过程,并在正切函数中有意设计"先研究性质,再作图象"的过程,使学生体验研究函数图象与性质的方法的多样性;特别是,强调单位圆的作用,引导学生利用圆的几何性质发现和研究三角函数的性质;等等。而在后续的向量、复数等内容中,加强用新的知识研究已有的三角恒等变换,建立起不同主线内容之间的联系,使学生深刻体验到三角、向量、复数的内在联系性,以及数学思想、方法和性质的前后一致性、逻辑连贯性。又如,在解析几何中,通过节引言、"观察""思考""探究"栏目,引导学生"先用平面几何眼光观察,再用坐标法解决",使学生切实体会代数与几何的联系;有意识地引导学生利用向量研究"直线的斜率""点到直线的距离"等;通过拓展性栏目、习题等,引导学生体会直线的参数方程的运动学意义;等等。

4. 加强教科书的启发性,引导师生把握数学内容的本质,实现利教利学

加强教科书的启发性,便于教师把握数学知识的本质和结构体系,有利于学生的阅读、理解,并给学生提供独立思考的空间,这是深化课程改革对教科书的整体要求,对促进学生形成对数学的有深度的整体认识,从而培养学生的数学学科核心素养,实现数学课

程的育人价值都是非常重要的。《原教科书》在"思想性、问题性、启发性、联系性"等指导下，对此已经给予了较大的关注，本次修订，在原有基础上进一步加大了力度。

例如，在立体几何教科书中，对"空间几何体的结构特征"，以"结构特征"为主题，以"组成元素的形状、位置关系、数量关系"为研究内容，从定性到定量，通过对具体例子的观察、分析，归纳出共性并概括到同类事物而得出结构特征，从而实现数学抽象，这就是落实"四基""四能"的过程，也是直观想象、数学抽象等数学核心素养落地的过程。实际上，最终的目标都聚焦在理性思维上，使学生逐步养成有结构地、有逻辑地思考的习惯。教科书修订过程中，始终注重落实"用数学的眼光观察世界"，在"从哪些角度观察""如何循序渐进、由表及里、从宏观到微观地观察"等方面加强引导。例如，在"空间几何体"的分类中，教科书作了如下引导：所谓空间几何体的结构，是指它由哪些基本几何元素组成，这些元素的形状如何，有怎样的位置关系；观察一个物体，将它抽象成空间几何体，并描述它的结构特征，应先从整体入手，想象组成物体的每个面的形状、面与面之间的关系，并注意利用平面图形的知识；多面体的结构特征，主要指多面体组成元素的形状和位置关系，观察一个多面体的结构特征，就是要观察它的各个面的形状，以及各个面及其交线的位置关系；等等。

对"空间点、直线、平面之间的位置关系"的研究，注意引导学生在基本几何图形的位置关系中体验数学思想，思考发现几何性质的基本方法，实现几何教学从"知其然"到"知其所以然"再到"何由以知其所以然"的跨越。例如，对"位置关系的性质"的探究，渗透了这样的思想方法：研究基本图形的某种位置关系的性质，就是探索在这种位置关系下的两个几何图形与其他同类几何图形所形成的位置关系中出现的确定关系（不变性），具体方法是让"其他几何图形"动起来，看"变化中的不变性"。例如，"直线与平面平行的性质"，教科书做了如下引导：

以"直线 a // 平面 α"为条件，探究直线 a 与平面 α 内的直线的位置关系，容易发现，α 内的直线与直线 a 或者平行或异面。那么，在什么条件下，平面 α 内的直线与直线 a 平行呢？假设 a 与平面 α 内的直线 b 平行，b 可以看成是由 a，b 所确定的平面 β 与平面 α 的交线，而且只要 β 是过 a 的平面，那么它与 α 的交线一定与 a 平行，这样就有结论：直线 a // 平面 α，过 a 的平面 β 与 α 的交线是 b，则 a // b。

然后，教科书通过推理论证证明了这一结论。

上述教科书内容利用立体几何知识的发生发展过程，在"几何体的结构特征指什么""基本图形位置关系的性质指什么"等基本思想的引领下，通过具有启发性的问题情境，为学生探索相应的几何性质提供了广阔的思路，而直观想象、归纳推理、演绎推理、数学抽象素养等的培养就自然而然地体现其中了。

5. 提高例、习题的质量，为过程评价、阶段性评价提供资源

调研中发现，教师普遍反映《原教科书》的习题量偏少，针对性、层次性等都需要改进，特别是具有应用性、开放性、探究性的问题偏少。本次修订对此作了专题研究，结合《标准（2017年版）》提出的学业质量标准，在例题、习题的选择、编制方面力争在如下几方面得到改进：

①针对性：抓住各章内容的核心，促进概念的理解和思想方法的生成。

②有效性：关注通性通法，抓住基本概念，不在技巧上做文章。

③创新性：题目具有一定新意，但不离开内容本质这个"根"，不在"奇""特"上做文章。

④应用性：在函数、概率与统计等与现实联系紧密的主题中，加强具有现实背景的问题，体现真正的应用。

⑤探究性：通过栏目、边空、递进式习题，以及创设情境和问题，帮助学生理解数学知识的本质，提升数学学科核心素养。

⑥层次性：通过"复习巩固""综合运用""拓广探索"体现习题的层次和梯度，体现教科书有关习题的各部分、各栏目的要求，形成一个立体化的"四基""四能"培养系统。

⑦系统性：在复习参考题的选择和编排中，关注单元知识的系统性，帮助学生达到相应单元的学业要求；同时还关注不同数学内容主线之间的联系性以及六个数学学科核心素养之间的协调，帮助学生整体理解、系统掌握学过的数学知识，实现学业质量的相应要求。

⑧精确性：保证科学性和准确性，确保所选例题具有典型性、示范性，所选习题达到能力培养效果。

6. 重新编写概率与统计内容

与《标准（实验）》比较，《标准（2017年版）》对概率与统计的课程设计，无论在内容选取、体系结构还是在学习要求上，都发生了很大变化。例如，《标准（2017年版）》要求通过古典概型认识样本空间，理解随机事件发生的含义。在统计中，则特别强调根据实际问题的需求，选择不同的抽样方法获取数据，理解数据蕴含的信息；根据数据分析的需求，选择适当的统计图表描述和表达数据，并从样本数据中提取需要的数字特征，估计总体的统计规律，解决相应的实际问题。根据这样的变化，本套教科书重新构建了概率与统计的教科书结构体系，注意加强概率与统计的联系，重新编写了这部分内容。

7. 新增"数学建模""数学探究""文献阅读与数学写作"

与《标准（实验）》比较，《标准（2017年版）》更加明确了对数学建模活动与数学探究活动的内容、过程和要求，明确要求把数学建模活动作为运用模型思想解决实际问题的一类综合实践活动，作为培养数学抽象、数学建模核心素养的重要途径，强调数学建模活动是高中阶段数学课程的重要内容；同样地，明确要求把数学探究活动作为运用数学知识解决数学问题的一类综合实践活动，强调数学探究活动也是高中阶段数学课程的重要内容；另外，还规定了"数学建模活动"和"数学探究活动"要以课题研究的形式开展。为了落实《标准（2017年版）》的要求，本套教科书在必修和选择性必修课程中分别设计了如下内容：

教科书册次	活动类型	题目
必修第一册	数学建模	建立函数模型解决实际问题
必修第二册	数学探究	用向量法研究三角形的性质
选择性必修第三册	数学探究	杨辉三角的性质与应用
选择性必修第三册	数学建模	建立统计模型进行预测

《标准（2017年版）》指出，数学文化是指数学的思想、精神、语言、方法、观点，以及它们的形成和发展；还包括数学在人类生活、科学技术、社会发展中的贡献和意义，以及与数学相关的人文活动。要求重视数学实践和数学文化，把数学文化融入课程内容。本套教科书除了在正文的相关内容中有机融入有关数学史、数学家以及数学思想方法等以外，专门设计了"文献阅读与数学写作"专题，以此引导学生通过自己查阅资料、阅读文献、撰写文献综述等，提升学生对数学文化的感受水平，把这一要求落在实处。具体内容有：

函数的形成与发展；

对数概念的形成与发展；

几何学的发展；

解析几何的形成与发展；

微积分的创立与发展。

8. 加强信息技术运用，实现信息技术与数学教科书的深度融合

《原教科书》对信息技术与数学教科书的整合给予了高度重视，受到广大师生的好评。《标准（2017年版）》为了体现课程内容的与时俱进，要求学生学习了解互联网、人工智能、大数据处理等相关内容。修订后的教科书根据这一要求，在加强信息技术的运用，实现信息技术与数学教科书的深度融合上作了较大努力。例如，在函数内容中，设计了利用信息技术工具作函数图象、研究函数的性质、探索和比较不同类型函数的变化规律、求方程的近似解等内容；在几何中，引导学生利用信息技术展示空间图形，为理解和掌握图形的几何性质提供直观；特别是在概率与统计中，加强了统计软件的介绍和使用，引导学生使用计算器、计算机进行模拟活动，处理样本量较大的数据；等等。

9. 各章小结的变化

（1）特别重视构建各章的知识结构图，突出本章知识要点、发展脉络和相互联系；突出内容反映的思想方法；注意归纳数学学科核心素养的落脚点；等等。例如，在"集合与

常用逻辑用语""平面向量及其应用"等章的小结中，特别指出"新的运算对象"的引入、类比数的运算定义相应的运算法则、研究运算律等，对于发展数学运算、数学抽象和逻辑推理等素养的意义。

（2）为突出"思想性"，增加对主要内容及其反映的思想方法进行提炼与概括的内容，使小结体现全章思想的"点睛"作用。例如，在"一元二次函数、方程和不等式"的小结中，特别指出数学的整体性和联系的观点、"类比是发现的引路人"以及"运算中的不变性就是性质"等；又如，"立体几何初步"的小结，结合本章内容揭示了研究几何图形的结构特征的基本思路和方法，特别是结合充要条件、充分条件和必要条件说明几何对象的定义、判定和性质的逻辑内涵，使学生进一步明确了研究的内容、过程和方法；再如，在"概率"的小结中，提炼了类比函数的研究过程和方法构建概率的研究路径，发现和提出概率中要研究的问题，形成研究方法，得出有关结论；等等。

（3）修订小结中的思考问题，在重点、难点和关键上提出有思考力度的、具体的问题，深化学生对本章核心内容及其反映的数学思想方法的理解。"思考"中的问题注意与新增的概述部分协调，做到前后呼应。

结束语

课程教材的改革是一个"没有最好，只有更好"的过程，必须秉持"积跬步以至千里"的心态，不能操之过急。本次《人教A版》的修订工作实际上是在《原教科书》的使用过程中就已经开始了，我们于2006年10月组织一线专家型数学教师、教研员、数学教育工作者和数学家等，以"中学数学核心概念、思想方法的结构体系和教学设计的理论与实践"课题研究为抓手，开展了持续的课程、教材、教学相结合的研究。在此过程中，不仅对课程教材建设规律加深了认识，积累了大量一手资料，取得了丰硕的研究成果，而且在全国范围内积聚了一批优秀的数学教科书编写人才，使我们能够组织起一个结构合理的教科书编委会。在全体编委会成员和广大高中数学教师的大力支持下，顺利完成了教科书修订工作，并得到国家教材委员会专家委员会的高度认可。专家委员会在《教材审查报告》中给出的审查意见是：

本套教科书以《标准（2017年版）》为依据，按《标准（2017年版）》的目标和内容要求设计与安排教科书，总体上与《标准（2017年版）》的要求一致。教科书的总体设计符合《标准（2017年版）》的理念，体现《标准（2017年版）》的目标，符合三条主线的内容要求；课程内容安排和学分分配符合《标准（2017年版）》要求；教科书结构设计合理，符合学生学习特点，考虑学生的学习兴趣，情境设计与问题提出合理，能够引导学生发现问题和解决问题，注重培养学生的数学核心素养；教科书栏目设计比较合理，注重启发学生思考，为学生提供参与学习的机会。练习形式多样，例题和习题选材能够注重现实性和学生生活实际；教科书注重信息技术的使用，便于学生直观理解数学知识；课本的数学概念和语言表述规范。

我们愿意和全国中学数学教育界的同仁、广大一线教师一起，托起绿色的希望，依靠我们无坚不摧的智慧，逐步接近数学教育的本来面目，为我国高中数学课程教材的可持续发展贡献智慧和力量。

参考文献

[1] 数学课程标准研制组. 普通高中数学课程标准（实验）解读［M］. 南京：江苏教育出版社，2004：76，160，161.

[2] 中华人民共和国教育部. 普通高中课程方案［S］. 北京：人民教育出版社，2018.

[3] 中华人民共和国教育部. 普通高中数学课程标准（2017 年版）［S］. 北京：人民教育出版社，2018.

[4] A. D. 亚历山大洛夫，等. 数学——它的内容、方法和意义：第一卷［M］. 秦元勋，王光寅，等，译. 北京：科学出版社，1958：1.

[5] 中华人民共和国教育部. 普通高中数学课程标准（实验）［S］. 北京：人民教育出版社，2003.

[6] 史宁中，等. 普通高中数学课程标准（2017 年版）解读［M］. 北京：高等教育出版社，2018：8-163.

[7] 林崇德. 我的心理学观［M］. 北京：商务印书馆，2008：12.

[8] 菲利克斯·克莱因. 高观点下的初等数学：第一卷 算术 代数 分析［M］. 舒湘芹，等，译. 上海：复旦大学出版社，2008：13.

[9] 张永春. 数学课程论［M］. 南宁：广西教育出版社，1996：118-119.

[10] 李润泉，等. 中小学数学教材五十年（1950～2000）［M］. 北京：人民教育出版社，2008：430.

[11] 史宁中. 数形结合与数学模型——高中数学教学中的核心问题［M］. 北京：高等教育出版社，2018：前言.

（执笔人：章建跃，人民教育出版社课程教材研究所）

第二编　主题编写研究

函　　数

函数是现代数学最基本的概念，是描述客观世界中变量关系和规律的最为基本的数学语言和工具，在解决实际问题中发挥重要作用。[1] 20世纪初，德国数学家菲利克斯·克莱因指出：函数是数学的灵魂，应该成为中学数学的基石，应该把算数、代数和几何方面的内容，通过几何的形式用以函数为中心的观点综合起来。[2] 经过近百年的努力，在中小学数学课程中，函数从无到有，从附属地位到核心内容，已经成为贯穿中学数学课程的主线。

《标准（2017年版）》中，无论是必修课程，还是选择性必修课程、选修课程，函数主题都贯穿始终。要求学生从理解一般的函数概念出发，研究函数的性质，掌握一些具体的初等函数函数模型，运用函数知识研究数学问题和解决实际问题；通过函数主题的学习和应用，感悟和运用函数内容中蕴含的运动变化、数形结合、运算、极限等数学思想方法，提升数学抽象、数学建模、数学运算、直观想象和逻辑推理等数学学科核心素养。

一、函数主题的内容及学习要求

按照《标准（2017年版）》的要求，高中数学必修、选择性必修课程中，函数主题的内容和要求如下。

1. 函数的概念与表示

在初中用变量之间的对应关系描述函数的基础上，用集合语言和对应关系刻画函数，建立完整的函数概念，感悟数学抽象的层次；理解函数的解析法、列表法和图象法等数学表达，会在实际情境中根据需要选择恰当的方法表示函数。

2. 函数的性质

在函数的认识和研究中，一般从整体和局部两个方面揭示函数的性质。对于整体性质，主要包括单调性、奇偶性（对称性）、周期性、有界性、最大（小）值等；局部性质主要是导数、函数的极值点与极值。对于这些性质，需要学生在利用图象研究性质的基础上，能用数学符号语言准确地刻画。另外，要建立整体性质与局部性质的联系，即建立导数与单调性的联系，用导数研究函数的单调性。

3. 具体函数模型

高中阶段需要学生掌握一些具体函数模型，学会研究一些特殊函数。这些具体函数类主要包括：

简单幂函数 $\left(y=x, y=\dfrac{1}{x}, y=x^2, y=\sqrt{x}, y=x^3\right)$ 及其推广（一次函数、二次函数、三次函数、反比例函数）；

指数函数 $y=a^x$ 和对数函数 $y=\log_a x$；

三角函数（基本三角函数 $y=\sin x$，$y=\cos x$，$y=\tan x$ 及函数 $y=A\sin(\omega x+\varphi)$）；

数列（离散类函数），主要是等差数列和等比数列；

简单的分段函数。

其中，幂函数、指数函数、对数函数、三角函数是"基本初等函数"，是构造新函数的基础，它们通过有限次的加、减、乘、除、复合、求反函数等可以得到新的函数类。对于这些基本的函数，需要掌握它们的背景和概念，理解它们所刻画的具体运动变化现象；会用函数图象和代数运算的方法研究它们的性质；理解这些函数中蕴含的运算规律；运用这些函数模型解决简单的实际问题，体会它们在解决实际问题中的作用。

4. 函数的应用

函数的应用包括函数在数学中的应用和用函数解决实际问题两个方面。

在数学方面，从函数观点认识方程，可以利用函数的性质求方程的近似解；从函数观点认识不等式，可以利用函数的性质解不等式；另外，可以用函数的思想方法研究图形、讨论极值和最值问题等。

函数更重要的应用是解决实际问题，函数是描述客观世界中变量关系和规律的重要数学语言和工具，运用函数可以刻画"直线上升""指数爆炸""对数增长""周期运动"等运动变化现象，通过建立函数模型解决实际问题，可以提升学生的应用意识和实践能力，提升数学建模素养。

5. 一元函数的导数及其应用

一元函数的导数及其应用也是函数主题的重要内容。通过丰富的实际背景和具体实例引入导数概念，可以让学生经历由平均变化率过渡到瞬时变化率的过程，感悟极限思想。导数及其相关内容可以帮助学生进一步深入认识"变化"。导数是一种借助极限的运算，它定量地反映了函数在局部的变化规律，从单调性到导数，就是从定性描述变化到定量描述变化的过程，这种思想方法在研究函数中发挥重要的作用，也在函数的应用中发挥着越来越大的作用。

下图展示了高中数学必修和选择性必修课程中函数主题的内容结构。

函数 55

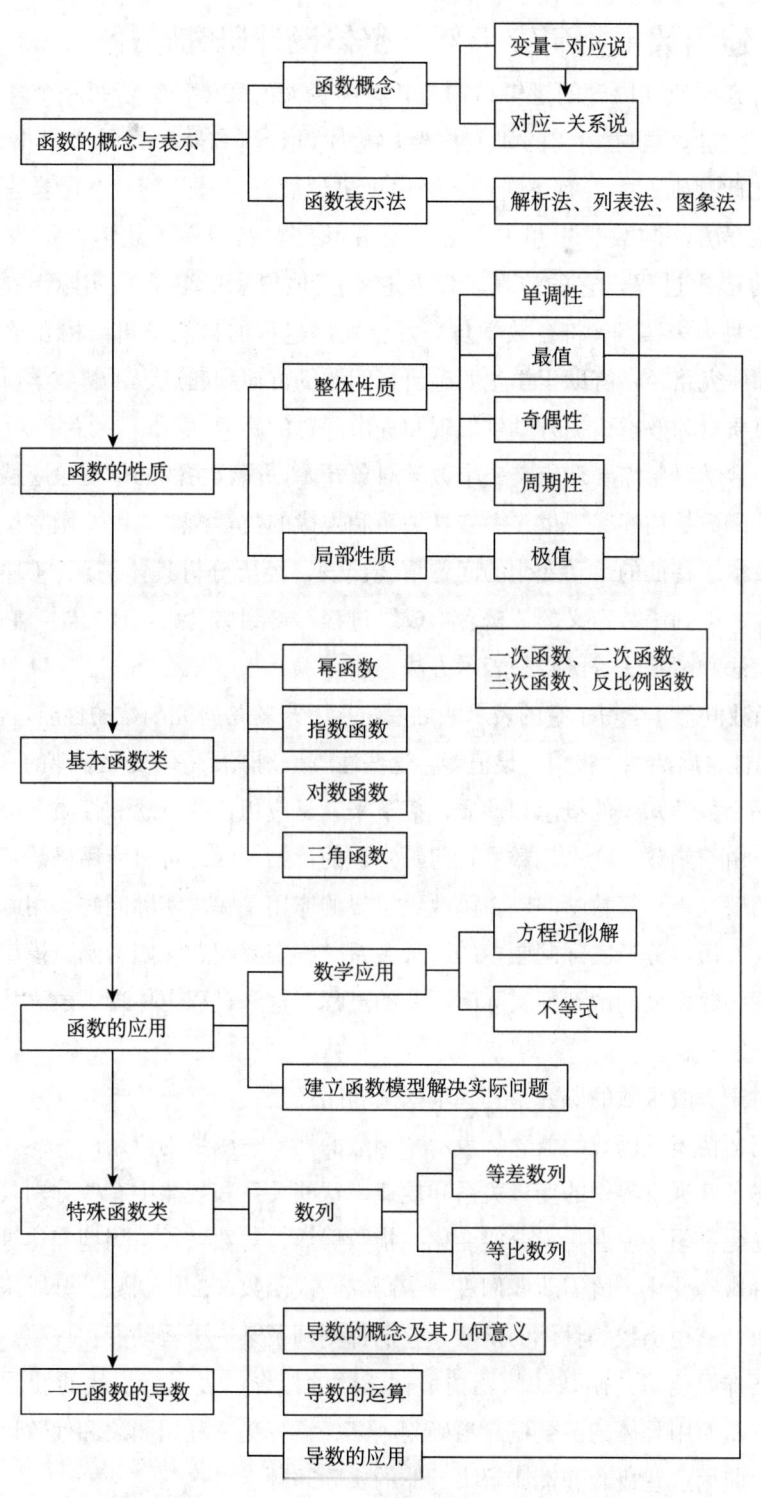

二、构建函数主题研究框架，整体设计研究路径

合理的研究框架和内容的逻辑结构是教科书育人的载体。对于每一个学习内容，特别是对于学习主题，构建相应的研究框架，整体设计研究路径，是教科书编写首要考虑的问题。在此基础上，再有逻辑地、循序渐进地展开具体内容。"数学是自然的……数学概念、数学方法与数学思想的起源与发展都是自然的……数学中每一个概念，它的背景、它的形成过程，它的应用，以及它与其他概念的联系，实际上是水到渠成、浑然天成的产物……"[3]。符合数学自身发生发展过程的自然逻辑结构和学生心理特点的研究框架和研究路径，有助于学生明确研究问题的方向和起点、了解数学研究问题的方式、提高学习质量和效益、提升学生发现和提出问题的能力。

研究一个数学对象需要从定义一个数学对象开始，函数主题的学习也应从学习函数概念开始。由于函数是描述客观世界中变量关系和规律的数学模型，因此函数概念的抽象应当从具有函数本质特征的运动变化的问题情境出发，经历分析具体例证、归纳共同特征、概括本质属性、得到函数定义的"概念形成"过程。得到概念后，还要学习它的表示，即解析法、列表法和图象法等函数的表示方法。

定义了函数概念，学习了它的表示法之后，接下来就是研究函数的性质，包括其值域、单调性、奇偶性、周期性、极值、最值等，这些性质是刻画函数的变化规律的具体体现。

学习了一个数学知识的概念和性质，接下来就是应用这些概念和性质解决问题。对于函数的应用，由于函数是联系代数、几何等知识的桥梁，因此可以应用函数解决一些求方程、不等式的解（集）等数学问题。函数更重要的应用是解决实际问题。用函数解决实际问题，一般要经历"分析实际问题中的数量关系—将实际问题化归为函数模型—运算求解函数模型—用函数模型的解解释实际问题"的过程，这一过程也体现了建立数学模型解决实际问题的一般过程。

综上，对于一般函数的研究，其基本框架和路径是：

函数的问题情境—函数的概念、表示—函数的性质—函数的应用。

函数描述了客观世界中的变量关系和规律，这些关系和规律中有些分别具有某一类特征，如匀速变化、匀变速变化、分段变化、指数爆炸、对数增长、周期变化等，为了更深入、准确了解这些变化，就需要我们进一步研究一次函数、二次函数、分段函数、指数函数、对数函数、三角函数等具体的函数，它们都刻画了某一类运动变化现象。对于具体函数的研究，同样要经历"函数的问题情境—函数的概念、表示—函数的性质—函数的应用"的过程，从而用具体的函数概念精确刻画某一类变化，利用图象和代数运算研究特殊的变化规律，应用这些概念和性质解决具体的实际问题。

由于不论是对于一般的函数，还是特殊的函数，其研究路径基本相同，因此我们在研究具体的函数时，可以采用类比的方法。例如，在学习了一般的函数概念、性质后，可以首先借助幂函数的研究让学生经历研究一个具体函数的一般过程；再按照相同的路径研究

指数函数;由于对数函数与指数函数互为反函数,因而可以类比指数函数的研究学习对数函数;三角函数最基本的特征是反映周期运动的变化规律,对于其研究同样要按照上述路径展开;对于数列,特别是等差和等比数列,由于它们可以看作离散的一次函数和指数函数,因此对它们的研究也要类比研究函数的过程和方法进行;最后是用导数精确刻画函数的局部性质。

综上,函数主题的研究路径可以归结为:从一般到特殊、从整体到局部,研究函数的概念和表示、性质、应用,这一过程也体现了研究一个数学对象的基本路径。

三、突出函数所刻画的运动变化现象的本质,渗透研究函数的思想方法

1. 突出函数所刻画的运动变化现象的本质特征

数学是以数量关系和空间形式为主要研究对象的学科,数量关系和空间形式是从现实世界中抽象出来的,而世界永远是处于运动变化之中的,因此无论数量关系中还是空间形式中都充满了运动变化的问题,对客观事物必须从运动变化的角度进行数量化的研究。各种运动变化的问题中,包含的许多变量是相互联系的,变量之间存在着对应规律,这就会表现为变量的值之间存在对应关系,其中就有单值对应关系,而刻画这种单值对应关系的数学模型就是函数。在高中阶段,尽管已经把函数的概念从初中的"变量之间的单值对应"提升到"数集之间的对应关系",但其刻画运动变化现象的本质特征没有改变,变化与对应也是研究函数的基本思想方法。

在高中阶段,除了要理解一般函数刻画的运动变化现象外,学生还要学习一些具体的基本初等函数,这些函数刻画了某一类具体的运动变化现象。例如,一次函数刻画的运动变化是"匀速"的;二次函数刻画的运动变化是"匀变速"的;指数函数刻画了呈"指数爆炸"的运动变化;对数函数刻画了呈"对数增长"的运动变化;三角函数刻画了"周期往复"的运动变化;分段函数刻画的运动变化在不同阶段有所不同。对这些具体函数的研究,结合其所刻画的运动变化现象,也有助于对相应函数的理解。

例如,三角函数是刻画循环往复的周期运动的数学模型,圆周运动是最常见的周期变化现象,其中最简单的是单位圆上点的匀速圆周运动,因而对于三角函数的研究,和圆周运动相结合,尤其是和单位圆上点的匀速圆周运动相结合,既有助于建立三角函数的概念、研究它的性质,也体现了三角函数刻画的周期变化的本质特征,有助于学生对其深入理解。具体地,在教科书和教学中,可以作如下处理:

• 任意角。如图1,从刻画圆周上一点 P 的运动出发,借助射线 OP 与起始位置 OA 所成的角 α 的大小变化刻画点 P 的位置变化,

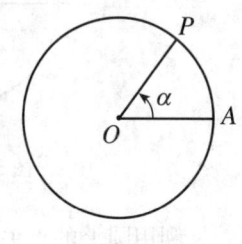

图1

而点 P 运动过程中角 α 超出了 $0°\sim360°$ 的范围，因此为了借助角 α 的大小变化刻画圆周运动，需要扩大角的范围。

• 三角函数的概念。为研究单位圆上点 P 的运动变化，将其放在平面直角坐标系中，把点 P 的纵坐标 y 叫做 α 的正弦函数（$\sin\alpha$），把点 P 的横坐标 x 叫做 α 的余弦函数（$\cos\alpha$），点 P 的纵坐标与横坐标的比值 $\dfrac{y}{x}$ 叫做 α 的正切函数（$\tan\alpha$）（图2）。

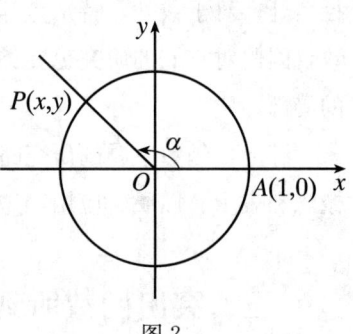

图 2

• 诱导公式（作为三角函数的性质）。由于三角函数是利用单位圆来定义的，因此利用单位圆的几何性质，可以研究三角函数的性质，从而得到三角函数的诱导公式。

利用三角函数值周而复始的变化规律，可得诱导公式一；

利用圆上点的几何性质（勾股定理），可得同角三角函数之间的关系（图3）；

利用圆上的点关于圆心中心对称，可得诱导公式二（图4）；

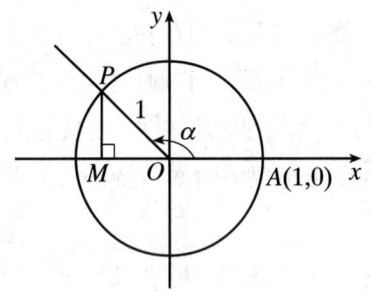 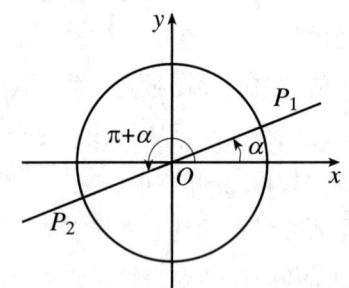

图 3　同角三角函数的关系　　　图 4　诱导公式二

利用圆上的点关于 x 轴对称，可得诱导公式三（图5）；

利用圆上的点关于 y 轴对称，可得诱导公式四（图6）；

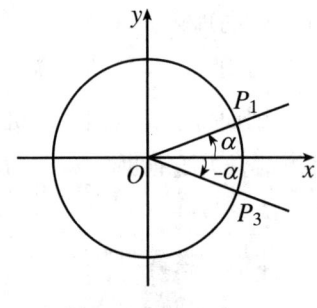 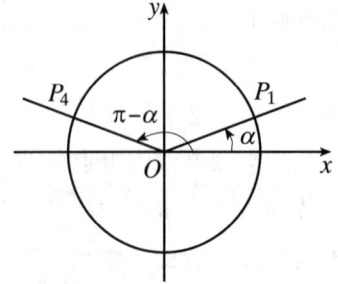

图 5　诱导公式三　　　图 6　诱导公式四

利用圆上的点关于直线 $y=x$ 对称，可得诱导公式五（图7）；

再作关于 y 轴的对称点，可得诱导公式六；

利用圆的旋转对称性，可得两角差的余弦公式（图8）。

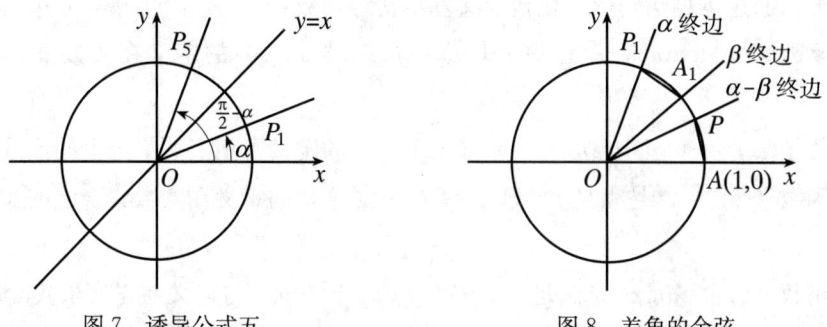

图7　诱导公式五　　　　　　　图8　差角的余弦

- 在单位圆上，根据三角函数的定义，可作出三角函数图象上的任意一点，进而得到其在一个周期内的图象；再利用其周期性，得到其在整个定义域内的图象，从而利用图象研究其性质（图9）。

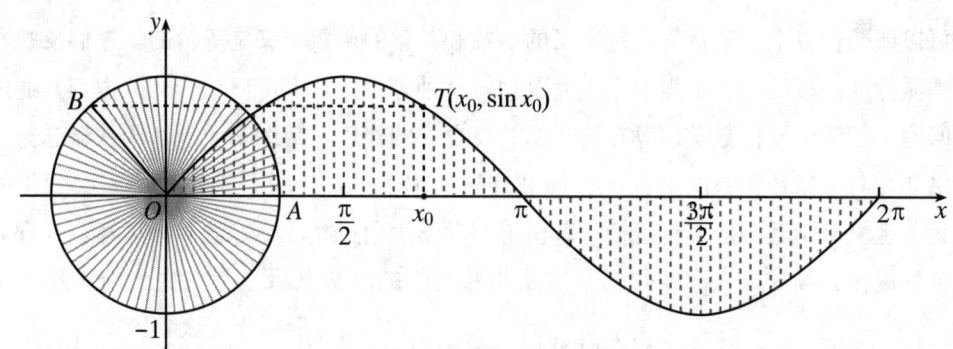

图9　$y = \sin x$ 的图象

- 从刻画单位圆上的单位速度的匀速圆周运动拓展到一般的匀速圆周运动（以筒车、摩天轮为实例）（图10），引入研究函数 $y = A\sin(\omega x + \varphi)$。

这样处理，以研究圆周运动贯穿三角函数研究的始终，有效地发挥了单位圆的作用，有利于学生理解三角函数刻画"周期运动"的运动变化现象的本质。

2. 从运算角度认识函数，帮助学生抽象函数概念，发展数学运算素养

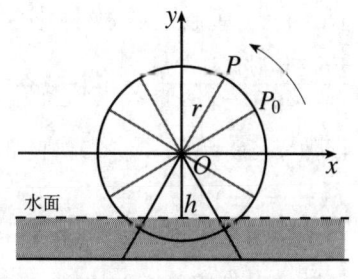

图10　筒车运动模型

$H = r\sin(\omega t + \varphi) + h$

代数的核心是数学运算，运算是研究数学问题的基本手段。通过数学运算（加法、乘法及其逆运算），可以建立量和量之间的代数关联，从而得到数量关系。由于函数反映的是数量关系中的变量关系，因而运算也是研究函数的基本手段。

随着人们对函数概念认识的不断深入，至函数的"关系说"，函数概念中已经没有变

量、甚至对应的影子了，函数概念逐步摆脱了函数的物理背景，以"关系说"的函数概念为基础，可以通过运算法则形式化地定义基本初等函数：[4]

线性函数 $f(x)=cx$ 是满足 $f(x+y)=f(x)+f(y)$ 的定义在实数集合上的连续函数；

幂函数 $f(x)=x^a$ 是满足 $f(xy)=f(x)f(y)$ 的定义在正实数集合上的连续函数；

指数函数 $f(x)=a^x$ 是满足 $f(x+y)=f(x)f(y)$ 的定义在实数集合上的非常值连续函数；

对数函数 $f(x)=\log_a x$ 是满足 $f(xy)=f(x)+f(y)$ 的定义在正实数集合上的连续函数；

正弦函数 $f(x)=\sin x$、余弦函数 $g(x)=\cos x$ 是满足 $g(t-s)=g(t)g(s)+f(t)f(s)$ 并且在开区间 $\left(0,\dfrac{\pi}{2}\right)$ 上 $f(x)>0$，$g(x)>0$，$f\left(\dfrac{\pi}{2}\right)=g(0)=1$ 的定义在实数集合上的连续函数。

可以证明，以上按照运算法则定义的函数和日常的函数定义是等价的，它们反映了函数的本质特征。教学中，不需要学生完全理解这种等价性，但可以结合相关内容，通过恰当的问题，让学生感悟数学运算在建立函数概念中的作用，帮助学生理解函数概念。

例如，对于指数函数的引入，教科书首先列举了 A，B 两个景区游览人次变化的例子。为了定量刻画其中的变化规律，教科书引导学生通过减法、除法两种运算，发现数据中蕴含的规律：A 景区人次变化的本质是相邻两年的增量（后一年人次－前一年人次＝年增长量）不变，B 景区变化的本质是相邻两年的增长率 $\left(\dfrac{后一年人次}{前一年人次}-1=年增长率\right)$ 不变，这就是这两种变化中的不变性，就是变化规律，它们分别刻画了线性增长和指数增长。在此基础上，教科书又安排了碳 14 含量衰减变化的例子，同样通过 "$1-\dfrac{后一年碳14含量}{前一年碳14含量}=年衰减率$" 不变刻画这种指数衰减的规律。在此基础上，通过对指数函数 $f(x)=a^x$（$a>0$，且 $a\neq1$）解析式的分析，还可以进一步发现，对于任意 Δx，$\dfrac{f(x_0+\Delta x)}{f(x_0)}=\dfrac{a^{x_0+\Delta x}}{a^{x_0}}=a^{\Delta x}$，说明如果指数函数的自变量从 x_0 起取同样的增量 Δx，则其函数值总是按确定的比例 $a^{\Delta x}$ 在增长（$a>1$）或衰减（$0<a<1$），这就是指数函数的变化规律。

再如，对于等差数列和等比数列，通过对相应实例的探究，可以发现它们从第二项起，每一项与前一项的差（比）都等于一个常数，这种运算中体现出来的变化规律和线性增长（指数增长）是一致的，因而它们和一次函数（指数函数）有关，是特殊的一次函数（指数函数）。这样，就建立了数列与函数的联系：数列是特殊（自变量取值离散）的函数，特殊的数列就是特殊的函数，因而可用研究函数的思路和方法研究数列。

3. 运用导数研究函数性质，定量刻画函数变化，渗透微积分思想

导数及其应用也是函数主题的重要内容。定量地分析和解决问题是数学的基本特征，导数是描述函数变化率的概念，是定量地描述函数在某一点的变化情况。从单调性到导数，就是从定性描述变化到定量描述变化的过程，这种研究方法在函数的研究中发挥着重要的作用，也是直观想象、数学抽象、逻辑推理素养的具体体现。

函数的单调性反映了随着自变量的增加，函数值变大（小）的性质，这是一个整体性质。对于不同自变量的值，函数的变化可能不同，导数更精确地描述了函数在一点的变化。在导数的学习中，教科书首先引入了平均变化率的概念，平均变化率描述了函数在某一范围（区间）内的变化，区间越小，越能精确地刻画函数的变化。当区间的长度趋近于0时，就是瞬时变化率，就是导数。导数定量地刻画了函数在一点的变化，反映了函数局部变化的性质。从绝对变化到平均变化，再到瞬时变化的过程，体现了极限的思想。

导数与单调性的关系反映了函数的局部性质与整体性质的关系。在一个区间内，如果函数在每一点的导数都大于0，则函数在该区间是单调递增的；如果函数在每一点的导数都小于0，则函数在该区间是单调递减的。反之，也可以用函数的单调性判断导数的符号，在一个区间内，单调递增函数如果有导函数，那么每一点的导数大于或等0；单调递减函数如果有导函数，那么每一点的导数小于或等于0。

引入导数概念可以定量分析函数变化。例如，对于函数的单调性，在某一个区间内，如果函数在某一点的导数都大于1，利用导数可以知道这样的函数在此区间内的变化比函数 $y=x$ 要快。再如，利用函数在某一点的导数值为0，再加上其在这一点左、右的导数值的符号，就可以确定这一点是否为函数的极值点。

四、重视相关概念的形成过程，发展数学抽象素养

数学源于对现实世界的抽象，数学研究对象是从数量和数量关系、图形与图形关系中抽象得到的，数学对象的获得过程蕴含着丰富的数学抽象、直观想象的核心素养。因而，在函数主题的教科书呈现与教学中，要重视概念教学，重视相关概念的获得过程。由于函数是描述客观世界中变量关系和规律的数学模型，因此不管是对一般函数概念、具体的基本初等函数的概念、数列（包括等差数列和等比数列）的概念、导数的概念，都要重视它们与现实的联系，从反映这些概念本质特征的现实情境、数学情境、其他学科情境等问题情境出发，让学生经历归纳其共同特征、概括其本质属性的过程，使学生学会数学地认识问题，学会"用数学的眼光观察世界"，从而发展数学抽象、直观想象的素养。

1. 函数概念的抽象过程

（1）函数概念的发展历史

函数概念的起源，最早和人们对动点轨迹的研究密不可分。函数概念的产生和发展经历了"变量说""对应说"到"关系说"的发展过程。

变量说——刻画变量之间的变化关系

17世纪，笛卡儿引入了变量的概念，并用代数关系式表达变化的量之间的关系[5]。1673年，莱布尼茨给出了函数的概念，用来表示任何一个随着曲线上的点的变动而变动的量，后来又用它来表示依赖于一个变量的量[5]。18世纪，函数被认为是由变量和常量构成的式子。约翰·伯努利1718年给函数下了如下定义：由任一变量和常数的任一形式所构成的量[5]。欧拉在1748年将其发展为：一个变量的函数是由该变量和一些数或常量以任何一种方式构成的解析表达式[6]。1755年，欧拉在他的《微分学原理》的序言中又给出了如下定义："如果某变量，以这样的方式依赖于另一些变量，即当后面这些变量变化时，前者也随之变化，则称前面的变量是后面变量的函数"[7]。

对应说——刻画数值与数值之间的对应

19世纪，对函数的认识发展到对应关系。柯西在他1821年所写的《分析教程》中给出了函数的如下定义："在某些变数间存在着一定的关系，当一经给定其中某一变数的值，其他变数的值可随着而确定时，则将最初的变数叫自变量，其他各变数叫做函数。"[8] 1837年狄利克雷也给函数下了一个定义："如果对于给定区间上的每一个 x 的值，有唯一的 y 值同它对应，那么 y 就是 x 的一个函数，至于在整个区间上 y 是否按照一种或多种规律依赖于 x，或者 y 依赖于 x 是否可用数学运算来表达，那都是无关紧要的。"[9] 1851年，黎曼给出函数的定义："假定 z 是一个变量，它可以逐次取所有可能的实数值。如果对它的每一个值，都有未知量 w 的唯一的一个值与之对应，则 w 称为 z 的函数。"[7]

关系说——刻画集合之间的关系

20世纪，数学家开始用集合的语言定义函数。1939年，布尔巴基学派给出了完善的函数概念："设 E 和 F 是两个集合，它们可以不同，也可以相同。E 中的一个变元 x 和 F 中的变元 y 之间的一个关系称为一个函数关系，如果对于每一个 $x \in E$，都存在唯一的 $y \in F$，它满足与 x 给定的关系。以上述方式将与 x 有给定关系的元素 $y \in F$ 与每一个元素 $x \in E$ 相联系，称这样的运算为函数。函数值由给定的关系所确定，称 y 是函数在元素 x 处的值。两个等价的函数关系确定同一个函数。"[7] 后来有学者将其进一步符号化，得到如下形式化的定义：设 F 是定义在集合 X 和 Y 上的一个二元关系，称这个关系为函数，如果对于每一个 $x \in X$，都存在唯一的 $y \in Y$，使得 $(x, y) \in F$。

（2）对高中函数概念的分析

学生在初中阶段已经学过函数的定义：

在一个变化过程中，如果有两个变量 x 与 y，并且对于 x 的每一个确定的值，y 都有唯一确定的值与其对应，那么我们就说 x 是自变量，y 是 x 的函数。

在高中阶段，我们是这样定义函数概念的：

给定两个非空实数集合 A 和 B，以及对应关系 f，若对于集合 A 中的每一个实数 x，集合 B 中有唯一实数 $y=f(x)$ 与 x 对应，则称 $y=f(x)$ 为集合 A 上的函数。

比较这两个概念，可以发现，初中阶段的函数概念是描述变量之间的对应关系，其本质是变量之间的"单值对应"，它立足于"变量说"，但吸收了"对应说"的思想，可以称之为"变量—对应说"。这样的定义方式，在具体的变量背景上定义函数，有利于学生直观认识函数的本质特征，但很难摆脱表达形式（表达式、表格、图象）的束缚，因此很难一般地认识函数，很难把握函数的本质特征。例如，根据这种定义很难判定两个具有不同表达式的函数 $f(x)=1$ 和 $g(x)=\sin^2 x+\cos^2 x$ 是否相同。另外，这种方式定义的函数，很难建立函数的定义域和值域，因此也很难研究函数的性质。

高中阶段的函数概念是在描述实数集之间的对应关系，并将这种对应关系用抽象的符号表示，立足于"对应说"，又吸收了"关系说"的某些特点，是黎曼和布尔巴基学派函数概念的融合，可以称之为"集合—对应说"。这种方式定义函数，舍去了变量关系的物理属性，摆脱了具体表达方式的束缚，实现了更高层次的抽象。这就意味着在研究函数时只需要思考是否存在一个对应关系，而不在于其具体的表达形式。这样，对于两个函数，只要其定义域和对应关系这两个要素一致，就可以判断这两个函数相同。另外，由于明确了函数的定义域，使得我们可以在定义域甚至定义域内某个区间上研究函数的性质。再有，这种定义方式也使得不同的函数可以进行加、减、乘、除运算了。这些都使函数研究的内涵和应用得到了扩展。

（3）高中函数概念的获得

从上述分析可以发现，基于"集合—对应说"的函数定义具有一般性，更体现了函数概念的本质。但由于其舍去了变量关系的物理属性，也就失去了函数概念的直观。因此，对于高中函数概念的教学，必须回到初中阶段，从典型丰富的、反映运动变化现象的具体实例出发，由"感性具体"到"理性具体"，让学生分析、比较、综合这些例证的共同特征，抓住其反映对应关系的本质；在此基础上，由"理性具体"到"理性一般"，[4] 通过创设合适的问题情境，引导学生从自变量取值的集合（定义域）的角度考虑问题，从抽象地描述不同的对应关系的共同特征的角度进行概括，将集合之间的对应关系用抽象的数学符号表示，使学生把握高中阶段函数概念的本质特征。

为了得到函数的概念，教科书首先提出用初中阶段学习的函数概念无法判断两个具有不同表达形式的函数是否相同的问题，引出高中进一步学习函数概念的必要性。在此基础上，提出如下问题1：

问题 1 某"复兴号"高速列车加速到 350 km/h 后保持匀速运行半小时。这段时间内，列车行进的路程 S（单位：km）与运行时间 t（单位：h）的关系可以表示为 $S=350\,t$。有人说："根据对应关系 $S=350\,t$，这趟列车加速到 350 km/h 后，运行 1 h 就前进了 350 km。"你认为这个说法正确吗？

根据初中阶段的函数定义，这一问题中，t 和 S 是两个变量，而且对于 t 的每一个确定的值，S 都有唯一确定的值与之对应，所以 S 是 t 的函数。但根据问题中的条件，无法判断列车以 350 km/h 的速度运行半小时后的情况。因此，要更准确地表示问题 1 中 S 与 t 的对应关系，就必须关注 t 的变化范围。由此可以给出问题 1 所反映的对应关系的精确的语言表示：

对于数集 $A=\{t|0\leqslant t\leqslant 0.5\}$ 中的任一时刻 t，按照对应关系 $S=350t$，在数集 $B=\{S|0\leqslant S\leqslant 175\}$ 中都有唯一确定的路程 S 和它对应。

在此基础上，教科书给出如下问题 2、问题 3 和问题 4：

问题 2 某电气维修公司要求工人每周工作至少 1 天，至多不超过 6 天。如果公司确定的工资标准是每人每天 350 元，而且每周付一次工资，那么你认为该怎样确定一个工人每周的工资？一个工人的工资 w（单位：元）是他工作天数 d 的函数吗？

问题 3 首先给出北京市某一天的空气质量指数的变化图。提出问题：如何根据该图确定这一天内任一时刻 t 的空气质量指数的值 I？你认为这里的 I 是 t 的函数吗？

问题 4 首先给出某地 10 年的恩格尔系数的值的列表，并提出问题：你认为按此表给出的对应关系，恩格尔系数 r 是年份 y 的函数吗？如果是，你会用怎样的语言来刻画这个函数？

上述问题中，问题 2 的对应关系与问题 1 相同，但它的自变量取值与问题 1 不同，并且是离散点；问题 3 和问题 4 分别是用图象和表格形式给出的函数。对于这三个问题，都要求学生说出自变量的取值范围，并从数集之间的对应关系的角度描述自变量与函数值之间的对应关系。在此基础上，引导学生对上述 4 个实例的共同特征进行概括：

①都包含两个非空数集，用 A，B 来表示；

②都有一个对应关系；

③尽管对应关系的表示方法不同，但它们都有如下特性：对于数集 A 中的任意一个数 x，按照对应关系，在数集 B 中都有唯一确定的数 y 和它对应。

在此基础上，给出高中阶段的函数定义。

纵观上述过程，体现了函数概念由"感性具体"到"理性具体"，再由"理性具体"到"理性一般"的过程，既反映了函数描述客观世界运动变化现象和变化规律的本质，也反映了用抽象的数学符号描述数集之间的对应关系的数学特征，发展了学生数学抽象和直观想象的数学素养。

2. 其他有关概念的抽象过程

除一般函数概念外，函数主题相关概念也比较多，如一些具体的初等函数的概念，数列的概念，导数的概念等。对于这些概念，也都要从它们反映的运动变化现象的具体例证出发，让学生经历分析、比较、综合这些例证的共同特征，进而概括出其本质属性的过程，从而得到函数概念。也就是说，都要经历如下概念教学的一般过程：[10]

- 概念的引入——从数学概念体系的发展过程或解决实际问题的需要引入概念；
- 概念属性的概括——提供典型丰富的具体例证，进行属性的分析、比较、综合，概括共同本质特征得到本质属性；

- 概念的明确与表示——下定义，给出准确的数学语言描述（文字的、符号的、图形的）；
- 概念的辨析——以实例为载体分析关键词的含义（恰当使用反例）；
- 概念的巩固应用——用概念判断具体实例，形成用概念作判断的具体步骤；
- 纳入概念系统——建立与相关概念的联系。

例如，数列是通过一些数据按特定顺序排列的方法来刻画研究对象。对于数列的概念，教科书首先给出了日常生活和数学史的两个例子，一个是王芳同学从 1 岁到 17 岁的身高依次排成的一列数：

75，87，96，103，110，116，120，128，138，145，153，158，160，162，163，165，168；

另一个是两河流域发掘的一块泥板上表示一个月中从第 1 天到第 15 天每天月亮可见部分的一列数：

5，10，20，40，80，96，112，128，144，160，176，192，208，224，240。

通过对这两个例子的分析可以发现，这两列数中的每个数都有确定的位置，也就是说，整列数是按照确定的顺序排列的，这就得到了数列的描述性定义。进一步地，从这个共同特征中可以抽象出数列的一般形式 $a_1, a_2, \cdots, a_n, \cdots$，这实际上从数学的角度揭示了数列的本质特征——可以用正整数按照其中的每个数所处的位置编号，并按编号从小到大的次序排列的一列数。在此基础上，通过建立数列的每一项和它的序号之间的对应关系 $n \to a_n$，从函数的角度看数列，将数列理解为定义在自然数集（或自然数集的有限子集）上的一类离散函数。最后，类比函数的表示方法，可以得到数列的三种表示方法——表格、图象和通项公式。其中通项公式就是数列的函数解析式。

类似于在一般函数概念基础上学习基本初等函数，在学习了数列的概念后，可以类比基本初等函数的概念形成过程建立等差数列、等比数列的概念。等差数列和等比数列是两类比较简单的数列，它们反映了某种特殊的数据排列规律。类比指数函数概念的建立过程，再给出一些具有相应变化规律的数列的基础上，可以引导学生利用运算（减法和除法）发现数列中相邻两项之间的运算关系：差不变和商不变，这分别是等差数列和等比数列的本质特征。同样，从函数的角度看数列，可以建立等差数列与一次函数以及等比数列与指数函数之间的关系。借助这两种函数的知识，可以得到等差数列和等比数列的图象，为研究这两种数列的性质和应用提供直观背景。

上述从一般到特殊地建立数列、等差数列、等比数列的概念的过程，体现了概念教学的一般过程。其中，对数列实例的分析以及对实例共同特征的归纳，是从直观的一列数过渡到数列的数学描述的关键步骤；从函数的角度认识数列、从特殊的函数的角度认识特殊的数列，揭示了数列的函数属性，体现了数学的整体性，也为用研究函数的内容和方法研究数列的性质打下了基础。

五、从"一般观念"出发研究函数性质，体现研究方法的引导，发展逻辑推理素养

通过数学抽象获得数学概念后，接下来就是要对其进行研究，这是一个由"数学概念"得到"数学性质"、建立概念之间的联系的过程。在这一过程中，要从数学知识的发生发展过程和学生的认知规律出发，重视研究方法的引导，从"一般观念"出发构建对数学对象研究的思路，让学生经历"观察想象—实验探索—概括猜想—推理论证"的过程，从而发现规律、获得猜想、证明结论。这一过程也就是"用数学的思维思考世界"的过程，也是发展学生逻辑推理、数学运算素养的过程。

例如，函数概念建立之后，接下来就是研究函数的性质。那么，从"一般观念"上讲，什么是函数的性质，如何研究函数的性质？有没有研究函数性质的一般思路和方法？

函数是描述客观世界中变量关系和规律的数学模型，函数的性质就是这些变量关系所体现的运动变化过程中的不变性和规律。例如客观世界的运动变化会随着时间的变化有增有减，有时最大有时最小，有些会"循环往复"，这些规律反映到函数中，就是函数的增减性、最大（小）值、周期性等。

对于函数性质的研究，有如下的"一般观念"的思路和方法：

（1）从特殊到一般，归纳地研究函数的性质。对于函数性质的研究，往往从具体的函数入手，通过对典型的、具体的函数性质的研究，归纳得到一般函数的性质。实际上，这种归纳的方法也是代数内容学习的基本方法。

（2）利用图象研究性质。在函数性质的研究过程中，往往先画出函数图象，观察图象，直观描述图象的变化规律；然后结合图象或数值表，用自然语言描述变化规律；最后用数学语言描述变化规律，经历利用图象研究性质的"三步曲"。

按照这种思路，教科书对于偶函数设计了如下研究过程：

• 首先，让学生画出两个具体函数 $f(x)=x^2$ 和 $g(x)=2-|x|$ 的图象，让学生观察并归纳这两个函数图象的共性，发现它们"都是以 y 轴为对称轴的轴对称图形"；

• 然后，提出探究性问题："类比函数单调性，你能用符号语言精确地描述'函数图象关于 y 轴对称'这一特征吗"；

• 接下来，对函数 $f(x)=x^2$，取自变量的一些特殊值，观察相应函数值，发现"当自变量取一对相反数时，相应的两个函数值相等"；函数 $g(x)=2-|x|$ 也有类似的规律；

• 进一步地，从函数解析式角度进行推导，发现"对于函数 $f(x)=x^2$，$\forall x \in \mathbf{R}$，都有 $f(-x)=(-x)^2=x^2=f(x)$"；对函数 $g(x)$ 也进行类似操作；

• 最后，将上述规律推广到一般，得到"设函数 $f(x)$ 的定义域为 I，如果 $\forall x \in I$，

都有$-x \in I$,且$f(-x)=f(x)$",由此得出函数是偶函数的性质。

上述过程体现了研究函数性质的一般过程和方法。需要指出的是,"利用图象研究性质"不是"由图象推导出性质"。实际上,函数的性质是其本身的固有属性,不是由它的图象决定的。为避免学生有此误解,在"利用图象研究性质"时,要注意"回到解析式",结合解析式用符号语言描述变化规律;另外,也可以从函数定义出发研究它的性质,再利用函数的性质研究函数的图象,使学生对函数的性质有更本质的认识。

实际上,在很多情况下,函数是满足一定条件的曲线。因此,与解析几何、向量几何一样,函数也可以看成是数形结合的载体之一,函数的不同表示法(解析法、图象法、列表法)也反映了函数数形结合的特征。因此,从数形结合的角度理解函数,也使得我们既可以利用函数的图形直观,利用函数图象研究函数的性质;也可以从函数的性质出发,研究函数的图象。

例如,对于正切函数,教科书呈现了如下利用函数的性质研究函数的图象的过程。

• 提出研究问题:根据研究正弦函数、余弦函数的经验,你认为应该如何研究正切函数的图象和性质?你能用不同的方法研究正切函数吗?引导学生换个角度,从正切函数的定义出发研究它的性质,再利用性质研究正切函数的图象。

• 研究周期性和奇偶性:根据诱导公式,从代数角度获得正切函数的周期性和奇偶性,然后根据周期性和奇偶性,将正切函数在整个定义域的图象和性质问题归结为区间$\left[0, \frac{\pi}{2}\right)$上的图象与性质。

• 画函数$y=\tan x$,$x \in \left[0, \frac{\pi}{2}\right)$的图象:借助单位圆,利用正切函数的定义,利用$x \in \left[0, \frac{\pi}{2}\right)$时正切值$\tan x$的几何意义,画出一些特殊点,并用光滑曲线连接,得到正切函数$y=\tan x$,$x \in \left[0, \frac{\pi}{2}\right)$的图象,观察并得到其图象特征。

• 作出正切曲线:从区间$\left[0, \frac{\pi}{2}\right)$上的局部图象,利用正切函数的周期性和奇偶性,结合$\left[0, \frac{\pi}{2}\right)$上的函数图象特征,拓展得到正切函数到整个定义域上的图象。

• 研究单调性:在观察图象的基础上,归纳概括出正切函数单调区间的一般形式,并得到函数的值域。

六、重视背景和应用,发展数学建模素养

1. 重视函数相关概念产生的背景,体现函数刻画的运动变化现象

数学的产生和发展,始终与人类社会的生产、生活有着密不可分的联系。任何一个数

学概念的引入，总有它的现实或数学理论发展的需要。因此，在教科书中，任何一个新概念的引入，都应特别强调它的现实背景、数学理论发展的背景或数学发展历史上的背景，这样才能使教科书显得自然、亲切，让学生感到知识的发展水到渠成而不是强加于人，从而有利于学生更好地理解其本质。

函数是描述客观世界中变量关系和规律的数学模型，理解函数主题的有关概念，需要相应的运动变化的背景作为支撑。正如弗赖登塔尔指出的："函数、映射概念的出现，要比正式的定义早得多，也自然得多。我们'能够'甚至'必须'运用实际中出现的函数概念，而不必先去生造或定义函数、映射。在学生接触了许多函数，已经能作出函数以后，再让他们去归结出什么是函数，这才是数学活动的范例。这种新的基本概念的创造，才能明显地表现出活动水平的提高。"[11]

在函数主题的相关概念的形成过程中，教科书呈现了丰富的现实背景。例如，对于一般的函数概念，教科书从"复兴号"高铁运行、空调维修工人的工资、北京市某一天的空气质量、某市近十年的恩格尔系数等四个问题出发，从"感性具体"到"理性具体"，再到"理性一般"，学生归纳概括其中的"用抽象的符号表示数集之间的对应关系"的本质特征，抽象得到函数概念。

作为一种特殊的函数，指数函数刻画了呈现"指数增长"的运动变化现象。现实世界中，细胞分裂、人口增长、放射性物质的衰减等呈现了这种运动变化规律。教科书通过某景区游客人数增长的问题和碳14含量的衰减的问题，引导学生通过观察图象以及运算发现其中"指数增长"的变化规律，引入指数函数的概念。

三角函数是刻画周期运动的数学模型。教科书在三角函数的开篇语中列举了大量现实世界中的周期变化现象，如昼夜交替、四季交替、月亮圆缺、潮汐变化、匀速圆周运动的位置变化、简谐振动的位移变化、交变电流的变化等，并提出三角函数是刻画具有周期变化规律的重要数学模型，使学生在三角函数的学习之初就明确其地位作用。并且在三角函数的概念、诱导公式、图象、性质的研究过程中，一以贯之地运用匀速圆周运动这一最简单的周期变化的背景，以加深学生对三角函数刻画周期运动的本质的理解。

在数列、等差数列、等比数列的概念引入过程中，教科书也是通过大量现实的、数学历史发展中的实例，引导学生理解数列的"通过对一些数据按特定顺序排列的方法来刻画研究对象"的特征，等差数列、等比数列的"具有某些特殊变化情况的数列"的特征，进而将数列、等差数列、等比数列与函数、一次函数、指数函数做类比，从而理解数列相关概念的本质。

导数是定量地、精确地刻画运动变化的。在导数概念的引入过程中，教科书从研究"高台跳水运动员的速度"的问题出发，结合刻画其在跳水过程中运动的快慢程度，从平均变化率到瞬时变化率刻画其在某一时刻的瞬时速度；在此基础上，通过对抛物线的切线的研究，通过由割线逼近切线的过程，由割线的斜率逼近切线的斜率。从瞬时速度和切线斜率这两个经典的问题引出导数概念，让学生理解导数刻画函数某一点运动变化的本质特征。

2. 重视应用函数模型解决实际问题，发展学生应用意识

数学应用与数学知识学习是相互促进、相辅相成的。在数学教学中加强数学应用和联系实际，不但有利于提高学生的数学学习兴趣，加强学生的应用意识，而且有利于学生的数学理解，提高学生的数学创造力。应用数学概念、性质和联系解决实际问题，就是用数学语言表达数学问题，用数学方法构建模型解决问题的过程，也就是用数学的语言表达世界，发展数学建模素养的过程。

学习了函数概念、性质，接下来就是应用它们解决问题。应用函数可以帮助学生用函数的观点进一步认识方程与不等式，运用函数性质求方程的近似解，运用函数图象求得不等式的解集。函数应用不仅体现在用函数解决数学问题，更重要的是用函数解决实际问题。通过应用函数解决实际问题，可以帮助学生更好地理解函数如何刻画客观世界事物的变化规律，逐渐掌握建立函数模型解决实际问题的一般过程，体会函数的模型思想。

对于函数的实际应用，教科书是分三个阶段螺旋上升地逐步安排的。

在学习了一般的函数概念和表示，研究其单调性、奇偶性、最值等性质，以及用研究函数的一般思路和方法学习简单的幂函数的过程中，安排了利用函数概念解决已有的一次函数、二次函数、反比例函数的某些问题。在此基础上，安排了"函数的应用（一）"。通过"个税问题"和"汽车行驶中速率的变化问题"让学生体会如何应用函数的概念及其蕴含的数学思想方法解决简单的实际问题。这两个问题都是分段函数，实际上是用一次函数建立简单的函数模型。

在学习了指数函数和对数函数的概念、图象和性质，体会了"线性增长""指数爆炸""对数增长"的不同增长差异后，教科书安排了"函数的应用（二）"，在其中的"函数模型的应用"中，教科书安排了"马尔萨斯人口模型""利用碳14推测良渚遗址年代""投资方案的选择""奖励方案的制订"等问题，其中既包括用已知模型解决实际问题，重在通过运算推理求解模型，并将得到的函数模型用于描述实际问题的变化规律，从而解决有关问题；也包括选择合适的模型解决实际问题，需要先分析和理解实际问题的增长情况，考虑是"对数增长""直线上升"还是"指数爆炸"，然后再根据增长情况选择函数类型构建数学模型，将实际问题化归为数学问题。通过这些问题，更深入地理解用函数构建数学模型的基本过程，学习运用模型思想发现和提出问题、分析和解决问题的方法。

三角函数作为刻画现实世界中一类周期变化现象的数学模型，同样有着广泛的应用。教科书对于函数 $y=A\sin(\omega x+\varphi)$ 的研究，从借助筒车运动的实际背景探究匀速圆周运动的函数模型开始，到对函数 $y=A\sin(\omega x+\varphi)$ 的图象和性质的探究，最后应用这个模型解决摩天轮的问题，完整地让学生经历了用三角函数模型刻画匀速圆周运动的一般过程。在后续的"三角函数的应用"中，又通过用三角函数刻画弹簧振子、交变电流等物理

学中的周期性现象以及温度随时间呈周期性变化、港口海水深度随时间呈周期性变化等现实生活中在一定范围内呈现出近似于周期变化的问题，引导学生经历分析实际问题，建立三角函数模型、用三角函数模型解决问题的基本过程，以使学生更好地体会三角函数在解决周期变化现象时的作用。

为更好地发展学生的数学建模素养，按照《标准（2017年版）》的要求，教科书还在函数主题中专门安排了"数学建模 建立函数模型解决实际问题"。首先安排了茶水温度变化的问题，通过这一问题的解决让学生经历"观察实际背景—发现和提出问题—收集数据—选择函数模型—求解函数模型—得到实际问题的解"的建立函数模型解决实际问题的一般过程。在此基础上，让学生仿照上述过程开展一次建立函数模型解决实际问题的活动，结合教科书给出的选题或自定选题，通过"选题、开题、做题、结题"等环节完成活动，并撰写研究报告。数学建模活动是体现数学知识综合运用的实践课程，离不开数学抽象、逻辑推理、直观想象、数学运算、数据分析，是一个综合发展学生数学核心素养的很好的载体，也可以有效地培养和发展学生发现和提出问题、分析和解决问题的能力，培养他们的探究精神和实践能力。

七、重视问题引导，积累数学活动经验，提升学生发现和提出问题的能力

"问题是数学的心脏"[12]，数学学科核心素养是在学生与情境、问题的有效互动中提升的。在教科书编写中，应结合教学任务及其蕴含的数学学科核心素养，以"问题引导学习"，通过设计切合学生实际的情境和问题，引导学生用数学的眼光去观察、想象、发现问题；使用恰当的数学语言、模型描述问题；用数学的思想、方法解决问题。在学习知识、解决问题的全过程中，理解数学内容的本质，促进数学核心素养的发展。

函数主题的教科书设计充分体现了"问题性"。教科书在知识形成过程的"关键点"上，在运用数学思想方法产生解决问题策略的"关节点"上，在数学知识之间联系的"联结点"上，在数学问题变式的"发散点"上，在学生思维的"最近发展区"内，提出恰当的、对学生数学思维有适度启发的问题，引导学生的思考和探索活动，使他们经历观察、实验、猜测、推理、交流、反思等理性思维的基本过程，体会数学研究方法、积累数学活动经验，提升发现和提出问题的能力。

1. 在章、节开篇，提出引导性问题，整体构建研究思路

按照整套教科书的体例安排，教科书每章都设计了章前图和章引言。在章引言中，结合实际问题或数学自身发展的问题引出本章研究内容，并结合本章主要学习内容的介绍，介绍本章的思想方法和研究方法，以使学生对本章有个概貌的认识。

例如，在"指数函数和对数函数"的章引言中，教科书首先提出了利用碳14的残

留量测定良渚遗址的年代的问题,引出本章要学习的指数函数;并举出日常生活中细胞分裂、人口增长、放射性物质衰减等实例,让学生感受指数函数在生活中有着广泛的应用;在此基础上,提出类比幂函数的研究方法研究指数函数和对数函数。

教科书在每一小节也都设计了导入语,从现实世界的背景、数学理论发展的背景、数学历史发展的背景出发,以问题形式引出本节所要学习的主要内容,建立相关内容之间的联系。

例如,对于"函数的概念及其表示",教科书从"正方形的周长 l 与边长 x 的函数关系 $l=4x$ 与正比例函数 $y=4x$ 是否相同"以及"函数 $y=x$ 与 $y=\dfrac{x^2}{x}$ 是否相同"提出问题,引起认知冲突,提出要在初中的基础上进一步学习函数概念的问题。在"等比数列"的节引言中,提出"我们知道,等差数列的特征是'从第 2 项起,每一项与它的前一项的差都等于同一个常数',类比等差数列的研究思路和方法,从运算的角度出发,你觉得还有怎样的数列是值得研究的?"引入研究另一种特殊的数列——等比数列的问题。在"导数的概念及其几何意义"中,提出"我们研究了函数的单调性,并利用函数单调性等知识定性地研究了一次函数、指数函数、对数函数增长速度的差异,知道'对数增长'是越来越慢的,'指数爆炸'比'直线上升'快得多。进一步地,能否精确定量地刻画变化速度的快慢呢?"引出研究导数的必要性——精确地刻画变化的快慢。

2. 正文通过栏目和边空提出问题,引导学生思维活动,理解数学本质

为引导学生更加主动、富有探索性地学习,教科书在正文以"观察""思考""探究"等栏目以及利用教科书边空明确提出问题,引导学生观察具体事例中反映的数量关系,积极主动地开展实验与猜想、归纳与推理的活动,探究解决问题的方法,使学生通过自己的探索思维来概括数学概念,获得数学结论,领悟数学思想,体会研究方法,理解数学本质。

例如,对于三角函数的诱导公式,教科书设计了如下系列问题:

• 根据定义,直接得出"公式一";

• 以"探究 诱导公式一表明终边相同的角的同一三角函数值相等,那么终边相同的角的三个三角函数值之间是否也有某种关系呢?"引导学生探究同角三角函数的基本关系;

• 以"利用圆的几何性质,得到了同角三角函数之间的基本关系。我们知道,圆的最重要的性质是对称性,而对称性(如奇偶性)也是函数的重要性质。由此想到,我们可以利用圆的对称性,研究三角函数的对称性"为引导,设置连续的"探究"栏目,让学生探究角的终边与单位圆的交点关于原点对称、关于 x 轴(或 y 轴)对称、关于直线 $y=x$ 对称等条件下,相应的三角函数值之间的关系;

• 以"观察诱导公式,可以发现它们都是特殊角与任意角 α 的和(或差)的三角函数与

这个任意角 α 的三角函数的恒等关系。如果把特殊角换为任意角 β，那么任意角 α 与 β 的和（或差）的三角函数与 α，β 的三角函数会有什么关系呢？"提出问题，再设置"探究　如果已知任意角 α，β 的正弦、余弦，能由此推出 $\alpha+\beta$，$\alpha-\beta$ 的正弦、余弦吗？"让学生自主探索两角和与差的三角函数。

整体上看，上述问题设计结合诱导公式的来龙去脉，通过推广、特殊化等环环相扣地给出了一条观察事物（情境）、提出问题、分析问题、解决问题的线索，把学生的思维活动逐步引向深入，帮助学生在获得诱导公式的过程中，体会借助单位圆的对称性研究三角函数的"对称性"的思想方法。

3. 小结以问题形式总结全章内容，深化对本章内容的整体理解

小结是对全章内容的梳理，是对本章核心内容及反映的主要思想方法和研究方法进行归纳概括、去粗取精、由厚到薄的提炼过程。教科书对于每一章的小结，都在"本章知识结构框图"的基础上安排了"回顾与思考"的内容，在回顾部分对本章进行整体概述，阐述本章内容之间、本章内容与其他内容之间的联系，揭示本章内容反映的思想方法、研究方法等。"思考"部分则强调问题引导，加强学生的主动思维，通过学生自己的独立思考回忆、总结全章内容，深化对本章核心内容及其反映的数学思想方法的理解。

例如，以下"指数函数和对数函数"小结中的部分问题：

- 指数和对数的概念都有现实背景，你能举出一些实际例子吗？
- 概述指数概念的拓展过程，你能由此说说数学概念拓展的过程与方法吗？
- 对数概念是如何提出来的？它对发现和提出问题有什么启示？
- 回忆指数函数、对数函数的研究过程，你能由此说说如何研究一类函数吗？例如研究的内容、过程和方法。
- 不同函数模型刻画了现实世界不同类型问题的变化规律，你能说说指数函数和对数函数分别刻画了怎样的变化规律吗？你能举出"直线上升""对数增长""指数爆炸"的实际例子吗？

通过以上问题，引导学生回顾指数函数与对数函数的研究过程，体会它们刻画某类特殊运动变化现象的本质，进一步掌握研究一类函数的思路和方法，发展数学核心素养。

八、重视融合信息技术，改变内容呈现方式，促进学生理解数学本质

数学与信息技术有着天然的联系，信息技术的发展已经深刻地改变了数学世界。信息技术使得数学思想容易表达了，数学方法容易实现了，数学与现实的联系更加紧密

了。它可以把数学家头脑中的"数学实验"变成现实;精深的数学概念、过程可以得到模拟;再难的计算、再复杂的方程,只要给出算法就能得到解决;复杂多变的几何关系,利用计算机动态的作图功能可以得到表示。因此,信息技术与传统意义上的"人造工具"不同,它是"人造工具"与"智力技能"的综合[13],是一种"认知工具"。将其应用于数学课程、教科书中,将对数学教育产生革命性影响。

在函数主题中,信息技术是大有用武之地的,教科书设计时也充分考虑了函数主题相关内容以及信息技术的特点,通过正文呈现、边空提示、设置选学栏目等方式,融合信息技术,为学生理解概念创设背景,为学生探索规律启发思路,为学生解决问题提供直观,以更好地理解数学本质。具体地讲,函数主题中,信息技术的融合主要体现在以下几个方面。

1. 进行复杂计算和绘图,提高学习效率

作为计算工具、绘图工具以及数据处理工具,信息技术可以帮助学生进行复杂的计算、画图,减少解决问题过程中的机械、重复性劳动,提高学习效率和效果,让学生更多地经历数学过程,更好地理解数学本质,这是信息技术工具最基本的应用。函数主题相关内容的学习中,有许多复杂计算,如计算指数幂、计算对数、计算三角函数值等,这些利用科学计算器即可完成。许多计算机软件和图形计算器等信息技术工具都具有绘制函数图象功能,利用它们可以方便、快捷地绘制各种函数的图象,方便学生数形结合地理解函数。这种工具性的应用虽然与"探究"距离较远,但它却为"探究"提供了手段和可能,可以代替学生繁杂、机械的劳动,将更多的精力用于理解数学本质、探索数学规律上,从而提高数学学习的效率和效果。

例如,学习无理数指数幂时,为了让学生体会有理数指数幂逼近无理数指数幂的过程,可以计算当$\sqrt{2}$的不足近似值x和过剩近似值y逐渐逼近$\sqrt{2}$时,相应的近似值5^x和5^y都趋向于$5^{\sqrt{2}}$。这一过程中,涉及很复杂的运算,笔算很难完成。而利用计算工具,则可以很容易完成这些计算。进一步地,还可以利用信息技术工具作图,将这一过程在数轴上直观展示出来,让学生更好地理解无理数指数幂的意义。

再如,教科书在"函数的概念与性质"一章安排了"信息技术应用 用计算机绘制函数图象",介绍了利用计算机软件直接描点作图画出函数图象以及利用参数绘制函数图象的过程,为后续利用信息技术探究函数的性质打下了基础。

2. 动态演示数学对象和关系的变化,帮助理解数学对象的本质

信息技术具有的文字、图表、动画等多种表述方式,可以从不同角度提供直观素材,为数学对象建立"多元联系表示"。利用信息技术工具,可以将抽象的符号、复杂而零散的数据进行直观表示,还可以对数学对象直接进行操作(如局部放大、变换研究对象的位置、重复引起变化的关键因素、动态显示等),从而将抽象内容形象化,静态关系动态化,帮助学生在一种直观、动态的情境中观察数学对象和关系的变化,帮

助学生理解数学对象和对象间关系的本质。

例如，在指数函数性质的学习中，以往通常是在用描点法作出有限几个函数的图象后，就让学生通过观察这几个图象来讨论指数函数的性质。这时，学生对于为什么要画这几个函数的图象，为什么这几个函数图象就可以代表一般的，为什么要把底数分两个区间讨论等，都是不得而知的，因而对所得结论的正确性也不一定完全相信。而利用信息技术，可以任意地取 a 的值，并在同一个坐标系内画出多个图象，观察它们的特征；还可以通过 a 的连续动态变化来演示函数图象的变化（图11）。这一过程，学生可以非常清楚地看到底数 a 是如何影响并决定着函数 $y=a^x$ 的性质的，并体会其中从量变到质变的变化规律。

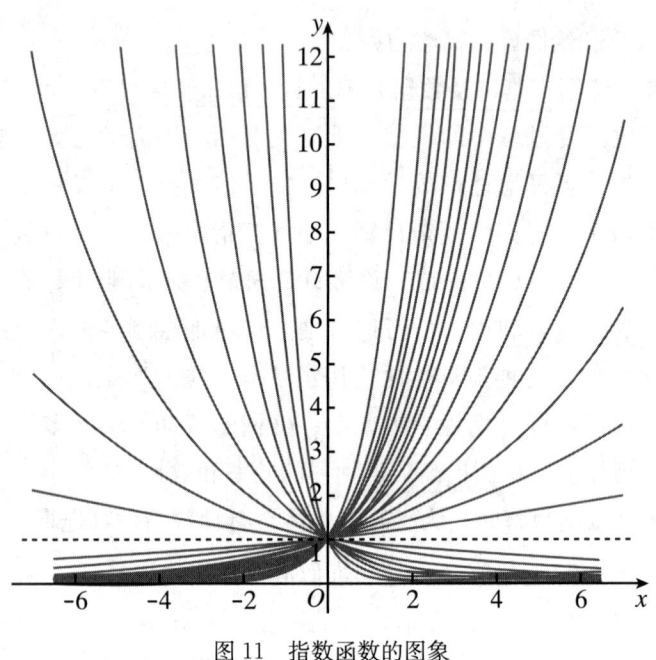

图11　指数函数的图象

再如，在研究切线的意义时，利用信息技术工具，可以方便地展示点 $P(x, f(x))$ 沿着曲线 $y=f(x)$ 无限趋近于点 $P_0(x_0, f(x_0))$ 时，割线 P_0P 无限趋近于切线 P_0T 的过程（图12），帮助学生更好地理解导数的几何意义。进一步地，利用信息技术工具将点 P_0 附近的曲线不断放大，可以发现点 P_0 附近的曲线越来越接近于直线，因此在点 P_0 附近，曲线 $y=f(x)$ 可以用点 P_0 处的切线 P_0T 近似代替（图13），从而体会微积分中重要的思想方法——以直代曲。

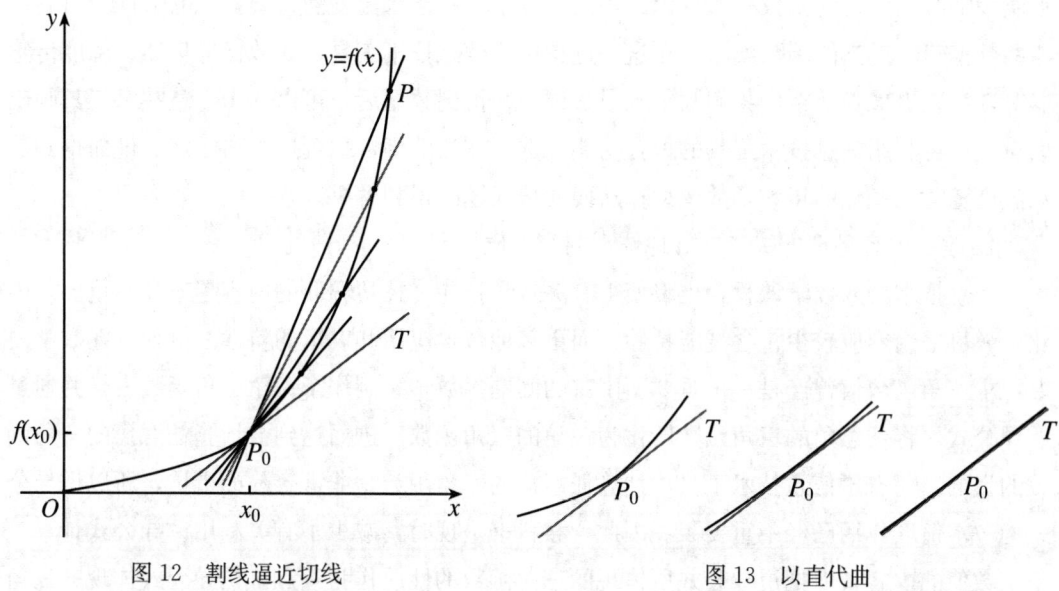

图 12 割线逼近切线　　　　　　图 13 以直代曲

3. 利用信息技术呈现探究环境，帮助分析和解决问题

信息技术工具强大的数值运算、代数推理、动态几何、统计分析等功能，为学生进行"数学实验"成为了可能。它的交互性的实验环境可以帮助创设一些问题情境，让学生围绕某个数学问题展开探究，让学生经历学习（研究）数学的过程，提升数学素养。在这一过程中，教科书所呈现的教学内容不单单是教师的讲授内容，而是学生主动建构的对象。信息技术也不单单是教师演示信息的工具，而是发现规律、获得猜想、解决问题的有效工具。

例如，在探索 A，ω，φ 对 $y=A\sin(\omega x+\varphi)$ 图象的影响时，利用信息技术工具，可以方便地利用单位圆画出 $y=\sin x$ 的图象，再逐个对 φ，ω，A 取不同的值，得到新的图象，通过对图象的整体观察，分析图象变化的原因，理解 A，ω，φ 对图象的影响，理解函数的性质，理解它们的物理意义，并进一步加深三角函数作为一种周期运动的模型的理解（图 14）。

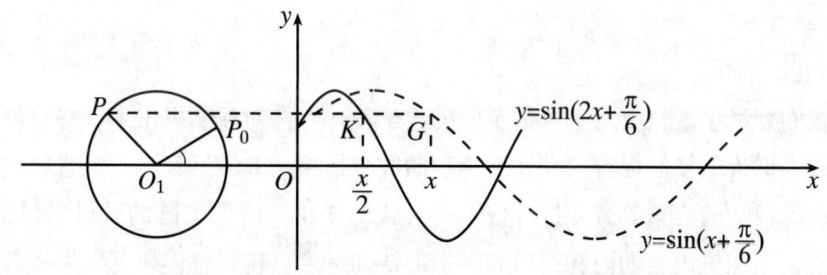

图 14 ω 对函数 $y=A\sin(\omega x+\varphi)$ 的图象的影响

再如，学习了函数内容后，教科书安排了"数学建模　建立函数模型解决问题"，其中首先安排了建立函数模型解决"茶水温度"问题的样例。要解决这个问题，需要建立茶

水温度随时间变化的函数模型。为此，需要收集一些茶水温度随时间变化的数据，再利用这些数据建立适当的函数模型。在这一过程中，信息技术工具，如数据采集器、温度传感器等，可以更准确地帮助我们收集水温数据；在得到数据后，可以利用信息技术工具画出散点图；再利用信息技术工具的拟合功能，选择适当的函数拟合这些离散点，进而得到茶水温度随时间变化的指数函数模型；从而使得问题的得到解决。

4. 改变内容呈现方式，更好地体现内容本质

信息技术融入数学课程，也将使得有关数学技能、技巧方面的内容越来越不重要。因此，教科书内容应较少包含技能特性，而更多地包含应用和表示的特性。例如，在数学史上，求三角函数值曾经是一个重要而困难的问题。数学家制作了锐角三角函数表，并通过诱导公式，将任意角的三角函数转化为锐角的三角函数，进而达到会计算任意角的三角函数的目的。而有了信息技术工具，计算任意角的三角函数是非常容易的事情，所以诱导公式的"求值"作用已经不重要了。因此，教科书呈现时，减少了有关利用诱导公式计算三角函数值的内容，而把诱导公式所体现的三角函数的性质作为重点。诱导公式体现的三角函数的对称性在解决三角函数的各种问题中比计算三角函数值有更重要的作用。

再如，对于三角函数的图象，传统方法都是五点法画图。学生可能会有疑问，为什么要选取这五个点，如何将这五个点用光滑曲线连接？有了信息技术，这些疑问都可以很容易地解决。利用信息技术，根据正弦函数的定义，利用单位圆上点的运动，我们可以很容易地画出任意一点 $T(x_0, \sin x_0)$。然后，跟踪单位圆上的点所对应的函数图象上的点，可以使x_0在区间$[0, 2\pi]$上取到足够多的值而画出足够多的点，将这些点用光滑的曲线连接起来，可得到比较精确的函数 $y = \sin x$，$x \in [0, 2\pi]$ 的图象。再重复上述运动过程（相当于将函数 $y = \sin x$，$x \in [0, 2\pi]$ 的图象不断向左、向右平移），就可以得到正弦函数 $y = \sin x$，$x \in \mathbf{R}$ 的图象。最后，再从整个图象上进行观察，找出五个关键点，得到用这五个关键点画函数简图的方法。这种处理，充分抓住了三角函数的定义，充分利用了信息技术工具的描点画图功能和轨迹跟踪功能，更好地体现了三角函数的本质。

结束语

以上我们列举了教科书对于函数主题的教学设计，并对教学提出了一些建议。函数主题是高中数学课程的核心内容，在发展学生的数学抽象、数学运算、直观想象、数学建模和逻辑推理等数学核心素养方面发挥着不可替代的作用。函数主题的教科书设计和教学，要结合函数主题相关内容的内在逻辑和学生的认知特点，构建整体研究框架和教科书的结构体系，让学生体会从一般到特殊、从整体到局部研究函数的过程；通过数学抽象得到函数及其相关概念，让学生学会用数学的眼光观察世界；运用归纳、类比等方法研究函数性质，体会研究函数性质的一般思路和方法，让学生学会用数学的思维思考世界；在建立函

数模型解决实际问题的过程中,体会建立数学模型解决实际问题的一般过程,学会用数学的语言表达世界。这样,使学生既掌握了"四基",又提高了"四能",并发展了"核心素养",从而体现了函数主题的育人价值。

参考文献

[1] 中华人民共和国教育部. 普通高中数学课程标准(2017年版)[S]. 北京:人民教育出版社,2018.

[2] 菲利克斯·克莱因. 高观点下的初等数学:第一卷 算术 代数 分析[M]. 舒湘芹,等,译. 上海:复旦大学出版社,2008:内容提要.

[3] 人民教育出版社课程教材研究所中学数学课程教材研究开发中心. 普通高中课程标准实验教科书数学必修1[M]. 北京:人民教育出版社,2004:主编寄语.

[4] 史宁中. 数形结合与数学模型——高中数学教学中的核心问题[M]. 北京:高等教育出版社,2018:176-180,10-11.

[5] 莫里斯·克莱因. 古今数学思想:第二册[M]. 张理京,等,译. 上海:上海科学技术出版社,2002,44-47.

[6] 欧拉. 无穷分析引论[M]. 张延伦,译. 哈尔滨:哈尔滨工业大学出版社,2013,1-6.

[7] Dieter Ruthing. 函数概念的一些定义——从 Joh. Bernoulli 到 N. Bourbaki[J]. 数学译林,1986(3):261,263.

[8] 莫里斯·克莱因. 古今数学思想:第四册[M]. 张理京,等,译. 上海:上海科学技术出版社,2002:5.

[9] A. 吉特尔曼. 数学史[M]. 欧阳绛,译. 北京:科学普及出版社,1987:265.

[10] 曹才翰,章建跃. 中学数学教学概论[M]. 北京:北京师范大学出版社,2008:435-445.

[11] 弗赖登塔尔. 作为教育任务的数学[M]. 陈昌平,等,译. 上海:上海教育出版社,1995:265.

[12] P. R. Halmos. 数学的心脏[J]. 弥静,译. 数学通报,1982(4):27-30.

[13] "中小学数学课程核心内容及其教学的研究"课题组. 数学·信息技术·数学教学[J]. 课程·教材·教法,2012(12):62-66.

(执笔人:李海东,人民教育出版社课程教材研究所)

几何与代数

几何、代数都是高中数学课程的传统内容,《标准(2017年版)》规定,高中数学课程中的"几何与代数"的内容包括:立体几何、平面解析几何、平面向量(包括解三角形)、空间向量、复数。无论是必修课程,还是选择性必修课程、选修课程,"几何与代数"主题都贯穿始终。"几何与代数"是高中数学课程的主线之一。在必修课程与选择性必修课程中,突出几何直观与代数运算之间的融合,即通过形与数的结合,感悟数学知识之间的关联,加强对数学整体性的理解。通过"几何与代数"主题的学习提升直观想象、逻辑推理、数学运算、数学建模和数学抽象素养。

一、"几何与代数" 主题内容、学习要求及安排

按照《标准(2017年版)》的要求,高中数学必修、选择性必修课程中,"几何与代数"主题的内容和要求如下[1]。

1. 立体几何初步

立体几何研究现实世界中物体的形状、大小与位置关系。内容包括:基本立体图形、基本图形位置关系等。要求以长方体为载体,认识和理解空间点、直线、平面的位置关系;用数学语言表述有关平行、垂直的性质与判定,并对某些结论进行论证;了解一些简单几何体的表面积与体积的计算方法;运用直观感知、操作确认、推理论证、度量计算等认识和探索空间图形的性质,建立空间观念。

2. 向量

向量理论具有深刻的数学内涵、丰富的物理背景。向量既是代数研究对象,也是几何研究对象,是沟通几何与代数的桥梁。高中阶段涉及的向量主要是平面向量和空间向量,它们具有相同的内容框架:概念、运算(包括线性运算、数量积)、投影、基本定理及坐标表示、应用(包括解决现实生活、数学和物理中的问题)。

"平面向量及其应用"的内容包括:向量概念、向量运算、向量基本定理及坐标表示、向量应用等。要求理解平面向量的几何意义和代数意义,掌握平面向量的概念、运算、向量基本定理以及向量的应用,用向量语言、方法表述和解决现实生活、数学和物理中的问题。

"空间向量与立体几何"的内容包括:空间直角坐标系、空间向量及其运算、向量基

本定理及坐标表示、空间向量的应用等。要求在学习平面向量的基础上，利用类比的方法理解空间向量的概念、运算、基本定理和应用，体会平面向量和空间向量的共性和差异；运用向量的方法研究空间基本图形的位置关系和度量关系，体会向量方法和综合几何方法的共性和差异；运用向量方法解决简单的数学问题和实际问题，感悟向量是研究几何问题的有效工具。

3. 复数

复数是一类重要的运算对象，有着广泛的应用。内容包括：复数的概念、复数的运算、*复数的三角表示。要求通过方程求解，认识复数，理解引入复数的必要性，了解数系的扩充，掌握复数的表示（代数表示、三角表示），加、减、乘、除四则运算及其几何意义。

4. 平面解析几何

解析几何是数学发展过程中的标志性成果，是微积分创立的基础。平面解析几何的内容包括：直线与方程、圆与方程、圆锥曲线与方程等。要求在平面直角坐标系中，认识直线、圆、椭圆、抛物线、双曲线的几何特征，建立它们的标准方程；运用代数方法研究它们的几何性质，体现形与数的结合；运用平面解析几何方法解决简单的数学问题和实际问题，感悟平面解析几何中蕴含的数学思想。

对于"几何与代数"主题，教科书遵循《标准（2017年版）》的结构，在必修和选择性必修中安排了如下6章内容：

必修第二册：

第六章　平面向量及其应用

第七章　复数

第八章　立体几何初步

选择性必修第一册：

第一章　空间向量与立体几何

第二章　直线和圆的方程

第三章　圆锥曲线的方程

二、用向量"统领""几何与代数"主题内容

将"几何与代数"作为一个主题，"这样设计主要基于两点：一是为代数，特别是为线性代数的学习建立几何直观，这个几何直观对于学生未来的学习是非常重要的；二是让学生知道如何用代数运算解决几何问题，这是现代数学的重要手法。作为研究的起点，课程标准特别强调了向量的作用，指明向量既是几何学的研究对象，也是代数学的研究对象。"[2]向量是描述直线、曲线、平面、曲面以及高维空间数学问题的基本工具，是沟通几何与代数的桥梁，是进一步学习和研究其他数学领域问题的基础，在解决实际问题中发

挥重要作用。

在"几何与代数"主题中，平面几何问题（包括解三角形）、立体几何中的位置关系和度量问题、复数以及平面解析几何，都可以用向量进行"统领"。具体地，利用平面向量可以"统一地"梳理、研究平面几何问题（包括解三角形）；利用空间向量可以"统一地"研究立体几何中的直线、平面之间的位置关系，以及距离、夹角等度量问题；利用向量可以从本质上理解复数的表示（尤其是复数的三角表示）及其运算；对于平面解析几何，可以利用向量研究直线，事实上，尽管向量法的诞生晚于坐标法，但向量法是解析几何的返璞归真，是不依赖坐标系的解析几何[3]。基于以上分析，在"几何与代数"主题教科书的编写中，应充分体现向量的地位，发挥向量的"统领"作用。

下图展示了基于向量"统领"的高中数学必修和选择性必修课程中"几何与代数"主题内容的逻辑结构。

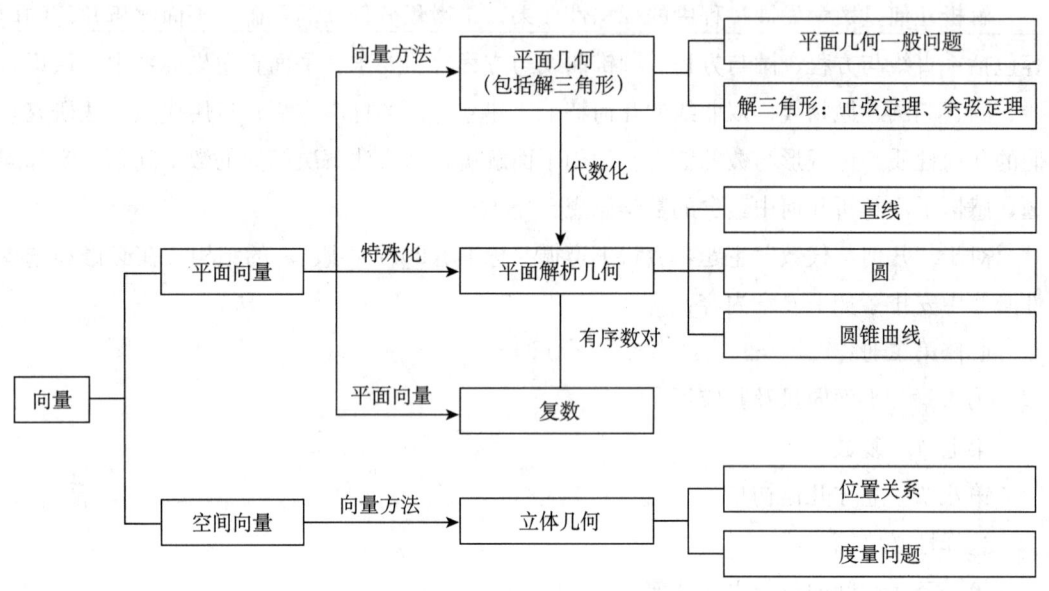

三、构建"几何与代数"主题研究框架，整体设计研究路径

如前所述，"几何与代数"主题包括 6 章内容，可以归并为四类：向量、立体几何、平面解析几何和复数，对于每种类型的内容，教科书从内容的共性特征出发，整体构建它们的研究框架与路径。

1. 向量的研究框架与路径

按照从平面向量到空间向量的顺序安排向量内容，在必修教科书中介绍平面向量，在选择性必修教科书中介绍空间向量。

对于平面向量和空间向量采用统一的研究框架和路径，即：

向量的实际背景及基本概念→向量的线性运算→向量基本定理及坐标表示→向量的数

量积→向量的应用。

具体如下：

①借助位移、力、速度等实例，体现引进向量的必要性，并得出向量是既有大小又有方向的量，给出向量的概念。

②数学中，"引进一个量，就要看看它的运算；引进一种运算，就要研究它的运算律。"类比数及其运算，提出引进向量概念后，接着所要讨论的问题——研究向量的运算，探索其运算性质，并首先研究向量的线性运算（加、减及数乘）。当然，要注意向量与数的不同，向量运算中，除了考虑大小，还要考虑方向。为了便于学生理解，还要借助于物理中位移、力的合成来定义向量的加法。研究向量加法的运算律。

③从运算的角度看，自然还要研究两个向量能否相乘，如果能，那么向量的乘法该怎么定义。进而从向量的物理背景（力做功）中得到启发，定义两个向量的数量积运算，并讨论运算律问题。

④从力的分解得到启示，提出把一个向量表示为两个向量的和，进而以向量的加法运算为基础，得出向量基本定理。

⑤从向量基本定理出发，引进向量的正交分解。在空间中，选定任意一点 O，并给定一个单位正交基底 $\{i, j, k\}$，分别过点 O 作平行于向量 i, j, k 的数轴，就可以建立由 $\{O; i, j, k\}$ 确定的空间直角坐标系；在平面中，也可以作类似的处理。进而研究向量及其运算的坐标表示。

⑥"向量的应用"主要是用向量法解决几何问题，特别注意体现向量法的优越性——向量方法解决几何问题的程序性、普适性。

2. 立体几何（平面几何）的研究框架与路径

《标准（2017 年版）》要求从对空间几何体的整体观察入手，认识空间图形，了解一些简单几何体的表面积与体积的计算方法；以长方体为载体，认识和理解空间点、直线、平面的位置关系；用数学语言表述有关平行、垂直的性质与判定，并对某些结论进行论证；运用直观感知、操作确认、推理论证、度量计算等认识和探索空间图形的性质，建立空间观念。

在立体几何初步中，教科书构建了从整体到局部的研究框架与路径。首先从对空间几何体的整体观察入手，认识空间图形的结构特征、平面表示（直观图），并了解面积和体积的计算；在此基础上，抽象出组成空间图形的基本元素——点、直线、平面，并结合长方体直观认识这些组成元素的位置关系；再进一步从简单到复杂、从低维到高维，按照直线与直线、直线与平面、平面与平面的顺序，研究直线、平面的特殊位置关系——平行和垂直，重点研究其判定和性质。这种处理，从整体到局部，在尽量符合数学逻辑严谨性要求的前提下考虑到了学生认知规律，为学生提供一个从具体到抽象、循序渐进、逐步严格的学习过程，为从合情推理到逻辑推理过渡创造条件，有利于学生空间观念的培养。

在空间向量与立体几何中，教科书从综合几何方法过渡到向量方法，运用空间向量研究立体几何中图形的位置关系和度量问题，包括用空间向量描述空间直线、平面间的平行和垂直关系，用空间向量解决空间距离、夹角问题等。立体几何中的向量方法表现为如下的"三步曲"：为了用空间向量解决立体几何问题，首先要把点、直线、平面等组成立体图形的要素用向量表示，使其成为可以运算的对象，将几何问题转化为向量问题；进而利用空间向量的运算，研究空间直线、平面间的平行、垂直等位置关系以及距离、夹角等度量问题；最后再利用向量运算的几何意义，将运算结果"翻译"成相应的几何结论，从而解决几何问题。

对于平面几何问题（包括解三角形），教科书也以向量方法为主轴加以研究，并和用向量方法研究立体几何问题一起，体现用向量方法研究几何问题的基本路径：

几何元素的向量表示→向量的运算→几何结论（研究位置关系、度量问题）。

3. 平面解析几何的研究框架与路径

解析几何的基本内涵和方法是：通过坐标系，建立"几何的基本元素——点"与"代数的基本对象——数（有序数对或数组）"之间的一一对应关系，在此基础上建立曲线（点的轨迹）的方程，从而把几何问题转化为代数问题，再通过代数方法研究几何图形的性质。坐标法是解析几何中最基本的研究方法。

在平面解析几何中，教科书以坐标法为统领，首先研究直线和圆，研究的框架与路径为：确定图形的几何要素→建立方程→研究直线、圆之间的位置关系；在此基础上，采用类似的框架与路径研究圆锥曲线（椭圆、双曲线、抛物线），即：确定图形的几何要素→建立方程→研究性质→研究位置关系。因此，平面解析几何的研究框架与路径为：

几何对象的几何特征→建立方程→用方程研究几何性质（包括研究位置关系）。

4. 复数的研究框架与路径

复数的引入是数系的又一次扩充，也是中学阶段数系的最后一次扩充，在保持实数系的运算律的前提下，没有比复数系更大的数系了。在复数的教科书编写中，充分考虑到学生已有的数系扩充经验，特别是类比从有理数扩充到实数的过程，强调扩充后的数系与实数系中的运算协调一致，且保持运算律不变；类比实数的表示和运算，体现数系扩充的一般进程："代数对象→代数运算→代数结构（数域）"，并构建与之匹配的研究框架与路径。同时，复数的"发现"源于解多项式方程，复数的表示、运算与向量密切相关，因此，在构建复数的研究框架与路径时，也应充分体现方程求解，强调向量的作用，体现形与数的融合。

综上，"几何与代数"主题体现了"几何对象→代数对象→代数运算→代数结构"的研究框架与路径，凸显出几何直观与代数运算的融合。

四、重视研究对象（概念）、性质、方法的形成过程

获得研究对象和概念是数学研究的首要任务，抽象研究对象的过程就是学生获得数学概念的过程，对数学研究和学习具有奠基性作用，也是培养学生数学抽象素养的主要途径。性质是研究数学对象的主要内容，它们揭示了数学对象的规律性，形成性质的过程是培养逻辑推理素养的重要途径。数学中有很多重要方法，它们往往体现了解决数学问题的一般途径。在"几何与代数"主题中，教科书特别重视数学对象（概念）的获得过程，性质、方法的形成过程，突出"如何想到的？""怎么形成的？"的引导与示范。

例如，对于各种空间几何体的概念，教科书首先展示实物（图片），并提出问题："这些物体（图片所表示的物体）具有怎样的形状？数学中，具有这种形状的物体叫做什么？你是如何描述它们的形状的？"并引导学生：认识一个几何体，要从它的结构特征入手，想象围成它的每个面的形状、面与面之间的关系；进而从组成它们的面的形状不同、面与面之间的关系不同，可以将它们分为多面体和旋转体；再进一步考察多面体和旋转体的组成元素的形状和位置关系，将它们分为棱柱、棱锥、棱台、圆柱、圆锥、圆台、球等。这样用点、棱（线段）、面等组成要素的形状和位置关系刻画结构特征，用结构特征描述空间几何体的形状，体现了获得基本立体图形（空间几何体）这一立体几何的研究对象的过程，也是提升数学抽象、直观想象素养的过程。

又如，对于直线与平面垂直的性质的研究，教科书采用了如下过程：

- 首先，让学生明确，研究直线与平面垂直的性质，就是在直线 a 与平面 α 垂直的条件下，能推出哪些结论。这些结论又该从哪个角度提出呢？实际上就是要研究与直线 a、平面 α 有关的直线、平面之间的关系。
- 接着，根据以往的研究经验（直线与平面的平行问题转化为直线与直线的平行问题），可以尝试研究直线 a 与平面 α 内的直线的位置关系。但由直线与平面垂直的定义，直线 a 与平面 α 内的所有直线都垂直。因此，转而探究直线 a、平面 α 与其他直线或平面的关系。
- 根据已有经验，在平面内，垂直于同一条直线的两条直线平行。在空间中，是否有类似的性质呢？
- 引导学生观察长方体模型中垂直于某一个面的四条棱之间的位置关系，进一步明确提出问题：已知直线 a，b 和平面 α，如果 $a \perp \alpha$，$b \perp \alpha$，那么，直线 a，b 一定平行吗？让学生进行操作确认，获得对性质定理的直观认识。
- 接着用反证法进行证明，得到直线与平面垂直的一条性质定理：垂直于同一个平面的两条直线平行。
- 直线与平面垂直的性质定理告诉我们，可以由两条直线与一个平面垂直判定这两条直线互相平行。直线与平面垂直的性质定理揭示了"平行"与"垂直"之间的内在联系。
- 拓展探究：在 $a \perp \alpha$ 的条件下，如果平面 α 外的直线 b 与直线 a 垂直，你能得到什

么结论?如果平面 β 与平面 α 平行,你又能得到什么结论?你还能自己提出更多的问题,发现更多的结论吗?

上述过程,渗透了"位置关系的性质"的研究的思想方法:研究基本图形的某种位置关系的性质,就是探索在这种位置关系下的几何图形的组成元素之间以及与其他同类几何图形所形成的位置关系中出现的确定关系(不变性),具体方法是让"其他几何图形"动起来,看"变化中的不变性"。这个过程也是提升逻辑推理、直观想象素养的过程。

再如,对于平面几何中的向量方法,教科书通过利用向量方法解决平面几何问题的具体实例,引导学生体会通过建立平面向量与几何图形之间的关系,利用代数运算研究几何问题的基本思想。进而在解决具体问题的基础上,总结出用向量方法解决平面几何问题的"三步曲":

(1) 建立平面几何与向量的联系,用向量表示问题中涉及的几何元素,将平面几何问题转化为向量问题;

(2) 通过向量运算,研究几何元素之间的关系,如距离、夹角等问题;

(3) 把运算结果"翻译"成几何关系。

进一步地,运用"三步曲",利用向量方法解决其他一些平面几何问题。

通过上述过程,让学生较为充分地认识用向量方法研究几何问题的"三步曲"的来龙去脉,体会向量方法研究几何问题的程序性、普适性。

五、重视问题引导,提升学生发现和提出问题的能力

教科书强调问题引导学习,在章节开篇,提出引导性问题,整体构建研究思路。

例如,复数的章引言,按"背景—概念—研究路径、主要内容—意义"的思路给出,并在其中糅入一些引导性问题:

我们知道,对于实系数一元二次方程 $ax^2+bx+c=0$,当 $\Delta=b^2-4ac<0$ 时没有实数根。因此,在研究代数方程的过程中,如果限于实数集,有些问题就无法解决。事实上,数学家在研究解方程问题时早就遇到了负实数的开平方问题,但他们一直在回避。到 16 世纪,数学家在研究实系数一元三次方程的求根公式时,再也无法回避这个问题了,于是开始尝试解决。在解决这个问题的过程中,数学家们遇到了许多困扰,例如负实数到底能不能开平方?如何开平方?负实数开平方的意义是什么?等等。

本章我们将体会数学家排除这些困扰的思想,通过解方程等具体问题,感受引入复数的必要性,了解从实数系到复数系的扩充过程和方法,研究复数的表示、运算及其几何意义,体会"数"与"形"的融合,感受人类理性思维在数系扩充中的作用。

在正文的展开过程中,基于知识的发生发展过程,通过引导语、栏目和边空提出问题,使学生在问题的引导下进行观察、猜想、分析、推理、论证等数学思维活动,理解数学本质。

例如，对于"椭圆及其标准方程"，教科书根据"情境→椭圆的几何特征（定义）→椭圆的标准方程"这一知识的发生发展过程，利用"观察""思考""探究"等栏目提出层层递进的问题，引导学生的思考方向，为学生独立思考、自主探究构建平台。构建了如下问题链：

• 发挥节引言的"先行组织者"作用，提出引领性问题："椭圆到底有怎样的几何特征？我们该如何利用这些特征建立椭圆的方程……"给出研究目标，明确研究方向。

• 接着，创设动手操作情境，在让学生回顾用细绳画圆的基础上，把细绳的两端拉开一段距离，分别固定在图板的两点 F_1，F_2（图1），套上铅笔，拉紧绳子，移动笔尖，画出轨迹。并提出问题"画出的轨迹是什么曲线？在这一过程中，移动的笔尖（动点）满足的几何条件是什么？"，引导学生观察椭圆的形状，思考其几何特征。

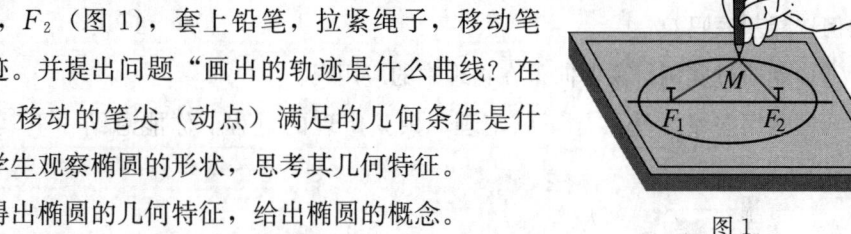

图 1

• 进而得出椭圆的几何特征，给出椭圆的概念。

• 与"建立适当坐标系使所得的圆方程形式简单"一样，提出问题："观察椭圆的形状，你认为怎样建立坐标系可能使所得的椭圆方程形式简单？"引导学生思考如何利用椭圆的几何特征合理建立坐标系。在此基础上，推导出椭圆的方程 $\dfrac{x^2}{a^2}+\dfrac{y^2}{a^2-c^2}=1$。

• 进一步提出问题："观察图 3.1-3（图 2），你能从中找出表示 a，c，$\sqrt{a^2-c^2}$ 的线段吗？"引导学生思考 a，c，$\sqrt{a^2-c^2}$ 的几何意义，使学生理解引入 b^2 的合理性。进而得到焦点在 x 轴上的椭圆的标准方程 $\dfrac{x^2}{a^2}+\dfrac{y^2}{b^2}=1$。

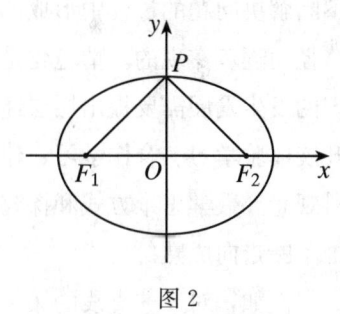

图 2

• 最后提出问题："如果焦点 F_1，F_2 在 y 轴上……那么椭圆的方程是什么？"引导学生通过类比，自主推导焦点在 y 轴上的椭圆的标准方程。

上述过程也提升了学生发现和提出问题的能力。

在章小结中，教科书通过"思考"强调问题引导，加强学生的主动思维，通过学生自己的独立思考回忆、总结全章内容，深化对本章核心内容及其反映的数学思想方法的理解。

例如，在"平面向量及其应用"一章的章小结的"思考"中，提出了如下 8 个问题，让学生以问题为线索，复习全章的内容及其蕴含的重要思想方法：

①向量的概念是什么？用有向线段如何表示一个向量？

②你能说说向量的加法、减法、向量的数乘运算、向量的数量积是如何定义的吗？

③运算律是运算的灵魂。你能通过实例,说明向量的加法、向量的数乘运算、向量的数量积有哪些运算律吗?这些运算律的几何意义是什么?这些运算律与数的运算律的联系与区别是什么?

④平面向量基本定理是什么?这个定理的意义是什么?你能说说什么是向量的坐标表示吗?

⑤你能用向量的坐标表示描述向量共线的条件吗?你能用向量的坐标表示描述向量的长度及两个向量的夹角吗?

⑥用向量方法解决平面几何问题要经过哪些步骤?要注意哪些问题?你能通过实例说明如何选择基底吗?

⑦你能通过实例,说明向量在物理中的应用吗?

⑧回顾用向量方法推导正弦定理、余弦定理的过程,你能总结一下其中的思想方法吗?

六、设计系列化的数学活动,引导学生开展有结构有逻辑的系统学习,落实"四基""四能"

按照《标准(2017年版)》的要求,高中数学课程以发展学生数学核心素养为导向。数学核心素养就是在各种情境中解决问题的品质和能力,是个体在与情境的持续互动中,不断解决问题的过程中形成的。数学核心素养的形成是以数学知识为载体,以数学活动为路径而逐步实现的。情境化是数学知识转化为数学素养的重要途径。为此,教科书根据知识的发生发展需要提出层层递进的问题,从而形成环环相扣的系列化数学活动,引导学生开展体验学习、合作学习、建构学习,通过有结构、有逻辑地系统学习,逐步形成数学学科观念、数学思维方式和探究技能,促进数学知识和技能的持续结构化,使学生的理性思维不断走向成熟。

例如,对于"直线的倾斜角和斜率—直线的方程"这一单元,教科书通过创设情境与问题设置系列化的活动,体现"图形的几何要素—在坐标系中用代数方法表示几何要素—曲线的方程"刻画直线的完整过程,这个过程是解析几何中研究一个几何对象的范本。具体如下:

(1) 探索直线的几何特征

• 确定一条直线的几何要素是什么?对于平面直角坐标系中的一条直线 l,如何利用坐标系确定它的位置?

• 两点确定一条直线,一点和一个方向也可以确定一条直线。借助向量,两点确定一条直线可以归结为一点和一个方向确定一条直线。

• 在平面直角坐标系中,经过 x 轴上一点 P 有无数条直线,它们的区别在于方向不同。如何表示这些直线的方向?

- 这些直线相对于 x 轴的倾斜程度不同,也就是它们与 x 轴所成的角不同。

因此,可以利用这样的角来表示这些直线的方向。进而引入倾斜角刻画直线的几何特征——直线的倾斜程度。

(2) 用代数方法刻画直线的倾斜程度

- 设 $P_1(x_1, y_1)$,$P_2(x_2, y_2)$ 是直线 l 上的两点。由两点确定一条直线可知,直线 l 由点 P_1,P_2 唯一确定。所以,可以推断,直线 l 的倾斜角一定与 P_1,P_2 两点的坐标有内在联系。

在平面直角坐标系中,设直线 l 的倾斜角为 α,如果直线 l 经过两点 $P_1(x_1, y_1)$,$P_2(x_2, y_2)$,$x_1 \neq x_2$,那么 α 与 P_1,P_2 的坐标有怎样的关系?

- 从特殊到一般,利用向量推导出 $\tan \alpha = \dfrac{y_2 - y_1}{x_2 - x_1}$,给出斜率的定义,并用它刻画直线的倾斜程度。

(3) 建立直线的方程

- 给定一点和一个方向可以唯一确定一条直线。这样,在平面直角坐标系中,给定一点 $P_0(x_0, y_0)$ 和斜率 k(或倾斜角),就能唯一确定一条直线。也就是说,这条直线上任意一点的坐标 (x, y) 与点 P_0 的坐标 (x_0, y_0) 和斜率 k 之间的关系是完全确定的。那么,这一关系如何表示呢?

- 直线 l 经过点 $P_0(x_0, y_0)$,且斜率为 k。设 $P(x, y)$ 是直线 l 上不同于点 P_0 的任意一点,因为直线 l 的斜率为 k,由斜率公式得,即 $y - y_0 = k(x - x_0)$ ①。

- 上述推导说明直线 l 上任意一点的坐标一定满足关系式①;再验证坐标满足关系式①的点一定在直线 l 上。我们把方程 $y - y_0 = k(x - x_0)$ 称为过点 $P_0(x_0, y_0)$,斜率为 k 的直线 l 的方程——直线的点斜式方程。

以上述系列化情境与问题,构建了"探索几何特征—用代数方法刻画几何要素—建立方程"的系列化数学活动,有助于学生初步体验解析几何的基本思想方法,同时也能有效地避免知识碎片化。

七、注重通性通法,体现解决问题的一般方法

数学中的通性通法往往体现了解决问题的一般方法。在"几何与代数"主题中,有很多体现学科本质特征的通性通法,这些通性通法具有"统摄性"作用。整体说来,向量方法是研究几何问题的通性通法,坐标法是解析几何中的通性通法,从实数系扩充到复数系体现了数系扩充的通性通法,等等。教科书特别注重揭示出这些通性通法,以帮助学生形成解决有关领域问题的一般方法。下面列出教科书中特别注重的两类具有较强操作性的通性通法。

1. 几个"三步曲"

向量方法有别于综合几何方法。综合几何方法是借助图形直观,从公理、定义和定理等出发,通过逻辑推理解决几何问题;而向量方法则是用向量表示几何元素,通过向量运算得到几何问题的解决。一般地,利用空间向量解决立体几何问题,有如下的"三步曲":

第一步,建立立体图形与空间向量的联系,用空间向量表示问题中涉及的点、直线、平面,把立体几何问题转化为向量问题;

第二步,通过向量运算,研究点、直线、平面之间的位置关系以及它们之间的距离和夹角等问题;

第三步,把向量运算的结果"翻译"成相应的几何结论。

对于利用平面向量解决平面几何问题,也有完全相同的"三步曲"。这种利用向量方法解决几何问题的"三步曲",在解决几何问题时具有程序性、普适性。

坐标法反映了解析几何的本质,用坐标法解决平面几何问题一般通过"三步曲"进行:

第一步,建立适当的平面直角坐标系,用坐标和方程表示问题中的几何元素,把平面几何问题转化为代数问题;

第二步,通过代数运算,解决代数问题;

第三步,把代数运算的结果"翻译"成几何结论。

这种利用坐标法解决平面几何问题的"三步曲",在研究解析几何问题时具有程序性、普适性。

2. 用向量方法研究空间图形的位置关系、度量问题中的通性通法

距离是空间中的重要度量。在必修和选择性必修课程中涉及的距离问题主要有:两点间的距离,点到直线的距离,平行线之间的距离,点到平面的距离,直线到平面的距离,平行平面之间的距离等。对于两点间的距离,通常利用向量的模加以解决;对于其他距离问题,教科书充分利用向量投影加以研究。

例如,利用投影向量研究平面 α 外一点 P 到平面 α 的距离,并体现利用投影向量研究距离问题的一般方法:

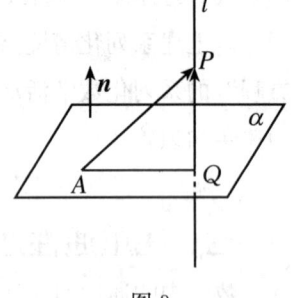

图 3

第一步,确定平面 α 的法向量为 $\boldsymbol{n}$;

第二步,选择参考向量(如图 3,向量 $\overrightarrow{AP}$ 即为参考向量);

第三步,确定参考向量 $\overrightarrow{AP}$ 到法向量 $\boldsymbol{n}$ 的投影向量 $\overrightarrow{QP}$;

第四步,利用向量运算求投影向量的长度,即 $PQ = \left| \overrightarrow{AP} \cdot \dfrac{\boldsymbol{n}}{|\boldsymbol{n}|} \right| = \left| \dfrac{\overrightarrow{AP} \cdot \boldsymbol{n}}{|\boldsymbol{n}|} \right|$。

对于直线、平面间的平行、垂直等特殊位置关系,以及夹角问题,教科书借助直线的方向向量、平面的法向量,将问题转化为直线的方向向量、平面的法向量间的夹角、平

行、垂直，进而统一用向量的运算（数乘运算、数量积）加以解决。

例如，直线 l 与平面 α 平行可以与向量的数量积运算建立对应关系，即
$$l /\!/ \alpha \Leftrightarrow a \perp b \Leftrightarrow a \cdot b = 0,$$
其中，a 为直线 l 的方向向量，b 为平面 α 的法向量。

八、重视类比的方法

通过类比往往能使我们获得研究对象、研究路径和方法。开普勒说："我珍视类比胜过任何别的东西，它是我最可信赖的老师，它能揭示自然界的秘密"。在"几何与代数"主题的学习中，很多内容可以与本主题之外的已学内容进行类比，本主题中后续学习内容可以类比本主题中的已学内容进行研究，因此，教科书特别重视类比的研究方法与学习方法的运用，引导学生进行高效学习。

例如，充分利用学生数的学习经验，注重类比数及其运算研究向量及其运算。

向量及其运算与数及其运算既有区别又有联系，在研究的思想方法上可以进行类比。这种类比可以使学生在向量学习中有思维固着点，发现向量问题研究对象与研究思路。为此教科书在内容的展开上注意与数及其运算进行类比。通过实际背景并类比数引入向量的概念，类比数的运算学习向量的运算及其性质，建立向量的运算体系。具体如下：

• 在向量的概念引入时类比数，从一支笔、一棵树、一本书……中，可以抽象出只有大小的数量"1"，类似地，从力、位移、速度……这些"既有大小，又有方向"量可以抽象出向量。

• 类比实数在数轴上的表示引入向量的几何表示，由于数量可以用实数表示，而实数与数轴上的点一一对应，所以数量可用数轴上的点表示，而且不同的点表示不同的数量。那么，该如何表示向量呢？

• 在研究向量运算时类比数的运算。我们知道，数能进行运算，因为有了运算而使数的威力无穷。那么，向量是否也能像数一样进行运算呢？进而从向量的物理背景和数的运算中得到启发，引进了向量的运算。

• 根据数的运算的学习经验，定义了一种运算，就要研究相应的运算律，进而类比数的运算的运算律研究向量运算的运算律。例如，数的加法满足交换律、结合律，向量的加法是否也满足交换律和结合律呢？从而引导学生研究向量加法的交换律和结合律。

• 类比数的减法定义向量的减法向量的减法。数的减法是在相反数与加法法则的基础上定义的，即减去一个数等于加上这个数的相反数。类比数的减法，在向量的加法运算后，先引入相反向量的概念，然后类似地定义向量的减法。有了这个类比，学生可以从整体上把握建立向量的减法的过程。

• 联系数及其运算有助于学生把握向量及其运算。学完本章内容后，在章小结中引导

学生反思，再次概括研究思路，这样可以使学生体会数学中研究问题的思想方法，提升学生的数学思维水平。

上述安排力图使学生通过类比数及其运算获得研究向量及其运算的思路，学会发现问题、提出问题，进而分析问题、解决问题。这样既学到了新知识，又增强了获取知识的能力。

又如，空间向量是平面向量的推广，它们在概念、运算及其几何意义、坐标表示等方面具有一致性；平面向量基本定理与空间向量基本定理在形式上也具有一致性；利用空间向量解决立体几何问题，是利用平面向量解决平面几何问题的发展，解决几何问题的思想方法具有一致性。教科书基于这些一致性，类比平面向量研究空间向量。例如，在构建空间向量及其线性运算的结构体系时，教科书把空间向量及其线性运算的内容进行了集中处理，相关概念和线性运算性质通过类比平面向量的方式呈现；在引入向量数量积后，类比在必修课程中学习过的平面向量投影的概念，利用几何直观给出了空间向量投影的概念。

对于复数，教科书充分考虑学生已有的数系扩充经验，特别是类比从有理数扩充到实数的过程，强调扩充后的数系与实数系中的运算协调一致，且保持运算律不变；类比实数的表示和运算，研究复数的表示和运算，强调复数的表示和运算的几何意义，体现形与数的融合。

这样，通过类比，既获得了研究对象与研究方法，又加强知识的纵向联系，能使学生很好地体会数学内容的整体性。

九、重视数学史实，让学生感受数学文化的熏陶

《标准（2017年版）》指出："数学文化是指数学的思想、精神、语言、方法、观点，以及它们的形成和发展；还包括数学在人类生活、科学技术、社会发展中的贡献和意义，以及与数学相关的人文活动。""数学文化应融入数学教学活动。在教学活动中，教师应有意识地结合相应的教学内容，将数学文化渗透在日常教学中，引导学生了解数学的发展历程，认识数学在科学技术、社会发展中的作用，感悟数学的价值，提升学生的科学精神、应用意识和人文素养；将数学文化融入教学，还有利于激发学生的数学学习兴趣，有利于学生进一步理解数学，有利于开拓学生视野、提升数学学科核心素养。"[1]

几何、代数作为数学中的经典内容，历史悠久，具有丰富的、曲折的发展历史。教科书抓住一切机会、利用各个环节，引导学生了解它们的发展史，开阔学生的数学视野，激发学生的学习兴趣与好奇心，培养学生的科学精神。

例如，教科书设置了两个数学文化类选学内容"文献阅读与数学写作　几何学的发展""文献阅读与数学写作　平面解析几何的形成与发展"，引导学生收集、阅读欧氏几何、平面解析几何的形成与发展的历史资料，撰写小论文，论述几何学、平面解析几何发

展的过程、重要结果、主要人物、关键事件及其对人类文明的贡献。

又如，通过拓展性栏目"阅读与思考 向量及向量符号的由来"介绍向量的有关历史；通过"阅读与思考 海伦和秦九韶""探究与发现 祖暅原理与柱体、锥体的体积""阅读与思考 欧几里得《原本》与公理化方法"介绍几何学中有关内容的历史史实，并展示中国古代数学家对数学发展的贡献，凸显中国优秀传统文化中的数学元素。

再如，在复数内容的展开过程中，以解方程为主线介绍历史上数学家们引入复数的漫长而曲折的过程，让学生感受这个过程中数学家的丰富、深邃的想象力和创造力，以及不屈不挠、精益求精的精神，进而更加深刻地体会引入复数的必要性以及数学中理性精神的光辉。

以上列举了我们对于"几何与代数"主题的教科书设计，并对教学提出了一些建议。"几何与代数"主题是高中数学课程的核心内容，在发展学生的数学抽象、数学运算、直观想象、数学建模和逻辑推理等数学核心素养方面发挥着不可替代的作用。"几何与代数"主题的教科书设计和教学，要结合主题相关内容的内在逻辑和学生的认知特点，构建整体研究框架和教科书的结构体系，体现几何直观与代数运算的融合，体现数学知识之间的关联性和数学的整体性。

参考文献

[1] 中华人民共和国教育部. 普通高中数学课程标准（2017年版）[S]. 北京：人民教育出版社，2018.

[2] 史宁中. 数形结合与数学模型——高中数学教学中的核心问题 [M]. 北京：高等教育出版社，2018：51.

[3] 项武义. 基础几何学 [M]. 北京：人民教育出版社，2004：2-3.

（执笔人：李龙才，人民教育出版社课程教材研究所）

概率与统计

概率与统计（主要指推断统计）都是从数量角度研究随机现象规律性的学科。由于现实世界中随机现象的普遍性和人们对概率与统计方法认识的逐渐深入，目前概率与统计已经广泛应用到科学、技术、工程和现代社会生活的各个方面。随着大数据时代的到来，概率与统计的重要性变得越来越突出。在大学数学教育中，概率与统计已经成为数学教育的基础课程；在基础教育中，概率与统计已经成为数学课程主要的组成部分，并覆盖从小学到高中的所有学段。概率与统计素养已经成为一个现代公民的基本素养。

《标准（2017年版）》将概率与统计作为高中数学课程四条内容主线之一，贯穿必修、选择性必修和选修整个高中数学课程。这一方面体现了概率与统计在高中数学中的重要地位，另一方面体现了概率与统计相对其他数学内容的独特性。教科书作为实现数学课程目标、发展学生数学学科核心素养的教学资源，内容的呈现既要体现学科的逻辑，又要符合学生的认知规律。下面基于《标准（2017年版）》对概率与统计的内容要求，在设定的课程结构下，探讨这条主线的整体结构设计，既能体现概率与统计两个学科之间的逻辑关系，又让学生在充分认识和理解随机现象的基础上开展有关内容的学习，落实这部分内容承载的核心素养要求。由于在各选修课程中概率与统计都自成专题，因此探讨仅限于必修课程和选择性必修课程。

一、概率和统计的联系与区别

概率与统计都是从数量角度研究随机现象的规律性，它们都是处理总体和样本的问题。概率是在假定总体已知的情况下，研究从总体中抽取的样本的有关问题，往往表现为在一定概率模型或分布中随机事件概率的计算、随机变量性质的研究等，这是关于随机现象规律演绎性的研究。统计学主要是在样本可以获得的情况下，研究如何从样本得出关于总体的一些结论，表现为根据样本数据推断总体的分布或各种数字特征，这是关于随机现象规律归纳性的研究。可见，虽然概率和统计都是研究随机现象的规律性，但二者以相反的方式进行，概率是从总体到样本的推理（演绎推理），而统计是从样本到总体的推理（归纳推理），如图1所示。

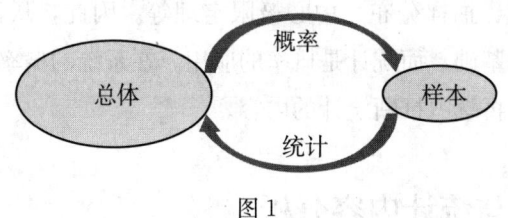

图 1

看下面两个例子。

例 1 投掷一枚质地均匀的骰子 10 次,求正好出现 2 次点数为 "4" 的概率。

例 2 投掷一枚骰子 10 次,出现 2 次点数为 "4",估计出现点数为 "4" 的概率。

例 1 是一个概率问题。因为由骰子"质地均匀"可得到点数出现"1""2""3""4""5""6"的概率都相同,即概率都为 $\frac{1}{6}$,即总体是已知的,而问题"正好出现 2 次点数为 '4' 的概率"则是关于"10 次投掷的结果"这个样本的。我们容易计算出所求事件的概率

$$P = C_{10}^{2}\left(\frac{1}{6}\right)^{2}\left(\frac{5}{6}\right)^{8}。$$

在"质地均匀"的假设下,这个概率是确定的。

例 2 是一个统计问题。因为"出现 2 次点数为 '4'"是"10 次投掷的结果",即样本是已知的,而各点数出现的概率这个总体是未知的,需要根据样本的信息去推断。根据样本估计总体的思想,我们可以估计所求事件的概率

$$P = \frac{2}{10} = \frac{1}{5}。$$

我们知道 $\frac{1}{5}$ 只是一个估计值,总体的概率未必一定就是 $\frac{1}{5}$。这个结论具有或然性(随机性)。其实还可以有其他的估计,例如计总次数和出现的点数都加上 1,再求比值:

$$P = \frac{2+1}{10+1} = \frac{3}{11}。$$

当"4"出现次数为 0 时,上面的估计方法就体现出它的合理性了。所以统计中估计结果也不具有唯一性。

我们知道,演绎推理是从一般到特殊的推理,只要前提正确,推理有效,那么结论一定是正确的;而归纳推理是从特殊到一般的推理,即使前提正确,结论也未必正确。因此,概率的结论具有确定性,而统计推断的结论具有或然性。对于或然性的结论需要借助概率分布进行刻画,也就是说统计推断的结论要以概率的形式进行表述。例如,用样本均值估计总体均值,由于样本均值具有随机性,往往不会等于总体均值,那么为什么样本均值可以用来估计总体均值?估计的精确度和可靠性如何?样本量是如何影响估计效果的?等等。对这些问题的回答是推断统计科学性的体现,而要回答这些问题则需要用到较多的

概率知识，如大数定律、抽样分布、中心极限定理等。因此，从概率与统计的逻辑关系看，概率是统计的理论基础，而统计是概率的应用。在系统的概率与统计课程中，一般先学习概率的有关知识，再学习推断统计的内容。

二、高中概率与统计内容分析

为了讨论高中概率与统计的内容特点，我们先看《标准（2017年版）》中提出的概率与统计的内容和要求。

(一) 必修课程

1. 概率

本单元帮助学生结合具体实例，理解样本点、有限样本空间、随机事件，会计算古典概型中简单随机事件的概率，加深对随机现象的认识和理解。

(1) 随机事件与概率

①结合具体实例，理解样本点和有限样本空间的含义，理解随机事件与样本点的关系。了解随机事件的并、交与互斥的含义，能结合实例进行随机事件的并、交运算。

②结合具体实例，理解古典概型，能计算古典概型中简单随机事件的概率。

③通过实例，理解概率的性质，掌握随机事件概率的运算法则。

④结合实例，会用频率估计概率。

(2) 随机事件的独立性

结合有限样本空间，了解两个随机事件独立性的含义。结合古典概型，利用独立性计算概率。

2. 统计

本单元帮助学生进一步学习数据收集和整理的方法、数据直观图表的表示方法、数据统计特征的刻画方法；通过具体实例，感悟在实际生活中进行科学决策的必要性和可能性；体会统计思维与确定性思维的差异、归纳推断与演绎证明的差异；通过实际操作、计算机模拟等活动，积累数据分析的经验。

(1) 获取数据的基本途径及相关概念

①知道获取数据的基本途径，包括：统计报表和年鉴、社会调查、试验设计、普查和抽样、互联网等。

②了解总体、样本、样本量的概念，了解数据的随机性。

(2) 抽样

①简单随机抽样

通过实例，了解简单随机抽样的含义及其解决问题的过程，掌握两种简单随机抽样方法：抽签法和随机数法。会计算样本均值和样本方差，了解样本与总体的关系。

②分层随机抽样

通过实例,了解分层随机抽样的特点和适用范围,了解分层随机抽样的必要性,掌握各层样本量比例分配的方法。结合具体实例,掌握分层随机抽样的样本均值和样本方差。

③抽样方法的选择

在简单的实际情境中,能根据实际问题的特点,设计恰当的抽样方法解决问题。

(3) 统计图表

能根据实际问题的特点,选择恰当的统计图表对数据进行可视化描述,体会合理使用统计图表的重要性。

(4) 用样本估计总体

①结合实例,能用样本估计总体的集中趋势参数(平均数、中位数、众数),理解集中趋势参数的统计含义。

②结合实例,能用样本估计总体的离散程度参数(标准差、方差、极差),理解离散程度参数的统计含义。

③结合实例,能用样本估计总体的取值规律。

④结合实例,能用样本估计百分位数,理解百分位数的统计含义。

(二)选择性必修课程

1. 概率

本单元帮助学生了解条件概率及其与独立性的关系,能进行简单计算;感悟离散型随机变量及其分布列的含义,知道可以通过随机变量更好地刻画随机现象;理解伯努利试验,掌握二项分布,了解超几何分布;感悟服从正态分布的随机变量,知道连续型随机变量;基于随机变量及其分布解决简单的实际问题。

(1) 随机事件的条件概率

①结合古典概型,了解条件概率,能计算简单随机事件的条件概率。

②结合古典概型,了解条件概率与独立性的关系。

③结合古典概型,会利用乘法公式计算概率。

④结合古典概型,会利用全概率公式计算概率。了解贝叶斯公式。

(2) 离散型随机变量及其分布列

①通过具体实例,了解离散型随机变量的概念,理解离散型随机变量分布列及其数字特征(均值、方差)。

②通过具体实例,了解伯努利试验,掌握二项分布及其数字特征,并能解决简单的实际问题。

③通过具体实例,了解超几何分布及其均值,并能解决简单的实际问题。

(3) 正态分布

①通过误差模型,了解服从正态分布的随机变量。通过具体实例,借助频率直方图的

几何直观，了解正态分布的特征。

②了解正态分布的均值、方差及其含义。

2. 统计

本单元帮助学生了解样本相关系数的统计含义，了解一元线性回归模型和 2×2 列联表，运用这些方法解决简单的实际问题。会利用统计软件进行数据分析。

（1）成对数据的统计相关性

①结合实例，了解样本相关系数的统计含义，了解样本相关系数与标准化数据向量夹角的关系。

②结合实例，会通过相关系数比较多组成对数据的相关性。

（2）一元线性回归模型

①结合具体实例，了解一元线性回归模型的含义，了解模型参数的统计意义，了解最小二乘原理，掌握一元线性回归模型参数的最小二乘估计方法，会使用相关的统计软件。

②针对实际问题，会用一元线性回归模型进行预测。

（3）2×2 列联表

①通过实例，理解 2×2 列联表的统计意义。

②通过实例，了解 2×2 列联表独立性检验及其应用。

根据上述《标准（2017年版）》对概率和统计的内容要求，概率在必修课程中主要学习随机事件与概率、随机事件的独立性，在选择性必修课程中主要学习随机事件的条件概率、离散型随机变量及其分布列和正态分布。由于引入了样本空间和随机变量的概念，使得高中概率内容的抽象化程度明显高于初中，而且更加强调对随机现象的认识与理解。而统计内容除了在初中基础上进一步学习数据收集和整理的方法、数据直观图表的表示方法、数据统计特征的刻画方法，更加强调数据的随机性，要求通过样本数据的统计特征推断总体的统计特征，其中在必修课程中学习单变量总体统计特征的推断，在选择性必修课程中学习两个变量之间关系的推断。

可以发现，高中统计内容以推断统计为主，但只要求能用样本去估计总体，没有要求对估计的结果给予概率形式的刻画（除了独立性检验）。事实上，高中概率内容也确实没有包括足以刻画统计推断结果所需的概率知识（如大数定律、抽样分布、中心极限定理等）。这决定高中统计的内容，既不要求也不可能从理论上做到完整和系统。对于统计方法的科学性或合理性，需要结合案例，借助更多直观的手段去体现。因此，对于高中的概率和统计内容，概率作为统计理论基础的主要学科逻辑体现得不明显。

在必修课程中，统计推断的内容主要用随机样本的数字特征（平均数、方差、分位数等）或取值规律去估计总体对应的数字特征或取值规律，基本思想是替代原理，直觉上学生是比较容易接受的。但在理论上，替代原理在估计中之所以可行，是因为其背后有大数定律或格里纹科定理等概率理论作依据。这些定律或定理保证随着样本量的增加，随机样本的数字特征会依概率趋近总体的数字特征。因此，用样本估计总体时，样本量越大，样本数字特征接近总体的数字特征的可能性越大，但不管样本量多大，样本数字特征都存在偏离总体数字特征的可能性。在高中概率中涉及有关大数定律的唯一内容，是学生在初中就已经了解的频率稳定于概率这个事实。因此，在必修课程中，先学习概率还是先学习统计，基本都不存在知识衔接上的问题。

三、高中教科书中概率与统计的顺序

《标准（2017年版）》对必修课程和选择性必修课程所学的概率与统计内容都作了明确规定。由于不同课程定位的不同，《标准（2017年版）》在"教材编写建议"中明确要求"教材编写必须遵从课程标准设定的课程结构"，这意味着必修课程和选择性必修课程之间内容不能相互调换。但为了"凸显内容和数学学科核心素养的相互融合"，给教科书编者合理设计教科书体系留有空间，没有对各课程内的内容呈现的顺序提出要求。因此，对于概率与统计这条主线的教科书结构设计，主要就是在必修课程和选择性必修课程内如何合理安排这两部分内容的呈现顺序，落实数据分析、数学抽象、数学建模、逻辑推理及数学运算等学科核心素养的要求。

（一）必修课程先统计后概率，让学生充分体会数据的随机性

概率与统计的研究对象是随机现象，这和数学其他分支存在很大的不同。因此，《标准（2017年版）》特别强调学生对数据随机性的体会，在充分认识和理解随机现象特点的基础上，开展对随机现象规律性的研究，学习概率和统计的知识。

如前所述，虽然概率和统计都是研究随机现象的规律，但研究方法存在很大的不同。概率是在概念和定义的基础上用演绎的方法进行研究，这种研究方法和数学其他分支类似，学生不易感受到随机现象的随机性。例如，在必修课程中，概率的定义、性质、计算等都是基于古典概型。古典概型是样本空间具有有限性和等可能性两个特征的概率模型，一个随机事件 A 发生的概率被定义为它和样本空间 Ω 包含的样本点数之比 $P(A)=\dfrac{n(A)}{n(\Omega)}$。这种通过比值定义概率（古典定义）的方式明确、简洁，其合理性学生通过思辨也是容易接受的。但仅由概率的古典定义，不容易让学体会到概率的含义，即概率刻画的是多次重复试验中随机事件所呈现的统计规律。对概率含义的准确理解是正确运用概率解决问题和解释统计推断结果（在独立检验性中需要）的基础，也有利于消除"一个随机事件要么发生，要么不发生，概率的大小有什么意义呢"类似这种概率学习中产生的疑问。而要理解概率的这个含义，就应让学生加深对随机现象的认识，感受随机现象在大量重复试验中样本数据所呈现既有规律性又有随机性的特点。虽然概率也安排了用频率估计概率的内容，其中会涉及通过大量重复试验了解频率和概率的关系，但这里更多是作为求概率的一种方法。而且从逻辑上讲，只有在概率已知的前提下才能讨论频率和概

率的关系,即古典概型应该安排在用频率估计概率内容之前。这样学生在学习古典概型时,就没有机会充分体会和感受数据的随机性。

统计是在数据的基础上通过归纳的方法进行研究,通过样本数据推断总体,在数据分析的过程中,学生必然要了解数据的随机性。例如,在学习抽样方法时,通过随机抽样从一个学校里抽取部分学生的身高作为样本,用样本学生的平均身高去估计这个学校学生的平均身高。为了评估抽样的效果,会进行多次随机抽样。通过多次抽样的数据可以发现,即使每次抽取的样本量相同,样本数据往往是不同的,样本的平均身高往往也是不同的,这是因为数据具有随机性。但是多次抽样的样本平均身高又会有一定的稳定性,而且这个稳定性会随着样本量的增加而增加,说明在随机性中还蕴含着规律性。统计其他方法的学习也一样,都需要结合各种具体案例进行,其中必然也会涉及大量的数据分析,在这过程中学生都在不断地体会和加深对数据随机性的认识。

基于必修课程中概率和统计先学哪一部分都不存在知识衔接上的问题,而先学习统计更有利于学生感受数据的随机性,加深对随机现象特点的认识,教科书先安排统计再安排概率更符合课程标准的理念。而且,统计相对概率有更强的应用性,作为一条主线的开端,通过统计问题驱动这条主线的学习,从知识的产生来说也显得比较自然。

(二) 选择性必修课程先概率后统计,概率为统计学习提供知识基础

在选择性必修课程中,统计主要学习两个变量关系的推断,包括成对数据的统计相关性、一元线性回归模型和独立性检验。虽然概率不能为统计结果的概率表述提供理论支持,但在统计内容的学习中,会用到这部分概率中的一些概念。例如,一元线性回归模型中,有 $E(e)=0$,$D(e)=\sigma^2$ 的假设,这就需要用到随机变量及其均值和方差的概念;又如独立性检验 χ^2 统计量的导出过程中,利用了条件概率的概念;独立性检验利用小概率原理推断,利用了分布的概念;等等。这些概念都是选择性必修概率中的内容,所以从知识衔接的角度,教科书先安排概率后安排统计有利于统计内容的学习。

四、加强概率与统计的联系

虽然高中的概率不能为统计推断结果的概率刻画提供完整的理论基础,但在可能的地方需要体现它们之间的联系,体现概率作为推断统计的理论基础作用,加强概率与统计这条主线的整体性。

例如,随机抽样是必修课程统计的重要内容,包括放回简单随机抽样、不放回简单随机抽样、按比例分层随机抽样三种抽样方法。随机抽样之所以是一种科学并被广泛使用的方法,并不是它抽取的结果一定比非随机抽样更具有代表性,而是因为它是一种公平的方法,且其估计结果的精确度和可靠性往往可以计算。后者在高中不易从理论上进行完整说明,因此高中教科书中除了直观说理,更多的是通过随机模拟让学生体会不同方法估计的效果和特点。为了加强概率的理论作用,教科书在必修课程概率内容的学习中,通过设置

计算出现"极端"样本概率的例子,从出现"坏"样本概率大小的角度重新评价三种随机抽样方法,从理论上回应之前所学的统计内容。

又如,在两个分类变量的独立性检验中,教科书用事件的独立性和条件概率知识,去表示和分析分类变量的独立性,再利用频率稳定于概率原理导出 χ^2 统计量,而不是直接利用频率的稳定性原理进行推导,目的就是加强概率和统计的联系。

(执笔人:张唯一,人民教育出版社课程教材研究所)

数学建模活动

在《标准（2017年版）》中，课程内容突出四条主线，"数学建模活动与数学探究活动"是其中之一，必修6课时，选择性必修4课时，这是前所未有的。整体而言，数学建模活动和数学探究活动主要在于数学应用，前者侧重于数学的外部应用，后者侧重于数学的内部应用。本文主要讨论数学建模活动，为了方便，我们不对数学建模和数学建模活动作严格区分。

将数学建模正式列入必修内容，是我国中学数学课程发展中的第一次，说明数学建模非常重要。这是为什么？

我们知道，制约数学课程内容的主要因素是社会需求、学生发展需要和数学的学科规律。首先，人类社会进入人工智能时代，数学已经渗透到人类社会的各个角落，得到前所未有的广泛应用，无论是科技领域、各行各业的生产活动，还是人类的日常生活，数学都是"必需品"，这对人才培养中的数学应用能力提出了前所未有的高要求。为了回应社会、科学、技术的发展对人才的需求，特别是新时代对学生实践能力和应用能力的需要，高中数学课程设置了"数学建模活动与数学探究活动"，以全面提升学生的数学素养，提高学生的实践能力和数学应用能力。第二，从学生的心理发展规律看，高中阶段学生处于抽象逻辑思维发展的关键期、辩证思维的初步发展期，为了促进学生的思维发展，需要为他们提供更加抽象、严谨且系统的数学学习内容。具体而言，高中阶段不仅要给学生提供语言表达更加抽象、概念更具一般性、联系性更广、综合性更强的数学内容，而且要加强数学与现实的联系，不仅在数学概念、原理中要加强现实背景，而且要设置专门的数学应用内容，为学生提供一个"现实的出口"，使学生能经历完整、系统的从知识到应用的学习过程，这样才能满足学生数学思维发展的需求。第三，数学的现代发展，一方面是一些重大的基础理论不断取得突破，另一方面是与信息化社会相适应的数学应用得到高速发展，"数学已经从幕后走到台前，直接为社会创造价值"，高中数学课程必须对此作出回应，重视数学应用、加强数学建模活动课程建设就是重点之一。

实际上，在2003年颁布的《标准（实验）》中，已经对"培养数学建模能力"给予了重视，强调在整个高中课程内容中渗透数学建模，并要求高中阶段至少安排一次建模活动。经过十几年的努力，无论从理论还是实践层面，都对数学建模活动的教学积累了一定经验。在此基础上，《标准（2017年版）》对数学建模活动的要求进一步具体化，明确规定了学习要求及课时,这是我国高中数学课程发展史上的一个创新举措。

《关于新时代推进普通高中育人方式改革的指导意见》强调,在全面实施新课程、使用新教材的过程中,"要积极探索基于情境、问题导向的互动式、启发式、探究式、体验式等课堂教学,注重加强课题研究、项目设计、研究性学习等跨学科综合性教学,认真开展验证性实验和探究性实验教学。提高作业设计质量,精心设计基础性作业,适当增加探究性、实践性、综合性作业。"育人方式改革不仅是简单地改进课堂教学方式,更主要的还要关注学生成长的机制和途径。所以,这次新课程修订以后,特别强调了学生综合实践能力的培养,由此来推动高中阶段整体的育人方式改革。数学建模活动是一种综合实践活动,加强数学建模活动与改革育人方式密切相关。

不过,尽管在教育改革的方针政策上,加强数学建模等综合实践活动的力度很大,《普通高中课程方案(2017年版)》中规定的综合实践活动学分是14学分,差不多占了高中毕业学分144分中的十分之一,在所有科目里,综合实践活动课程占分最高,但我国学生的综合实践能力并没有得到有效提升,由此甚至影响到学生的职业取向。例如,在PISA2015调查中,问及"30岁时希望从事的工作",我国京、沪、苏、粤参加测试的学生中仅有16.8%的学生希望从事科学类事业(包括科学、医院、电脑、工程等),在72个参测国家(地区)中排名靠后。全球都在强调STEM(科学、技术、工程、数学)的重要性,我们在这方面的差距明显。

另外,许多教师对数学建模的教学还比较陌生。在数学教学中,我们总是习惯于让学生做现成的、条件封闭的题目,全国每年仅仅从各种名目繁多的模考题中就产生出五花八门的题目,这些题目与数学建模没有什么关系。事实上,这些题目对学生理解数学内容的本质、获得"四基"、提高"四能"也没多大好处。所以,如何加强数学建模等综合实践活动以落实育人方式改革的要求,对我们教科书编者和广大一线教师都是一件任重而道远的事情。

一、数学建模活动的课程定位和教学要求

(一)对数学建模素养的理解

为了认识数学建模活动的课程定位和教学要求,需要先讨论一下如何理解数学建模素养的问题。

《标准(2017年版)》对数学建模素养作出了如下描述:

数学建模是对现实问题进行数学抽象,用数学语言表达问题、用数学方法构建模型解决问题的素养。数学建模过程主要包括:在实际情境中从数学的视角发现问题、提出问题、分析问题、建立模型、确定参数、计算求解、检验结果、改进模型,最终解决实际问题。[1]

从上述描述可以发现,数学建模的内涵包含三个要素,一是对现实问题的数学抽象,

二是用数学语言表达问题，三是用数学方法构建模型解决问题。

数学建模的主要步骤如下：

第一，对现实问题进行数学抽象。这里的抽象不是针对数学概念及概念之间的关系，而是用数学的概念、原理和思想方法，从事物的具体背景中抽象出一般规律，并用数学语言表达为数学问题，这是一个"用数学的眼光观察世界"发现和提出问题的过程。需要注意的是，在同一个背景下，可以从不同角度发现和提出不同问题。

第二，分析问题、建立模型。这里对问题的分析，不仅局限在数学上，还需要调动其他学科的知识或生活经验，常常还需要查阅资料，以数学与现实问题及相关学科知识相融合的方式，确定影响问题的关键因素和相关因素，找到合适的数学概念、原理来描述相应问题的数学规律，进而作出模型假设，这是一个"用数学的思维思考世界"的过程。

第三，确定参数、计算求解。参数的确定需要以高质量的数据为基础，收集数据常常是数学建模活动的重要一环。数据的来源，一是从网络、教科书或其他书籍资料上获得，二是通过亲自的测量、实验等获得数据。利用数据确定假设模型中的参数，通过计算求解得出数学模型，这个过程中体现出与数据分析、数学运算、逻辑推理等素养的直接关联。

第四，检验结果、改进模型并解决问题。一般而言，通过有限的数据信息确定的参数取值、求解出的数学模型不一定能完全描述相应现实问题的规律，因此需要根据问题的实际意义检验结果，利用其他信息对模型作出"微调"、完善。另外，因为现实问题的影响因素复杂多变，存在许多偶然因素，所以任何数学模型都有其适用范围，这个范围需要通过对模型的假设前提、初始条件对现实问题中事物变化的影响以及对模型中参数的某些限制等方式给出。显然，这个过程中体现出与数据分析、直观想象、逻辑推理等核心素养的直接关联。

从上述分析可以看到，理解数学建模素养的内涵，可以聚焦在如下几个关键点：面对现实问题，经历完整过程，构建数学模型，从而发展"四能"（发现和提出问题的能力，分析和解决问题的能力），达到"三会"（会用数学的眼光观察世界，会用数学的思维思考世界。会用数学的语言表达世界）。

（二）数学建模活动的课程定位

《标准（2017年版）》对数学建模活动的定位是：数学建模活动是对现实问题进行数学抽象，用数学语言表达问题、用数学方法构建模型解决问题的过程。主要包括：在实际情境中从数学的视角发现问题、提出问题，分析问题、构建模型，确定参数、计算求解，检验结果、改进模型，最终解决实际问题。数学建模活动是基于数学思维运用模型解决实际问题的一类综合实践活动，是高中阶段数学课程的重要内容。[1]

可以发现，数学建模活动的这个定位是与发展学生数学建模素养的需要完全适应的。它是一类体现了数学学科特点的综合实践活动，面对的是实际问题，要应用数学的知识、思想方法，通过数学思维，建立数学模型对问题加以解决。因此，数学建模活动的教科书编写及教学实施应着重思考如何使数学建模素养落地的问题。

(三) 数学建模活动的教学要求

从上述定位可以看到，数学建模活动的教学应注意把握如下要求。

1. 活动内容

解决一个有意义的现实问题，所选的问题应该是真实的、具体的、用学生已掌握的数学知识可以解决的。

2. 活动性质

运用数学知识、思想方法，构建一个数学模型解决实际问题。要注意的是，这里的活动不同于常规的解一个应用题，是基于数学思维运用数学模型解决实际问题的一类综合实践活动。

3. 活动形式

以课题研究的形式展开，包含四个环节：选题、开题、做题、结题。

4. 活动过程

与数学知识的教学不同，数学建模活动重在"活动"，以学生活动为主。与课题研究四个环节相适应的教学过程是：

(1) 确定课题

可以由教师根据学生的具体情况布置给学生研究的课题，也可以让学生自己确定选题并报教师同意后开展探究。

(2) 撰写开题报告

学生撰写开题报告，教师组织开题交流活动。一般而言，开题交流活动应该以班级报告会的方式进行。开题报告应包括选题的意义、文献综述、解决问题思路、研究计划、预期结果等，特别是要说明需要用哪些数学知识，建模的方法和步骤及其合理性、可行性、有效性，并对不同实施方案进行预设和比较分析等。

在学生撰写开题报告时，教师要采取适当方式进行指导。

(3) 构建模型解决问题

适当利用"综合实践活动"的课时，并鼓励学生利用课余时间开展数学建模活动，包括描述问题、数学表达、建立模型、求解模型、得到结论、反思完善等。

这是数学建模的具体实施阶段，学生要按预设的方案，开展自主探究、合作学习、实地考察、实验观察、过程记录、建模求模等活动，真实地投入解决实际问题中。教师要注意了解学生的活动进展情况，观察学生的表现，帮助有困难的小组解决问题，在用数学方法描述问题、设计建模方案、回到现实中检验模型等环节要加强指导。教师要注重引导学生使用信息技术，注意从学生的活动中发现生成性课程资源，如存在的普遍性问题、出现的困难及其原因、学生的讨论过程及思维碰撞、突破困难得出结果的关键思路等，教师可以利用这些资源展开最生动、有效的建模活动教学。

(4) 撰写研究报告

在学生自主开展小组活动、得出结果的基础上，指导学生撰写研究报告。研究报告应根据选题的内容，采用专题作业、测量报告、算法程序、制作的实物、研究报告或小论文等多种形式。

在学生撰写研究报告时，教师应给予具体帮助，特别应提醒学生注意规范化地撰写研究报告，诚实地报告研究过程与结果，不能弄虚作假，并加强研究成果表达的逻辑性。

(5) 研究报告的交流与评价

在完成上述步骤后，由教师组织学生开展结题交流，并给出评价。要注意采用多样化的交流方式，如举行答辩会，成果展览，专题墙报等。

对于研究报告或小论文的评价，教师应组织评价小组，可以组织学生互评，也可以邀请教研组的其他教师、校外专家、社会人士、家长等参与评价。教师要引导学生遵循学术规范，坚守诚信底线，并纳入评价内容。研究报告或小论文及其评价应当作为文件存入学生个人学习档案。

让学生进行反思性自我评价与交流是使学生学会建立数学模型解决问题的重要手段，教师要在"如何反思""如何评价"上加强引导。例如，对各小组的研究方案的评价，可以从设计的周密性、实施的方便性、是否便于操作、存在哪些缺陷或不足等方面展开；对获得的结果，可以从数据的可靠性、推导过程的严谨性、模型的适用范围等进行评价；等等。另外，还要让学生对自己参与建模活动的过程和收获作出评价，如小组如何分工合作发挥成员的特长；如何克服困难和解决问题；数学知识在解决问题中有怎样的作用；有哪些能力得到提升；等等。

5. 活动结果

这个活动结果就是实现数学建模的育人目标。根据《标准（2017年）》的规定，学生通过参与数学建模活动的全过程，在得到数学建模活动研究报告等成果的同时，学习方式也能得到切实的转变，能以多样化的方式开展学习与实践活动，如网络搜索、田野调查、问卷调查、仿真实验等，进而逐步实现数学建模素养的发展：能有意识地用数学语言表达现实世界，发现和提出问题，感悟数学与现实之间的关联；学会用数学模型解决实际问题，积累数学实践的经验；认识数学模型在科学、社会、工程技术诸多领域的作用，提升实践能力，增强创新意识和科学精神。[1]

二、数学建模活动的教科书设计

(一) 数学建模活动的整体设计

数学模型是数学与现实世界紧密联系的具体表现形式，数学建模活动则是促进学生认识数学与现实的关联，学会用数学语言表达现实世界，提高用数学模型解决实际问题能力的主要手段。整体上看，学生在高中数学学习中经历的数学建模活动可以区分为两类：一是发现一类事物中与数量关系、空间形式有关的一般规律，并通过适当的数学语言将这种规律表示出来，形成一般模型；二是面对一个现实情境，通过调动相关学科知识分析问题，特别是通过对其中的数量和数量关系、图形和图形关系的分析，判断它满足某种数学模型的条件（如各种基本初等函数模型），再利用给定情境中的数据具体确定模型中的参数及其限制范围等，得出数学模型解决实际问题。显然，后一类就是前面重点讨论的用数学知识解决现实问题的数学建模活动；前一类活动及得出的模型实际上就是数学知识的学习过程，通过学习获得的数学概念、公式、法则等，在某种意义上就是一种数学模型，这是由高中数学课程内容的特点所决定的。事实上，数学模型通常都与数学概念、公式、法则、性质等紧密关联。高中课程中的基本初等函数、概率与统计等，其本身就是与现实问题紧密关联的，是对现实世界中变量关系和运动变化规律的抽象。所以，在高中数学知识的教学中渗透数学建模的思想，用数学建模活动过程的要素指导教科书与教学设计，这是数学教科书编写和教学实施需要特别关注的。

因此，数学建模活动教科书的整体设计包含两个方面，一是在函数、几何与代数、概率与统计等内容中体现数学建模的要素，渗透数学建模思想；二是设置专门的数学建模活动专题，让学生完整经历用数学知识建立数学模型解决实际问题的过程。这样的设计也体现了数学学科核心素养发展的连续性和阶段性的特点，能够满足培养数学建模素养的需要。

（二）数学建模在其他主题中的渗透

1. 在抽象研究对象过程中渗透数学建模

高中数学课程中的数学对象一般都对应着明确的现实背景。例如：

线性函数、等差数列与均匀变化现象；

二次函数与匀加速变化现象；

指数函数、等比数列与确定的增长率现象（更精确的描述是：指数函数刻画了事物的量在每一时刻的变化率与此刻的量的数值成比例的规律）；

对数函数与"对数增长"现象（这个描述有点自我循环的味道，但明确了指数函数所刻画的现实背景，对数函数其实也就随之确定了，因为它们互为反函数）；

三角函数与周期运动现象；

导数与瞬时变化率问题；

向量与物理学中的矢量，向量加法与位移的合成、力的合成，向量减法与物体受力平衡，向量的数量积与物体受力做功等；

圆锥曲线与行星运动、抛物运动、光学性质等；

概率与随机现象，二项分布与产品质检，正态分布与测量误差等；

统计与数据分析，独立性检验、回归分析与现实问题等；

……

因此，在抽象研究对象时，教科书特别注意借助适当的现实背景素材创设情境，引导学生通过观察和分析其中的数量关系或空间形式，利用适当的数学语言作出描述，再通过同类事物共性的抽象得出相应的概念及其数学表示。

例如，"正态密度函数"的抽象，教科书先给了一组"自动流水线食盐包装的误差数据"，这是通过随机抽样得到的真实数据；然后通过问题引导学生用频率分布直方图描述数据分布；再根据频率的稳定性，通过直观想象得出其分布接近于一条光滑的钟形曲线；再根据频率与概率的关系，得出用钟形曲线描述袋装食盐质量误差的概率分布；最后给出正态密度函数表达式及相关概念。"建立数学模型刻画误差分布"的过程就比较充分地体现出数学建模的"味道"。

2. 在数学化的过程中渗透数学建模

创设情境与问题，引导学生通过观察、分析、归纳、概括等思维活动，抽象出数学概念、命题或模型，这是教科书编写的指导思想之一。在用数学的方式表达给定的情境、问题及其蕴含的代数或几何特征，特别是在处理与实际问题或其他学科相关的问题时，首先需要有一个数学化的过程，这个过程往往伴随着对情境与问题中蕴含的数学关系或结构的判断，其中就体现出数学建模的韵味。例如，在建构三角函数概念时，教科书在列举现实世界中四季轮替、圆周运动、简谐振动、交变电流等周期变化现象后，以圆周运动为"代表"创设情境，引入任意角和弧度制；接着提出如何刻画圆上一点 P 的运动规律问题，并将问题描述为"单位圆 $\odot O$ 上的点 P 以 A 为起点做逆时针方向旋转，建立一个数学模型，刻画点 P 的位置变化情况"；然后进一步地在直角坐标系中将问题描述为"以单位圆的圆心 O 为原点，以射线 OA 为 x 轴的非负半轴，建立直角坐标系，点 A 的坐标为 $(1, 0)$，点 P 的坐标为 (x, y)。射线 OA 从 x 轴的非负半轴开始，绕点 O 按逆时针方向旋转角 α，终止位置为 OP……任意给定一个角 α，它的终边 OP 与单位圆交点 P 的坐标能唯一确定吗？"最后利用函数概念判断这个对应关系满足函数关系的要求，进而得出结论：点 P 的横坐标 x、纵坐标 y 都是角 α 的函数。上述过程，在明确了从（弧度制下）任意角的集合到单位圆上点的纵坐标的集合、横坐标的集合或坐标比值的集合之间的对应关系是函数的基础上，再给出三角函数的定义，这是建立一个数学模型刻画周期运动规律的过程，是在层层递进的数学化过程中完成的。

3. 加强应用数学知识解决实际问题

真正意义上的数学建模活动，面对的是现实中存在的问题，建立数学模型解决实际问题一般是从数据的收集开始，而日常学习中，学生的主要任务还是掌握数学知识。显然，知识的学习并不需要回到原点去从收集数据开始，学生需要在短时期内学习大量知识，所以在学习时间上也不允许这么做，但数学建模素养的培养又不可能仅凭几个综合实践活动课时来完成。为了解决数学建模素养发展的连续性、阶段性与数学知识学习之间的这种矛盾，教科书特别注重通过数学应用为学生提供经历某些数学建模环节的机会，从而使数学建模素养得到连续发展。

首先，在数学知识讲解过程中加强将现实问题转化为数学问题，注重引导学生经历从现实背景的分析中归纳、提炼数量关系、空间形式的数学表达并得出模型（如基本初等函数的解析式）的过程，这样的过程中就包含了与数学建模有直接关联的内容与环节，这在前面已经述及。

其次，注意通过例题、习题的内容表述来渗透"建立数学模型，解决实际问题"的要求。例如，在必修第一册中，具有实际背景的题目有 130 个左右，这些题目都以"应用题"的面目出现。其中既包含具有确定性模型及其结果的问题，例如：

"假设有一套住房的中间价从 2002 年的 20 万元上涨到 2012 年的 40 万元。下表给出了两种价格增长方式，其中 P_1 是按直线上升的房价，P_2 是按指数增长的房价，t 是 2002 年以来经过的年数。

t	0	5	10	15	20
P_1/万元	20		40		
P_2/万元	20		40		

（1）求函数 $P_1=f(t)$ 的解析式；（2）求函数 $P_2=g(t)$ 的解析式；（3）完成上表空格中的数据，并在同一平面直角坐标系中画出两个函数的图象，然后比较两种价格增长方式的差异。"

还有让学生根据题意自己收集数据，然后通过数据分析构建函数模型解决问题的题目，例如：

"北京天安门广场的国旗每天是在日出时随太阳升起，在日落时降旗。请根据年鉴或其他参考资料，统计过去一年不同时期的日出和日落时间。（1）在同一直角坐标系中，以日期为横轴，画出散点图，并用曲线去拟合这些数据，同时找到函数模型；（2）某同学准备在五一长假时去看升旗，他应当于几点前到达天安门广场？"

这里顺便指出，曾经有教师提出意见，认为教科书中的应用题太多了，会影响学生掌握数学知识。我们认为，不是教科书中的应用题多了，而是有些教师需要提高对数学应用的育人价值的认识水平。加强数学与现实的联系是课程改革的一个基本理念，也是数学教科书改革的一个基本方向。我们需要努力的是进一步把应用题编好，从而更好地发挥数学的育人功能，而不是减少数学的应用。教师们也要注意转变教学方式，以适应加强数学应用教学的课改要求。

最后，在相关主题中专门设置"数学应用"的内容。事实上，为了加强数学与现实的联系，《标准（2017 年版）》在必修主题二"函数"中设置了"函数应用"，特别指出"函数应用不仅体现在用函数解决数学问题，更重要的是用函数解决实际问题"。要求学生通过学习,"理解函数模型是描述客观世界中变量关系和规律的重要数学语言和工具;在实际情境中,会选择合适的函数类型刻画现实问题的变化规律。收集、阅读一些现实生活、生产实际或者经济领域中的数学模型,体会人们是如何借助函数刻画实际问题的,感悟数学模型中参数的现实意义。"在其他内容中一般也都提出数学应用的要求,例如:"会用向量方法解决简单的力学问题以及其他实际问题,体会向量在解决数学和实际问题中的作用";"能用余弦定理、正弦定理解决简单的实际问题";"能运用等差数列、等比数列解决简单的实际问题,感受数学模型的现实意义与应用";"通过丰富的实际背景理解导数的概念……并解决一些实际问题";"运用平面解析几何方法解决实际问题";等等。显然,这些要求都是与加强数学建模活动直接相关的。这样的设置实际上也是对知识学习中渗透数学建模活动提出了明确要求,从而也就为各主题中全面渗透数学建模活动提供了可能。

例如,在"函数的应用(二)"中,教科书设计了利用马尔萨斯人口增长模型解决实际问题的例题:

第一步,给出我国 1950 年年末和 1959 年年末的人口总数,让学生根据马尔萨斯人口增长模型 $y=y_0 \mathrm{e}^{rt}$,建立我国在 1950~1959 年的具体人口增长模型。

第二步,通过模型计算 1951~1958 年各年末的人口总数,并查阅国家统计局网站公布的我国在 1951~1958 年间各年末的实际人口总数,检验所得模型与实际人口数据是否相符。

第三步,利用模型预测我国人口总数达到 13 亿的时间,得出结果为 1990 年,然后提出问题:"事实上,我国 1990 年的人口数为 11.43 亿,直到 2005 年才突破 13 亿。对由函数模型所得的结果与实际情况不符,你有何看法?"引导学生认识函数模型是有适用范围的,在用数学模型解决实际问题时要注意根据问题的前提假设进行判断。这个例题对于理解数学模型的意义具有较好的示范作用。

4. 选取适当的内容呈现数学建模全过程

前已述及,高中数学课程内容与现实世界的联系非常紧密,由此决定了在数学知识的教学中,可以选取某些适当的内容,采用数学建模活动的方式加以组织和呈现,从而有机渗透数学建模思想,加大培养数学建模素养的力度。下面我们以两个具体例子来说明教科书的做法。

例 1 函数 $y=A\sin(\omega x+\varphi)$。

这个函数的现实背景非常明确,而且现实世界中学生熟悉的周期变化现象普遍存在。通过适当的现实背景设置情境与问题,引导学生结合具体实例建立模型 $y=A\sin(\omega x+\varphi)$,理解参数 A,ω,φ 的意义,通过研究参数变化对函数图象的影响把握模型的性质,并用模型解决同类问题,这就是一个相对完整的数学建模活动过程。教科书正是按照这一思路展开内容:

第一步,以我国古代发明并沿用至今的水利灌溉工具"筒车"的运动为背景创设情境,通过适当的理想化(假设每个盛水筒都做匀速圆周运动,将盛水筒视为质点等),将实际问题转化为数学问题,并选择三角函数模型来刻画盛水筒的运动规律。这是一个从数学的视角发现和提出问题的过程。

第二步,通过问题"与盛水筒运动相关的量有哪些?它们之间有怎样的关系?"引导学生将问题进一步数学化:

如图1,将筒车抽象为一个几何图形,设经过 t s 后,盛水筒 M 从点 P_0 运动到点 P。由筒车的工作原理可知,这个盛水筒距离水面的高度 H 由以下量所决定:筒车转轮的中心 O 到水面的距离 h,筒车的半径 r,筒车转动的角速度 ω,盛水筒的初始位置 P_0 以及所经过的时间 t。

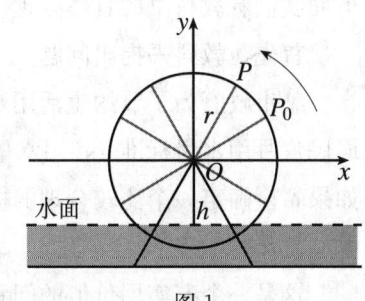

图1

第三步,在适当的直角坐标系下,分析这些量的相互关系,进而建立盛水筒运动的数学模型 $H=r\sin(\omega t+\varphi)+h$。

第四步,研究参数 A,ω,φ 的变化对 $y=A\sin(\omega x+\varphi)$(其中 $A>0$,$\omega>0$)图象的影响,得出从正弦函数图象出发,通过图象变换得到 $y=A\sin(\omega x+\varphi)$($A>0$,$\omega>0$)图象的过程与方法,从而认识这个函数模型的性质。

第五步,回到现实中去,应用模型解决摩天轮的运动、弹簧振子的运动、交变电流、简谐运动、海水涨落与船舶靠港作业等实际问题。这是一个根据具体数据确定参数、计算求解的过程。

由此可见,教科书将函数 $y=A\sin(\omega x+\varphi)$ 设计成了一个较为完整的数学建模过程,其中通过分析问题背景发现和提出问题,将现实问题理想化,再通过分析与盛水筒运动相关的量及其相互关系而使问题数学化,得出模型后研究其性质,最后回到现实中,应用模型解决各种周期变化问题等,都是在数学建模活动中要经历的环节。

例2 用数学建模活动方式组织"统计"一章内容。

我们知道,"统计"教学的主要目标是培养学生的数据分析素养。《标准(2017年版)》指出,数据分析过程主要包含:收集数据,整理数据,提取信息,构建模型,进行推断,得出模型。将它与数学建模过程进行比较,可以发现两者有较大的一致性。数据分析中的"分析"是针对数据而言的,"是一个透过数据探索客观事物本质和规律的过程",可以概括为:(1)面向实际背景,凝练统计问题;(2)明确问题目标,收集整理数据;(3)合理构建模型,优化推断结论;(4)回归实际问题,形成决策知识。[2] 尽管统计中对数据的收集有专门要求和特定方法,也有专门的整理数据的方法和工具,构建的统计模型也是专有所指(如随机现象的概率分布、两个随机现象的相关关系等),对统计模型中未知参数进行估计也有特定的方法(如最小二乘法),对由统计模型作出的推断是否能精确地反映所研究的随机现象的特性和内在规律进行验证时也有自己特有的方法,必要时也要对模型作出改进,但从通过数据分析解决实际问题的过程看,确实具有数学建模的特征。

实际上，作为一种综合实践活动，数学建模活动的内容范围可以涵盖高中数学的所有主题，这是数学建模素养丰富内涵的体现。另外，《标准（2017年版）》提出，"统计的教学活动应通过典型案例进行。教学中应通过对一些典型案例的处理，使学生经历较为系统的数据处理全过程，在此过程中学习数据分析的方法，理解数据分析的思路，运用所学知识和方法解决实际问题。"[1]用数学建模活动的方式组织统计内容，有利于体现上述要求。下面我们看教科书的具体处理。

首先，教科书提出问题1：

某市政府为了节约生活用水，计划在本市试行居民户生活用水定额管理，即确定一个居民户月用水量标准 a，用水量不超过 a 的部分按平价收费，超出 a 的部分按议价收费。如果希望确定一个比较合理的标准以使大部分居民户的日常生活不受影响，你认为需要做哪些工作？

这是一个有实用价值的问题。由于居民用水量是一个随机现象，应该用统计模型来确定合理的用水标准。但问题的提法也不是一个统计问题，需要进一步将其凝练为统计问题。于是教科书进一步明确问题：

采用抽样调查的方式，通过分析样本观测数据来估计全市居民月均用水量的分布情况。

上述过程就是在实际情境中从统计的视角发现和提出问题的过程。

接着是根据统计问题的目标设计有效的抽样方法，收集数据、整理数据。根据生活经验，全年不同季度的用水量是不一样的，如果按季度阶梯定价，则需要每个季度的用水量分布情况，需要获得每个季度的平均用水量，困难较大。如果用全年用水量的平均值，则会出现每年用水量高峰季节阶梯水价的第一阶梯受众面减少而影响一些用户生活的情况，也存在供水量不足的风险。所以应该选择合适的月份收集数据。教科书为了简化问题，以"假设通过简单随机抽样，获得了100户居民用户的月均用水量数据"，给出数据，并用"因为我们更关心月均用水量在不同范围内居民户占全市居民户的比率，所以选择频率分布表和频率分布直方图来整理和表示数据，即用各个小组数据在数据总量中所占比率的大小来表示数据的分布情况"，引导学生选择数据整理的方法，画出居民用户月均用水量的频率分布表和直方图。

接着，教科书引导学生分析表、图中的信息以及居民户月均用水量的样本观测数据分布规律，并据此推测该市全体居民户月均用水量的分布情况，得出"大部分居民用水量都少于 10.2 t"等推断，然后进一步提出问题2：

如果当地政府希望使80%的居民生活用水费用支出不受影响，根据频率分布表中的样本数据，你能给市政府提出确定居民户月用水量标准的建议吗？

与问题1的处理一样，教科书先将问题凝练为如下统计问题：

根据市政府的要求确定月均用水量标准，就是要寻找一个数 a，使全市居民户月均用水量中，不超过 a 的占 80%，超过 a 的占 20%。

然后引导学生根据样本数据的第 80 百分位数估计出总体的第 80 百分位数为 13.7，并指出：由于样本的取值规律与总体的取值规律之间会存在偏差，而决策问题只要临界值近似为第 80 百分位数即可。因此，为了实际中操作的方便，可以建议月均用水量标准定为 14 t，或者年用水量为 168 t。

上述过程是在"合理构建模型，优化推断结论"的基础上，回归实际问题，利用统计模型进行分析，为实际决策提供方案。在这个过程中，教师还可以进一步引导学生从不同角度分析确定合理用水量及阶梯价格的原则和方法，从而有效促进学生统计思维的发展。可以发现，这个过程比较完整地体现了数学建模中的"分析问题、构建模型、确定参数、计算求解、检验结果、改进模型，最终解决实际问题"等环节，可以帮助教师实现"通过典型案例，使学生经历较为系统的数据处理全过程，在此过程中学习数据分析的方法，理解数据分析的思路，运用所学知识和方法解决实际问题"的教学要求。

总之，在教科书中，以数学知识及其蕴含的数学思想和方法为主要学习任务的课程内容中渗透数学建模的学习，使学生在潜移默化中了解了数学建模的基本思想、基本过程与步骤，掌握了建模活动不同环节的"操作要领"，并使建立数学模型解决实际问题的能力得到了循序渐进的锻炼，从而为开展数学建模课题研究做好了必要准备。

（三）设置"数学建模"专题活动

根据《标准（2017 年版）》的规定，数学建模活动的课程定位是"作为基于数学思维运用模型解决实际问题的一类综合实践活动"，教学要"以课题研究的形式开展，课题研究的过程包括选题、开题、做题、结题四个环节"。因此，尽管可以在数学知识的教学中渗透甚至让学生经历较为完整的数学建模活动过程，但常规教学却不能体现上述定位，同时也无法完成其教学任务，必须通过设置专门的数学建模专题活动才能达成其课程目标。

1. 确定数学建模活动选题的几条原则

因为《标准（2017 年版）》只给出了数学建模活动的过程、要素及活动方式，没有规定具体课题，所以教科书编写的首要任务是选择课题，为数学建模活动提供载体。

怎样的选题是适当的呢？我们在确定数学建模活动选题时主要考虑了如下几条原则：

（1）所选课题是有现实意义的，能使学生感受到数学建模活动的意义和乐趣，能充分激发学生的研究兴趣；

（2）课题背景是学生熟悉的，要尽量贴近学生生活实际，方便学生操作；

（3）学生有必要的知识储备，但做课题所需要的数学模型是新近学习的，能使建模活动过程成为理解和综合运用相应数学知识的过程；

（4）课题能对学生形成挑战性，能使学生经历完整的数学建模活动过程，从而形成"做研究"的体验，初步熟悉"做课题"的基本过程、方法和步骤；

（5）能有效发挥信息技术的作用，方便教师观察和指导学生活动，有利于学生分享、交流研究成果，便于开展评价。

2. 数学建模活动课题的确定

(1) 建立函数模型解决实际问题。

函数是贯穿高中数学课程的主线。学生在学习集合、常用逻辑用语等数学语言和数学表达工具的基础上，在必修课程"主题二　函数"的学习中，掌握了几种基本初等函数，研究了它们的图象与性质，掌握了现实世界中几种典型的变量关系和运动规律的数学表达，从而为用函数建立数学模型解决实际问题做好了知识准备；同时，通过函数的一般概念及幂函数、指数函数、对数函数等概念的学习，学生的数学抽象能力得到了进一步提高；通过函数图象与性质的研究与应用，学生的直观想象能力和数学表达能力得到了增强。所以，学生已经具备了用函数建立数学模型解决实际问题所需要的知识和能力。另外，《标准（2017年版）》在这一主题中专门提出"函数与数学模型"的内容，要求学生"理解函数模型是描述客观世界中变量关系和规律的重要数学语言和工具；在实际情境中，会选择合适的函数类型刻画现实问题的变化规律。""收集、阅读一些现实生活、生产实际或者经济领域中的数学模型，体会人们是如何借助函数刻画实际问题的，感悟数学模型中参数的现实意义。"所以，设置一个利用函数建立模型解决实际问题的数学建模活动也符合《标准（2017年版）》的要求。基于以上考虑，教科书在"指数函数与对数函数"之后，紧接着安排了"建立函数模型解决实际问题"的数学建模活动，以"特定室温条件下刚泡好的茶水多长时间可以达到最佳口感"为课题，给出"建立茶水温度随时间变化的函数模型解决问题"的示范，并给出了"应在炒菜之前多长时间将冰箱里的肉拿出来解冻""根据某一学生的身高和体重，判断该同学是否超重""用微波炉或电磁炉烧一壶开水，找到最省电的功率设定方法"等备选课题。

(2) 建立统计模型进行预测。

在"概率与统计"主题中加强数学建模活动的理由在前面已有阐述，这里不再赘述。在选择性必修第三册统计一章之后，我们安排了第二个数学建模专题"建立统计模型进行预测"，以"建立汽车流量与PM2.5浓度之间关系的统计模型，并利用模型进行统计预测或控制"为例，引导学生开展统计建模活动。这是本套教科书的"收尾"内容，学生已经全部学完高中数学知识，无论从知识储备（包括其他学科的知识，特别是信息技术应用）、积累的数学建模活动经验还是分析和解决问题的能力等，都已经具备解决较为复杂的现实问题的基础，所以这个专题活动的综合程度较高，难度也较大。考虑到中学生开展数学建模活动的实际，教科书通过给定课题、呈现完整的研究过程，以课题研究案例的方式，先给学生以完整的课题研究示范，再让学生按照要求开展小组合作的课题研究。

3. 数学建模专题的内容设计

作为一种综合实践活动，数学建模学习的要义在于"过程""实践""活动"。要以课题研究的形式开展活动，要让学生经历完整的选题、开题、做题和解题等完整的过程。教师的责任在于给学生营造研究范围,提供自主探究、合作学习、个性展示、协作支持、工具选择、信息挖掘、交流分享、归纳提升、反思拓展的机会,使学生经过学习和实践,"提高学习数学的兴趣,增强学好数学的自信心,养成良好的数学学习习惯,发展自主学习的能力;树立敢于质疑、善于思考、严谨求实的科学精神;不断提高实践能力,提升创新意识;认识数学的科学价值、应用价值"。[1]数学建模的学习载体不需要特别指定,可以根据学校当时当地的条件灵活确定。因此,数学建模专题并不需要像其他内容那样"讲知识、讲例题",而是要给教师和学生一个数学建模活动的"操作指南"。

根据数学建模活动的特性,教科书设计了如下结构:

一、标题

二、概述

选题的目的、意义,建模的主要内容、过程和方法。

三、范例

一个完整地建立数学模型解决实际问题的案例,以"现实问题—数学问题—建立模型—检验模型—解决问题"的完整形式呈现。

四、数学建模活动选题

给出若干个与"范例"的选题延续的,或相关的,或类似的选题供学生参考,并说明"也可以根据自己的兴趣,与老师协商确定选题"。

五、数学建模活动的要求

1. 组建合作团队

数学建模实践活动需要团队协作。首先,在班级中组成3~5人的研究小组,每位同学参加其中一个小组。在小组内,要确定一个课题负责人,使每位成员都有明确的分工。拟定研究课题、确定研究方案、规划研究步骤、编制研究手册,然后在班里进行一次开题报告。

2. 开展研究活动

根据开题报告所规划的研究流程,通过背景分析、数据收集、数据分析、数学建模、获得结论等过程,完成课题研究。在研究过程中,可以借助信息技术解决问题。

3. 撰写研究报告

以小组为单位,撰写一份研究报告。

4. 交流展示

(1)对同一个课题,先由3~4个小组进行小组交流,每个小组都展示自己的研究成果,相互借鉴、取长补短。在小组报告的基础上形成大组的研究报告。选定代表,制作向全班汇报的演示文稿。

(2)与老师一起进行全班研究成果展示与交流,在各大组代表作研究报告的基础上,通过质疑、辩论、评价,总结成果,分享体会,分析不足。开展自我评价、同学间相互评价和老师评价,完成本次数学建模活动。

六、数学建模研究报告的参考形式

略。

三、数学建模活动的教学建议

前面的讨论中已经渗透了关于数学建模活动教学的思考，这里结合教科书中"建立统计模型进行预测"，再概括地给出一些教学建议。

(一) 关于"范例"的说明

教科书给出了一组基于大气污染物 PM2.5 的浓度及汽车流量、气候状况等因素的真实观测数据，要求学生运用所学统计思想和方法，通过建立统计模型分析因素之间的关系，并作出判断和预测，从而让学生经历数学建模的一般过程，进一步理解回归模型的方法和意义，了解信息技术在数学建模中的作用。

1. 背景分析，凝练统计问题

从数学的视角对实际情境进行背景分析，将实际问题凝练为统计问题是统计建模的第一步。主要包括以下两个方面：

(1) 了解与问题背景有关的知识。问题的背景是通过对观测数据分析，定量探究与 PM2.5 的浓度相关的影响因素，为作出控制空气污染的决策提供依据。因此，首先要分析可能影响 PM2.5 浓度的因素，区分主要因素、次要因素，以及如何度量因素之间相互影响的程度。其次要分析其他因素是如何影响 PM2.5 浓度的，即如何定量刻画其他因素与 PM2.5 浓度之间的关系，这是数学建模的目的。因为要考察其他因素对 PM2.5 浓度的影响，所以 PM2.5 浓度是因变量，而自变量则是可能与因变量有关的那些变量，如汽车流量、气候状况等。

上述分析对学生而言有较大的难度，教师应加强引导。

(2) 将问题凝练为统计问题

一般而言，现实问题并不是真正的数学问题，需要通过数学化的过程，从中提炼成为数学问题。本案例是要从背景中凝练出统计问题，具体的就是要根据对于问题背景的分析，确定研究的目标，并将目标的达成分解成若干具体的步骤，在每个步骤中解决一个具体的问题。在本课题中需要解决的主要问题有：

①PM2.5 浓度与汽车流量之间是否存在线性相关关系？如何判断？

②如果 PM2.5 浓度与汽车流量之间存在线性相关关系，如何建立线性回归方程刻画这种关系？

③所建立的线性回归方程是否有效、可靠？用什么方法判断？

④如何利用模型帮助决策？

2. 分析问题，构建模型

教科书提供的实际情境是多因素影响的复杂多元关系，需要在数学建模活动中抓住主要矛盾，才能建立有效的模型。因此，教科书选择了 PM2.5 浓度与汽车流量之间的关系问题进行研究，并根据数据用统计方法判断变量之间的关系。在本课题中，利用散点图直观判断两个变量之间是否存在线性相关关系，利用样本相关系数刻画线性相关的程度，以决定能否用线性回归模型刻画这种关系，实际上这是统计模型选择和建立的基础。

3. 确定参数，计算求解

这个环节中，应该重视信息技术的作用，要鼓励学生使用信息技术。教科书有意识地给出了统计软件输出结果的图片，以增强现实感。另外，图片中出现了一些学生可能没有接触过的信息，例如，用统计工具求解经验回归方程时所出现的很多显著性检验结果，教科书呈现这些内容的目的是让学生明白，在数学建模过程中可能需要新知识。教学时要提醒学生，对于新知识应保持不断学习的态度，在数学建模中必须运用信息技术，它可以延伸我们的双手和大脑，极大地拓展我们的视野和能力。要鼓励学生通过查阅资料自主学习相关的统计知识，以更好地了解统计结果的含义和作用。

4. 检验结果，改进模型，解决实际问题

在统计建模活动中，这个环节就是统计推断，即对建立的统计模型进行统计评价，统计评价也称显著性检验。显著性检验是对模型中的参数进行统计推断，主要检查自变量对因变量的影响是否显著，线性回归是否显著，建立的统计模型是否有效。利用统计软件建立统计模型时，在得出回归方程的同时，一般都会给出显著性检验的结果。教科书结合案例的回归分析输出结果，简单介绍了各种检验结果的意义，这有利于对回归模型的有效性进行判断。

（二）教学建议

1. 体现数学建模的"过程""活动"特性

数学建模活动重在数学应用和学生活动，教学中要努力体现数学建模活动的这一特点。为此，教学中要贯彻好如下操作理念：

（1）让学生动起来，采取有效措施促使学生主动地做数学、学数学、用数学；

（2）要经常地提醒学生留意身边的事物，用数学的眼光进行观察，积极尝试从中发现和提出值得研究的问题，为数学建模活动中的选题开拓思路，奠定基础；

（3）要给学生营造课题研究的范围，采取有效措施迫使学生参与到数学建模活动的全过程中去，从中感受用数学模型解决实际问题的"味道"；

（4）要培养学生做过程记录的习惯，加强数学论文写作的教学，使学生能顺利地完成结题报告，提高"用数学的语言表达世界"的素养。

当然，要指导好学生的课题研究和论文写作，教师自己首先要有课题研究的经历和论文写作的能力。对于许多教师来说，课题研究和论文写作的经验尚有欠缺，所以数学建模的教学对他们而言是一个巨大的挑战。

2. 以小组合作学习的方式开展活动

在教学组织上建议采用小组合作学习的方式，分组工作要由学生自己完成，但教师要加强协调，使每个组的成员数量适当，并能优势互补。各小组根据研究规划开展协作研究，建议按如下步骤完成：

(1) 小组集体讨论建模方案，确定研究思路；
(2) 小组成员相互协作开展探究，并以专题作业的形式撰写建模的过程纪录；
(3) 小组内进行交流讨论，完善建模过程与结果，并形成一份小组研究报告；
(4) 全班进行成果交流、评价。

3. 重视形成性评价

建模活动与做一道题目是不一样的，课题研究任务的完成要依靠小组的集体力量，要求每位参与者积极参与、贡献力量，所以对建模活动的学习评价必然是既要关注结果更要关注过程。数学建模活动要安排交流讲评活动，建议分数学评价和非数学评价两部分，可视具体情况进行比例分配，一般而言可以数学评价占60%，非数学评价占40%。数学评价主要由教师作评价，评价的依据是现场观察、学生上交的数学作品或研究报告，主要关注以下几点：

(1) 提出的问题是否合理、切合研究的目的；
(2) 在数学模型建立过程中数学知识的运用是否正确；
(3) 建立的数学模型是否有效；
(4) 利用模型进行预报的结果是否已在现实中得到证实，或能被有关部门接受；
(5) 建模过程是否有创意，是否用到新的数学知识。

非数学评价主要是同学之间相互评价，包括小组成员互评和给其他小组结题汇报打分，并写出评价的简单理由。交流讲评活动是数学建模活动的成果展示环节，可以按满意原则和加分原则进行评价。

4. 要鼓励学生自己提出选题

设置数学建模活动意在加强数学与学生现实生活的联系，培养学生数学地观察周围世界，逐步学会从数学的角度发现和提出问题，用数学的方法分析和解决现实问题，从而改变单纯而机械的解题操练，形成多样化的学习方式。因此，在数学建模专题活动教学中，一方面要注意对教科书给出的背景和问题情境、解决问题的方法和途径进行拓展，例如，在统计建模活动中可以引导学生考虑建立多元线性回归模型，也可以考虑建立非线性回归模型等；另一方面要鼓励学生自己提出研究课题。教师要在选题阶段对学生加强指导，在提出问题到确立课题的过程中，引导学生做好收集资料、整理信息、反思提问等工作，在充分展开背景分析的基础上，从现实情境中凝练出建模的选题。顺便指出，在建模活动初始阶段加强指导，对学生顺利完成整个建模学习是至关重要的。

5. 要重视信息技术的运用

数学建模需要处理大量信息，学生自己提出选题的时候还需要收集信息，现实问题中的数据一定是量多且复杂的，所以离开了信息技术的支持，建模活动是很难开展的。特别是统计建模活动，数据的处理通常都要利用统计软件。因此，为了开展好数学建模活动，教师自己首先要熟练掌握相关的数学软件工具的使用方法，例如几何画板、GeoGebra、R软件和Excel等；同时，要提醒学生注意加强信息技术课程的学习，在建模活动前可以指定某些数学软件工具要求学生先自主学习，在建模活动中教师再进行应用指导。

参考文献

[1] 中华人民共和国教育部. 普通高中数学课程标准（2017年版）[S]. 北京：人民教育出版社，2018.

[2] 史宁中，等. 普通高中数学课程标准（2017年版）解读[M]. 北京：高等教育出版社，2018：136-140.

（执笔人：章建跃，人民教育出版社课程教材研究所；张艳娇，人民教育出版社课程教材研究所；金克勤，浙江省台州市黄岩中学）

第三编　必修课程教材编写研究

集合与常用逻辑用语

　　集合是刻画一类事物的语言和工具，使用集合语言可以简洁、准确地表述数学的研究对象，提升数学抽象素养。常用逻辑用语是数学语言的重要组成部分，是数学表达和交流的工具，是逻辑思维的基本语言，使用常用逻辑用语表达数学对象、进行数学推理，可以提高交流的严谨性与准确性，提升逻辑推理素养。

　　《标准（2017版）》将集合与常用逻辑用语作为高中数学课程的预备知识，要求学生用集合语言和常用逻辑用语梳理、表达学过的数学内容，实现从具体的初中数学知识向较为抽象的高中数学知识的过渡，为高中数学学习做好知识与技能、方法与习惯、能力与态度方面的准备。

一、内容与学习要求

　　在《标准（2017版）》中，对于集合，要求学习集合的概念与表示、集合的基本关系、集合的基本运算；对于常用逻辑用语，要求学习必要条件、充分条件、充要条件，全称量词与存在量词，全称量词命题与存在量词命题的否定。

　　无论是集合还是常用逻辑用语，都是数学的语言。集合是刻画一类事物的语言和工具，常用逻辑用语是数学表达和交流的工具，是逻辑思维的基本语言。用集合的语言简洁、准确地表述数学的研究对象的过程，就是学会用数学的语言表达和交流，积累数学抽象的经验的过程；用常用逻辑用语表达数学对象、进行数学推理的过程，就是提高交流的严谨性与准确性的过程。因此，这两者既是系统学习数学语言的知识载体，也是后续数学学习的基础。

　　事实上，在义务教育阶段的数学学习中，已经在不断地使用集合和常用逻辑用语的知识，包括各种数集、不等式的解集、点集等，包括初中学习过的各种命题等知识。高中起始，是从这种零散的、渗透性的学习转化为一种系统性的、明确的数学语言学习。

　　下图展示了集合与常用逻辑用语系统的内容结构。

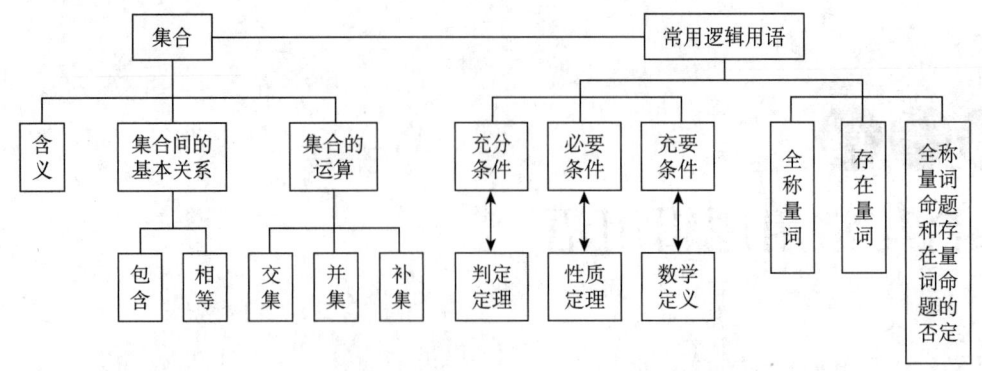

二、选取典型数学实例和命题，回顾旧知、学习新知

在初中，学生接触的集合与常用逻辑用语知识较为零散；在高中，学生首次系统学习这些表述数学内容的语言和工具。数学语言虽然简洁、准确，但是也相对抽象，教科书的任务就是需要通过这些抽象的数学语言的学习，提升学生数学表达的抽象层次，从而做好初高中数学学习的过渡。

具体来说，集合的学习起点是之前学习过的数集、解集、点集等，如今要从直观到抽象，系统学习集合的初步知识；逻辑用语的学习起点是之前学习过的命题，如今要从特殊到一般，学习一些逻辑用语的形式化表达。如何从直观到抽象，从特殊到一般？教科书通过选取典型数学实例和命题，搭建初高中过渡的桥梁，从回顾旧知到学习新知。

在集合中，教科书选取了丰富的实例，既涵盖了数、方程、不等式、函数、几何图形等数学领域，也包含了贴近学生生活的实际问题，例如引入元素与集合概念的 6 个实例：

（1）1~10 之间的所有偶数；

（2）某市立德中学今年入学的全体高一学生；

（3）所有的正方形；

（4）到直线 l 的距离等于定长 d 的所有点；

（5）方程 $x^2-3x+2=0$ 的所有实数根；

（6）地球上的四大洋。

这些实例，既有数学学习中经典的偶数集、正方形集、二次方程解集，又有实际生活中学生熟悉的学生集、四大洋集等。在考虑实例情境"丰富性"基础上，针对不同知识的特点，教科书进一步选取典型的实例帮助学生理解相关知识，例如集合中元素的"确定性"，教科书选取了实例"较小的数""高中学生中的游泳能手"来帮助学生辨析集合的特性；再如描述法，设置了如下"思考"栏目：

思考

（1）你能用自然语言描述集合 $\{0,3,6,9\}$ 吗？

(2) 你能用列举法表示不等式 $x-7<3$ 的解集吗？

通过问题（1）帮助学生实现列举法这种集合表示方法和自然语言之间的转换，通过问题（2）让学生体会引入描述法的必要性。

在常用逻辑用语中，实例的丰富性和典型性也同样重要，因此无论是充分条件与必要条件，还是全称量词与存在量词，教科书都是在回顾命题的基础上，选取初中典型的数学命题，学习新知识。下表显示了教科书中这部分知识所用实例的知识领域及使用频数：

知识领域	数	式	方程	不等式	函数	三角形	四边形	圆	集合
频数	19	3	11	8	2	19	21	6	6

可以看到，常用逻辑用语这部分中实例的选择范围几乎涵盖了初中所有的知识领域，而且还涉及刚刚学习的集合领域；其中，数、三角形和四边形的频率最高，这是因为常用逻辑用语重难点知识的展开是充分借助了它们的经典实例。例如"平行四边形"，教科书利用它分别设置了两个"思考"和一个"探究"栏目：

思考

例 1 中命题（1）给出了"四边形是平行四边形"的一个充分条件，即"四边形的两组对角分别相等"。这样的充分条件唯一吗？如果不唯一，那么你能再给出几个不同的充分条件吗？

思考

例 2 中命题（1）给出了"四边形是平行四边形"的一个必要条件，即"这个四边形的两组对角分别相等"。这样的必要条件是唯一的吗？如果不唯一，你能给出"四边形是平行四边形"的几个其他必要条件吗？

探究

通过上面的学习，你能给出"四边形是平行四边形"的充要条件吗？

这三个栏目，都是借助情境"四边形是平行四边形"，让学生从充分条件、必要条件和充要条件角度回顾、梳理和重新审视平行四边形的判定定理、性质定理和定义，从而明确判定定理和充分条件、性质定理和必要条件、数学定义和充要条件之间的关系。

虽然数学语言简洁、准确，但是抽象度高，对于这种特点，实例的作用在学习中显得尤为重要，因此建议在教学中，充分重视实例的丰富性和典型性。一方面教师可以梳理初中阶段的知识，选取不同知识领域的例子为学生学习集合和常用逻辑用语这些抽象的数学语言营造丰富的情境，选取典型的例子帮助学生突破学习重点和难点；另一方面可以让学生自己列举一些实例，说明和辨析概念等。

三、类比数的研究，学习集合，提升数学抽象素养

数学知识包括数学的概念、公式、法则、定义、定理等及由其内容所反映的数学思想方法。在集合中，教科书除了介绍集合的基本知识，还特别注意指引学生"如何研究一个数学对象"，即引入一个新的数学对象后，需要研究些什么，研究方法是什么等。事实上，这是整套教科书贯穿始终的编写理念之一。

集合的研究方法，主要是"类比"，类比的对象是学生非常熟悉的"数"，遵循数的研究路径：定义—关系—运算，就获得了集合需要研究的内容：关系和运算。因此，教科书在1.2节和1.3节，通过提出引导性的问题，指引学生发现和提出研究问题；通过设置"观察"栏目，指引学生类比数的大小关系和运算，联想集合的基本关系和运算。由此，让学生在运用数学思维方法，如概括、类比、联想等的过程中，提高数学思维能力，初步掌握数学研究方法。在教学中应该特别关注这一点，特别是引导性问题和栏目在这方面所起的作用。例如引导问题：

我们知道，两个实数之间有相等关系、大小关系，如 $5=5$, $5<7$, $5>3$，等等。两个集合之间是否也有类似的关系呢？

这个问题的关键词是"类似的"，其目的是从"研究内容"上建立"数"和"集合"这两个研究对象之间的联系，指向是"发现和提出"新的研究问题。

再如"观察"栏目：

观察

观察下面的集合，类比实数的加法运算，你能说出集合 C 与集合 A，B 之间的关系吗？

(1) $A=\{1,3,5\}$，$B=\{2,4,6\}$，$C=\{1,2,3,4,5,6\}$；

(2) $A=\{x|x$ 是有理数$\}$，$B=\{x|x$ 是无理数$\}$，$C=\{x|x$ 是实数$\}$。

这个栏目的关键词是"类比"，目的是从"研究方法"上建立"数"和"集合"这两个研究对象之间的联系，指向是"观察、猜想、抽象、概括"出新的数学结论。

只有在教学中深刻理解了教科书文字背后这些编写理念，才能把这些引导问题和栏目转化为与学生思维相关的数学活动，才能让学生在活动中运用数学思维，提升数学素养。

在经历了一系列思维过程，获得了集合知识之后，掌握集合语言最好的方法就是使用，因此，教科书在本章分三个层次安排集合语言的使用：一是读懂问题中的集合概念和符号，例如教科书习题1.2第1题等；二是在处理问题时，根据需要，运用集合语言进行表述，例如教科书习题1.1第4题等；三是创设情境，根据情境需求进行三种语言（自然语言、图形语言、符号语言）的转换，例如教科书复习参考题1第11题等。通过这样进阶式的安排，让学生逐渐熟悉集合语言的抽象性，积累数学抽象的经验，从而提升数学抽象素养。在教学中，也建议教师多选取一些例子，创设使用语言的情境，同时让学生自己举些例子，互相表达和交流。

四、联系典型数学命题，学习逻辑用语，提升逻辑推理素养

相对于初中的数学知识，常用逻辑用语这部分内容比较抽象，对学生的逻辑推理、数学语言的运用等能力要求较高，是学生高中阶段数学学习的一个难点。为了降低学生的认知难度，教科书主要采用了两种方式：

(1) 以旧带新。在介绍充分条件和必要条件时，先从初中学习过的一些数学命题出发，分析这些命题中条件和结论的关系，由此引入充分条件、必要条件和充要条件的概念。然后，通过一些熟悉的数学实例，让学生辨析哪些条件是充分不必要的，哪些条件是必要不充分的，哪些条件是充分必要的，哪些条件是既不充分又不必要的，加深学生对这三个常用逻辑用语的认识，提升他们的逻辑推理素养。同时，通过联系初中的一些典型数学命题，让学生理解判定定理与充分条件、性质定理与必要条件，以及数学定义与充要条件之间的关系。在介绍量词时，先回顾命题的概念，然后通过判断一些含有变量的陈述句是否为命题，让学生体会到对一些非命题的陈述句，如果用一个短语对变量的取值范围进行限定，就可以得到一个命题，在此基础上比较自然地引入全称量词和全称量词命题、存在量词和存在量词命题的概念。

(2) 形式转换。含有量词的命题的否定是常用逻辑用语部分的学习难点，这种困难源于原有命题和否定命题表达形式在认知上存在比较大的跨度，如果直接给出，学生是很难接受和理解的。因此，教科书采用形式逐步转换的方式，在原命题和否命题之间搭建起一座桥梁，表现在教科书中，就是六个"也就是说"：

这三个命题都是存在量词命题，即具有"$\exists x \in M, p(x)$"的形式。其中命题 (1) 的否定是"不存在一个实数，它的绝对值是正数"，也就是说，

$$\text{所有实数的绝对值都不是正数；}$$

命题 (2) 的否定是"没有一个平行四边形是菱形"，也就是说，

$$\text{每一个平行四边形都不是菱形；}$$

命题 (3) 的否定是"不存在 $x \in \mathbf{R}$，$x^2 - 2x + 3 = 0$"，也就是说，

$$\forall x \in \mathbf{R},\ x^2 - 2x + 3 \neq 0。$$

从命题形式看，这三个存在量词命题的否定都变成了全称量词命题。

一般来说，对含有一个量词的存在量词命题进行否定，我们只需把"存在一个""至少有一个""有些"等存在量词，变成"不存在一个""没有一个"等短语即可。也就是说，假定存在量词命题为"$\exists x \in M, p(x)$"，则它的否定为"不存在 $x \in M$，使 $p(x)$ 成立"，也就是"$\forall x \in M, p(x)$ 不成立"。

对于含有一个量词的存在量词命题的否定，有下面的结论：

存在量词命题：

$$\exists x \in M,\ p(x),$$

它的否定：

$$\forall x \in M, \neg p(x)。$$

也就是说，存在量词命题的否定是全称量词命题。

六个"也就是说"实现了"从直接的否定到说法的转换，到形式化的归纳，到符号的表示"这样一个过程。具体来说，对于每一个具体的命题，像"所有的矩形都是平行四边形"的直接否定是"并非所有的矩形都是平行四边形"，转换说法为"存在一个矩形不是平行四边形"，然后对于任意一个全称量词命题，它的否定在形式上是否都是如此，如果是，用符号统一表示。这是一个从"写出简单命题的否定"到"分析新命题的特点"再到"归纳否定命题的一般形式"的过程。此外，教科书还用典型定理作为拓广探索的题目，让学生根据一些熟知的数学事实，写出给定结论成立的一个充要条件或写出一个全称量词命题或存在量词命题，并加以证明，让学生体会逻辑用语在表述和论证中的作用。在教学中，建议教师为学生提供用逻辑用语梳理初中典型命题的机会，让学生在使用语言的过程中突破学习难点，并逐渐习惯于常用逻辑用语表述和交流数学对象。

五、基于知识学习，关注数学学习心理和方法的过渡

相对于义务教育阶段的数学知识，高中阶段的数学知识较为抽象，所以学生不仅感到数学知识变难了，而且会有无从下手、不知如何学习的感觉。因此，初中、高中的过渡，一是知识量的增加和知识难度的提高，二是学习心理的调整和学习方法的掌握。对于后者，教科书主要采用了两种做法来引领学生以良好的心理状态进入数学学习，以有效的学习方法学习数学。

（1）体会学习的必要性。集合与常用逻辑用语作为数学交流和表达的语言工具，虽然简洁、准确，但是符号较多、形式化程度高。在初次接触时，特别是集中学习相关理论知识时，学生难以体会到它们的作用，容易产生为什么要学的困惑。因此本章开篇，在章引言中点出"方程 $x^2=2$ 在有理数范围内无解，但在实数范围内有解。在平面内，所有到定点的距离等于定长的点组成一个圆；而在空间中，所有到顶点的距离等于定长的点组成一个球面。因此，明确研究对象、确定研究范围是研究数学问题的基础。为了简洁、准确地表述数学对象及研究范围，我们需要使用集合的语言和工具"，就是希望学生意识到研究数学问题需要"明确研究对象、确定研究范围"，而这就需要使用集合的语言和工具。在正文中，教科书设计了各种情境的问题，让学生认识到形式化的语言可以克服很多逻辑错误，如根据" $\forall x \in M, p(x)$ "否定的一般形式为" $\exists x \in M, \neg p(x)$ "，可以知道"所有的矩形都是平行四边形"的否定是"存在一个矩形，它不是平行四边形"，而不是"所有的矩形都不是平行四边形"；等等。在习题中，教科书从数学文化的角度，设计了相关习题，如习题1.1的第5题：

5. 集合论是德国数学家康托尔于19世纪末创立的。当时，康托尔在解决涉及无限量研究的数学问题时，越过"数集"限制，提出了一般性的"集合"概念。关于集合论，希

尔伯特赞誉其为"数学思想的惊人的产物,在纯粹理性的范畴中人类活动的最美的表现之一",罗素描述其为"可能是这个时代所能夸耀的最伟大的工作"。请你查阅相关资料,用简短的报告阐述你对这些评价的认识吧。

这类题目意在让学生从人文的角度感受集合论在数学、逻辑、哲学等领域的价值和作用。对于这类与传统题目差异较大的题目,我们在编写过程中选取了小样本(两所学校70名学生)进行实验,统计结果表明,学生在查阅资料、阐述认识时,几乎所有人都感受到了集合论的价值,反映在以下几个方面:

学生认识示例	评析
通过学习和做题,我也发现了集合这个数学语言的伟大、方便,以及其中无数的奥秘,特别是当他与无穷结合在一起的时候,就又有了它独特的魅力。	这是从数学自身发展的角度,体会到形式化的集合语言背后所处理的问题——无穷的独特魅力。
毫无疑问的是,集合论对于如今信息技术高速发展的社会是至关重要的,定义出了集合才能定义出函数,有了函数才能有可计算方程,再有计算模型,最后在物理上作出电子计算机这一实现。	这是从数学与科学技术互动的角度,体会到数学对于社会发展,特别是科学技术发展的重要性。
我想集合论所代表的数学思想就在于,康托尔在这些琐碎、分散的问题中找到了一类共同的性质,并把它总结成了一个大的问题,经过思考,最终建立了一个整体、完善的数学体系。这种总结并整理的数学思想,是一种有远见的数学思维方式。我想,不光在高层次的数学研究中,在简单的数学学习中我们也能借鉴这种思维。好比复习后能够发现,整理出一类易错题,再进行反思归纳,对自己的思考和总结总是更加有效的。	这是从数学研究角度,体会到了数学研究的方法,感受到了数学的规律——某种数学思维方式,并将高层次的数学研究和自身的数学学习相联系,感悟出数学学习的一些方法。
我们生活于这样一个时代,康托尔、希尔伯特等数学家作为数学精神的明灯,指引着我们走向一条钻研之路。我们生活于这样一个时代,一块块宏伟的里程碑于数学史的长河中矗立,我们何曾不应站在巨人的肩膀上敢于化无限为有限,化不可能为可能,做一个有数学精神、数学情怀的人。	这是从数学精神的角度,体会到了数学的人文价值——一种化无限为有限的勇气,一种化不可能为可能的钻研情怀。

(2)感悟学习的方法。作为高中的起始章,非常有必要让学生从翻开教科书的第一页就了解到高中数学学习的特点以及相应学习方法的重要性。因此,教科书开篇的"主编寄语"的"第二"到"第五"从四个角度重点说明了这一点:要采用多样化的学习方式;注重基础、拾阶而上;按学习规律办事;重视严格的数学训练,独立完成作业。如果说这是

一种"总览全局"的论述，那么具体到教科书的每一篇章引言、每一段节引言、每一个小结，都能看到关于学习方法的"细致入微"的提示。就集合与常用逻辑用语一章，略举两例：

教科书示例	分析
阅读与思考　几何命题与充分条件、必要条件 利用充分条件、必要条件梳理已学的几何命题，可以促进我们更深入地理解几何图形及其关系…… 1. 相似三角形的定义 …… 2. 相似三角形的判定 …… 3. 相似三角形的性质 …… 请你仿照上述思路，对等腰三角形、直角三角形、平行四边形等图形的知识进行梳理。	这个拓展栏目以相似三角形为例，全面展示了如何从充分条件、必要条件和充要条件的角度梳理已学的几何命题。这种梳理既是深入理解几何图形及其关系的一种学习方法；也是站在"逻辑"的角度看待数学知识本体，进而感悟几何内在逻辑性的一种认识方法。
小结 　　在学习中，要注意"集合的含义与表示—集合的关系—集合的运算"这个研究路径。	学数学，既没有捷径，也没有灵丹妙药，唯有按数学的方式，按部就班地学。全套教科书一直在强调如何研究一个数学对象，在集合这里，就是类比地学习，因此在正文中，教科书通过情境、通过问题，不断地引导学生的思维，在小结中，教科书明确点明了这条研究路径。

　　在教学中，我们也建议教师关注学生数学学习心理的调整和学习方法的掌握，特别是高中阶段的过渡章节，"慢慢来"，引领学生慢下来，仔细阅读教科书，用心揣摩相关的话语、题目，在探究、质疑、反思中反复推敲，感悟学习方法。如此一来，后期的数学学习就会水到渠成，由慢转快。

（执笔人：王嵘，人民教育出版社课程教材研究所）

第二章

一元二次函数、方程和不等式

这是新高中数学课程中为初高中衔接而设置的内容，主要包括"相等关系与不等关系"和"从函数观点看一元二次方程和一元二次不等式"。这一章的编写遵从了整套教科书的指导思想，即以发展学生的核心素养发展为导向[1]，在理解本章核心内容及其育人价值的基础上，构建整章内容的研究路径、设计核心内容的研究过程以及知识的应用过程等，提升逻辑推理、数学运算等数学核心素养。

一、"一元二次函数、方程和不等式"的核心内容及其育人价值

《标准（2017年版）》提出"高中数学课程以学生发展为本，落实立德树人根本任务，培育科学精神和创新意识，提升数学学科核心素养"[2]。章建跃老师认为发展学生的学科核心素养，是数学学科落实立德树人的根本任务的具体化，而聚焦点应放在理性思维和科学精神的培育上。[3]这就要求我们深入挖掘数学教科书每一章的核心内容及其蕴含的思想方法，把它们融入学生对一个个具体对象的学习过程中。这些核心内容和思想方法不仅具有内在的统一性，而且具有强大的"生长力"，体现了数学最本质的特征[3]，对发展学生的理性思维、培养科学精神具有至关重要的意义。

"一元二次函数、方程和不等式"包含了两个内容——"相等关系与不等关系"和"从函数观点看一元二次方程和一元二次不等式"，它们的作用是为高中数学课程做好学习心理、学习方式和知识技能等方面的准备，帮助学生完成初高中数学学习的过渡。[2]为什么这两个内容能发挥这样重要的作用？它们为高中数学课程的学习做了哪些方面的准备？它们的育人价值是什么？下面，我们通过剖析本章的核心内容及其反映的数学思想方法，来回答这些问题。

相等关系和不等关系是数学中最基本的数量关系，是构建方程、不等式的基础，而方程和不等式都是重要的数学工具，在解决问题中有广泛的应用。例如，不等式的有关知识是在研究函数时所需要的。因此，对不等式内容的学习，一方面是为高中数学课程提供工具方面的准备。（在《标准（实验）》中，把一元二次不等式后移到"必修5"中，造成了初高中内容的学习在工具上的不衔接。）

另一方面，与初中对等式的学习方式不同的是，高中对不等式的学习更关注知识背后的一般思想方法。其中，对数学学习中"一般观念"的领会，就是其中的一个重要方面。"一般观念"往往体现在数学知识的相互联系点上，是数学的思维方式的集中反映，能够提高学生对数学的整体认识，使学生学会思考，培育其理性精神。[1]为什么不等式的基本性质是"相反性""传递性""对加法和乘法运算保持不变性"？事实上，前二者反映了不等式的"关系的特性"，后者反映了不等式"在运算中的不变性"。等式的基本性质和不等式的基本性质刻画的都是这两方面的性质。我们尤其应该关注的是等式和不等式"在运算中的不变性"，它们与"运算"直接相关。"运算"是数学中的一般观念，既是各种代数对象的重要研究内容，又是发现和提出问题的重要手段。因此，应该让学生在高中数学的学习中，通过对各种数学对象的学习，反复体会"运算的思维方式"，而对不等式基本性质的发掘就是其中重要的一例。

而本章的另一个主要内容"从函数观点看一元二次方程和一元二次不等式"则体现了函数的思想方法。"函数"是贯穿高中数学课程的最重要的概念和思想方法，用函数的观点看方程和不等式，即把对方程和不等式的求解统一为对相应的函数变化规律的研究，建立起了函数、方程和不等式之间的联系。通过这个学习过程，可以向学生渗透一种重要的思想方法——如何从不同角度理解一个数学对象，以及从"更高、更统一"的观点理解不同数学对象，进而把握不同数学对象的共性和相互关系。这样，学生既体会到了数学的整体性，又体验了数学的思考方式。

二、回顾、梳理"等式"的研究内容和过程，构建"不等式"的研究框架

数学是一种抽象的知识体系，而学生对数学的学习要建构在已有经验（知识体系）的基础上，因此，要给学生提供当前学习内容的联系方式和类比对象[4]。而"以数学核心概念及其反映的数学思想和方法为纽带建立内容之间的联系，通过类比、比较等逻辑思维活动沟通各部分内容"[1]，不仅能帮助学生建构以核心概念及其反映的数学思想方法为连接点的知识网络，而且可以增加学生反复理解核心概念及其反映的数学思想方法的机会。由于核心概念及其反映的数学思想方法的内在统一性，学生就能逐步体会到研究一个数学对象的基本框架和路径，学习数学的思维方式，培养理性精神。

那么，对于高中课程中的不等式内容，应该怎样构建它的研究框架呢？考虑到这个内容承载着衔接初高中的数学学习，并要为高中的数学课程做好学习心理、学习方式和知识技能等方面的准备，我们必须考虑和利用当前内容与初中相关内容的联系，而且要在数学核心概念及其反映的数学思想方法上寻找联系点。为此，我们按照"回顾、梳理—提炼—迁移"的过程，去重新理解初中的等式内容，构建高中不等式内容的研究框架。所谓"回

顾、梳理",是考虑到等式与不等式有很多共同之处,也存在差异,学生在初中学习了等式、方程的知识,而且通过初中的代数学习,对如何研究一个代数对象已经有了初步感受,因此本章在编写时可以借助学生已有的经验,先梳理出初中学习的等式内容。所谓"提炼",是在梳理的基础上,引导学生归纳、概括等式的学习内容、学习路径和思想方法等。所谓"迁移",是与初中的等式内容类比,探索不等式的相关内容,包括不等式的研究内容、研究过程和研究方法等。

首先,从获得不等式的研究内容来看,尽管课程标准规定了每个数学对象的基本内容,但我们仍然可以让学生类比初中等式的内容,通过猜想不等式的研究内容,体验对数学对象研究内容的探究过程。

然后,在得到不等式的基本研究内容包括不等关系,不等式的性质,基本不等式和一元二次不等式的定义、证明或解法和应用之后,怎样编排这些内容呢?仍然可以与等式做类比。具体做法是,先回顾和总结初中等式的学习过程,即"现实或数学背景—相等关系与等式—等式性质—方程及其解法—应用"。为了更方便类比,可以把这个过程进一步精简为"获取代数对象—性质—运算—应用"。然后,考虑到关于两个实数大小关系的基本事实是研究不等式的性质的基础,所以我们按照下列顺序来编排不等式的内容:

现实或数学背景—不等关系与不等式—关于两个实数大小关系的基本事实—不等式性质—不等式解法、证明—应用。

而在对基本不等式和一元二次不等式的研究中,可以类比对一元一次方程和一元二次方程的研究路径,按照"定义—证明或解法—应用"的过程展开。

对于不等式的两个重点内容——不等式的基本性质和一元二次不等式的解法,我们以数学思想方法为纽带,不仅建立了它们与其他内容的联系,而且从"更高的观点"来认识它们。具体说来,在研究不等式的基本性质时,先通过梳理等式的基本性质,归纳、提炼出"运算中的不变性就是性质"的思想方法,再在这一数学思想方法的引领下,探究不等式的基本性质。在探索一元二次不等式的解法时,通过类比用一次函数的观点认识一元一次方程、一元一次不等式,提炼出用函数理解方程和不等式的思想方法,再从二次函数观点认识一元二次方程和一元二次不等式。在这个过程中,"顺便"学习了借助一元二次函数求解一元二次不等式的方法。

综上所述,本章的研究框架可用下面的框图来表示(图中实线框中的内容代表高中要介绍的新知识,虚线框中的内容代表初中学过的内容)。

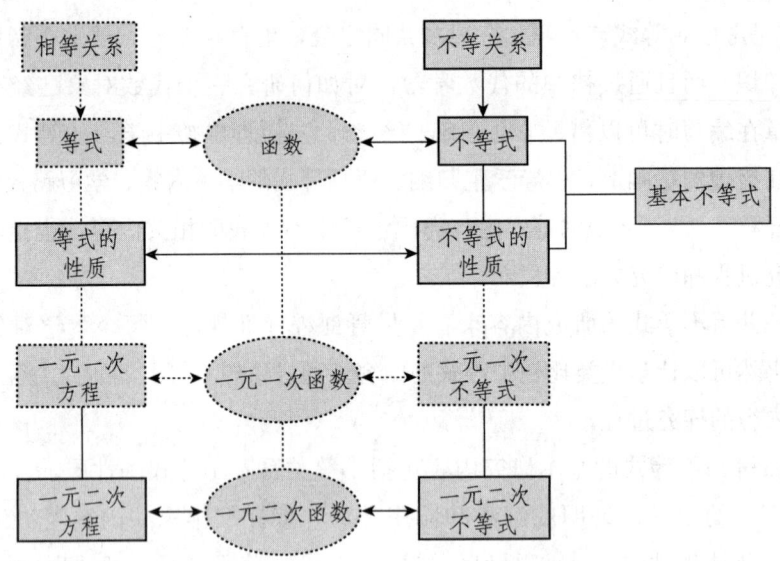

三、设计系列化的学习活动,创设"不等式"内容的研究过程

核心素养的发展离不开知识的理解和应用,因此必须让学生经历从数学研究对象的获得,到研究数学对象,再到应用数学知识解决问题的完整过程。[3]前面已经提到,对于不等式的研究内容,可以通过类比初中等式的研究内容,猜想获得。接下来,以本章的两个重点内容"不等式的基本性质的发现过程及性质本身"和"从函数观点看一元二次方程和一元二次不等式"为例,说明如何通过设计系列化的学习活动,让学生经历数学对象的研究过程,发展核心素养。

为了让学生经历不等式的基本性质的发现过程,考虑到等式的基本性质与不等式的基本性质在表现"式的基本性质"方面是相通的,即都反映了相等关系或不等关系自身的特性,以及等式或不等式在运算中的不变性,教科书设计了如下的学习活动。先通过一个"思考"栏目(图1),让学生梳理初中学过的等式的基本性质,并观察它们的共性,归纳出其中蕴含的"发现等式的基本性质的方法"。然后,再通过一个"探究"栏目(图2),让学生类比等式的基本性质,猜想不等式的基本性质,并加以证明。这实际上是一个让学生利用等式的基本性质中蕴含的"一般观念"为引导,探索、发现不等式的基本性质,获得猜想,并证明结论的过程。这个过程,有利于提升学生的逻辑推理素养,提高他们提出问题和解决问题的能力。

> ❓ **思考**
>
> 请你先梳理等式的基本性质,再观察它们的共性.你能归纳一下发现等式基本性质的方法吗?

图1

> **探究**
>
> 类比等式的基本性质，你能猜想不等式的基本性质，并加以证明吗？

图2

  这样的研究过程，在教学中可以通过"回顾、梳理—提炼—迁移"的过程来展现，其中"提炼"是关键。具体做法是，先引导学生梳理出等式的性质（教科书上的性质1~5），再引导学生发现其中的性质1和性质2是所谓的"对称性"和"传递性"，它们反映了相等关系自身的特性，性质3~5反映了等式在四则运算中的不变性，而"运算中的不变性就是性质"。再告诉学生，"式的基本性质"就集中反映在"自身的特性"和"对于运算的不变性"这两个方面，这一点对不等式也不例外。然后，启发学生从这两个方面去探究不等式的基本性质。在探究的过程中，可以继续与等式类比，如从"对称性"和"传递性"两个角度去考察"不等关系自身的特性"，也可以借助特例验证、修正猜想的性质。最后，让学生对猜想的性质进行证明。

  为了帮助学生从函数观点看一元二次方程和一元二次不等式，教科书设计了与发现不等式的基本性质类似的过程。在探索一个具体的一元二次不等式 $x^2-12x+20<0$ 的解法之前，首先设置了一个"思考"栏目（图3），让学生回顾初中学过的从一次函数的观点看一元一次方程、一元一次不等式的思想方法，考虑能否从二次函数的观点看一元二次不等式，进而得到一元二次不等式的求解方法。在解答这个思考问题时，教科书以一元二次不等式 $x^2-12x+20<0$ 为载体，类比一次函数与一元一次方程、不等式在函数图象上表现出的联系性，探索了二次函数图象与 x 轴的交点、在 x 轴上方和下方部分的代数解释，并求得了这个一元二次不等式的解集。接下来，对上述方法进行归纳和概括，获得二次函数与一元二次方程、不等式的一般联系，进而获得了用二次函数求解一元二次不等式的一般性方法。这实际上是让学生在回顾、梳理"三个一次"的联系的基础上，归纳、提炼用函数观点看方程、不等式的思想方法，再在这种思想方法的引导下，借助具体载体，探索"三个二次"的联系。让学生经历这个过程，有利于他们体会数学的整体性，提升逻辑推理、数学运算素养。

> **思考**
>
>   在初中，我们学习了从一次函数的观点看一元一次方程、一元一次不等式的思想方法．类似地，能否从二次函数的观点看一元二次不等式，进而得到一元二次不等式的求解方法呢？

图3

上述做法实际上也展现了"回顾、梳理—提炼—迁移"的过程,教学中也要注意体现这个过程。例如,可以让学生回顾从一次函数的观点看一元一次方程和一元一次不等式的含义,体会三者的联系中蕴含的一般规律:函数图象与 x 轴的交点的横坐标即是相关方程的根,在 x 轴上方或下方的点的横坐标的取值范围就是相应不等式的解集。再引导学生借助这个规律,探究二次函数与一元二次方程、不等式的关系,学生将不难从二次函数图象的关键点上去寻找解决问题的"突破口"。

四、从基本不等式模型的视角分析和转化实际问题,设计"不等式"内容的应用过程

应用数学知识解决问题,对于学生理解和掌握数学知识、提升核心素养都有重要的意义。用基本不等式解决简单的实际问题中的最大值或最小值问题,是本章知识最重要的应用之一。考虑到解决问题的关键,是从实际问题的数量关系中抽象出基本不等式的特点,并把实际问题转化为能用基本不等式直接解决的问题,这实际上是一个通过建立数学模型解决问题的过程,我们在设计基本不等式的应用过程时,注意引导学生从基本不等式模型的视角分析和转化实际问题,体现数学建模的全过程,提升学生的数学建模素养。

具体做法是,先给出用基本不等式求代数式最值问题中的简单情形(第 2.2 节例 1),然后再给出一道直接利用基本不等式证明数学问题的例题(第 2.2 节例 2)。而第 2 道例题更重要的作用,是借此题的题干给出利用基本不等式解决问题的两个数学模型:

已知 x,y 都是正数,

如果积 xy 等于定值 P,那么当 $x=y$ 时,和 $x+y$ 有最小值 $2\sqrt{P}$;

如果和 $x+y$ 等于定值 S,那么当 $x=y$ 时,积 xy 有最大值 $\frac{1}{4}S^2$。

根据这两个数学模型,可以得到能够用基本不等式解决的两类最值问题,即

"两个正数的积为定值,当这两个数取什么值时,它们的和有最小值"

"两个正数的和为定值,当这两个数取什么值时,它们的积有最大值"。

接下来,通过解决两个实际问题(第 2.2 节例 3,4),让学生经历建立基本不等式模型解决实际问题的过程:先引导学生简化问题情境,分析为什么问题中的数量关系符合基本不等式模型对应的两类最值问题(例如,例 3 可以简化为:当矩形的面积为定值时,长与宽取什么值时周长最短;当矩形的周长为定值时,长与宽取什么值时面积最大),再通过设变量,把实际问题转化为基本不等式模型,最后通过对基本不等式进行变形,获得实际问题的答案。

由于学生在初中多次经历了建立方程、函数模型解决实际问题的过程,已经具备了一定的数学建模思想,所以在教学中,仍然可以创设体现"回顾、梳理—提炼—迁移"的数学活动,让学生在数学建模思想的引导下应用基本不等式解决实际问题。具体做法是,先

让学生回顾、梳理初中建立方程模型解决实际问题的过程，再提炼出通过数学建模解决实际问题的一般过程，最后结合具体问题（如第 2.2 节例 3），提出建立基本不等式模型解决实际问题的过程。最后一步的"迁移"是一个难点。教学中应引导学生注意到，用基本不等式模型解决问题存在与方程模型不同的地方。即基本不等式模型是由基本不等式演化出的两类数学模型，分别是一组条件与结论，对应了能用基本不等式解决的两类最值问题，所以在用基本不等式解决实际问题时，需要理解和识别实际问题，如果实际问题符合这两类最值问题，就可以把问题转化为基本不等式模型。

综上所述，我们在充分理解和认识新高中课程中"不等式"的核心内容和育人价值的基础上，通过"回顾、梳理"初中的相关内容，"提炼"其中蕴含的数学的"一般观念"或思想方法，并把这些"迁移"到对高中"不等式"内容的整体框架、研究过程和应用过程的设计中，使学生提高对数学的整体认识，体会数学的思维方式，培育理性精神，顺利完成初高中数学学习的过渡。

参考文献

[1] 章建跃. 核心素养导向的高中数学教材变革（续 3）——《普通高中教科书·数学（人教 A 版）》的研究与编写 [J]. 中学数学教学参考：上旬，2019（9）：6-10.

[2] 中华人民共和国教育部. 普通高中数学课程标准（2017 年版）[S]. 北京：人民教育出版社，2018.

[3] 章建跃. 核心素养导向的高中数学教材变革（续 1）——《普通高中教科书·数学（人教 A 版）》的研究与编写 [J]. 中学数学教学参考：上旬，2019（7）：7.

[4] 章建跃. 核心素养导向的高中数学教材变革（续 2）——《普通高中教科书·数学（人教 A 版）》的研究与编写 [J]. 中学数学教学参考：上旬，2019（8）：7.

（执笔人：宋莉莉，人民教育出版社课程教材研究所）

第三章

函数的概念与性质

函数是现代数学最基本的概念，是描述客观世界中变量关系和规律的最为基本的数学语言和工具，在解决实际问题中发挥重要作用。函数是贯穿高中数学课程的主线。

本章内容要使学生在初中的函数学习基础上，建立完整的函数概念，不仅把函数理解为刻画变量之间依赖关系的数学语言和工具，也把函数理解为实数集合之间的对应关系；能用代数运算和函数图象揭示函数的主要性质；在现实问题中，能利用函数构建模型，解决问题；提升数学抽象、直观想象、数学运算和数学建模素养。

一、高中函数主题及本章内容的安排

作为中学阶段数学课程的一条主线，函数内容的安排体现了数学概念抽象的层次性，它是与学生的认知水平相适应的。

第一个层次，初中阶段安排了对简单实例中的数量关系和变化规律，从变量之间对应关系的角度归纳概括函数的概念（简称"变量—对应说"）以及三种表示法。要求能结合图象对简单实际问题中的函数关系进行分析；能确定简单实际问题中函数自变量的取值范围，并会求出函数值；能用适当的函数表示法刻画简单实际问题中变量之间的关系，并能结合对函数关系的分析，对变量的变化情况进行初步讨论。在此基础上，安排了一次函数、二次函数和反比例函数，通过这些函数，介绍研究一类函数的基本内容与方法，特别是通过二次函数，让学生学习定性刻画函数单调性的方法，以及函数的对称性、最大（小）值（顶点坐标）等性质。

本章以及后续的指数函数、对数函数和三角函数等基本初等函数，是在初中讨论变量关系基础上的再抽象，这是第二层次。本章是第二层次的起始阶段，具体安排如下。

教科书以初中已学函数知识和"预备知识"中的二次函数知识为基础，通过四个具体实例的归纳、概括，抽象出函数的"集合—对应说"，并用抽象符号 $f(x)$ 表示函数。在概念引入环节，实例的选用是关键也是难点，重点应考虑归纳共性、抽象"集合—对应说"的需要，因此要尽量包含函数的各种表示，并采用规范讲解、模仿性学习的方式，使学生学习用"集合—对应"的数学语言描述现实问题。

因为学生在初中阶段已经接触了函数的三种表示,所以教科书直接给出函数的三种表示法,并通过典型例题训练学生选择适当的方法表示函数,并通过例题引进分段函数。在数学概念的表示中,函数的表示是比较特别的,一是符号的抽象性,二是函数的几种表示方法对理解函数概念的促进作用(本质上都是对应关系),三是不同表示法的特点及相互之间的联系与转化,因此,教科书在这里特别注意安排"用数学语言表达世界"的训练。

对于"函数的性质",本章主要讲用代数运算和函数图象研究函数的单调性、奇偶性、最大(小)值等主要性质。这里既注意体现研究数学性质的一般思路,又注意函数性质的特殊性——变化中的规律性、不变性。研究方法上,加强了通过代数运算和图象直观揭示函数性质的引导和明示。特别是在单调性的研究中,教科书构建了一个从具体到抽象、从特殊到一般的过程,引导学生归纳概括出精确刻画单调性的方法,从而为提升数学运算、直观想象等核心素养,提升学生的抽象思维水平奠定基础。

在学习了函数的一般概念后,为了让学生得到及时巩固的机会,可以考虑安排"幂函数"这个内容,通过这一类函数的研究,理解研究一类函数的内容、基本思路(定义、表示—图象与性质—应用)和方法,围绕函数概念这个核心,从相互联系的观点出发,利用函数与数、代数式、方程、不等式等之间的联系与类比,引导学生从不同角度理解函数概念。在幂函数概念的定义过程中,注意了在初中已学的正比例、反比例、二次函数等基础上,通过实例,引导学生归纳共性,抽象概括出概念。

"函数的应用"主要是利用函数概念及其蕴含的数学思想方法解决简单的实际问题,包括研究已知解析式或图象的函数性质,以及简单的建模问题。当然,在函数的表示、性质等内容中,也安排了利用函数概念解决已有的一次函数、二次函数、反比例函数的某些问题,这样可以使学生螺旋上升地认识已有函数,同时巩固函数概念。

本章还安排了"文献阅读与数学写作",通过对"函数的形成与发展"的研究,渗透数学文化,使学生了解函数概念在数学和人类文明进步中的地位作用。

因为函数是贯穿高中数学课程的主线,所以本章内容在高中数学课程中具有奠基地位。同时,本章的学习对提升学生的数学抽象、直观想象、数学运算和数学建模等素养都有较大意义。

在第四章和第五章安排指数函数、对数函数和三角函数,按照"实际背景—概念及其表示—图象与性质—应用"的主线,在一般函数概念的指导下展开研究。至此,基本完成第二层次内容的学习。

为了进一步深化对函数的理解,提升用函数解决问题的能力,在选择性必修中安排数列、导数及其应用的学习。数列是一类特殊的函数(离散函数),而且具有非常广泛的实际应用,通过学习可以使学生完善函数的类型,更有效地用函数解决实际问题;导数定量地刻画了函数的局部变化状况,是研究函数性质的基本方法,通过学习可以使学生掌握研究函数性质的一般方法,能更好地用函数解决实际问题。这是数学思想的飞跃,是研究工具、研究方法的一大进步。

与初中比较，高中强调函数是刻画客观世界中变量关系和变化规律的基本数学语言和工具，因此强调函数的背景、思想和应用，强调用集合语言、函数语言"表达世界"；强调与方程、不等式的联系，注重用函数观点理解和解决方程、不等式的有关问题；用导数为工具研究函数性质，使思想方法和研究手段都上升到一个全新高度。具体安排强调螺旋上升，首先从一般性角度研究函数概念，使学生在宏观上了解函数的内容和方法，起到先行组织者的作用；然后通过基本初等函数的学习，以具体函数为载体，感受用函数建立数学模型的过程与方法，体会函数在数学和其他学科中的应用，学会用函数思想和方法解决问题。

定义抽象、符号抽象、具体函数类型多且复杂（连续的、离散的）、相关知识的联系性增强、用更多的工具（代数运算、几何直观、导数）讨论函数性质等是高中阶段函数学习的特点。特别地，引入具有一般性的抽象函数符号 $f(x)$，使学生能通过建立模型刻画现实问题的数量关系，并通过讨论函数的性质来认识、把握和解释它的运动变化规律，这是学习函数的重要意义所在。

本章要在初中学习函数概念的基础上，引导学生对典型事例进行分析，体悟引入"集合—对应说"的必要性，并通过对具体实例共同特性的归纳，抽象概括出函数概念；引导学生体会不同表示法的特点，能根据问题的特点选择合适的表示法表示函数；让学生学会用严谨的符号语言刻画函数的单调性、奇偶性等性质的方法，并能用函数的概念与性质解决简单的问题。

通过"预备知识"的学习，学生在学习心理、学习方式和知识技能等方面为高中学习作了必要的准备，也为函数概念作了数学语言的准备。本章可以看成是高中数学学习的正式起点，在知识的抽象程度、处理问题的方式方法以及数学语言表达等方面，都要上一个新台阶；同时，本章又是公认的难点内容。因此，本章内容对学生顺利进入高中数学学习有非常重要的意义，需要精心处理。

二、构建函数的研究框架

一般地，每一章内容都有特定的研究对象。编写教科书首先需要构建相应的研究框架，设计研究路径，然后再循序渐进地、有逻辑地安排具体内容，引导学生发现和提出问题，探索研究方法，获得研究结果并用于解决问题。事实上，在教科书的不同章节中，研究对象、研究内容和具体方法都会有所变化，但研究的整体框架、路径是基本相同的。让学生明确研究的框架和路径，对于学生了解"数学的方式"，明确学习方向和学习重点，落实"四基""四能"，减轻学习负担，提高学习质量和效益等，都有很大的意义。

本章的学习基础主要是初中的函数知识和相关的学习经验，以及集合的有关知识。从概念学习的需要看，学生应经历从典型丰富的具体例证中分析、归纳共性，概括出函数的内涵并下定义的过程,还要通过概念辨析深入理解概念的内涵。函数概念的学习应该从"事实"出发,用概念形成的方式。

在定义函数概念、理解函数的各种表示法后,研究函数的值域、单调性、奇偶性、周期性、特殊点的取值等性质,它们从事物的"关系""规律"等角度反映了函数的某些特征。

接着,针对某一类客观现象(如均匀变化、匀变速、指数增长、对数增长、周期现象等)建立函数模型。其核心内容有两个:一是建立关于这种变化现象中量与量之间的确切关系——函数模型 $y=f(x)$,从而精确地刻画一个量是如何随着另一个量的变化而变化的;二是通过代数运算、图象直观,发现这类函数的性质,包括定义域、值域、单调性、最大(小)值、衰减率、增长速度、函数的零点等,这些性质都是这类现象在某一方面变化规律的反映。

归结起来,对于函数的研究,其大致的框架是:

事实—概念(定义、表示)—性质—基本初等函数。

本章要完成从事实到概念(定义与表示)再到性质的学习,使学生构建函数的一般概念,了解函数的研究内容和基本方法。

三、加强与学生已有经验的联系

《标准(2017年版)》认为,"函数概念的引入,可以用学生熟悉的例子为背景进行抽象。例如,可以从学生已知的、基于变量关系的函数定义入手,引导学生通过生活或数学中的问题,构建函数的一般概念,体会用对应关系定义函数的必要性,感悟数学抽象的层次","引导学生从变量之间的依赖关系、实数集合之间的对应关系、函数图象的几何直观这三个角度整体认识函数概念,发展数学抽象素养。"实际上,这是在强调以学生的现有认知水平为基础展开函数概念的教学,这也是教科书编写的基本原则。《标准(2017年版)》的上述要求,指出了函数概念的教学中要利用学生两方面的知识经验,一是学生已知的、基于变量关系的函数定义,二是刻画生活或数学中"对应关系"的经验。

1. 在初中学习函数概念的基础上展开新内容

学生在初中已经按照"函数的一般概念—一次函数—二次函数—反比例函数"的顺序,较完整地学习过函数的有关知识。其中,函数的概念如下:

一般地,在一个变化过程中,如果有两个变量 x 与 y,并且对于 x 的每一个确定的值,y 都有唯一确定的值与其对应,那么我们就说 x 是自变量,y 是 x 的函数。如果当 $x=a$ 时 $y=b$,那么 b 叫做当自变量的值为 a 时的函数值。

可以看到,上述定义已经有了"y 与 x 对应"的表述。本章要做的是在此基础上的进一步抽象,用集合语言具体指明 x,y 的变化范围,引入抽象符号 $f:A \to B$ 和 $y=f(x)$ 表示对应关系。为此,教科书先引导学生用变量关系的语言分析实例,指出其不严密的问题，并给出"用更精确的语言"表示对应关系的示范，然后再通过变式引导学生用集合语言和对应关系刻画函数，完成从"变量关系语言"到"集合—对应语言"的过渡。

2. 从学生熟悉的现实问题出发引入有关内容

现实生活中存在着大量蕴含函数关系的问题，这些问题为本章编写提供了丰富的素材。利用好这些素材，不仅可以使学生加深理解函数概念，而且可以提高学习兴趣。例如：

在本章引言中，通过天宫二号的发射过程、蓄水池放水过程、我国高速铁路运营里程的逐年变化等引入全章内容；

在函数概念的引入中，精选了高铁运行、工资报酬、空气质量指数、城镇居民恩格尔系数变化状况等生产、生活实例；

在函数的表示中，用购买商品、考试成绩变化情况、个税等，让学生在选择函数表示法的过程中，体验不同表示法的特点；等等。

四、用概念形成与概念同化相结合的方式完成函数概念的抽象

这里要让学生完成"从事实到概念"的认识过程，使他们获得数学研究对象的同时，还要学会用严谨的数学语言表达。也就是说，函数概念和性质的学习，很大成分上是一种数学语言的学习。如何引导学生在原有知识特别是在"变量—对应说"的基础上，进一步深入和完善，逐步学会用集合语言和对应关系刻画函数，这是在教科书编写中需要考虑的关键问题。首先，应调动学生已有的函数学习经验，同时要防止负迁移；其次，概念内涵、函数要素的发现等，对于大多数学生而言是困难的，特别是用集合语言和对应关系表述概念，是非常数学化的，要求学生自主探究发现不一定是最好的，只要让他们能领会定义的精神实质，面对具体问题时能应用就可以了，所以教科书必须进行正确的引导。

基于这一认识，教科书以"判断两个函数是否相同"为引导，在用"变量—对应说"分析实例1（路程问题）的基础上，提出问题："有人说：'根据对应关系 $S=350t$，这趟列车加速到 350 km/h 后，运行 1 h 就前进了 350 km。'你认为这个说法正确吗？"再分析、归纳出这一说法不正确的原因是"没有关注到 t 的变化范围"，然后给出实数集合之间对应关系的表述。这样，既使学生体会用集合语言和对应关系重新定义函数的必要性，又给出了用更高层次的数学语言抽象具体问题中对应关系的示范。接下来，在不同的情境中引导学生用同样的语言描述相应的变量关系和规律，从而形成归纳概括概念所需要的素材。

第二个问题是如何使学生体会引入抽象符号"$f: A \to B,\ y=f(x)$"的必要性。实际上，函数类型各种各样，数学追求具有一般化的、简单的表达形式，但这种表达应该在学生有充分的体验下再给出。因此教科书在具体实例的选择上，要求涵盖最常见的表示类型，包括解析式、图象和表格，连续的、离散的，值域 C 包含于集合 B 的等，通过这些

例子让学生感受到函数表示法的丰富性,并说明"除解析式、图象、表格外,还有其他表示对应关系的方法。为了表示方便,我们引进符号 f 统一表示对应关系。"

上述处理方法与上一版教科书有较大的不同。

五、通过典型实例引导学生辨析概念、深化理解

根据概念形成的学习方式,给出定义后,应通过具体例子对概念进行辨析,使学生更细致精确地把握概念的内涵;要通过用概念作判断的练习,使学生熟悉相应的操作步骤并形成技能。为了满足概念辨析的要求,在给出函数概念后,教科书安排了以下活动:

第一,用新的方式阐述一次函数、二次函数和反比例函数,使学生熟悉新的语言,并与原来的表述方式进行比较。

第二,构建问题情境,解释函数 $y=x(10-x)$ 的对应关系,这是从抽象到具体的过程,也可以看成是不同表示方式之间的相互转换,可以使学生体会函数的三要素,以及一个一般函数表达式的广泛适用性。

第三,"两个函数相同"及其判断,目的是让学生体会函数的本质是两个数集的元素之间的对应关系,而用什么符号或形式表示是非本质的。数学中,两个函数相同的充要条件是它们的定义域相同、对应关系一致。这里"对应关系一致"的含义是"任意一个自变量所对应的函数值相等",例如函数 $u=\sqrt[3]{t^3}$ ($t\in\mathbf{R}$) 与函数 $y=x$ ($x\in\mathbf{R}$),不仅定义域相同,而且对应关系也相同,所以函数 $u=\sqrt[3]{t^3}$ ($x\in\mathbf{R}$) 与函数 $y=x(x\in\mathbf{R})$ 相同;等等。

上述辨析过程,一是用新知识解释旧问题,二是"回到实际去",三是关注对应关系的"结果性"。这些都是针对函数三要素这个整体,聚焦对应关系这个核心。在教学中,有些教师在概念辨析时采取形式化的方式,而且面面俱到,这样不仅达不到明确概念内涵的目的,反而使关键要素被细枝末节所掩盖。

六、挖掘"函数的表示"的教学价值

一般而言,给出数学对象的表示方法是定义数学概念的一部分,不需要专门讨论,而且数学对象的不同表示法之间可以互相转换。但对于函数概念,因为图象法、列表法、解析法等不同表示法各有特点,而且有的函数只能采取某种表示法,因此在函数概念的学习中需要专门讨论表示法,其重点是根据具体问题的需要选择恰当的表示法。

更重要的是,"函数的表示"给学生提供了一个从两个变量之间的依赖关系、两个实数集合之间的对应关系、函数图象的几何直观等多个角度认识函数概念的机会,有利于学生在数学表达与抽象定义之间建立联系,全面理解 $y=f(x)$ 中 f 的意义。所以,在教科书编写时加强了"什么例子有利于说明不同表示法特点"的研究,而且注

重了不同表示法特点的分析与比较。

例如,"某种笔记本的单价是 5 元,买 $x(x\in\{1,2,3,4,5\})$ 个笔记本需要 y 元。试用函数的三种表示法表示函数 $y=f(x)$。"这个例题很简单,但它承担的教学功能有:

第一,解析式、表格和图象都是表示 $y=f(x)$ 的方法,它们都给出了从 $A=\{1,2,3,4,5\}$ 到 $B=\{5,10,15,20,25\}$ 的对应关系 f,即对于 A 中任意一个数,由解析式、表格或图象都能确定 B 中唯一的数与之对应,而且这个数相等,即表示法不同但对应结果相同。

调查发现,大量学生认为图象、表格表示的对应关系不是函数,本题的学习有利于消除这一理解偏差。

第二,不同的表示法有不同的特点,解析式是精确的,图象是直观的,表格是直接的。课程标准强调"理解用图象表示函数的特点",其意图就是加强函数的直观性,这在讨论函数性质时非常有效。

为了更好地分析和解决问题,有时需要进行不同表示法的转化和综合使用。为此,教科书设置了两个例题,一个例题是先用表格给出了三名学生的成绩和班级平均分,这实际上是四个函数,为了分析三名学生的学习情况,转化为图象表示更有利;另一个例题是以个税问题为背景,让学生综合使用三种表示法解决问题。

七、函数基本性质的编写思考

建立客观世界中运动变化现象的函数模型,目的是用数学知识和方法分析函数模型的性态,由此发现事物的变化规律,进而精确地"预测未来"。函数模型的性态就是事物的变化规律,把握了函数的性态就掌握了事物的变化规律,因此了解函数性质是非常重要的。高中阶段要研究的函数性质有:单调性、最大(小)值、奇偶性、周期性、函数的零点、正或负增长率(衰减率)、增长(减少)最快等。其中,单调性是最重要的性质。

1. 关于函数性质的内容、结构和研究方法

在本节的引入阶段,教科书首先解决:"为什么要研究函数的性质?什么叫函数的性质?函数的性质主要有哪些?如何发现函数的性质?"等问题。教科书给出的回答是:

通过研究函数的变化规律来把握客观世界中事物的变化规律;

函数的性质,如随着自变量的增大函数值是增大还是减小的,有没有最大值或最小值,函数图象有什么特征等;

变化中的不变性就是性质,变化中的规律性也是性质;

先画出函数图象,通过观察和分析图象的特征,可以得到函数的一些性质;等等。

2. 函数的单调性

单调性内容的处理,可以有不同的方法。一段时间以来,大家都采用"例—规"法教

学，希望通过适当的问题引领，使学生自主发现单调性的刻画方法，特别是试图把"函数值随自变量的增大而增大（减小）转化为定量的不等式语言刻画"，以及"为什么要$\forall x_1, x_2 \in D$"这两个难点解决在给出判断规则之前，但教学效果并不理想。其原因，一是单调性判断规则本身的抽象性；二是定量化方法的构造性，学生在此之前没有学过类似的方法，他们的认知准备不充分。所以，教科书采用了"规—例"法，即借助具体事例先给出单调性的判断规则，然后通过问题"设A是区间D上某些自变量的值组成的集合，而且$\forall x_1, x_2 \in A$，当$x_1 < x_2$时，都有$f(x_1) < f(x_2)$，我们能说函数$f(x)$在区间D上单调递增吗？你能举例说明吗？"引导学生进行辨析，从而理解规则中"$\forall x_1, x_2 \in D$"的必要性。

具体地，教科书先就$f(x) = x^2$给出如下叙述：

图象在y轴左侧部分从左到右是下降的，也就是说，当$x \leq 0$时，y随x的增大而减小。用符号语言表达，就是任意取$x_1, x_2 \in (-\infty, 0]$，得到$f(x_1) = x_1^2$，$f(x_2) = x_2^2$，那么当$x_1 < x_2$时，有$f(x_1) > f(x_2)$。这时我们就说函数$f(x) = x^2$在$(-\infty, 0]$上是单调递减的。

这里实际上是数学语言的转换，从"从左到右下降"，到"$x \leq 0$时，y随x的增大而减小"，再到"用符号语言表达"。其中，符号化语言是严格的数学语言，也是难点，所以教科书采取了直接示范的方法；然后通过"$x > 0$时，y随x的增大而增大"，以及"函数$f(x) = |x|$，$f(x) = -x^2$各有怎样的单调性？"的思考，使学生熟悉符号语言的表述方法；最后给出严格的数学表达，再安排辨析、用新规则证明一次函数、反比例函数的单调性等。

3. 函数的奇偶性

单调性是针对所有函数来讨论的，奇偶性是某些函数的特殊性质。与单调性一样，奇偶性也是把图象的对称性（几何特性）转化为代数关系，并用严格的符号语言表示，沟通了形与数，实现了从定性到定量的转化。偶函数的图象是轴对称图形，而且对称轴是固定的——y轴，偶函数的判断规则就是利用$f(-x) = f(x)$表达"图象是轴对称图形，对称轴是y轴"；类似地，奇函数的判断规则就是利用$f(-x) = -f(x)$表达"图象是中心对称图形，对称中心是原点"。

以偶函数为例，教科书先通过两个具体函数的图象，让学生观察并归纳它们的共性，发现"这两个函数的图象都关于y轴对称"，再提出探究性问题："类比函数单调性，你能用符号语言精确地描述'函数图象关于y轴对称'这一特征吗"；然后通过具体例子引导学生计算、观察取值规律，发现"当自变量取一对相反数时，相应的两个函数值相等"，用符号抽象表示就是"函数$f(x)$的定义域为I，如果$\forall x \in I$，都有$-x \in I$，且$f(-x) = f(x)$"，由此就可以概括出偶函数的判断规则。

总之，函数的基本性质的内容处理，从认知理论看，既有同化也有顺应，学生在教科书的示范下进行模仿、归纳和抽象而形成性质的判断规则，再安排对关键词的辨析和应用规则判断函数性质的练习，从而落实判断函数性质的操作步骤，这样就能为学生铺设好合适的认知台阶，能使学生经历完整的学习过程，从而保证学生对函数性质判断规则的理解水平，并对"如何研究函数性质"有所感悟。

八、本章教学应关注的几个问题

1. 做好初高中衔接

这里的初高中衔接，一是要利用好初中已学的函数知识和积累的研究函数的经验，二是要在初中的基础上进一步提升函数概念的抽象层次，使学生理解重新定义函数概念的必要性，掌握抽象符号表示的方法。

对于函数的一般概念和符号表示，除了教科书上给出的问题和研究思路，还可以从一次函数、二次函数等概念的归纳过程中得到启发。实际上，一次函数是从具体的函数，如 $y=2x+1$，$y=-x+2$，…，通过抽象，一般化表示为 $y=kx+b$ 而形成的，二次函数、反比例函数也一样。因此，可以循着这样的思路，让学生思考：函数的类型各式各样，能不能像 $y=kx+b$ 表示一般的一次函数那样，用一个抽象的符号表示任意的函数？同样地，函数性质的研究，初中主要是通过图象直观给出定性分析，这里要在定性的基础上给出定量刻画。例如，初中已经有"函数图象从左到右上升""x 增大，y 也增大""随着 x 的增大 y 也增大"等，如何在这个基础上进行再抽象？我们可以通过类似于"如何用符号语言表示 x 增大"这样的问题来引导学生思考，还可以进一步地给出引导问题：x 从 1 增大到 2，2 增大到 2.5，2.5 增大到 2.51……能用一般符号表示吗？这时学生就比较容易想到"从 x_1 增大到 x_2"，进而给出 $x_1<x_2$；然后再让学生把"随着 x 的增大 y 也增大"符号化为"当 $x_1<x_2$ 时，$f(x_1)<f(x_2)$"。

总之，怎样做好初高中衔接是一个需要仔细琢磨的问题，教学中应该通过适当的问题，激发学生的已有经验，一步步把学生"逼"到函数概念和性质的更高层次理解上。

2. 使学生经历完整的概念学习过程

教科书构建的概念学习过程是：具体函数→"集合—对应说"。如果兼顾到初中的已有基础，则可以加强为：具体函数→一类函数→"变量—对应说"→"集合—对应说"。这是一个逐步抽象的过程。教学时可以循着教科书的设计思路适当展开为：

（1）以学生熟悉的问题为背景，分析一次函数、二次函数和反比例函数概念的归纳过程。

（2）提出问题："这些函数的共性是什么？如何描述？"让学生再次归纳，概括出"变量—对应说"。

（3）利用"变量—对应说"分析教科书中的四个实例，使学生体验到"变量—对应说"的不完整性，增强进一步学习函数概念必要性的认识。

(4) 归纳出自变量及其变化范围、因变量及其取值范围、对应法则等函数概念的内涵，并对其内涵进行辨析，如对应法则常常用代数式来定义，但不能用代数式表示的函数也大量存在；对自变量作出变化范围的限制，是因为有些函数只在某个范围内有意义等。

(5) 为了更方便地刻画现实中的运动变化现象，同时也是更本质地反映变量之间的对应关系，需要采用"集合—对应"的语言刻画函数概念。

以上是从学科角度给出的概念抽象过程完整性的解读。从认知角度分析，函数概念学习的完整过程要体现概念形成的学习方式，即要让学生经历"背景的分析和共性归纳—下定义—概念辨析—简单应用—概念精致"的完整过程。

3. 要重视"事实"的教学价值

当前，教学中仍然存在"一个定义，三项注意，几个例题，大量练习"的现象，这是极端功利化在数学教学中的反映，结果是使学生失去了理解概念所需要的背景支撑，让学生在概括概念的过程中做"无米之炊"，导致概念理解的浅层化、形式化，而形式化的、空洞的概念定义是无法用于解决问题的，是没有迁移能力的。改变现状必须从完善教学内容、加强实践环节入手，主要做法有：增加概括概念、发现性质所需的素材，提供丰富的、真实的应用问题；安排动眼观察、动手操作、动脑思考的实践活动，使学生通过自主活动获取理解概念所需的"事实"。教科书在增加实际背景素材、改变呈现方式、体现过程性上作出了努力，但教科书只能是示范、引导，实际教学中还需要教师的创新教学设计。教师必须在理解教科书编写意图的基础上，通过教科书举例示范、教师补充示范、让学生举例，获得理解概念所需要的"事实"。让学生举例的好处有：学生要思考例子是否适切，从而迫使学生思考"概念的内涵是什么"；同时，迫使教师延长知识的获得过程，给学生提供感悟知识精髓的时间和空间，让学生动起来、做起来。知识不是讲会的，而是做会的，所以一定要让学生自己做，让学生有机会独立面对问题，经历观察、分析、归纳、抽象等各种思维活动，形成概括概念所需要的素材（舍弃无关属性，聚焦关键属性，得到共同属性等）；然后定义概念，再用概念做判断，对概念本质加深理解；最后利用概念研究性质，利用概念与性质解决实际问题。

正如弗赖登塔尔指出的："函数、映射概念的出现，要比正式的定义早得多，也自然得多。我们'能够'其至'必须'运用实际中出现的函数概念，而不必先去生造或定义函数、映射。在学生接触了许多函数，已经能作出函数以后，再让他们去归结出什么是函数，这才是数学活动的范例。这种新的基础概念的创造，才能明显地表现出活动水平的提高。"[1]

4. 函数概念的教学要采用"归纳式"

本套教科书的编写，始终坚持"归纳式"呈现内容，其目的是落实以数学知识发生发展过程为载体进行"思维的教学"这一数学课程的核心任务，使学生不仅学会知识，而且受到研究方法的训练，从而培养学生的思维能力，逐步发展独立解决问题的能力。实际上，这就是在进行"数学思维方式"的教学，也是把数学核心素养落实到知识学习的过程。所以，在课堂教学中，一定要体现好教科书的这一编写意图，为学生安排一个"具体事例—观察、试验—比较、分类—分析、综合—抽象、概括"的过程，使学生有机会通过自己的类比、归纳而得出一般规律，获得函数的概念与性质。

(1) 关于四个实例的教学

讲好四个实例非常重要，因此这里给出详细分析。

问题 1 是有解析式的，与"变量—对应说"比较，提升点在于明确时间 t 的变化范围。教科书用"有人说：'根据对应关系 $S=350t$，这趟列车加速到 350 km/h 后，运行 1 h 就前进了 350 km。'你认为这个说法正确吗？"进行了引领示范。实际教学中还可以进一步细化，例如提出如下问题串：

①时间 t 的变化范围是什么？

②能根据现有条件回答 0.6 h 时对应的距离是多少吗？（不能，因为半小时后列车的运行状况未知。）

③你认为如何描述才能准确反映问题情境？

问题 2 与问题 1 的解析式相同但定义域不同，是离散型函数。这里要让学生模仿问题 1 给出精确描述，并且将两者进行比较，使学生进一步体会关注自变量的取值范围的重要性。

问题 3 是用图象表示的函数关系，教学中普遍存在着马虎处理的现象，仅仅以"因为任意一个时间 t 都有唯一一个 AQI 的值与之对应"了事，导致学生对这个对应关系的理解似是而非，埋下对抽象符号 $f: A \rightarrow B$ 本质不理解的隐患。这个问题的教学可以让学生思考如下问题：

①I 是 t 的函数吗？为什么？

追问：(a) 给定 t 的值，怎么给？（在 0~24 小时内给一个时刻 t_0) (b) 通过图形能确定唯一的 I 与之对应，怎么找？（在横轴上，过 t_0 作垂线交曲线于点 (t_0, I_0)，I_0 就是与 t_0 对应的值）应让学生在图上找出来，再借助信息技术，把对应过程表达出来。）

②从所给的图中能回答 11 月 24 日 8:00 的 AQI 值是多少吗？为什么？（关注变化范围。）

③11 月 23 日这一天 AQI 的值的变化范围是什么？

④这是一个函数，有解析式吗？如果让你表示出这个函数，你会怎么做？（增强用抽象符号表示的必要性。）

⑤模仿问题 1，你能用准确的集合语言和对应关系描述这个问题情境吗？

与问题 3 一样，问题 4 的恩格尔系数变化表也需要精细化处理。例如，可以让学生回答如下问题：

①这个表格中，时间的变化范围是什么？能不能用 [2 006, 2 015] 表示？恩格尔系

数的变化范围是什么？

②由这个表格，恩格尔系数是不是年份的函数？你能说清楚到底是怎么对应的吗？

③由这个表格，能得到 2005 年的恩格尔系数吗？

④这个函数有解析式吗？如果让你表示出这个函数，你会怎么做？

⑤模仿问题 1，你能用准确的集合语言和对应关系描述这个问题情境吗？

在上述细致处理的基础上，归纳共同特征就水到渠成了。可以循着教科书的问题"上述问题 1～问题 4 中的函数有哪些共同特征？由此你能概括出函数概念的本质特征吗？"让学生先归纳，再给出定义。

总之，在函数概念的教学过程中，首先要从初中学习和日常生活经验中举例，再让学生经历归纳它们共性的过程，并概括到同类事物中而给出函数的一般概念。要循序渐进地使学生理解一般符号 $y=f(x)$ 的意义，$y=f(x)$ 表示一种对应规律，"$f(\ )$"是一个数学符号，把它作用到 x 就得到一个结果 y；"$f(\ )$"也可以是一个图象，还可以是一个表格，从图、表中我们可以比较直观地看出 x 与 y 之间的对应关系。随着学习的深入，"$f(\ )$"的表现形式还可以更多。

（2）如何进行概念辨析

教学中的普遍做法是以"提示注意"的方式，对"任意""唯一""值域 C 包含于 B"等进行强调，然后很快地进入解题训练。这样做的效果不好。

与以往比较，教科书在函数概念辨析环节有较大改变，教学中要加以注意：

①用新的定义解释一次函数、二次函数和反比例函数；

②以抽象的函数解析式 $y=x(10-x)$ 为导向构建问题情境；

③函数相同，即函数的定义域相同、对应关系一致。对于同一个自变量，对应的函数值相同，这就是"对应关系一致"，这与用什么符号表示无关。$y=x^2\ (x\in \mathbf{R})$，$y=u^2\ (u\in \mathbf{R})$ 是同一个函数；$y=\cos^2 x+\sin^2 x$，$x\in \mathbf{R}$ 和函数 $y=1$，$x\in \mathbf{R}$ 也是同一个函数。

5. 函数性质的教学

本章主要研究函数的单调性、最大（小）值、奇偶性，教科书突出了"什么是函数的性质""如何研究函数性质"等体现数学基本思考方法的问题，其目的是使学生学会思考，培养学生的思维能力，这是由数学的学科性质决定的。在函数性质的教学中，用什么方式引导学生的数学思维活动，使学生在掌握知识的过程中学习数学思考方法，从学会思考逐步走向学会学习，是需要认真思考和落实的主要任务。总的来说，这里既要注意体现研究数学性质的一般思路，又要注意函数性质的特殊性——变化中的规律性、不变性；研究方法上，要加强通过代数运算和图象直观揭示函数性质的引导和明示；要构建从具体到抽象、从特殊到一般的过程，归纳概括出精确刻画单调性的方法，从而提升数学运算、直观想象等素养，提升学生的抽象思维水平。

另外，这里的"性质"并不针对某一类具体函数，目标是要给出刻画性质的数学语言，所以只要学生能理解"如此表述"的内涵，在面对具体函数时能使用这样的语言就可以了。因此，这里不必纠结于"让学生独立发现"，采取"示范＋模仿"的方式即可，要把精力放在让学生理解用字母、不等式、逻辑符号等刻画性质的精确性上，要通过适当的问题辨析、练习，掌握根据规则判断函数性质的方法和基本步骤。

参考文献

[1] 弗赖登塔尔. 作为教育任务的数学. 陈昌平，等，译. 上海：上海教育出版社，1995：265.

（执笔人：章建跃，人民教育出版社课程教材研究所）

指数函数与对数函数

指数函数与对数函数是一对密切配合的函数，它们互为反函数，是最基本、应用最广泛的两类函数，是进一步学习数学的基础。利用代数运算和函数图象数形结合地研究指数函数、对数函数的性质，不仅能使学生理解这两个函数所蕴含的运算规律，掌握通过图象直观（定性）和数学运算（定量）获得函数性质的方法，而且有助于学生进一步理解函数概念，感受函数所蕴含的数学基本思想和方法。通过利用指数函数和对数函数建立数学模型解决实际问题的训练，可以使学生进一步掌握用函数刻画运动变化现象的思想方法，理解函数模型是刻画客观世界中变量关系和规律的重要数学语言和工具，积累数学活动经验。

在"预备知识"主题中，学生经历了梳理二次函数知识，学习用函数观点看一元二次方程和一元二次不等式，建立二次函数与一元二次方程、一元二次不等式的联系，进而用二次函数的性质解一元二次不等式变化规律的过程，从中感悟了数学知识之间的关联，认识了函数的重要性。在"函数概念与性质"一章的学习中，学生经历了分析具体实例、归纳共同特征、抽象概括函数的一般概念的过程，知道了函数不仅可以理解为刻画变量之间依赖关系的数学语言和工具，更一般地，函数是两个实数集之间的对应关系，感悟了数学抽象的层次性；在已有的通过图象直观研究函数性质的经验基础上，进一步学习了用代数运算揭示函数的单调性、奇偶性、最大（小）值等主要性质的方法；通过"幂函数"的学习，学生初步理解了研究一类函数的内容、过程（定义、表示—图象与性质—应用）和方法。本章将在这些学习的基础上展开。

一、本章内容的整体架构

1. 关于指数、对数的内容安排

数学史上，对数的发明早于指数。引入对数主要是为了解决大数运算的简化问题。在信息化、智能化高度发展的今天，计算工具唾手可得，因此学习对数的主要目的已不再是简化运算，而是为了让学生在建立对数的概念、研究对数的运算性质以及在不同底的对数之间相互转换中领悟数学思想，发展理性思维。

从学生的认知基础看，他们从数的乘方运算中已经对 a^n 的含义积累了较丰富的经验。首先是在小学学习自然数及其运算中，知道了乘法是一个数"自相加的缩写"，乘方是一个数"自相乘"的缩写。初中阶段，在"有理数"一章中学习了乘方概念："求 n 个相同因数的积的运算，叫做乘方，乘方的结果叫做幂。在 a^n 中，a 叫做底数，n 叫做指数，当 a^n 看作 a 的 n 次方的结果时，也可读作 a 的 n 次幂。"[1]再在整式的乘除运算中，通过正整数指数幂的运算性质和除法运算，定义了 0 指数幂，在"使正整数指数幂的运算性质在整数范围内也成立"的原则下，通过定义 $a^{-n}=\dfrac{1}{a^n}$（$n\in\mathbf{Z}$，$a\neq 0$）（其实是利用正整数指数幂定义负整数指数幂），把指数范围从自然数推广到全体整数。顺理成章地，在本章中我们将先把指数幂从整数指数幂扩充到有理数指数幂，再扩充到实数指数幂，建立实数指数幂的概念，并研究其运算性质，从而为研究连续变量的指数函数做好准备，同时也为从指数幂中导出对数概念（对于 $a^x=N$，已知底数 a 和幂 N 的值，求指数 x），并利用指数幂的运算性质研究对数的运算性质，进而研究对数函数等做好准备。

因此，本章中指数、对数内容的构建，一脉相承地以"运算"为基本线索，从已学的整数指数幂出发，引导学生经历从整数指数幂到有理数指数幂、再到实数指数幂的拓展过程，在学习指数幂及其运算性质的基础上，再学习对数及其运算的性质。这样安排不仅符合学生的认知规律，而且符合数学知识发生发展的内在逻辑。

2. 关于指数函数、对数函数内容的安排

从数学知识发展的内在逻辑看，在实数范围内，明确指数幂 x^y 含义的基础上，等式 $z=x^y$ 的三个量 x，y，z 中，一个为常量、一个为自变量、一个为因变量，就得到幂函数、指数函数和对数函数。另外，我们还可以这样考虑：指数函数 $y=a^x$ 在 $\mathbf{R}$ 上是严格单调的，也就是说，任意两个不同实数 x_1，x_2，都有 $a^{x_1}\neq a^{x_2}$，这就使我们想到可以研究"反过来的函数"：指数 x 作为幂 y 的函数，即以 a 为底的对数函数。不过，纯粹地从数学内部构建指数函数、对数函数的内容体系，看上去逻辑严谨、简洁明快，但与课程目标、数学发展的历史以及学生的学习心理等都不吻合。

我们知道，指数函数和对数函数有着丰富的现实背景，"指数爆炸""对数增长"的现象普遍存在；《标准（2017 年版）》强调"函数是描述客观世界中变量关系和规律的最为基本的数学语言和工具，在解决实际问题中发挥重要作用"[2]；在学生的已有经验中，无论是函数的一般概念还是一类函数的学习，都是从现实世界中的运动变化现象出发展开的。综合以上因素，从抽象现实世界中一类运动变化现象的规律出发得出指数函数、对数函数的概念，然后在研究函数概念与性质的一般方法指引下，利用研究一次函数、二次函数、幂函数的经验，展开对指数函数、对数函数的研究，这样的内容安排方式是切实可行的。

根据以上分析，可以得到本章内容的如下基本架构。

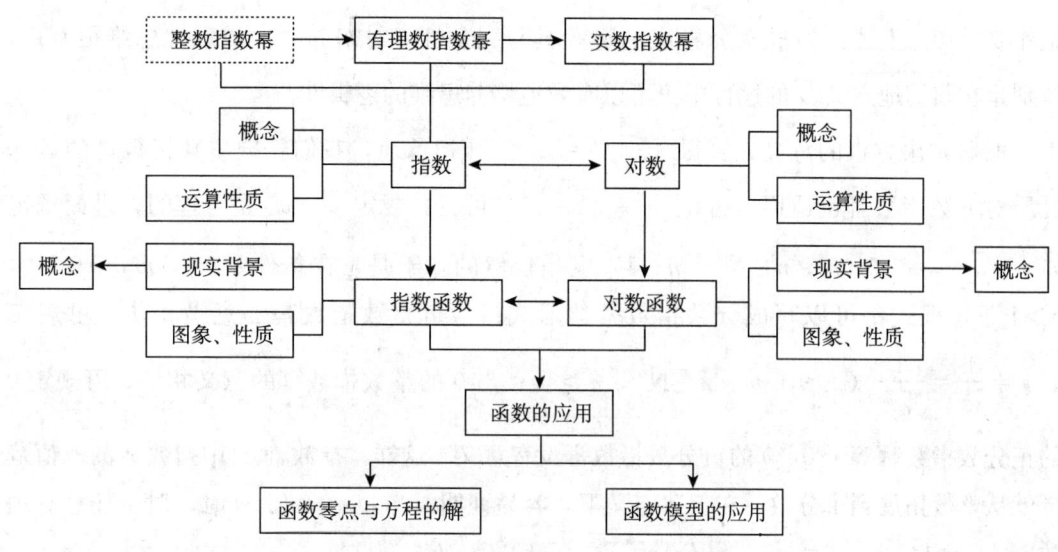

二、对本章核心内容的理解与育人价值的认识

数学的育人价值蕴含于内容之中,解析数学内容的本质与挖掘内容的育人价值是相辅相成的。本章包含实数指数幂及其运算性质、对数及其运算性质、指数函数和对数函数,以及二分法与求方程的近似解、函数与数学模型等内容。下面我们从内容本质的分析入手讨论这些内容的育人价值。

1. 实数指数幂及其运算性质

在理解指数幂的本质时,有些基本问题需要我们认真思考。例如:对指数幂的研究与数系的扩充有怎样的内在一致性,又有怎样的不同?我们该如何利用关于数及其运算的已有知识及其蕴含的数学思想完善指数幂的知识体系?教学中如何发挥指数幂这一内容的育人价值?

我们知道,数系扩充,一是扩充数的范围,二是运算的扩充。对于指数幂 a^x,从最原始的"自然数的自相乘"出发,先是随着数从自然数扩充到有理数、实数而把底数扩充到正实数,其意义是"实数 a 的自相乘"。然后,我们把指数从自然数扩充到有理数再到实数。在把指数 r 从自然数扩充到有理数时,扩充的原则仍然是"使幂的算术运算性质(指数律)仍然成立"。

初中已经把指数范围从自然数推广到全体整数,接着要做的是扩展到分数。根据引进分数的经验,显然是要先定义单位分数指数幂,即 $a^{\frac{1}{n}}$ 的意义。联系到平方根、立方根具有的性质,即 $(\sqrt{a})^2=a$,$(\sqrt[3]{a})^3=a$,我们首先把根式的概念推广,即先定义 n 次根式,把使 $x^n=a$ 成立的 x 叫做 a 的 n 次方根,其中 $n>1$ 且 $n\in \mathbf{N}^*$。当 n 是奇数时,正数的 n 次方根是正数,负数的 n 次方根是负数,用符号 $\sqrt[n]{a}$ 表示;当 n 是偶数时,正数的 n 次方根是两个互为相反数的数,写成 $\pm\sqrt[n]{a}$ ($a>0$),负数没有偶次方根;0 的任何次方根都是 0,

记作 $\sqrt[n]{0}=0$。上述得到根式 $\sqrt[n]{a}$ 意义的过程具有完备性，对培养学生的理性思维很有用，特别是在归纳地定义 $\sqrt[n]{a}$ 的过程中，可以有效地培养思维的逻辑性。

根据 n 次方根的意义，可得 $(\sqrt[n]{a})^n=a$。一脉相承地，我们希望整数指数幂的运算性质对分数指数幂也适用。由 $(\sqrt[n]{a})^n=a^1=a^{\frac{1}{n}\cdot n}$ 可见，规定 $\sqrt[n]{a}=a^{\frac{1}{n}}$ 是合理的，进而规定 $a^{\frac{m}{n}}=\sqrt[n]{a^m}$（$a>0$，$m$，$n\in \mathbf{N}^*$，$n>1$）也是自然的。于是，在条件 $a>0$，m，$n\in \mathbf{N}^*$，$n>1$ 下，根式都可以写成分数指数幂的形式；与负整数指数幂的意义相仿，可规定 $a^{-\frac{m}{n}}=\dfrac{1}{a^{\frac{m}{n}}}=\dfrac{1}{\sqrt[n]{a^m}}$（$a>0$，$m$，$n\in \mathbf{N}^*$，$n>1$）；与 0 的整数指数幂的意义相仿，可规定 0 的正分数指数幂等于 0，0 的负分数指数幂没有意义。这样，指数幂 a^x 中指数 x 的取值范围就从整数拓展到了分数。在上述定义下，容易证明：当 $a>0$，$b>0$ 时，对于任意有理数 r，s，均有：$a^r a^s=a^{r+s}$，$(a^r)^s=a^{rs}$，$(ab)^r=a^r b^r$。

接下来的任务是认识无理数指数幂的意义，需要解决的问题仍然是：当 x 是无理数时，a^x 的意义是什么，它是否为一个确定的数？如果是，它有什么运算性质？解决的方法是，借鉴初中学习中用有理数逼近无理数的经验，通过有理数指数幂认识无理数指数幂。因为中学阶段无法彻底解决这个问题，教科书采取举例的办法，引导学生利用计算工具计算 $5^{\sqrt{2}}$，$2^{\sqrt{3}}$ 的不足近似值和过剩近似值，感受无理数指数幂 a^α（$a>0$，α 为无理数）是一个确定的实数，并指出整数指数幂的运算性质也适用于实数指数幂。

总之，数系的扩充，是通过"添加一种新的数将数的范围扩充，再在'使已有的运算律保持不变'的思想指导下，在新的范围内定义运算"而实现的；指数幂的研究，并不涉及数的范围的扩充，而是要明确指数幂的意义及其运算的性质。实际上，指数幂 a^x，除 x 为正整数外，它的意义不明显。与对有理数、无理数的研究重点有所不同，对指数幂 a^x，我们不太关心 $2^{\sqrt{2}}$ 到底是多少，重点是对它有什么"与众不同"的性质的考察。a^x 的最重要的性质是 $a^x a^y=a^{x+y}$（$a>0$，x，$y\in \mathbf{R}$），再加上 $(a^r)^s=a^{rs}$（$a>0$，r，$s\in \mathbf{R}$），$(ab)^r=a^r b^r$（$a>0$，$b>0$，$r\in \mathbf{R}$）等性质。

从更一般的角度看，上述推广充满着理性精神，数学概念的延伸与拓展中体现出数学思维的严谨性、数学思想方法的前后一致性和逻辑的连贯性，可以使学生体会到数学对象的内涵、结构、内容和方法的建构方式，从而使学生体悟到"数学的方式"，领会数学地认识问题、解决问题的思想方法，这对学生理解数学概念的发生发展过程，发展"四基""四能"，进而提升数学素养等都具有非常积极的意义。

2. 对数及其运算性质

对数的发明与指数无关，而是源于数学家对简化大数运算的有效工具的追求，其关键是利用对应关系 $q^k \rightarrow k$ 建立起如下对应法则：

(1) $q^m \cdot q^n \rightarrow m+n$；　　(2) $q^m \div q^n \rightarrow m-n$；

(3) $(q^m)^n \to m \cdot n$; (4) $\sqrt[n]{q^m} \to m \div n$。

利用上述对应法则降低运算层级,可以达到简化运算的目的。

那么,在研究"指数幂 a^x 的意义及其运算性质"的基础上研究"对数的意义及其运算性质",其育人价值如何体现呢?

我们认为,先借鉴已有经验,抽象出"对数"这一研究对象;再从"研究一个代数对象"的"基本套路"出发,发现和提出对数的研究内容,构建研究路径,得出结论,并用于解决问题。只要让学生完整经历"现实背景—概念(定义、表示)—性质—运算性质—应用"过程,鼓励学生采用独立思考、自主探究、合作交流等方式展开学习,就能充分发挥对数的育人功能。具体而言是:

(1) 通过数学内外的问题(例如 $2^x=1$,则 $x=0$;$2^x=2$,则 $x=1$;$2^x=4$,则 $x=2$;一般地,$2^x=N$ ($N>0$),则 $x=?$),抽象出数学问题:

在 $a^x=N$ ($a>0$,且 $a\neq 1$)中,已知 a,N,则 $x=?$(以下默认 $a>0$,且 $a\neq 1$。)

这是一个从具体到抽象的过程,对培养发现和提出问题的能力、发展数学抽象素养都有作用。

(2) 定义数学对象:就像为了解决"在 $x^n=a$ 中,已知 n,a,$x=?$"而引入符号 $\sqrt[n]{a}$ 一样,通过引入符号 $\log_a N$ 表示 $a^x=N$ ($a>0$,且 $a\neq 1$)中的 x,并把它叫做以 a 为底 N 的对数,相应的把 a 叫做对数的底数,N 叫做真数,从而得到一个数学研究对象。

如何理解对数这个概念?有人认为,"对数是对求幂的逆运算","对数是指数的逆运算"。这些说法都不太准确。事实上,从运算角度看,对于乘方运算 x^y,设其结果是 z,即 $x^y=z$。如果问题是"已知 y,z,求 x",则 $x=\sqrt[y]{z}$;如果问题是"已知 x,z,求 y",则 $y=\log_x z$。所以,乘方运算的逆运算有两种,一种是开方运算,另一种是对数运算。另外,在实数范围内,就像方程 $10^x=100$ 存在唯一实数解 $x=2$ 一样,$10^x=3$ 也存在唯一实数解,我们把它记作 $\lg 3$,而且可以证明 $\lg 3$ 是无理数。从这个意义上讲,$\log_a N$ 是一个确定的数,没有什么运算的含义,就是表示数的一种方式,与用 -1 表示 1 的相反意义的量是类似的。可以想象,"对数"这个词与前述的对应关系 $a^x \to x$ 有一定关系,即 $\log_a N$ 是与 $a^x=N$ 中的 x 相对应的那个数,简称为"对数"。这样就给出了理解对数概念的三个角度:"乘方运算的逆运算""数的表示"和"对应"。

从以上所述可见,引入对数概念的过程反映了人类理性思维的力量。

(3) 研究 $\log_a N$ 的性质。从对数的定义出发,与 $a^x=N$ 相联系:由定义可得 $a^{\log_a N}=N$;又由 $a^0=1$ 和 $a^1=a$ 可知,$\log_a 1=0$,$\log_a a=1$ 对任意正数 a 都成立。这些是从对数的定义推出的最基本性质,是从 $\log_a N$ 涉及的要素 a,N 的特殊关系($N=a$)、特殊取值($N=1$)入手而发现的。

(4) 研究对数的运算性质。"引入一类新的数,就要研究它的运算性质",这是代数的基本任务。这里要联系指数幂的运算性质，而且只要把它们"反过来"，用对数符号表示就可以了：

$$\log_a(MN)=\log_aM+\log_aN;\ \log_a\frac{M}{N}=\log_aM-\log_aN;\ \log_aM^n=n\log_aM(n\in\mathbf{R})。$$

上述性质表明，利用对数可以把乘法、除法和乘方（含开方）运算分别转化为加法、减法和乘法，从而实现"简化运算"。

（5）研究不同底的对数之间的关系，得出换底公式。由定义，任意不等于 1 的正数都可作为对数的底数。如果要针对每一个底数分别计算相应的对数，那么"简化运算"就是一句空话。于是自然提出，能否把其他数为底的对数都转化为某个数为底的对数？数学史上，数学家就是这样做的：由于数系是十进制，因此以 10 为底的对数（常用对数）在数值计算上具有优越性，于是他们制作了常用对数表，利用换底公式 $\log_aN=\dfrac{\lg N}{\lg a}$ 就可以求出以实数 a 为底的对数了。显然，这个过程对学生领会转化与化归思想、培养发现和提出问题的能力很有好处。

至于应用，信息技术的迅速发展使对数计算尺、对数表等体现对数应用的计算工具都不再重要，但利用对数函数建立数学模型解决实际问题则具有永久的生命力。

3. 指数函数刻画了哪类运动变化现象

我们知道，基本初等函数都有现实背景，每一类函数都对应着现实世界中一类运动变化现象，是对这类现象变化规律的数学表达。掌握基本初等函数的概念与性质、理解这些函数中所蕴含的运算规律，其目的就是要运用这些函数建立适当的数学模型解决各种各样的实际问题。

在《标准（2017 年版）》中，对"函数与数学模型"提出了如下"内容和要求"：（1）理解函数模型是描述客观世界中变量关系和规律的重要数学语言和工具，在实际情境中，会选择合适的函数类型刻画现实问题的变化规律；（2）结合现实情境中的具体问题，利用计算工具，比较对数函数、一元一次函数、指数函数增长速度的差异，理解"对数增长""直线上升""指数爆炸"等术语的现实含义；（3）收集、阅读一些现实生活、生产实际或者经济领域中的数学模型，体会人们是如何借助函数刻画实际问题的，感悟数学模型中参数的现实意义。[2]其中，目标（1）要在应用函数建立模型的过程中来实现，目标（3）要通过一定量的数学阅读来实现。而在面对实际问题时，能否选择合适的函数类型对其变化规律加以刻画，基础是对各类函数的特征有准确把握，对每类函数到底刻画了哪类现实问题的变化规律有深入了解；同时，对各类函数的增长差异要做到心中有数。由此可见，发展学生的数学建模素养，一是准确理解各类基本初等函数的概念、性质以及不同类型函数刻画了哪一类现实问题的变化规律，准确把握各类函数的增长差异，二是加强用函数建立数学模型解决实际问题的实践。前一个是数学知识基础，后一个是数学建模实践，两者缺一不可。

下面我们讨论一下指数函数刻画的运动变化规律。

现实中，呈指数变化的事例很多。例如：

一个细胞每次进行一分为二的分裂，其结果顺次是 2^0，2^1，2^2，2^3，…，第 n 次分裂后的细胞个数 $y=2^n$。从运算的角度看，这个过程就是 2 的自乘。如果开始时有 y_0 个细胞，那么第 n 次分裂后的细胞个数是 $y=y_0 \cdot 2^n$。

国务院发展研究中心在 2000 年曾发表《未来 20 年我国发展前景分析》，这个分析预测 2001~2020 年，我国 GDP 年平均增长率可望达到 7.3%。如果把我国 2000 年 GDP 记为 y_0，那么，2001~2020 各年年底我国 GDP 的可望值可以表示为 $y=y_0(1+7.3\%)^x = y_0 \cdot 1.073^x$ $(x \in \mathbf{N}^*, x \leqslant 20)$。

类似以上事例的函数表达式，可以一般化地表示为 $y=y_0 \cdot a^x$。因为自变量 x 往往与次数或时间有关，所以这种表达是有序的。如果以连续的时间变化为序，从一般意义上考察表达式 $f(t)=a^t$ $(a>0$，且 $a \neq 1)$，可以发现，对于任意给定的时间间隔 Δt，$\dfrac{f(t+\Delta t)}{f(t)} = \dfrac{a^{t+\Delta t}}{a^t} = a^{\Delta t}$，由此可知这一类运动变化现象有如下规律：对于相同的时间改变量 Δt，其函数值按确定的比例 $a^{\Delta t}$ 在增长（$a>1$）或衰减（$0<a<1$）。这就是指数函数所刻画的变化规律。

特别地，当 $a>1$ 时，设 $a=1+\alpha$，则指数函数可表示为 $f(x)=(1+\alpha)^x$ $(\alpha>0)$；当 $0<a<1$ 时，设 $a=1-\alpha$，则指数函数可表示为 $y=(1-\alpha)^x$ $(\alpha>0)$。这样的表达是更具实际意义的，它们表明了指数函数所刻画的事物变化规律是：按确定的增长率或衰减率 α 呈指数增长（$a>1$）或指数衰减（当 $0<a<1$ 时）。

总之，指数函数刻画的变化规律是"增长率为常数"，发现规律的方法是作除法运算。理解指数函数，不仅要知道它的解析式、图象和性质，而且要知道它蕴含了一种怎样的运算规律以及如何发现这种规律，只有这样才能使学生懂得哪些实际问题可以通过建立指数函数模型进行解决，这是教学中需要特别注意和加强的地方。

由于同底数的对数函数和指数函数互为反函数，研究清楚指数函数的变化规律，那么对数函数的变化规律也就自然就清楚了。

三、抽象研究对象，获得指数函数、对数函数概念

将 a^x 的指数 x 的范围推广到 $\mathbf{R}$，定义了对数的概念及其符号表示 $\log_a N$，并研究了指数幂、对数的运算性质，我们就可以定义连续的指数函数、对数函数了。

一般而言，定义一类函数，应该明确如下四个要点：

(1) 这类函数的现实背景是什么？它刻画了哪类运动变化现象？

(2) 决定这类运动变化现象的要素是什么？

(3) 要素之间的相互关系如何？

(4) 可以用怎样的数学模型来刻画？

其中，(1) 是搞清楚这类运动变化现象的基本特征，这是明确研究对象的过程；(2) (3) 是对这类运动变化现象的深入分析，从中析出常量、变量及其依赖关系，这里的"依赖关系"常常要借助于运算而建立对应关系；(4) 是以"依赖关系"为导向，利用代数、几何中可以表示这些关系的数学式子、表格、图形等（中学阶段主要是多项式、指数式与对数式、三角式等）加以明确。

1. 指数函数概念的抽象

根据以上要求，为了使学生明确指数函数反映了现实世界中哪类事物的变化规律，我们应该精心创设问题情境，让学生通过对具体实例中包含的各种量（常量、变量）及其关系的分析，发现并归纳它们的共性，在此基础上概括出指数函数定义并给出符号表示。为了使学生能顺利地展开抽象活动，我们可以通过设计不同类型的变化现象，为指数函数提供可类比的对象，使学生获得抽象指数函数概念的路径与方法的启发，在比较不同类型函数变化差异的过程中得出指数函数的定义。

基于这样的思考，我们在教科书中创设了如下问题情境：

问题1 随着中国经济高速增长，人民生活水平不断提高，旅游成了越来越多家庭的重要生活方式。由于旅游人数不断增加，A，B两地景区自2001年起采取了不同的应对措施，A地提高了景区门票价格，而B地则取消了景区门票。表1给出了A，B两地景区2001年至2015年的游客人次以及逐年增加量。比较两地景区游客人次的变化情况，你发现了怎样的变化规律？

表1

时间/年	A 地景区		B 地景区	
	人次/万次	年增加量/万次	人次/万次	年增加量/万次
2001	600		278	
2002	609	9	309	31
2003	620	11	344	35
2004	631	11	383	39
2005	641	10	427	44
2006	650	9	475	48
2007	661	11	528	53
2008	671	10	588	60
2009	681	10	655	67
2010	691	10	729	74

续表

时间/年	A 地景区		B 地景区	
	人次/万次	年增加量/万次	人次/万次	年增加量/万次
2011	702	11	811	82
2012	711	9	903	92
2013	721	10	1 005	102
2014	732	11	1 118	113
2015	743	11	1 244	126

如何发现数据中蕴含的变化规律呢？可以先通过画散点图（图 1）感受一下：

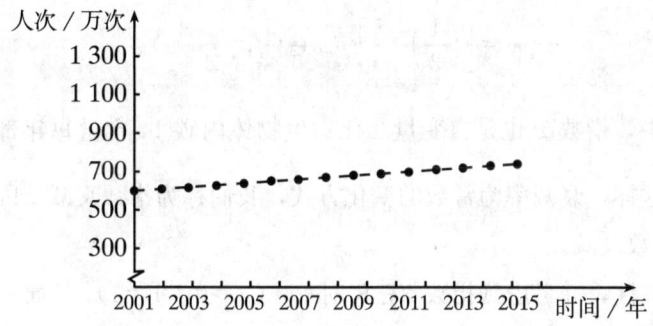

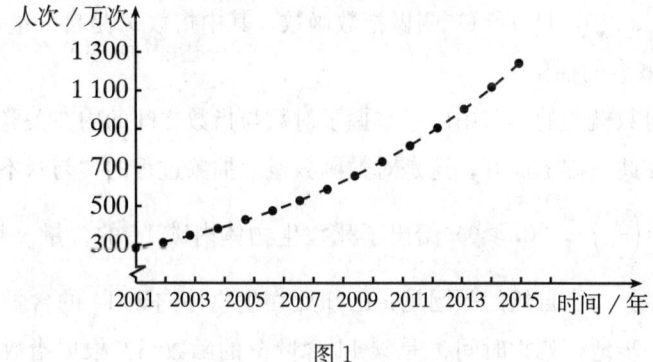

图 1

结合图、表可以发现，A 地游客人次近似于直线上升，年增加量基本稳定在 10 万人次；B 地游客人次变化规律看不出来。怎么办？我们知道，代数运算是发现数据中蕴含规律性的基本方法，年增加量的计算用减法，而用除法则可得：

$$\frac{2002\ 年游客人次}{2001\ 年游客人次}=\frac{309}{278}\approx 1.11,\quad \frac{2003\ 年游客人次}{2002\ 年游客人次}=\frac{344}{309}\approx 1.11,\ \cdots。$$

于是，B 地游客人次的年增长率约为 $1.11-1=0.11$，是一个常数。增长（或衰减）率是一个常数，它是决定这种变化规律的要素，称为指数增长（衰减）。如果设经过 x 年后的游客人次为 2001 年的 y 倍，那么

$$y = 1.11^x \, (x \in [0, +\infty))。 \qquad ①$$

这是一个函数，其中指数 x 是自变量。

以上过程，通过作减法得到了游客人次的年增加量，通过作除法得到了游客人次的年增长率，而增加量、增长率恰是刻画事物变化规律的两个很重要的量。

接着，教科书给出问题2：

问题2 当生物死亡后，它机体内原有的碳14含量会按确定的比率（称为衰减率）衰减，大约每经过5 730年衰减为原来的一半，这个时间称为"半衰期"。按照上述变化规律，生物体内碳14含量与死亡年数之间有怎样的关系？

设生物死亡年数为 x，死亡生物体内碳14含量为 y，那么 y 与 x 之间的关系为 $y=(1-p)^x$，即

$$y = \left[\left(\frac{1}{2}\right)^{\frac{1}{5\,730}}\right]^x \, (x \in [0, +\infty))。 \qquad ②$$

在这个函数中，指数 x 也是自变量。死亡生物体内碳14含量每年都以 $1-\left(\frac{1}{2}\right)^{\frac{1}{5\,730}}$ 的衰减率衰减。像这样，衰减率为常数的变化方式，我们称为指数衰减。因此，死亡生物体内碳14含量呈指数衰减。

归纳①②的共性，并考虑到指数 $x \in \mathbf{R}$ 时 a^x ($a>0$, $a \neq 1$) 有意义，我们就可以在一般意义上给出刻画这类现象变化规律的函数定义：

函数 $y = a^x$ ($a>0$，且 $a \neq 1$) 叫做指数函数，其中指数 x 是自变量，定义域是 $\mathbf{R}$。

2. 对数函数概念的抽象

因为学生在对数概念的学习中已经掌握了对数与指数之间的内在关联，所以对数函数概念的抽象应该在此基础上展开，这是对数函数概念抽象过程的"与众不同"之处。

指数函数 $y = \left(\frac{1}{2}\right)^{\frac{x}{5\,730}}$ ($x \geqslant 0$) 给出了死亡生物体内碳14的含量 y 随死亡时间 x 的变化而衰减的规律，一个自然的问题是：已知死亡生物体内碳14的含量，如何判断它的死亡时间呢？进一步地，死亡时间 x 是碳14含量 y 的函数吗？根据指数与对数的关系可得 $x = \log_{\sqrt[5\,730]{\frac{1}{2}}} y$ ($0 < y \leqslant 1$)，根据指数函数的性质可知，对于任意一个 $y \in (0, 1]$，通过对应关系 $x = \log_{\sqrt[5\,730]{\frac{1}{2}}} y$，在 $[0, +\infty)$ 上都有唯一确定的数 x 和它对应，所以 x 也是 y 的函数。也就是说，函数 $x = \log_{\sqrt[5\,730]{\frac{1}{2}}} y$，$y \in (0, 1]$ 刻画了时间 x 随碳14含量 y 的衰减而变化的规律。

一般地，根据指数与对数的关系，由 $y = a^x$ ($a>0$，且 $a \neq 1$) 可以得到 $x = \log_a y$ ($a>0$，且 $a \neq 1$)。根据习惯，将解析式写成 $y = \log_a x$ ($a>0$，且 $a \neq 1$)，$x \in (0, +\infty)$，这样就得到了对数函数的定义。

值得指出的是，从抽象研究对象的过程与方法看，指数函数与对数函数概念的抽象具

有典型性，教师应该在教学过程中引导学生进行仔细揣摩。在发现现实世界中呈指数增长（衰减）这类现象的变化规律的过程中，我们综合使用了表格、图象（散点图）、运算等数学方法，特别是通过运算得出精确表达的函数解析式。我们知道，函数的研究对象是现实世界中的确定性现象。如果某类确定性现象的变化规律可以用一个代数式来表达，那么得出这个表达式的数学方法就是加、减、乘、除、乘方、开方这样的运算。像"均匀变化""均匀加速"之类的现象，因为其规律是"增加量保持不变"，所以利用减法运算；而指数爆炸、对数增长之类的现象，其规律是"增长率保持不变"，所以利用除法运算。另外，在发现规律的过程中，从特殊到一般、从定性（图象直观）到定量（用解析式表达数量关系）等也是基本的数学思想和方法。

从更一般的角度看，函数是两个数集元素之间的对应关系，本质上反映了自变量与函数值之间的代数关联，而数学运算是发现和建立这种关联的基本手段，对于基本初等函数则尤其如此。实际上，对应于指数幂的运算法则，我们可以形式化地给出如下指数函数和对数函数的定义：

指数函数是定义在实数集上，且满足 $f(x+y)=f(x)f(y)$ 的非常值连续函数；

对数函数是定义在正实数集上，且满足 $f(xy)=f(x)+f(y)$ 的非常值连续函数。

通过运算法则形式化地定义函数，这是理性思维的结果，更能说明函数的本质特征。例如，常常看到教师们争论 $y=a^{3x}$ 是不是指数函数，如果从上述定义出发，因为 $a^{3(x+y)}=a^{3x+3y}=a^{3x} \cdot a^{3y}$，满足定义，所以它是指数函数。这表明，采用上述定义就不会出现任何歧义。不过，形式化定义虽然纯粹，但脱离了一切现实背景，与学生的认知基础距离很远，学生很难真正理解其意义，不符合高中学生的认知水平，所以教科书采用了从学生熟悉的现实背景出发，引导学生利用数学运算发现规律，让学生感悟数学运算在研究指数函数和对数函数中的作用，并将这种做法贯穿始终。

四、加强背景和应用，发展学生数学建模素养

函数是描述客观世界中变量关系和规律的最为基本的数学语言和工具，幂函数、指数函数与对数函数是最基本的、应用最广泛的函数，在学习这些函数的过程中，加强背景与应用，既是为了使学生了解这些函数的来源，有效地经历概念的抽象过程，更深刻地理解这些函数的本质，也是为了使学生明确这些函数分别描述了现实世界中哪一类变量关系和规律，从而为学生在面对具体问题时能正确选择函数类型、建立适当的数学模型解决实际问题打下坚实基础。同时，这也是为了把数学建模素养的培养落实在本章学习全过程的需要。

本章教科书编写中，首先是对指数函数、对数函数的现实背景与应用给予了充分关注。教科书在章引言中指出，在自然条件下，细胞的分裂、人口的增长、放射性物质的衰减等问题，都可以用指数函数构建数学模型来描述它们的变化规律；在指数函数概念的建

立过程中，教科书以现实中的真实事例为背景，通过与"线性增长"的比较得出"指数增长"的规律进而引入指数函数的定义与表示；在研究指数函数、对数函数的图象与性质之后，教科书加强了运用函数图象与性质解决实际问题的内容；最后，教科书通过具体实例对不同函数的增长差异（直线上升、指数爆炸、对数增长）进行比较，并专门安排了"函数的应用"一节，在介绍了运用函数性质求方程近似解的基本方法（二分法）的基础上，安排了典型而丰富的实例，引导学生更深入地理解用函数构建数学模型的基本过程，学习运用模型思想发现和提出问题、分析和解决问题的方法。本章共安排了近 40 个实际问题，涉及游客人次旅游收入的指数增长、碳 14 考古、人口增长模型、产品产量增长率、储蓄利率（复利）、地震释放的能量与震级的关系、GDP 增长率、血液中酒精含量或药物含量的指数衰减、物价的增长率、溶液酸碱度、火箭飞行的运动规律、鲑鱼游速与耗氧量的关系、声强级别、动物或植物自然繁殖的规律、投资方案的选择、数据量的爆炸式增长、特定人群身高体重的关系、汽车耗油量、废气减排、物体冷却模型等各种各样的现实问题。

这里我们重点说明一下不同函数增长差异的比较问题。面对实际问题时，为了准确地描述它的变化规律，需要选择恰当的函数类型来构建数学模型，为此就要先分析清楚不同类型函数的增长差异。从函数性质的角度看，增长差异是对函数单调性的进一步深化，不同函数增长差异刻画了它们的增长方式以及变化速度的差异。由于学生对线性函数已经有了认知基础，其变化规律非常直观：它在整个定义域上的变化速度恒定，即 $\frac{\Delta y}{\Delta x}$ 为定值。因此，教科书用线性函数作为一把尺子，来"度量"指数函数和对数函数的增长差异，从而帮助学生理解直线上升、指数爆炸和对数增长的含义。一般而言，对于一个具体的现实问题，可以用于刻画其数量关系、变化规律的函数类型是不唯一的，应根据实际问题的需要进行权衡，并需要借助一定的数学工具对函数的拟合优度进行判断。

对于本章内容，我们按"背景—概念—图象和性质—应用"的路径安排学习过程，体现了研究函数的一般套路，有利于学生形成系统性、普适性的数学思维模式。通过经历从具体的现实情境中抽象一般规律和结构的过程，有利于培养学生透过现象看本质的能力，学会以简驭繁，养成一般性思考问题的好习惯，从而发展数学抽象、直观想象素养，使学生逐渐学会用数学的眼光观察世界。通过数学运算、函数图象发现指数函数、对数函数所刻画的运动变化现象的规律，研究指数函数和对数函数的性质，比较不同函数的增长差异，有利于学生把握相关数学内容的本质，提升数学运算、逻辑推理素养，使学生逐步学会用数学的思维思考世界。运用指数函数和对数函数建立数学模型解决实际问题，可以帮助学生切实感受数学与现实世界的联系，认识数学在科学、社会、工程技术等领域的作用，积累数学活动经验，发展数学建模素养，提高实践能力和创新意识，进而逐步学会用数学语言表达世界。以上这些就是通过本章内容的学习要达成的育人目标，是本章教学应该重点关注的。

参考文献

[1] 人民教育出版社课程教材研究所中学数学课程教材研究开发中心. 义务教育教科书数学七年级上册 [M]. 北京：人民教育出版社，2012：41.

[2] 中华人民共和国教育部. 普通高中数学课程标准（2017年版）[S]. 北京：人民教育出版社，2018.

（执笔人：章建跃，人民教育出版社课程教材研究所；王翠巧，人民教育出版社课程教材研究所）

第五章
三角函数

三角函数是一类最典型的周期函数。在高中数学课程中,《标准（2017年版）》把三角函数内容安排在必修课程"主题二 函数"中，把"函数概念与性质""幂函数、指数函数、对数函数""三角函数""函数应用"视为一个整体。[1]因此，在教科书的编写中应遵循"注重教科书的整体结构""体现内容之间的有机衔接""凸显内容和数学学科核心素养的融合"等原则，帮助学生从整体上把握三角函数的概念、性质和应用，理解"三角函数"与"函数概念与性质"以及"幂函数、指数函数、对数函数"等内容的联系，掌握利用三角函数构建数学模型的方法和技能，通过三角函数的概念、性质和应用等内容的学习，提升数学学科核心素养。

根据《标准（2017年版）》的规定，学生通过本章学习，应能借助单位圆建立一般三角函数的概念，体会引入弧度制的必要性；能用几何直观和代数运算的方法得到三角函数的周期性、奇偶性、单调性和最大（小）值等性质，以及三角函数之间的一些恒等关系；能利用三角函数构建数学模型，解决实际问题，从而重点在数学抽象、逻辑推理、直观想象、数学运算和数学建模等素养上得到提升。

一、注重三角函数内容的整体性，体现内容之间的有机衔接

在《标准（实验）》中，三角函数与函数的一般概念及其他基本初等函数被分隔开，分别安排在必修四和必修一中，而且三角函数内容也被分成了两部分：三角函数，三角恒等变换。[2]《标准（2017年版）》加强了函数内容和三角函数内容的整体性：在"内容要求"中把"三角函数"纳入"主题二 函数"中，把"三角恒等变换"纳入"三角函数"中；在"主题二 函数"的"教学提示"中明确提出"教师应把本主题的内容视为一个整体"。

为了体现整体性思想，教科书按照"事实（周期性现象）—角与弧度—数学对象（三角函数的定义）—诱导公式—图象与性质（周期性、单调性、奇偶性、最大值与最小值等）—三角恒等变换—联系—应用"的结构来展开。其中，"角与弧度"是刻画圆周运动的预备知识，而"三角恒等变换"是三角函数的特殊研究内容。与原教科书相比，这样的

设计使三角函数内容的整体性更强。

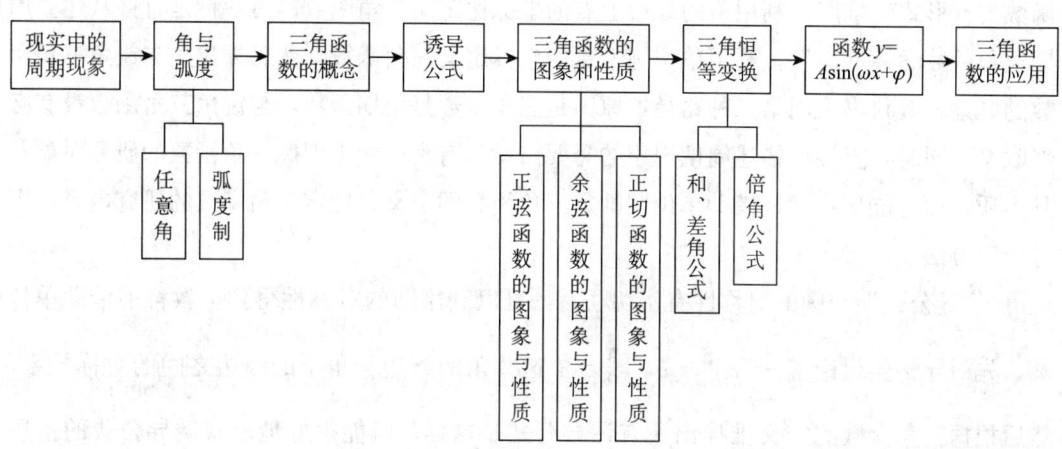

《标准（2017年版）》对教科书的章节设计提出了"三个关注"的要求，即：关注同一主线内容的逻辑关系，关注不同主线内容之间的逻辑关系，关注不同数学知识所蕴含的通性通法、数学思想。[1]因此，在编写教科书时特别注意改进原教科书在内容衔接上的缺陷，努力落实"三个关注"。例如，注意以函数的一般概念为指导，借鉴指数函数、对数函数的研究经验，设计三角函数的研究路径，引导学生自主构建三角函数的研究内容、过程和方法；注意引导学生关注三角函数的特殊性，充分利用周期性简化研究过程，并在正切函数中有意设计"先研究性质，再作图象"的过程，使学生体验研究函数图象与性质方法的多样性；特别是，强调单位圆的作用，引导学生利用圆的几何性质（特别是对称性）发现和研究三角函数的性质；等等。

二、注重三角函数内容各个组成部分的研究，关注内容的本质

基于前面整体性的研究，我们把三角函数内容分成七个部分，并给出了参考教学时间，具体如下：任意角和弧度制（约2课时），三角函数的概念（约3课时），诱导公式（约2课时），三角函数的图象与性质（约4课时），三角恒等变换（约6课时），函数 $y=A\sin(\omega x+\varphi)$（约2课时），三角函数的应用（约2课时）。

对上面各部分内容我们分别进行了认真研究，以突出每一数学内容的本质。

"任意角和弧度制"是三角函数的基础，主要包括任意角和弧度制的概念。任意角和弧度制的引入，建立了角的集合与实数集的一一对应关系，为学习任意角的三角函数奠定了基础。教科书在编排时，注意利用几何直观引导学生对抽象概念进行理解。具体地，教科书充分利用单位圆，引导学生了解任意角及弧度制概念，同时，还利用平面直角坐标系建立象限角的概念，使任意角的讨论有了一个统一的"标准"。对于弧度制，与以往教科书比较，教科书加强了用初中已学的弧长与半径的关系解释弧度制定义的合理性。

"三角函数的概念"主要包括任意角的正弦、余弦、正切的定义，同角三角函数的基

本关系。三角函数的引入有两种不同的路径，一种是把任意角的三角函数看成是锐角三角函数的（形式）推广，利用角的终边上点的坐标比定义三角函数；另一种是直接从建立周期现象的数学模型出发，利用单位圆上点的坐标定义三角函数，然后再建立与锐角三角函数的联系。教科书采用第二种路径，原因是三角函数是周期函数，与锐角三角函数没有必然联系。同时，直接从描述周期现象的需要出发，有利于学生把握三角函数的研究对象及其本质，而且能更自然地借助单位圆抽象三角函数的定义，确定三角函数的研究内容，探寻研究方法。

"诱导公式"与圆的对称性有密切联系，可以利用圆的对称性得到。教科书借助单位圆，先引导学生讨论了 $\pi\pm\alpha$，$-\alpha$，$\frac{\pi}{2}\pm\alpha$ 这些角的终边与角 α 的终边之间的对称关系，然后根据三角函数的定义推导出所有诱导公式。这样，既能很好地反映诱导公式的本质（圆的对称性的代数表示），又使它们成了一个有机的整体。另外，为了使学生尽快熟悉并形成使用弧度制的习惯，在诱导公式中全部采用了弧度制。

"三角函数的图象与性质"主要包括正弦、余弦、正切函数的图象及其主要性质。教科书从定义出发引导学生提出研究函数的一般思路和方法，并结合三角函数的特性（周期性）简化对三角函数图象与性质的研究过程。正弦、余弦函数按照"从函数的定义到作函数图象，再到讨论函数性质，最后到函数模型应用"的顺序展开，这一顺序与研究其他函数的顺序一致。另外，把周期性作为第一条性质，目的是为了体现它的重要性。对于正切函数，先利用诱导公式、单位圆讨论性质，然后再利用性质作图象，这样做的目的是为了使学生体会可以从不同角度讨论函数性质。

"三角恒等变换"过去是单独的一章内容，现在是整个三角函数体系中的一个重要环节。由于三角恒等变换中的和、差角公式可以看作圆的旋转对称性的代数表示，因此教科书选择了利用旋转对称性证明两角差的余弦公式。三角恒等变换的简单应用主要通过例题来展现，通过例题重点培养学生的推理能力。

与以往比较，对"函数 $y=A\sin(\omega x+\varphi)$"的研究有实质性变化。以往教材的内容处理，主要不足是没有体现函数 $y=A\sin(\omega x+\varphi)$ 的现实背景，没有让学生经历建模过程，因此就削弱了这内容的育人价值。[3] 为了使学生了解参数 A，ω，φ 的实际意义，教科书先安排了实际问题情境，通过数学建模得到三角函数模型，然后对它的图象与性质展开研究。由于涉及的参数有 3 个，因此本章引导学生结合参数的实际意义，先讨论某个参数对图象的影响（其余参数相对固定），再综合考虑三个参数的影响的方法安排内容。这样安排既分散了难点，又使学生形成清晰的讨论线索，从中能使学生学习到如何将复杂问题分解为简单问题并"各个击破"，然后整合为解决整个问题的解决的思想方法。这样能培养学生有条理地思考的习惯，从而提升学生的逻辑思维能力。

"三角函数的应用"主要以举例的方式说明三角函数模型的应用方法。安排本节内容的目的是要让学生感受到三角函数在解决具有周期变化规律的问题中的作用,体验三角函数与日常生活和其他学科的联系,使学生体会三角函数的价值和作用,增强应用意识,同时还能使学生加深理解有关知识。在这部分内容安排时,特别注意了数学应用过程的完整性,加强了对问题情景情境和解题思路的分析,以及解题后的反思这两个环节。这样做可以保持数学应用中的数学思维水平,提高学生对相应的思想方法的认知层次,培养学生良好的解题习惯。

三、突出数学思想方法,在类比、推广、特殊化等一般逻辑思考方法上进行引导

类比、联系、特殊化、推广、化归等是数学研究中的常用方法,本章努力引导学生学习这些方法。例如,通过类比长度、质量的不同度量单位引入弧度制;联系一般函数性质的研究思路引出研究三角函数性质的思路;在两角差的余弦公式这一关键性问题的解决中体现了数形结合思想的应用;从两角差的余弦公式推出两角和与差的正弦、余弦、正切公式,二倍角的正弦、余弦和正切公式的过程中,始终引导学生体会化归思想;在应用公式进行恒等变换的过程中,渗透观察、类比、推广、特殊化、化归等思考方法;研究函数 $y=A\sin(\omega x+\varphi)$ 的图象,按照 $y=\sin x \to y=\sin(x+\varphi) \to y=\sin(\omega x+\varphi) \to y=A\sin(\omega x+\varphi)$ 的线索展开,体现了从简单到复杂、由特殊到一般的思考方法。

四、充分体现三角函数作为刻画一类现实世界周期变化现象的数学模型的思想,提升学生的数学建模素养

数学建模是对现实问题进行数学抽象,用数学语言表达问题、用数学方法构建模型解决问题的素养。三角函数内容是培养学生数学建模素养的很好的载体,在教科书编写时应充分注意这一点。

教科书在章引言中通过列举大量现实世界中的周期变化现象,引出三角函数是刻画其中一类具有周期变化规律的重要数学模型。这样可以使学生在三角函数的学习之初就明确三角函数的作用。

在研究三角函数的图象、性质时,尽量结合物理中的简谐运动等典型实例。为了加强数学模型思想,教科书专门设置了"三角函数的应用"一节,通过典型实例,引导学生经历分析实际问题,建立三角函数模型、用三角函数模型解决问题的基本过程,以使学生更好地体会三角函数在解决周期变化现象时的作用。例如,由给出的潮起潮落的变化数据,通过作散点图、选择函数模型、建立函数模型并用得到的函数模型解决有关问题,可以使学生经历一个比较完整的建立三角函数模型解决实际问题的过程。通过这样的例子,可以使学生经历用三角函数刻画一些典型的周期现象的过程。

五、注重发挥单位圆的作用,提升学生的直观想象素养

直观想象是指借助几何直观和空间想象感知事物的形态与变化,利用图形理解和解决数学问题的素养,建立形与数的联系是其包括的主要方面。从三角函数的定义方法可以看出,三角函数与圆有着直接的联系。事实上,任意角、任意角的三角函数、三角函数的性质(周期性,单调性、最大值、最小值等)、同角三角函数的关系式、诱导公式、三角函数的图象等,都可以借助单位圆得到认识,这也是人们把三角函数称作"圆函数"的原因。因此,在三角函数的研究中,借助单位圆的几何直观是非常重要的手段,而且这也是使学生领会数形结合思想,学会数形结合地思考和解决问题的好机会。

为了发挥单位圆的作用,教科书在引进弧度制时就渗透了单位圆概念,并在讲三角函数概念之前给出单位圆概念,然后由单位圆引出三角函数定义。在后续内容的处理中,始终以单位圆作为一个载体。

1. 利用单位圆理解弧度制的本质

在引进弧度制后,可以引导学生利用单位圆中的圆心角与所对弧的关系理解弧度制的本质——用长度度量角的大小。角的范围推广后,圆心角与弧的概念也随之推广:圆心角有正角、零角、负角,相应地,弧也有正弧、零弧、负弧;圆心角、弧的正负与角的终边的旋转方向相对应,逆时针旋转为正,顺时针旋转为负。在平面直角坐标系中,如果以单位圆与 x 正半轴的交点为起点,圆心角的终边与单位圆的交点为终点,那么圆心角与它所对应的弧长是一一对应的。这样,在单位圆中,就可以用圆心角所对应弧的大小(注意,弧的大小的取值范围是 **R**)刻画角的大小。

2. 利用单位圆定义任意角的正弦函数、余弦函数

教科书利用单位圆上点的坐标定义了任意角的正弦函数、余弦函数,主要原因如下。

首先,圆周运动是周期性变化现象的典型,而单位圆上点的圆周运动又是不失一般性的,这个过程可以理解为一个数学抽象过程;第二,这个定义清楚地表明了正弦函数、余弦函数中从自变量到函数值之间的对应关系,也表明了这两个函数之间的关系;第三,如果 α 是弧度数,那么正弦函数、余弦函数就是关于任意实数 α 的函数,这时的自变量和函数值都是实数,这就与函数的一般概念完全一致。

基于上述理由,利用单位圆定义三角函数可以更好地反映三角函数的本质。事实上,后续的内容,特别是在微积分中,最常用的是弧度制以及弧度制下的三角函数。

3. 利用单位圆推导三角函数的诱导公式

教科书引导学生利用单位圆的对称性推导三角函数的诱导公式,通过讨论单位圆上对称点的坐标的关系来发现诱导公式,使得诱导公式二～公式六都与单位圆上的对称图形(即角的终边的对称性)联系在一起,从而使这五组公式形成一个有机整体。

4. 利用单位圆画正弦函数的图象

图象是函数的直观表示,也是函数性质的集中体现。对于画正弦函数的图象,教科书

突出了单位圆的作用。教科书先从作图象上任意一点出发，明确作图的原理；再作出具有代表性的适当数量的点，初步感受图象的特点；最后利用信息技术画出足够多的点，得到对图象更直观的认识。这种方式使得学生更清楚知识的发生发展、归纳概括的过程。

5. 利用单位圆推导两角差的余弦公式

教科书利用单位圆的旋转对称性（任意一个圆绕着圆心旋转任意角后都与原来的圆重合的性质）对两角差的余弦公式进行了推导。

首先以单位圆的圆心为顶点、x 轴的非负半轴为始边画出角 α，β，$\alpha-\beta$；然后根据三角函数的定义写出角 α，β，$\alpha-\beta$ 的始边和终边与单位圆的交点 A，P_1，A_1，P 的坐标；接下来，利用圆的旋转对称性，得到等量关系：$AP=A_1P_1$；最后根据两点间的距离公式得到两角差的余弦公式。这样，以单位圆的几何直观为纽带，将三角恒等变换与整个三角函数内容融为一体。

六、加强单元教学设计，注重局部范围内知识的系统化

单元教学设计是以教科书为基础，用系统论的方法对教科书中"具有某种内在关联性"的内容进行分析、重组、整合并形成相对完整的教学单元，在教学整体观的指导下将教学诸要素有序规划，以优化教学效果的教学设计。[4] 单元教学设计具有使局部范围内的知识系统化的优点，因此有利于学生构建条理清楚、层次分明的整体认知结构。"三角函数"包含任意角、弧度制、三角函数的概念、诱导公式、三角恒等变换等诸多内容，是一个"大章"。对于大章来说，如何处理好整体和局部的关系是教学中的一个难点。鉴于本章内容的特点，在教学中应认真分析各个部分内容的特点，考虑单元教学设计，并通过单元教学设计促进学生形成良好的整体认知结构。

例如，"三角函数的概念"包含的内容有：三角函数的概念，三角函数的基本性质。其中后者包括三角函数值的符号、诱导公式一、同角三角函数的基本关系。我们把这些内容作为一个单元，可以得到如下框图。

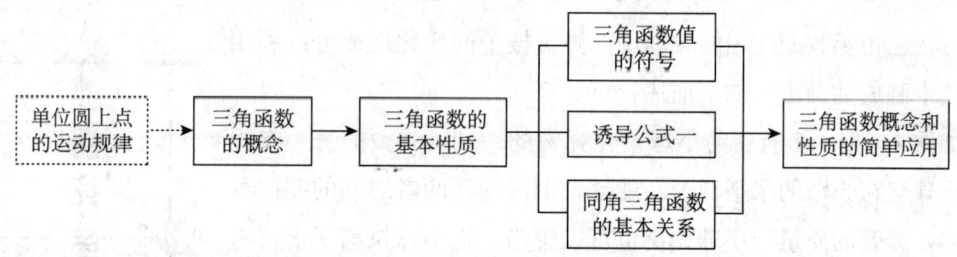

根据上面的框图，可以对单元内容进行划分，同时给出课时：

第一部分，三角函数的概念（1课时）；

第二部分，三角函数的基本性质（1课时）；

第三部分，概念和性质的简单应用（1课时）。

接下来，可以进行单元教学设计的细化工作，完成单元分析工作（"内容和内容解析""目标和目标解析""教学问题诊断分析""教学支持条件分析"）和单元重组、整合工作（"教学过程设计"），最终形成完整的教学设计。

又如，"5.4.1 正弦函数、余弦函数的图象""5.4.2 正弦函数、余弦函数的性质"两小节包含的内容有：正弦函数、余弦函数图象的画法，正弦函数、余弦函数的周期性、奇偶性、单调性、最大值与最小值。这些内容在教科书中的呈现顺序是：正弦函数的图象→余弦函数的图象、例1和练习→周期性、例2、奇偶性和练习（周期性、奇偶性与其他性质分散呈现）→单调性、最大值与最小值、例3、例4和练习。把这两小节内容作为一个单元，可以得到如下框图。

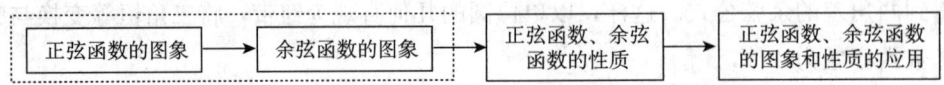

同样地，根据框图可以对单元内容进行划分，同时给出课时：

第一课时，形成研究思路，并画出正弦函数、余弦函数的图象（1课时）；

第二课时，研究正弦函数、余弦函数的性质（1课时）；

第三课时，正弦函数、余弦函数的图象与性质的应用（1课时）。

与前面的案例类似，在此基础上可以形成完整的单元教学设计。

七、加强与其他学科的联系，借助信息技术形象化地说明周期变化

由于周期现象在现实中广泛存在，例如单摆运动、弹簧振子、圆周运动、交变电流、音乐、潮汐、波浪、四季变化、生物钟等，因此它是物理、地理、生物、天文等其他学科研究的对象，这样，三角函数内容与其他学科有紧密联系。因此教学中应充分利用学生的生活经验以及其他学科的知识，使三角函数的学习建立在丰富的背景上。从学生的实际来看，由于缺乏某些学科知识，因此在教学中要注意借助信息技术形象化地说明周期变化。例如，在三角函数的应用的教学中，弹簧振子的变化规律可以利用信息技术制成动画进行如下描述：

如图1，把一个有孔的小球装在弹簧的一端，弹簧的另一端固定，小球穿在光滑的水平杆上，能够自由滑动，两者之间的摩擦可以忽略，弹簧的质量与小球相比也可以忽略。把小球拉离平衡位置（小球静止时的位置），然后放开，它就会在平衡位置附近振动。这样的系统称为弹簧振子（简称振子）。

如图2所示的是弹簧振子的频闪照片。频闪仪每隔0.05 s闪光一次，底片从右向左匀速运动，因此在底片上留下了小球一系列的

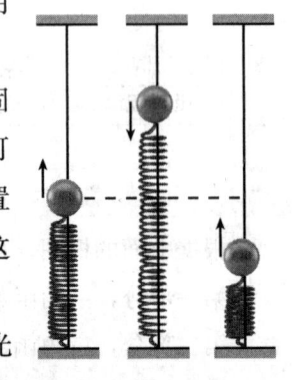

图1

像。建立坐标系并把这些像用一条光滑的曲线连接起来,可以得到小球的位移随时间变化的函数图象,这个图象可以用 $y=A\sin(\omega x+\varphi)$（其中 $A>0$，$\omega>0$）表示。

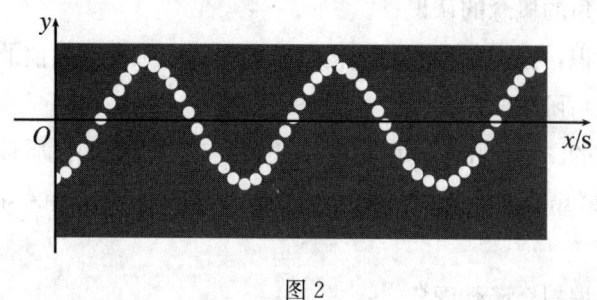

图 2

这样得到的函数解析式建立在形象化背景的基础上,有助于提升学生数学模型素养。

八、加强数学学习方法的引导,提高数学思维水平

《学记》中提到"善学者,师逸而功倍,又从而庸之;不善学者,师勤而功半,又从而怨之",其中体现了学习方法的重要性。《标准（2017 年版）》在"教材编写建议"中提出:教材要为学生提供学习方法的指导,促进学生形成良好的学习习惯和思维习惯。[1] 按照课程标准的要求,要使学生真正获得数学学习方法,还需要在教学中加强引导。

三角函数是学生在高中阶段系统学习的最后一个基本初等函数,教学中应当注意引导学生以前面学到的研究函数的方法为指导来学习本章知识。例如,在教学中可以结合三角函数引导学生进一步理解集合与对应观点下的函数概念,以及函数中研究的基本问题和基本思路（根据刻画现实中周期现象的需要,引进三角函数来描述周期性变化的规律;在遇到一个新的函数时,总要看看它的图象、单调性、有没有特殊取值等）,这样可以使学生通过梳理已有经验形成的高观点,并在此指导下进行数学学习与研究,这对提高学生在学习过程中的数学思维水平是非常有帮助的。

九、注重信息技术的使用,加强知识的发生发展过程,加深概念的理解与认识

关于三角函数内容,信息技术的使用在如下几个方面得到体现:一是利用信息技术工具进行角度制、弧度制的单位互换,求三角函数值,作函数图象等;二是利用信息技术研究问题;三是利用"信息技术使用"栏目提供弹性内容。例如,在利用信息技术通过单位圆作函数图象时,将三角函数的定义、三角函数的图象等方面紧密联系在一起,并通过角的变化,将这种联系直观地、动态地表现出来;在三角函数模型的应用中,既强调了信息技术工具对数据处理的必要性,又突出了信息技术工具在函数作图中的优势,还提出了利用信息技术进行函数的拟合;等等。

在下列内容的教学中,应积极鼓励学生使用信息技术,以加强知识的发生发展过程,加深对有关概念的理解与认识,突破学习中可能遇到的困难。

(1) 终边相同的角的概念的认识;

(2) 弧度制的认识,弧度与角度的互化,非特殊角的三角函数值的计算;

(3) 任意角的三角函数的定义;

(4) 画三角函数的图象,用三角函数的图象研究三角函数的性质;

(5) 画函数 $y=A\sin(\omega x+\varphi)$ 的图象,探索 A,ω,φ 对 $y=A\sin(\omega x+\varphi)$ 图象的影响;

(6) 根据实际数据拟合函数图象。

参考文献

[1] 中华人民共和国教育部. 普通高中数学课程标准(2017 年版)[S]. 北京:人民教育出版社,2018.

[2] 中华人民共和国教育部. 普通高中数学课程标准(实验)[S]. 北京:人民教育出版社,2003.

[3] 章建跃,李柏青,金克勤,董凯. 体现函数建模思想 加强信息技术应用——"函数 $y=A\sin(\omega x+\varphi)$"的修订研究报告[J]. 数学通报,2015,54(8):3.

[4] 吕世虎,吴振英,杨婷,王尚志. 单元教学设计及其对促进数学教师专业发展的作用[J]. 数学教育学报,2016,25(5):16-21.

(执笔人:刘长明,人民教育出版社课程教材研究所)

平面向量及其应用

平面向量及其应用是必修课程与选择性必修课程中"几何与代数"主题的开篇。对于"几何与代数"主题,"现在这样设计主要基于两点:一是为代数,特别是线性代数的学习建立几何直观,这个几何直观对于学生未来的学习是非常重要的;二是让学生知道如何用代数运算解决几何问题,这是现代数学的重要手法。作为研究的起点,课程标准特别强调了向量的作用,指明向量既是几何学的研究对象,也是代数学的研究对象。"[1]

向量是近代数学中重要和基本的概念之一,具有物理背景和几何背景。向量是沟通几何与代数的桥梁,在数学和物理学科中具有广泛的应用。本章专门安排平面向量的应用一节,介绍平面向量在平面几何与物理中的应用,用向量方法证明余弦定理、正弦定理。下一章介绍复数及其运算时也联系了平面向量及其运算。在选择性必修课程中,类比平面向量及其运算介绍空间向量及其运算,用向量方法解决立体几何问题;用向量方法解决平面解析几何中直线与方程的有关问题。

根据《标准(2017年版)》,《人教 A 版》在必修课程中安排"平面向量及其应用"。本章的学习,可以帮助学生理解向量概念,掌握向量的运算定义与运算性质,理解平面向量基本定理,掌握向量及其运算的坐标表示,会用向量方法解决简单的几何和物理问题,掌握余弦定理、正弦定理及其应用。本章内容有助于提升学生的数学学科核心素养,同时为学生的进一步学习打下基础。

一、关注本章内容的地位作用,认识本章内容的研究意义

《标准(2017年版)》对向量及其意义进行了描述:"向量理论具有深刻的数学内涵、丰富的物理背景。向量既是代数研究对象,也是几何研究对象,是沟通几何与代数的桥梁。向量是描述直线、曲线、平面、曲面以及高维空间数学问题的基本工具,是进一步学习和研究其他数学领域问题的基础,在解决实际问题中发挥着重要作用。"[2]

1. 平面向量对中学数学学习的意义

学生学过数及其运算,对数的运算体系有所认识。"在现代基础教育阶段,学生只熟悉数的运算体系是不够的。向量是不同于数的一个运算体系。向量也是一个运算对象,掌

握了向量的运算，就会扩充学生对'运算'概念的理解，以后再学习其他运算体系，如矩阵、微积分运算就不难理解了。"[3]

向量具有明确的几何背景，向量的运算具有明显的几何意义，涉及长度、夹角的几何问题可以通过向量及其运算得到解决。因此应用向量可以解决几何问题，特别是用向量方法证明余弦定理、正弦定理，形成平面几何中的向量方法。即在向量的运算体系建立后，将几何问题转化为向量问题，借助向量的运算解决向量问题，从而解决几何问题。这种方法实现了数形结合。

得出向量运算的坐标表示后，用表示一个向量的有向线段的起点、终点的坐标刻画这个向量的坐标，从而用表示这个向量的有向线段的起点、终点的坐标刻画这个向量的长度，实际上得出了两点间的距离公式。利用向量运算的坐标表示还可以推出线段的中点坐标公式，以及两角差的余弦公式。让学生通过上述内容体会向量运算的坐标表示的作用。在选择性必修课程中，我们可以进一步看到向量在研究平面解析几何问题时发挥的重要作用。

根据《标准（2017年版）》，《人教 A 版》在选择性必修课程中安排"空间向量与立体几何"。平面向量是学习空间向量的基础，空间向量是平面向量的推广。类比平面向量及其应用，学生获得空间向量的概念、表示及运算体系，根据空间向量及其运算解决立体几何问题。这样的安排使立体几何学习难的问题得到有效解决。

2. 平面向量对学习高等数学的意义

将平面向量、空间向量及其运算一般化可以得到高等数学中的向量空间的概念。

定义了平面向量的加法与数乘运算以后，可以发现平面向量的加法与数乘运算满足以下运算规律：

$a+b=b+a$；

$(a+b)+c=a+(b+c)$；

存在一个零向量 $\mathbf{0}$，并且 $\mathbf{0}+a=a$；

对于每一个向量 a，存在向量 a'，使得 $a+a'=\mathbf{0}$；

$\lambda(a+b)=\lambda a+\lambda b$；

$(\lambda+\mu)a=\lambda a+\mu a$；

$\lambda(\mu a)=(\lambda\mu)a$；

$1a=a$。

综合以上 8 个运算规律，从高等数学的观点看，从定点出发的平面向量对向量的加法与数乘运算构成实数域上的向量空间。高中数学课程虽然没有介绍向量空间的概念，但从集合的观点看向量，即把平面向量看成定义了向量的加法与数乘运算，并且满足一定运算规律的集合的元素，有助于我们从整体上把握向量及其运算。

对于平面向量 a，b，如果 a，b 共线，那么存在不全为 0 的数 λ_1，λ_2 使得

$$\lambda_1 a + \lambda_2 b = 0; \qquad ①$$

如果 a，b 不共线，那么不存在不全为 0 的数 λ_1，λ_2，使得①成立，换句话说，①当且仅当 $\lambda_1=\lambda_2=0$ 时成立。向量空间中线性相关与线性无关的概念正是上述内容的一般化。而平面向量的基底和坐标表示的内容有助于理解向量空间的基与坐标的内容。

定义了平面向量的数量积（内积）以后，可以发现它满足以下性质：

$a \cdot b = b \cdot a$；

$(a+b) \cdot c = a \cdot c + b \cdot c$；

$(\lambda a) \cdot b = \lambda (a \cdot b)$；

当 $a \neq 0$ 时，$a \cdot a > 0$。

在高等数学中，将定义了内积，并且内积满足上述 4 个性质的向量空间叫做欧氏空间。在欧氏空间中，用内积刻画向量的长度与夹角。在平面向量中，我们也可以看到向量在解决长度、夹角问题时的作用。

由此看来，平面向量的学习对于向量空间、欧氏空间的学习具有重要意义。而借助向量空间、欧氏空间可以进一步学习有关的高等数学内容。

二、把握本章内容与学习要求，构建本章内容的结构体系

本章首先借助实际背景引入向量概念，明确所要研究的数学对象；然后定义向量运算、研究运算性质，建立向量的运算体系；进而介绍平面向量基本定理及坐标表示，进一步认识向量的概念与运算；最后运用向量的概念及运算解决问题，体现向量的应用。这种安排体现了研究一类数学研究对象的思路与方法。图 1 展示了平面向量及其应用的内容结构。

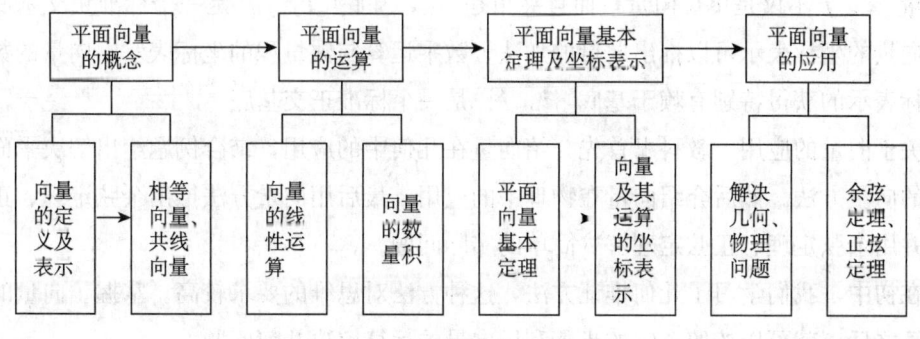

图 1

关于向量的概念，教科书以位移、速度、力等物理量为背景抽象出向量的概念。向量既有大小，又有方向。为了直观地刻画向量的大小与方向，我们引入向量的几何表示。从向量的大小、方向考虑，我们规定零向量、单位向量等特殊向量，平行向量、相等向量、共线向量等特殊关系。这些内容是进一步讨论向量的运算的基础。

关于向量的运算，教科书依次介绍向量的加、减运算，向量的数乘运算与向量的数量

积，包括引入运算，研究运算性质。借助位移的合成、力的合成，定义向量的加法，进而研究加法的运算律。对于向量的减法，借助向量的加法予以定义，进而探究减法的几何意义。通过探究相等向量的和的长度与方向，引进向量的数乘运算，进而研究它的运算律。有了向量加法与数乘运算的运算律，就可以方便地进行向量的线性运算。以物理中的功为背景，定义向量的数量积，借助几何直观介绍投影向量，进而研究向量的数量积的运算律。利用向量的数量积可以解决与距离、夹角有关的几何问题。

对于平面向量的运算，本章的编排方式是将它集中安排，即先介绍平面向量的线性运算与数量积，然后介绍平面向量基本定理及向量的坐标表示。这种编排更加强调整体与层次：先介绍向量的运算，再介绍向量运算的坐标表示。

关于平面向量基本定理及坐标表示，教科书在向量的线性运算的基础上介绍平面向量基本定理，然后由平面向量基本定理引入向量的坐标的概念，最后介绍向量运算的坐标表示。关于平面向量基本定理。首先类比指出位于同一直线上的向量可以由位于这条直线上的一个非零向量表示，提出问题：平面内任一向量是否可以由两个不共线向量表示呢？对这个问题进行研究可以获得平面向量基本定理，这个定理包括存在性与唯一性两个方面。首先证明：如果 e_1，e_2 是同一平面内的两个不共线向量，那么对于这一平面内的任一向量 a，存在一对实数 λ_1，λ_2，使 $a = \lambda_1 e_1 + \lambda_2 e_2$。然后用反证法证明这种表示形式是唯一的。

平面向量基本定理表明两个不共线向量（e_1，e_2）的线性组合（$\lambda_1 e_1 + \lambda_2 e_2$）的集合就是平面向量的集合。这两个不共线向量构成表示这一平面内所有向量的一个基底。根据平面向量基本定理，借助平面直角坐标系，我们可以得到平面向量的坐标表示。在教科书中，平面向量的坐标是相对于基底 $\{i, j\}$ 而言的，其中 i，j 是与坐标轴方向相同的单位向量。i，j 不仅是单位向量，而且夹角是 $90°$，基底 $\{i, j\}$ 是一个标准正交基底。从平面向量的坐标表示可以推出向量的加法、数乘运算与数量积的坐标表示。向量的数量积的坐标表示的获得特别有赖于基底 $\{i, j\}$ 是一个标准正交基底。

关于向量的应用，教科书首先介绍向量在几何中的应用，结合例题给出解决平面几何问题的向量方法。然后介绍向量在物理中的应用。最后用向量方法推出余弦定理、正弦定理，并用余弦定理、正弦定理解决简单的实际问题。

在初中，我们学习了几何推证方法，这种方法对思维的要求较高。掌握了向量的概念与运算之后，就可以按照一定的步骤利用向量的运算解决几何问题。

同样地，掌握了向量的概念与运算之后，可以更好地解决物理问题。在介绍向量在物理中的应用时，结合例题分析了用向量方法解决物理问题的思路。

余弦定理、正弦定理的内容安排与原教科书相比变化较大。一个变化是这个内容不独立成章，而是本章的一部分，体现向量学习的整体性；另一个变化是余弦定理、正弦定理都用向量方法证明。用向量方法证明余弦定理较为容易，为给学生联想到用向量方法证明正弦定理提供机会，先介绍余弦定理，后介绍正弦定理。内容的介绍按照定理的引入、证明、运用定理解决解三角形问题、解决简单的实际问题的顺序展开。

形成向量概念、建立向量运算体系、解决数学和实际问题是向量内容的三大要点，体现出向量内容密切联系实际、代数与几何融合的特点。

三、注重与实际的联系，从物理背景中引入向量内容

向量具有丰富的物理背景，教科书利用学生的生活经验、其他学科的相关知识，创设丰富的情境，通过对位移、速度、力等物理量进行抽象引入向量概念。在章引言中，教科书从长度、质量等数量谈起，结合小船位移说明生活中还有既有大小又有方向的量，大小相同但方向不同的位移，它们的效果是不同的，因而明确大小和方向这两要素才可以确切地表示位移，让学生对向量有初步的体会。第一节承接引言中的内容，教科书分别指出小船的位移、速度的大小与方向，再举出物体受到重力，浸在液体中的物体受到浮力的例子，让学生感受力与位移、速度具有共同的属性"既有大小又有方向"，在此基础上，对位移、速度、力等进行抽象，形成向量的概念。物理背景有助于对向量的理解。

在向量加法运算的第一个"思考"栏目中，让学生思考质点两次位移的结果如何表示，从位移的合成引入向量加法的三角形法则。在向量加法运算的第二个"思考"栏目中，让学生思考如何作出作用点相同的两个力的合力，从力的合成引入向量加法的平行四边形法则。在向量的数量积中，回顾物理中功的概念：如果一个物体在力 F 的作用下产生位移 s，那么力 F 所做的功

$$W=|F||s|\cos\theta,$$

其中 θ 是 F 与 s 的夹角。由此引入向量的数量积。为了引入向量的数量积，先定义向量的夹角。从而实现由物理量理解相关数学内容。

在平面向量基本定理中，教科书联系力的分解引出平面向量基本定理，让学生回顾：通过作平行四边形可以将一个力分解为两个力。受此启发，如果 e_1，e_2 是同一平面内的两个不共线向量，a 是这个平面内与 e_1，e_2 都不共线的向量，那么可以通过作平行四边形将向量 a 按 e_1，e_2 的方向分解为两个向量。在平面向量的正交分解及坐标表示中，用斜面上木块所受重力的分解说明平面向量的正交分解。

四、注重数形结合，提升直观想象素养

《标准（2017 年版）》指出，在必修课程与选择性必修课程中，突出几何直观与代数运算之间的融合，即通过形与数的结合，感悟数学知识之间的关联，加强对数学整体性的理解。向量既是代数研究对象，也是几何研究对象。作为代数研究对象，向量可以运算，而且正是因为有了运算，向量的威力才得到充分的发挥。作为几何研究对

象，向量可以刻画几何元素（点、线、面），通过向量运算还可以描述几何元素之间的关系（如直线的垂直、平行等），解决长度等几何度量问题。为此，在全章的编写过程中注意体现数形结合。

例如，在向量的有关概念的内容中体现数形结合。在引入向量概念后，即借助有向线段建立向量的直观形象。在给出平行向量、相等向量、共线向量的概念时，都利用向量的几何表示刻画向量之间的关系。这样可以从直观上帮助学生认识这些概念。

对于向量的加法，我们在利用位移的合成、力的合成引入向量的加法法则时，利用了位移、力的图示，因而从直观上认识了向量加法的三角形法则与平行四边形法则。对于向量的减法，减去一个向量等于加上这个向量的相反向量，按此定义作出向量 a 与向量 b 的相反向量的和，由平行四边形的判定与性质得到向量减法的几何意义。向量的数乘运算通过借助几何直观探究相等向量的和的长度和方向引入。向量的夹角的概念借助向量的几何表示给出。

由向量夹角的概念给出向量垂直的概念。投影向量是与向量垂直有关的概念。如图 2，$\overrightarrow{OM}=a$，$\overrightarrow{ON}=b$。过点 M 作直线 ON 的垂线，垂足为 M_1，则 $a=\overrightarrow{OM_1}+\overrightarrow{M_1M}$，其中 $\overrightarrow{OM_1}$ 与 b 共线，$\overrightarrow{M_1M} \perp b$。因此有必要对 $\overrightarrow{OM_1}$ 进行研究。

一般地，如图 3，$\overrightarrow{AB}=a$，$\overrightarrow{CD}=b$，过 $\overrightarrow{AB}$ 的起点和终点 A，B 分别作 $\overrightarrow{CD}$ 所在直线的垂线，垂足分别为 A_1，B_1，得到 $\overrightarrow{A_1B_1}$，我们称上述变换为向量 a 向向量 b 投影，称 $\overrightarrow{A_1B_1}$ 为向量 a 在向量 b 上的投影向量。在图 2 中，由此定义可得，$\overrightarrow{OM_1}$ 为向量 a 在向量 b 上的投影向量。

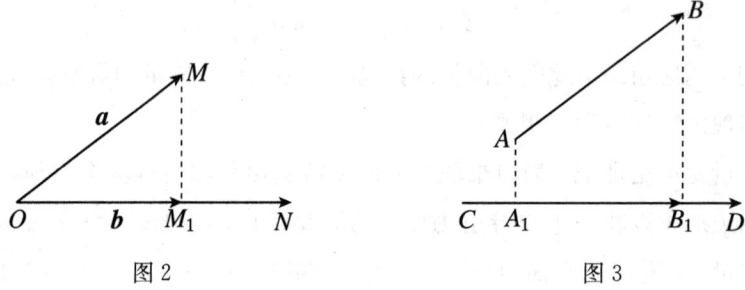

图 2　　　　　　　　图 3

在图 2 中，$\overrightarrow{OM_1}$ 与 b 共线，设与 b 方向相同的单位向量为 e，a 与 b 的夹角为 θ，当 θ 为锐角时，容易得到 $\overrightarrow{OM_1}=|a|\cos\theta e$，而 θ 的取值范围是 0 到 π，所以还要验证 θ 为直角、钝角以及 $\theta=0$，$\theta=\pi$ 时此式仍然成立，进而得到 $\overrightarrow{OM_1}$ 的明确表达式 $\overrightarrow{OM_1}=|a|\cos\theta e$。另一方面，由数量积的定义可以得到 $a\cdot e=|a|\cos\theta$，所以 $\overrightarrow{OM_1}=(a\cdot e)e$，此式揭示了投影向量与向量数量积的联系。在图 2 中，OM_1 是点 O 到直线 MM_1 的距离，而 $|\overrightarrow{OM_1}|=|a\cdot e|$，这是选择性必修课程中用向量方法推导点到直线的距离公式的依据。

证明运算性质则以实数运算性质和平面几何中的一些基本定理为基础，如用平行四边形的性质证明向量加法的交换律等。投影向量的性质与向量的数量积的运算律有联系。投影向量具有性质：和的投影向量等于投影向量的和。教科书在证明向量的数量积的分配律时，先证明了上述性质，然后结合投影向量的表达式推出了向量的数量积的分配律。

五、注重与数及其运算的类比，充分利用学生已有的学习经验

向量及其运算与数及其运算既有区别又有联系，在研究的思想方法上可以进行类比。这种类比可以打开学生讨论向量问题的思路，同时还能使向量学习找到合适的思维固着点。为此教科书在内容的展开上注意与数及其运算进行类比。

例如，在向量的概念引入时类比数，借助从一支笔、一棵树、一本书……中，可以抽象出只有大小的数量"1"说明，从力、位移、速度……这些量可以抽象出向量。

又如，在向量运算的内容中类比数的运算。在介绍向量加法的运算律时，提示学生数的学习经验：定义了一种运算，就要研究相应的运算律，从而引导学生研究向量加法的运算律。数的加法满足交换律与结合律，即两个数相加，交换加数的位置，和不变；三个数相加，先把前两个数相加，或者先把后两个数相加，和不变。由此类比数的加法的运算律让学生探究向量的加法是否也满足交换律与结合律。在介绍向量的减法时，类比数的减法定义向量的减法。数的减法是在相反数与加法法则的基础上定义的，即减去一个数等于加上这个数的相反数。类比数的减法，在向量的加法运算后，先引入相反向量的概念，然后类似地定义向量的减法。有了这个类比，学生可以从整体上把握建立向量的减法的过程。在数的运算中，下列结论成立：$(a+b)^2=a^2+2ab+b^2$，$(a+b)(a-b)=a^2-b^2$。教科书安排例题，让学生思考向量的数量积是否有类似的结论，并加以证明。

联系数及其运算有助于学生把握向量及其运算。在学完本章内容后，还要引导学生反思，重新概括研究思路，这样可以使学生体会数学中研究问题的思想方法，提升学生的数学思维水平。

再如，在向量的坐标表示中，先指出在平面直角坐标系中，每一个点都可用一对有序实数（即它的坐标）表示，然后让学生思考如何表示直角坐标平面内的一个向量，并得出向量的坐标表示，为实现向量的运算到数的运算打下基础。

上述安排力图使学生通过类比数及其运算获得研究向量及其运算的思路，学会发现问题、提出问题，进而分析问题、解决问题。这样既学到了新知识，又增强了获取知识的能力。

六、注重运用向量解决几何问题，提升数学运算素养

在最后一节安排平面几何中的向量方法、向量在物理中的应用以及余弦定理、正弦定理的内容。在介绍平面几何中的向量方法时，结合例题总结了用向量方法解决平面几何问题的"三步曲"。在介绍余弦定理、正弦定理时，指出了借助向量的运算探索三角形的边

长与角度的关系的思路与方法。

1. 平面几何中的向量方法

向量集数与形于一身,既有代数的抽象性又有几何的直观性,用它研究问题时可以实现形象思维与抽象思维的有机结合,因而向量方法是几何研究的一个有效的强有力工具。对于平面几何中的向量方法,让学生通过具体例子加以体会,在解决具体问题的基础上总结一般方法,并在一般方法指导下解决其他问题。教科书安排例1,引导学生体会通过建立向量及其运算与几何图形之间的关系,利用代数运算研究几何问题的基本思想。结合例1给出了解决平面几何问题的向量方法的步骤:

(1) 建立平面几何与向量的联系,用向量表示问题中涉及的几何元素,将平面几何问题转化为向量问题;

(2) 通过向量运算,研究几何元素之间的关系,如距离、夹角等问题;

(3) 把运算结果"翻译"成几何关系。

例2用向量方法证明平行四边形两条对角线的长度与两条邻边的长度的关系,体现向量的数量积在解决几何问题中的作用,让学生巩固解决平面几何问题的向量方法。

2. 用向量证明余弦定理、正弦定理

在初中,我们实现了对直角三角形的定性刻画与定量计算。例如,我们知道两条直角边分别相等的直角三角形全等。也就是说,对于一个直角三角形而言,两条直角边确定了,这个直角三角形的其他元素也就确定了。而且,我们可以利用勾股定理与锐角三角函数(直角三角形中的边角关系)求出斜边与两个锐角。在初中,我们实现了对三角形的定性刻画。例如,我们知道两条边和它们的夹角分别相等的两个三角形全等。也就是说,对于一个三角形而言,两条边和它们的夹角确定了,这个三角形的其他元素也就确定了。而要实现对三角形的定量计算,就要引进余弦定理、正弦定理(三角形中的边角关系)。

在本章中,利用向量的运算证明余弦定理、正弦定理。教科书注意引导学生分析如何借助向量的运算探索三角形边长与角度的关系。例如,余弦定理讨论的是已知两边及其夹角求第三边的问题,设 $\overrightarrow{CB}=a$,$\overrightarrow{CA}=b$,$\overrightarrow{AB}=c$(教科书图6.4-8),则向量 c 就可以用 a,b 表示,从而 c 的长度可以用 a,b 的长度及 a,b 的夹角的余弦表示,即第三边可以用已知两边及其夹角的余弦表示,得到余弦定理。通过上述证明过程让学生体会从形到向量,借助向量运算解决问题,从向量到形的"三步曲",培养学生利用向量运算解决问题的能力。

七、注重运用所学内容解决实际问题,提升数学建模素养

构建向量的运算体系及掌握解三角形后,引导学生应用向量及解三角形的知识解决物理问题、测量问题等,让学生在解决实际问题的过程中把握本章内容与实际的联系。

1. 运用向量解决实际问题

引入向量的概念后，安排分别用向量表示 A 地至 B，C 两地的位移的例题，让学生巩固向量的概念。

在向量加法运算中，安排求实际航行速度的例题。在这个例题中，利用勾股定理与锐角三角函数求出相关线段的长度与夹角，从而确定实际航行速度的大小与方向。

"向量在物理中的应用举例"的例 1 涉及力的分析。首先指出，在日常生活中，我们有这样的经验：两个人共提一个旅行包，夹角越大越费力；在单杠上做引体向上运动，两臂的夹角越小越省力。然后让学生从数学的角度解释这种现象。并以两人共提旅行包为例，研究清楚两个拉力的合力、旅行包所受的重力以及两个拉力的夹角三者之间的关系，从而获得问题的数学解释。

在用向量解决物理问题时，充分利用位移、速度、力等的图示，有助于探索和形成解题思路。

2. 运用余弦定理、正弦定理解决实际问题

如同用解直角三角形可以解决简单的实际问题一样，用余弦定理、正弦定理可以解决简单的实际问题。余弦定理、正弦定理是解三角形的依据，通过由已知元素定量计算其他元素把握三角形这个基本图形。而很多实际问题归于解三角形。余弦定理、正弦定理的应用的学习可以帮助学生提高解决实际问题的能力。

像解直角三角形一样，已知三角形的几个元素可以用余弦定理、正弦定理求出其他元素，即解三角形。解三角形有四种情形：已知三边；已知两边和它们的夹角；已知一边和两角；已知两边和其中一边的对角。利用余弦定理的推论可以直接解决第一种情形的问题，对于第二种情形的问题，利用余弦定理求出第三边，然后利用余弦定理的推论求出第二个角，最后由三角形内角和定理求出第三个角。对于第三种情形的问题，由三角形内角和定理求出第三个角，然后利用正弦定理求出另两边。对于第四种情形的问题，利用正弦定理求出两边中另一边的对角，然后由三角形内角和定理求出第三个角，最后利用正弦定理求出第三边。解决解三角形的这四种情形的问题为学生用解三角形解决实际问题奠定了基础。

在学生掌握解三角形后，教科书对运用解三角形解决实际问题进行了举例说明。让学生体会将实际问题转化为数学问题，解决数学问题，从而解决实际问题的过程。例如，在余弦定理、正弦定理应用举例的例 1 中，测量河对岸 A，B 两点的距离。如果只从 A，B 两点的对岸的一点测量，只能测得河对岸 A，B 两点对此点的视角，不能得到所求距离；如果再取一点，就得到一条基线，再借助测得的相关角，就可以利用余弦定理、正弦定理求得河对岸 A，B 两点的距离。形成一条基线与解三角形的已知元素中至少有一条边的要求相吻合。可以如下逐步呈现解决此问题的思考过程：

(1) 如图 4，在 A，B 两点的对岸取定一点 C，则在点 C 处只能测出 $\angle ACB$ 的大小，

因而无法解决问题，如果能算出 AC，BC，借助余弦定理就能算出 AB。

图 4　　　　　　　　　图 5

（2）为此，如图 5，可以再取一点 D，测出线段 CD 的长。如图 6，要求 AC，考虑 $\triangle ACD$，测得 $\angle ACD$ 与 $\angle ADC$，借助正弦定理算出 AC。同样地，如图 7，要求 BC，考虑 $\triangle BCD$，测得 $\angle BCD$ 与 $\angle BDC$，借助正弦定理算出 BC。

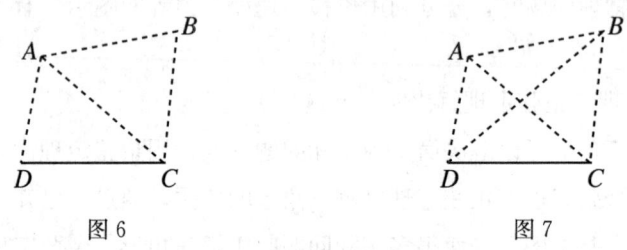

图 6　　　　　　　　　图 7

（3）如图 7，在 $\triangle ABC$ 中，借助余弦定理算出 AB。

这样加强解题思路的分析，有助于提高学生分析问题的能力。

八、注重介绍与本章相关的数学文化内容，拓宽对本章内容的理解

《标准（实验）》指出了在高中阶段介绍数学文化的意义："数学是人类文化的重要组成部分。数学是人类社会进步的产物，也是社会发展的动力。通过在高中阶段数学文化的学习，学生将初步了解数学科学与人类社会发展之间的相互作用，体会数学的科学价值、应用价值、人文价值，开阔视野，寻求数学进步的历史轨迹，激发对于数学创新原动力的认识，受到优秀文化的熏陶，领会数学的美学价值，从而提高自身的文化素养和创新意识。"[4]

《标准（2017 年版）》对于数学文化内容的设计是，将数学文化融入课程内容。本章安排的两个选学材料"阅读与思考　向量及向量符号的由来""阅读与思考　海伦和秦九韶"都与数学文化有关。

向量是近代数学中重要和基本的概念之一。"阅读与思考　向量及向量符号的由来"提供了向量形成与发展的历史资料，介绍了向量发展的过程、重要结果、主要人物、关键事件及其对人类文明的贡献。从而使学生了解向量的发展历程，感受向量的思想方法，了

解向量的广泛应用。

已知三角形的三边可以直接求出三角形的面积。"阅读与思考　海伦和秦九韶"介绍了海伦和秦九韶对这个数学成果的贡献。从而使学生了解相关的数学历史，感受两位数学家的研究历程，了解这个数学成果的重要意义。

上述两个选学材料的学习，可以帮助学生了解本章相关的数学文化内容，感受历史事件与历史人物，进一步理解本章内容。

参考文献

[1] 史宁中. 数形结合与数学模型——高中数学教学中的核心问题 [M]. 北京：高等教育出版社，2018：51.

[2] 中华人民共和国教育部. 普通高中数学课程标准（2017年版）[S]. 北京：人民教育出版社，2018.

[3] 人民教育出版社中学数学室. 全日制普通高级中学（必修）数学第二册（下B）教师教学用书 [M]. 北京：人民教育出版社，2006：3.

[4] 中华人民共和国教育部. 普通高中数学课程标准（实验）[S]. 北京：人民教育出版社，2003.

（执笔人：薛彬，人民教育出版社课程教材研究所）

第七章
复　　数

中学阶段的数系经历了整数—分数（有理数）—实数的不断扩充的过程，复数的引入是数系的又一次扩充，也是中学阶段数系的最后一次扩充。在保持实数系的运算律的前提下，没有比复数系更大的数系了。在复数的教科书编写和教学中应充分考虑学生已有的数系扩充经验，特别是类比从有理数扩充到实数的过程，强调扩充后的数系与实数系中的运算协调一致，且保持运算律不变；类比实数的表示和运算，研究复数的表示和运算，强调复数的表示和运算的几何意义，体现形与数的融合。通过本章学习，可以提升学生的数学运算、直观想象和逻辑推理等素养。

一、理解本章核心内容，认识其育人价值

1. 对本章核心内容的理解与育人价值的认识

按照公理化体系，数系的扩充包括两个方面，一是组成数系的数集在原有数集的基础上进行扩大，二是研究扩大后的新数系中的运算及运算律，通常应使扩充后的新数系与原数系中的运算协调一致，且保持运算律不变。如果基于复数的公理化体系，可以直接从实数集 **R** 出发，首先引入一个更大的数集 $\mathbf{C}=\{a+bi,a,b\in \mathbf{R}\}$，然后在数集 **C** 中定义加法、乘法，使这些运算与实数集中的运算协调一致，即它们限制在实数集中时，就是实数集中的相应运算，并且实数集中的加法、乘法的运算律在复数集中仍然成立；在此基础上研究加法、乘法的逆运算——减法、除法。这样，就能把实数系扩充成复数系。

然而，上述基于复数的公理化体系扩充数系的方式产生了两个主要问题，一是学生难以理解为什么要扩充实数系，即缺乏对扩充数系必要性的认识；二是扩充后的复数系能解决哪些问题，给我们带来了什么便利。这直接导致扩充数系的内容失去了应有的育人功能。事实上，代数的基础是数系，由于解代数方程的需要引入了复数，因此引入复数在数学中有着很重要的意义。概要地说，一是，这种扩充解决了实数系对算术运算来说是封闭的，但对于代数运算则是不够完全的问题，例如，像 $x^2+1=0$ 这样简单多项式方程（代数方程）在实数系中没有根，而在复数系中，任何一个一元 n（$n\in \mathbf{N}^*$）次复系数多项式方程 $f(x)=0$ 至少有一个复数根，这就是代数基本定理；二是，复数与平面向量、平面

解析几何、三角函数等都有密切的联系，这种联系的突出表现形式莫过于奇妙的欧拉公式 $e^{ix} = \cos x + i\sin x$，借助它我们可以认识初等分析中出现的种种函数（指数函数（进而对数函数）与三角函数）之间的关系[1]，它把向量、三角等貌似互不相干的数学分支紧密联系起来，也是进一步学习数学的基础，复数系的引入为研究复变函数、幂级数、三角函数奠定了基础。

复数系的引入，对其他学科的研究也起到了推动作用。我们知道，复数本质上是一对有序数组 (a, b)，两个复数的和

$$(a+bi)+(c+di)=(a+c)+(b+d)i$$

在几何上由表示两个被加项的向量作成的平行四边形的对角线来表示（图1），因此复数是按照力学、物理学中出现的向量：力、速度、加速度等相加的规律来相加的，这就使我们有理由认为复数不仅具有单纯的数学形式推广的意义，而且还可以表示实实在在的物理量[2]。

复数在流体力学、机翼理论、电学及其他学科中都有广泛的应用[2]。

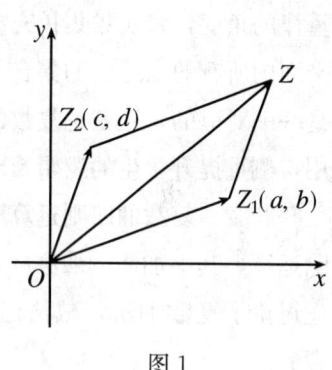

图 1

因此，要全面发挥复数的育人价值和功能，就应当交代清楚复数产生的来龙去脉、其与方程的关系，并讲清楚其扩充过程与方法，展现理性思维力量，这对培养学生逻辑推理能力，乃至培养他们在探索真理过程中的不屈不挠的精神非常重要。

2. 对本章重、难点内容的认识

数系通常包括两个要素，一是组成数系的数，二是数系中的运算及运算律；另外，数系的扩充过程也很关键。因此，本章的重点是：数系的扩充过程，复数的代数形式及其几何意义，复数的加、减、乘、除四则运算，复数加、减运算的几何意义。特别需要指出的是，复数的三角表示将复数、平面向量和三角函数三者紧密相连，这种形式在复数体系中乃至整个数学中具有极为重要的地位，但鉴于《标准（2017年版）》将其定位为选学内容，不作为考试要求[3]，因此不将它作为本章的教学重点。但我们建议一旦选学复数的三角表示，也应将复数的三角表示式、复数乘、除运算的三角表示及其几何意义列为本章的教学重点。

由于学生不太了解数系扩充的"规则"，也不适应复数代数形式是两项的和，因而复数的引入是本章的一个难点；借助已学的数系扩充的经验，特别是从有理数系扩充到实数系的经验，梳理其扩充过程中体现的"规则"，在这些"规则"的引导下进行从实数系到复数系的扩充是突破这个难点的关键。复数的三角表示式与复数的向量表示、三角函数有很强的关联性，其形式也比较复杂，因此复数的三角表示也是本章的一个难点；充分注意复数本质上是一对有序实数，进而从复数的向量表示出发，并突出复数与向量、三角函数

和几何之间的联系,是突破这个难点的关键。

二、把握内容与要求,构建本章的整体架构

复数是一类重要的运算对象,有广泛的应用。本章通过方程求解,帮助学生理解引入复数的必要性,了解复数系的扩充过程;掌握复数的表示、运算及其几何意义,体会数系扩充过程中理性思维的作用。

"7.1 复数的概念",从解方程的角度引发数系扩充的必要性,并引入虚数单位 i;进而类比由有理数集扩充到实数集的过程,从可以像实数一样进行加法、乘法运算并保持运算律的角度,将实数集扩充成复数集。复数本质上是一对有序实数,因此复数集 C 与复平面内所有的点组成的集合是一一对应的,与复平面内以原点为起点的向量组成的集合也是一一对应的,这就是复数的两种几何意义。本节内容是整章的基础知识,具有奠基性作用,侧重提升学生的逻辑推理、直观想象素养。

"7.2 复数的四则运算",讨论复数集中的四则运算问题,即研究复数的加、减、乘、除运算,其中加法、乘法运算是核心,减法、除法运算分别是它们的逆运算。除此之外,还讨论了复数加法、减法运算的几何意义。本节侧重提升学生的数学运算、直观想象素养。

"7.3 复数的三角表示",从复数的向量表示出发,结合三角函数知识,得到复数的另一种重要表示形式——三角表示,进而研究复数乘、除运算的三角表示及其几何意义。复数乘、除运算的三角表示形式简洁,在很多情况下可以简化复数的乘、除运算;其几何意义就是平面向量的旋转、伸缩,因此,可以方便地解决很多平面向量和平面几何问题。本节侧重提升学生的直观想象、逻辑推理和数学运算素养。

按照上述内容安排,本章的知识结构框图如下:

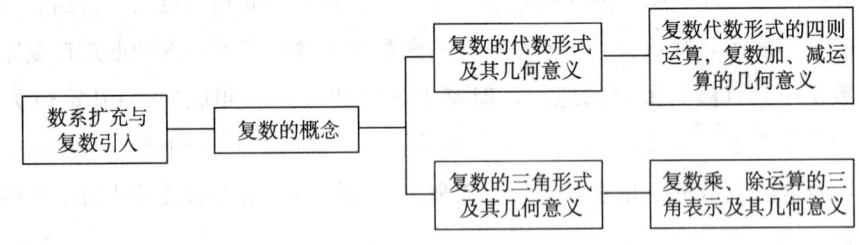

三、充分体现数系的扩充过程

1. 注重在"规则"的引导下扩充数系

扩充数系不能盲目进行,必须有一定之规。在义务教育阶段,学生经历了将数系从自然数系逐步扩充到实数系的系列过程,但当时考虑到学生在义务教育阶段的认知基础和认知能力,并未强调数系扩充中的一些"规则",因而他们对数系扩充"规则"的认识比较

肤浅，甚至不甚了解。因此，本章特别注意引导学生梳理已学的从自然数系逐步扩充到实数系的过程与方法，尤其是注重梳理从有理数系扩充到实数系时体现的"规则"，即：

数集扩充后，在实数集中规定的加法运算、乘法运算，与原来在有理数集中规定的加法运算、乘法运算协调一致，并且加法和乘法都满足交换律和结合律，乘法对加法满足分配律。

进而类比从有理数系扩充到实数系的过程和方法，从使得方程 $x^2+1=0$ 有解的想法出发，利用这些"规则"，对实数系进行进一步扩充，引入复数集。具体地，首先引入虚数单位"i"：

依照这种思想，为了解决 $x^2+1=0$ 这样的方程在实数系中无解的问题，我们设想引入一个新数 i，使得 $x=i$ 是方程 $x^2+1=0$ 的解，即使得 $i^2=-1$。

进而设置一个"思考"栏目：

把新引进的数 i 添加到实数集中，我们希望数 i 和实数之间仍然能像实数那样进行加法和乘法运算，并希望加法和乘法都满足交换律、结合律，以及乘法对加法满足分配律。那么，实数系经过扩充后，得到的新数系由哪些数组成呢？

依照对数系扩充"规则"的设想，"把实数 b 与 i 相乘，结果记作 bi；把实数 a 与实数 bi 相加，结果记作 $a+bi$。注意到所有实数以及 i 都可以写成 $a+bi$ ($a, b \in \mathbf{R}$) 的形式，从而这些数都在扩充后的新数集中。"这个新数集 $\mathbf{C}=\{a+bi | a, b \in \mathbf{R}\}$ 就是复数集。

最后，在复数集中引入四则运算，从而将实数系扩充到复数系。

通过上述在"规则"的引导下将实数系扩充到复数系的过程，体现数系扩充过程中理性思维的作用，有助于提升学生的逻辑推理素养。

2. 对"规则"的适度性的思考

在将实数系扩充到复数系的过程中，教师应了解扩充数系的"规则"既具有一般性，又有一定的局限性。

一方面，在从自然数系逐步扩充到复数系的过程中，每次扩充数系时，新数系中的加法、乘法运算与原数系中的相应运算相容，并保持运算律，它们是这些扩充数系过程中的共性规律——扩充数系的"规则"。

另一方面，上述扩充数系的"规则"有着一定的局限性。一是新数系中的加法、乘法运算各自都具有不同于原数系中相应运算的一些特征，并且每次扩充时的特征也不尽相同。例如，把整数系扩充到有理数系时，有理数中两个分数（将整数看成分母为 1 的分数）的加法运算是：同分母分数相加，分母不变，把分子相加；异分母分数相加，先通分，化为同分母的分数，再相加；而整数系中两个整数相加就是"累积计数"。可见，有理数系和整数系中的加法运算特征不尽相同。而把有理数系扩充到实数系时，实数系中两个不全是有理数的加法运算就是"合并同类项"，可见，实数系和有理数系中的加法运算特征也不尽相同,并且上述两次数系扩充中加法"新增的"的特征也不相同。二是按照从自然数系逐步扩充到复数系的"规则",就无法继续扩充复数系了,要继续扩充复数系,必须对"规则"进行适当限制,例如,将复数系扩充为四元数域时,就要放弃实数系中乘法运算的交换律。因此,扩充数系的"规则"具有一定的局限性。

教学中,既要考虑数系扩充"规则"在中学阶段的普适性,充分重视在"规则"的引导下将实数系扩充到复数系;又要注意其局限性,把握好"规则"的适用度,切不可盲目地一般化,应避免将中学阶段扩充数系的"规则"拔高为"公理"。

四、结合解方程,初步体现复数的来龙去脉

复数的引入与解方程密切相关,复数本身也应用于解方程中,所以教科书努力较为完整地体现这两个方面。

我们把一个数集连同规定的运算以及满足的运算律叫做一个数系。教学中,可以引导学生回顾从自然数系逐步到实数系的扩充过程,思考每一次数系扩充的主要原因是什么,分别解决了什么实际问题和数学问题,并结合下面的方程,从解方程的角度加以说明。

(1) 在自然数集中求方程 $x+1=0$ 的解;

(2) 在整数集中求方程 $2x-1=0$ 的解;

(3) 在有理数集中求方程 $x^2-2=0$ 的解。

事实上,从社会实践来看,数系的扩充是为了满足生活和生产实践的需要。计数的需要产生了自然数,有了自然数系;自然数系中不能刻画具有相反意义的量,于是引入了负整数,将自然数系扩充到了整数系;整数系中不能解决测量中的一些等分问题,于是引入了分数,将整数系扩充到了有理数系;有理数系中无法解决正方形对角线长的度量等问题,于是引入了无理数,这样便将有理数系扩充到了实数系。从数学发展本身来看,数系的扩充也是数学本身发展的需要。方程 $x+1=0$ 在自然数集 **N** 内无解,引入负整数后,它在整数集 **Z** 内便有解 $x=-1$;方程 $2x-1=0$ 在整数集 **Z** 内无解,引入分数后,它在有理数集 **Q** 内便有解 $x=\frac{1}{2}$;方程 $x^2-2=0$ 在有理数集 **Q** 内无解,引入无理数后,它在实数集 **R** 内便有解 $x=\sqrt{2}$。

在数学史上,发现复数问题始于古希腊丢番图时代人们求解一元二次方程,但人们一直不承认复数,到 1545 年,意大利数学家卡尔丹在他出版的《重要的艺术》中,求解某些一元三次方程时再也无法回避虚数问题,这才迫使人们认真对待复数,直到 18 世纪末韦塞尔给出复数的几何表示,人们才开始逐渐接受复数[4]。教学中可以参考这些数学史实,并根据学生的认知基础,采用适当的方式,介绍实系数一元三次方程的求根公式,以及用求根公式和因式分解两种方法,求解一些特殊的实系数一元三次方程,以引起学生的认知冲突,引入复数。例如,求解 $x^3=15x+4$,可以利用一元三次方程的求根公式得到

它的三个根 $x=-2\pm\sqrt{3}$ 或 $x=\sqrt[3]{2+\sqrt{-121}}+\sqrt[3]{2-\sqrt{-121}}$；也可以利用因式分解法，将原方程化为 $(x-4)(x^2+4x+1)=0$，从而得到方程的三个根 $x_1=4$，$x_2=-2+\sqrt{3}$，$x_3=-2-\sqrt{3}$，于是 $\sqrt[3]{2+\sqrt{-121}}+\sqrt[3]{2-\sqrt{-121}}=4$，从而 $\sqrt{-121}$ 应该是有意义的。但是，在初中阶段学生已经知道负数不能开平方，这样就引起了学生的认知冲突，为"自然地"引入复数做好了铺垫。

通过这样的教学过程，让学生了解历史上引入复数的漫长而曲折的过程，感受这个过程中数学家的丰富、深邃的想象力和创造力，以及不屈不挠、精益求精的精神，进而更加深刻地体会引入复数的必要性以及数学中理性精神的光辉。

考虑到学生的认知基础，以及中学实际上不要求解一元三次方程，因此，教科书作了变通处理，以解一元二次方程为切入点，重点讨论实系数一元二次方程 $ax^2+bx+c=0$（$\Delta=b^2-4ac<0$），并将其化归为方程 $x^2+1=0$，进而扩大实数集，引入复数使得方程有解，体现数系扩充的必要性。具体地，首先在章引言中提出有关问题：

我们知道，对于实系数一元二次方程 $ax^2+bx+c=0$，当 $\Delta=b^2-4ac<0$ 时没有实数根。因此，在研究代数方程的过程中，如果限于实数集，有些问题就无法解决。

接着，在节引言中指出扩大实数集使得上述方程有解的思路：

在解决求判别式小于 0 的实系数一元二次方程根的问题时，一个自然的想法是，能否像引进无理数而把有理数集扩充到实数集那样，通过引进新的数而使实数集得到扩充，从而使方程变得可解呢？复数概念的引入与这种想法直接相关。

进而将实系数一元二次方程 $ax^2+bx+c=0$（$\Delta=b^2-4ac<0$）有没有解，化归为方程 $x^2+a=0$（$a>0$）有没有解，并进一步归结为方程 $x^2+1=0$ 有没有解。

最后，在数系扩充"规则"的引导下，解决"探究"中提出的问题：

我们知道，方程 $x^2+1=0$ 在实数集中无解。联系从自然数集到实数集的扩充过程，你能给出一种方法，适当扩充实数集，使这个方程有解吗？

进而引入复数，将实数集扩充到复数集 **C**，使得方程 $x^2+1=0$ 在新数集 **C** 中有解。

另一方面，在研究复数的四则运算完成复数系扩充后，教科书充分考虑学生已有的复数基础，结合一个具体的例题：

"在复数范围内解下列方程：

(1) $x^2+2=0$；

(2) $ax^2+bx+c=0$，其中 a，b，$c\in\mathbf{R}$，且 $a\neq 0$，$\Delta=b^2-4ac<0$。"

采用"混而不错"的方式，默认一元二次方程 $x^2+2=0$ 及其一般形式 $x^2+a=0$（$a>0$）的根不能超过两个这个直观事实，利用求解一元二次方程的"基本方法"——配方法，从特殊到一般，在复数范围内"解"实系数一元二次方程，给出求根公式：

当 $\Delta\geqslant 0$ 时，$x=\dfrac{-b\pm\sqrt{b^2-4ac}}{2a}$；

当 $\Delta<0$ 时，$x=-\dfrac{b}{2a}\pm\dfrac{\sqrt{-(b^2-4ac)}}{2a}\mathrm{i}$。

从而"彻底地"解决了实系数一元二次方程的求解问题。

进一步地，教科书通过一个阅读材料"阅读与思考　代数基本定理"，介绍一般的复系数一元多项式方程的解，给出代数基本定理

"任何一元 n（$n\in\mathbf{N}^*$）次复系数多项式 $f(x)$ 至少有一个复数根。"

及其等价形式

"任何一元 n（$n\in\mathbf{N}^*$）次复系数多项式 $f(x)$ 在复数集中可以分解为 n 个一次因式的乘积。进而，一元 n 次多项式方程有 n 个复数根（重根按重数计）。"

这实际上就是点出复数系是代数闭域，从解方程的角度进一步凸显复数系的重要价值。

总之，教科书通过"完整地"介绍解方程的过程，尤其是解实系数一元二次方程的过程，让学生从一个侧面对复数的来龙去脉有个初步了解，有助于他们加深对引入复数的必要性和重要性的理解，也提升了他们学习复数的兴趣。

五、突出复数的表示和运算的几何意义，体现形与数的融合

突出复数的表示和运算的几何意义，即从几何的角度认识、理解复数及其运算，是贯穿本章的一条主线。这也是"几何与代数"主题的一条主线。

1. 突出复数代数表示的几何意义

在引入复数的代数形式时，教科书从复数 $z=a+bi$（$a, b\in\mathbf{R}$）本质上是一对有序实数对 (a, b) 出发，基于有序实数对可以看成平面直角坐标系中点的坐标，得到复数集 $\mathbf{C}$ 与复平面内所有的点组成的集合是一一对应的；基于有序实数对也可以看成平面直角坐标系中向量的坐标，得到复数集 $\mathbf{C}$ 与复平面内以原点为起点的向量组成的集合也是一一对应。这样，得到复数的两种几何意义，即任意一个复数 $z=a+bi$ 与复平面内的一点 $Z(a, b)$ 对应，复平面内任意一点 $Z(a, b)$ 又可以与以原点为起点、点 $Z(a, b)$ 为终点的向量 $\overrightarrow{OZ}$ 对应。这些对应都是一一对应，即：

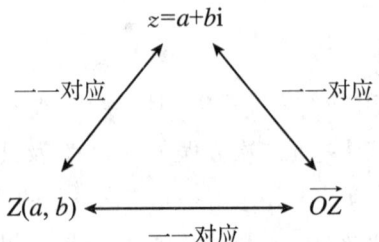

这样，我们在讨论复数的运算、性质和应用时，就可以在复平面内综合运用代数法、坐标法和向量方法来解决问题。

2. 突出复数三角表示的几何意义

在引入复数的三角形式时，教科书从复数的向量表示出发，特别注意形与数的融合。具体地，重点引导学生思考如下问题：

如图 2，复数 $z=a+bi$ 与向量 $\overrightarrow{OZ}=(a,b)$ 一一对应，复数 z 由向量 $\overrightarrow{OZ}$ 的坐标 (a,b) 唯一确定。我们知道向量也可以由它的大小和方向唯一确定，那么能否借助向量的大小和方向这两个要素来表示复数呢？如何表示？

进而从几何的角度得出"向量的大小可以用模来刻画""借助以 x 轴的非负半轴为始边，以向量 $\overrightarrow{OZ}$ 所在射线（射线 OZ）为终边的角 θ 来刻画 $\overrightarrow{OZ}$ 的方向"。再利用三角函数知识，用向量 $\overrightarrow{OZ}$ 的模和角 θ 来表示复数 z，得到复数的三角形式 $z=r(\cos\theta+i\sin\theta)$。

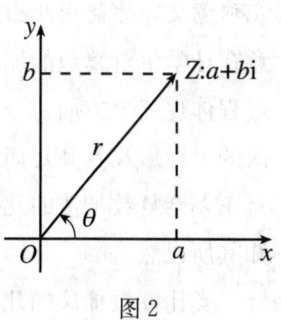

图 2

另外，教科书在将复数的代数形式化为三角形式时，也特别注重利用复数的几何意义。

将复数的代数形式化为三角形式时，从复数三角形式的概念出发，关键是确定两个要素，一是复数的模，二是复数的辐角。复数 $z=a+bi$ 的模可直接利用公式 $r=\sqrt{a^2+b^2}$ 求出；复数的辐角，可以利用 $\cos\theta=\dfrac{a}{r}$，先求出 $\cos\theta$，再根据复数的几何意义，由复数 $z=a+bi$ 对应点的坐标 $Z(a,b)$，确定辐角 θ 的终边所在的象限，进而求出复数的一个辐角 θ。

教科书通过实例加以示范。例如，将复数 $\dfrac{1}{2}+\dfrac{\sqrt{3}}{2}i$ 表示成三角形式时，通常先画出它所对应的向量（图 3），进而计算出

$$r=\sqrt{\left(\dfrac{1}{2}\right)^2+\left(\dfrac{\sqrt{3}}{2}\right)^2}=1,\ \cos\theta=\dfrac{1}{2}。$$

再利用复数的几何意义，即与 $\dfrac{1}{2}+\dfrac{\sqrt{3}}{2}i$ 对应的点在第一象限，得到辐角的主值 $\arg\left(\dfrac{1}{2}+\dfrac{\sqrt{3}}{2}i\right)=\dfrac{\pi}{3}$。从而得到复数 $\dfrac{1}{2}+\dfrac{\sqrt{3}}{2}i$ 的三角形式为 $\cos\dfrac{\pi}{3}+i\sin\dfrac{\pi}{3}$。

图 3

3. 突出复数加减运算的几何意义

从复数的运算看，复数代数形式的加、减运算的几何意义，就是相应平面向量的加、

减运算。在研究复数的加减运算时，教科书特别强调它们的几何意义。

在研究复数加法的几何意义时，教科书设置了一个"探究"栏目：

我们知道，复数与复平面内以原点为起点的向量一一对应。而我们讨论过向量加法的几何意义，你能由此出发讨论复数加法的几何意义吗？

意在让学生对复数的加法与向量的加法是怎样联系起来并得到统一的过程作出探究，探究过程体现三个方面：一是复数与复平面内以原点为起点的平面向量一一对应；二是向量加法的坐标形式及其几何意义；三是复数的加法法则。这样学生的思路就能清晰连贯，进而真正领会复数加法的几何意义就是复数的加法可以按照向量的加法来进行（图 4），做到知其所以然。

类比复数加法的几何意义，容易得到复数减法的几何意义，即复数的减法可以按照向量的减法来进行，如图 5 所示。

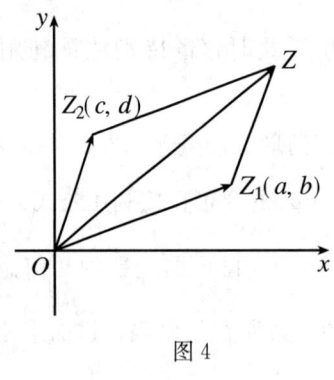

图 4

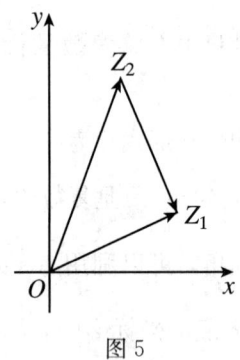

图 5

4. 突出复数乘除运算的几何意义

对于复数的乘、除运算，教科书充分利用它们的三角表示，建立这些运算与平面向量的旋转、伸缩之间的联系。具体地，对于复数的乘法运算，由

$$z_1 z_2 = r_1(\cos\theta_1 + i\sin\theta_1) \cdot r_2(\cos\theta_2 + i\sin\theta_2)$$
$$= r_1 r_2 [\cos(\theta_1 + \theta_2) + i\sin(\theta_1 + \theta_2)],$$

引导学生得到：

两个复数 z_1，z_2 相乘时，可以像图 6 那样，先分别画出与 z_1，z_2 对应的向量 $\overrightarrow{OZ_1}$，$\overrightarrow{OZ_2}$，然后把向量 $\overrightarrow{OZ_1}$ 绕点 O 按逆时针方向旋转角 θ_2（如果 $\theta_2 < 0$，就要把 $\overrightarrow{OZ_1}$ 绕点 O 按顺时针方向旋转角 $|\theta_2|$），再把它的模变为原来的 r_2 倍，得到向量 $\overrightarrow{OZ}$，$\overrightarrow{OZ}$ 表示的复数就是积 $z_1 z_2$。

对于复数除法运算的三角表示，教科书从复数除法运算是乘法运算的逆运算出发，由复数乘法运算的三角表示，利用"配凑"的方法得到复数除法运算的三角表示：

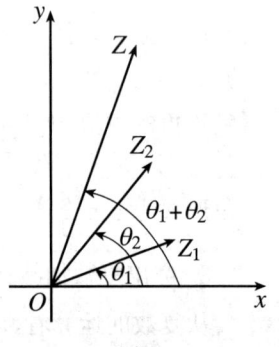

图 6

$$\frac{z_1}{z_2}=\frac{r_1}{r_2}[\cos(\theta_1-\theta_2)+\mathrm{i}\sin(\theta_1-\theta_2)].$$

进而类比复数乘法运算的三角表示的几何意义,可以得到复数除法运算三角表示的几何意义:两个复数 z_1, z_2 相除时,可以像图 7 那样,先画出分别与 z_1, z_2 对应的向量 $\overrightarrow{OZ_1}$, $\overrightarrow{OZ_2}$,然后把向量 $\overrightarrow{OZ_1}$ 绕点 O 按顺时针方向旋转角 θ_2(如果 $\theta_2<0$,则把 $\overrightarrow{OZ_1}$ 绕点 O 按逆时针方向旋转角 $|\theta_2|$),再把它的模变为原来的 $\frac{1}{r_2}$,得到向量 $\overrightarrow{OZ}$,$\overrightarrow{OZ}$ 表示的复数就是商 $\frac{z_1}{z_2}$。

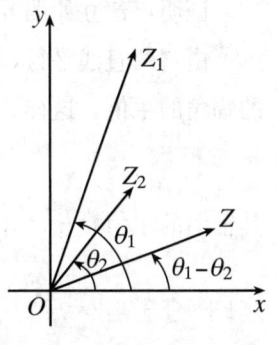

图 7

与代数形式的乘法运算法则相比,复数乘法运算的三角表示非常简洁。并且复数的乘、除运算可以看作向量的旋转和伸缩,从而既可以从"形"的角度理解复数的运算,也为把某些几何问题转化为代数问题来解决提供了工具,这种转化的思想在分析问题和解决问题中经常用到,教科书中注意引导学生加以体会。

例如,对于学生熟悉的代数运算 $\mathrm{i}^2=-1$ 和 $(-1)^2=1$,可以借助复数乘法的三角表示及其几何意义,从几何的角度进一步加深认识。事实上,由 $\mathrm{i}^2=\mathrm{i}\cdot\mathrm{i}=\mathrm{i}\cdot\left(\cos\frac{\pi}{2}+\mathrm{i}\sin\frac{\pi}{2}\right)=\left(\cos\frac{\pi}{2}+\mathrm{i}\sin\frac{\pi}{2}\right)\cdot\left(\cos\frac{\pi}{2}+\mathrm{i}\sin\frac{\pi}{2}\right)=\cos\pi+\mathrm{i}\sin\pi=-1$,可得 $\mathrm{i}^2=-1$ 的几何意义是"将 i 对应的向量绕点 O 按逆时针方向旋转 $\frac{\pi}{2}$,得到 -1 对应的向量"。同样,由 $(-1)^2=(-1)\cdot(-1)=(-1)\cdot(\cos\pi+\mathrm{i}\sin\pi)=(\cos\pi+\mathrm{i}\sin\pi)\cdot(\cos\pi+\mathrm{i}\sin\pi)=\cos2\pi+\mathrm{i}\sin2\pi=1$,可得 $(-1)^2=1$ 的几何意义是"将 -1 对应的向量绕点 O 按逆时针方向旋转 π,得到 1 对应的向量"。

又如,教科书在习题中配置了这样一题:

如图 8,已知平面内并列的三个全等的正方形,利用复数证明

$$\angle 1+\angle 2+\angle 3=\frac{\pi}{2}。$$

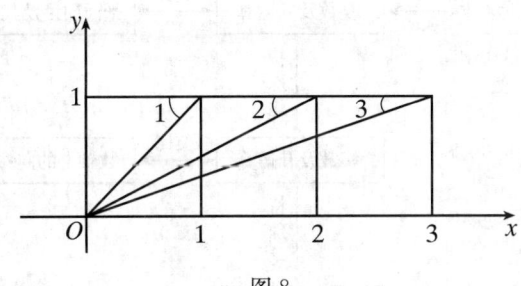

图 8

利用复数三角形式及其乘除运算的几何意义,可以将这个几何问题转化为代数问题加以解决。具体过程如下:

证明:建立如图 8 所示的平面直角坐标系,确定复平面。

由"两直线平行,内错角相等"可知∠1,∠2,∠3 分别等于复数 1+i,2+i,3+i 的辐角的主值,这样∠1+∠2+∠3 就是 (1+i)(2+i)(3+i) 的辐角。而
$$(1+i)(2+i)(3+i)=(1+3i)(3+i)=10i,$$

其辐角的主值是 $\frac{\pi}{2}$,并且∠1,∠2,∠3 都是锐角,于是 $0<\angle 1+\angle 2+\angle 3<\frac{3\pi}{2}$,所以 $\angle 1+\angle 2+\angle 3=\frac{\pi}{2}$。

复数的代数表示、三角表示及其运算都具有明显的几何意义,注重在本章的所有关键点上强化数形结合,有助于学生深刻地认识、理解复数的表示与运算,提升他们的直观想象素养。

六、加强复数与相关知识的联系

"联系性"是本章的一条思想方法主线,本章把加强复数与实数、平面向量、三角函数之间的联系贯穿始终。

本章注意复数与实数的联系,复数及其代数形式的加法、减法、乘法运算与多项式及其加法、减法、乘法运算的联系,注意复数及其代数形式的加、减运算与平面向量及其加、减运算的联系,并特别强调复数的三角形式及其乘、除运算与平面向量、三角函数的联系[5][6]。例如,教科书在给出复数的加法法则后,指出其与多项式加法、向量加法的联系:"两个复数相加,类似于两个多项式相加","复数的加法可以按照向量的加法来进行"。

在给出复数的乘法法则后,指出其与多项式乘法的联系:

"可以看出,两个复数相乘,类似于两个多项式相乘,只要在所得的结果中把 i^2 换成 -1,并且把实部与虚部分别合并即可。"

在本章中,复数与相关领域知识之间的联系可以用以下框图直观表示:

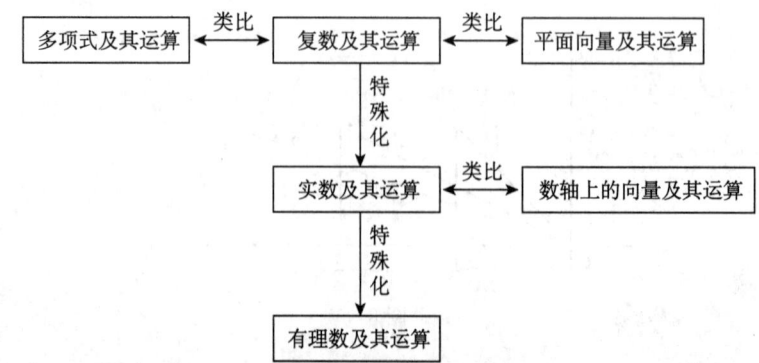

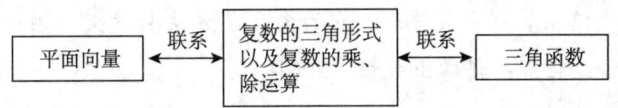

七、加强运算训练，提升学生的数学运算素养

"运算"是贯穿本章的一条主线。复数属于代数领域，与中学阶段的其他代数内容一样，它肩负着培养学生的运算能力的重任。本章中的运算主要包括复数代数表示式的四则运算、复数三角形式与代数形式的互化以及复数三角形式的乘除运算等，教学时应加强这些运算的训练，不断提升学生的数学运算素养。

八、把握好复数的三角表示的教学要求

按照《标准（2017年版）》的内容设置，教科书第 7.3 节安排了复数的三角表示式以及复数乘、除运算的三角表示和几何意义。复数的三角表示是复数的一种重要表示形式，它沟通了复数与平面向量、三角函数等数学分支之间的联系，可以帮助我们进一步认识复数，也为解决平面向量、三角函数和一些平面几何问题提供了一种重要途径，进一步地，还为今后在大学期间进一步学习复数的指数形式、复变函数论、解析数论等高等数学知识奠定基础，可见本节知识起着承前启后的作用。

《标准（2017年版）》将复数的三角表示定位为选学内容，但同时和必修内容一样也为其设置了足够的课时。再考虑到复数的三角表示架起了复数、向量和三角函数联系的桥梁，既可以简化某些复数的乘、除运算，又可以方便地解决很多平面向量、平面几何及三角公式的推导问题。因此从重要性和教学的可行性出发，建议按必修内容对待复数的三角表示，力争所有学生都必选。而且按照我国目前大学课程的设置，一旦学生在中学阶段不抓住机会学习复数三角表示的基础知识，他们进入大学后就没有机会学习这部分内容了。在教学中，应在加强复数与代数、向量、三角和几何的联系性上发力，使学生通过复数的三角表示的学习，在直观想象、逻辑推理和数学运算素养方面得到真正提升。

参考文献

[1] F. 克莱因. 高观点下的初等数学：第一卷 [M]. 舒湘芹，等，译. 上海：复旦大学出版社，1989：80-81.

[2] A. D. 亚历山大洛夫，等. 数学——它的内容，方法和意义：第二卷 [M]. 秦元勋，王光寅，等，译. 北京：科学出版社，2001：178-179，191-201.

[3] 中华人民共和国教育部. 普通高中数学课程标准（2017年版）[S]. 北京：人民教育出版社，2018.

[4] A. D. 亚历山大洛夫,等. 数学——它的内容,方法和意义:第一卷[M]. 秦元勋,王光寅,等,译. 北京:科学出版社,2001:5.
[5] 齐民友. 三角函数 向量 复数[J]. 数学通报,2007,46(10):1-7.
[6] 齐民友. 三角函数 向量 复数(续)[J]. 数学通报,2007,46(11):1-8.

(执笔人:李龙才,人民教育出版社课程教材研究所)

第八章
立体几何初步

立体几何研究现实世界中物体的形状、大小与位置关系。21世纪初，在1997年版教科书利用空间向量处理立体几何内容的"9B"实验的基础上，《标准（实验）》将立体几何内容分为两部分：必修的"立体几何初步"和选修2-1（理科选修）的"空间向量与立体几何"。[1]《标准（2017年版）》基本延续了这一做法，只不过将"空间向量与立体几何"作为选择性必修的内容。对于"立体几何初步"，《标准（2017年版）》要求从对空间几何体的整体观察入手，认识空间图形，了解一些简单几何体的表面积与体积的计算方法；以长方体为载体，认识和理解空间点、直线、平面的位置关系；用数学语言表述有关平行、垂直的性质与判定，并对某些结论进行论证；运用直观感知、操作确认、推理论证、度量计算等认识和探索空间图形的性质，建立空间观念。[2]

"立体几何初步"的研究对象是空间图形和空间图形的位置关系，它在发展学生的直观想象和逻辑推理的素养中发挥着重要的作用。以往的教科书和教学，往往更多关注空间图形具有什么特征，图形位置关系具有什么性质和判定方法，怎么解决一个具体的立体几何问题等。对于"立体几何初步"的教学研究也更多地集中在一些具体的解题教学策略，涉及立体几何思想方法的研究也多结合具体内容进行。对于立体图形要研究什么，研究的基本路径是什么，研究的基本方法是什么，解决立体几何问题的基本思路是什么等立体几何学习的基本问题关注得不够，而这些才正是提升学生发现和提出问题、分析和解决问题的能力，发展数学核心素养的重要方面。因此，"立体几何初步"的教科书编写与教学，应构建更加符合数学逻辑和学生认知规律的研究路径，让学生经历研究立体图形的过程，从中体会研究立体图形的基本思路和方法，从而逐步学会解决与立体图形有关的问题，发展直观想象和逻辑推理的数学核心素养。

一、从整体到局部，从一般到特殊，构建"立体几何初步"的研究路径

按照《标准（2017年版）》的要求，本章"立体几何初步"包括基本立体图形和基本图形位置关系两部分内容。从立体几何研究的数学逻辑来看，应该是从定性到定量，即从

构成空间图形的基本元素——点、直线、平面出发，研究其概念与基本性质；在此基础上，研究它们的位置关系（重点是平行与垂直关系）；再研究这些基本元素组成的几何体，研究它们的结构特征、平面表示以及面积体积的计算等。这种思路，按照公理化体系和知识逻辑关系展开内容，优点是结构严谨、逻辑性强。但与学生的认知规律、思维习惯相矛盾，也是造成学生学习立体几何困难的原因之一。

空间图形是现实世界物体的抽象，学生观察世界，首先接触的是具体的几何体。因此对立体几何的研究应从对空间几何体的整体观察入手，认识空间图形的结构特征、平面表示（直观图），并了解面积和体积的计算；在此基础上，抽象出组成空间图形的基本元素——点、直线、平面，并结合长方体直观认识这些组成元素的位置关系；再进一步从简单到复杂、从低维到高维，按照直线与直线、直线与平面、平面与平面的顺序，研究直线、平面的特殊位置关系——平行和垂直，重点研究其判定和性质（图1）。这种处理，从整体到局部，从一般到特殊，在尽量符合数学逻辑严谨性要求的前提下考虑到了学生认知规律，为学生提供一个从具体到抽象、循序渐进、逐步严格的学习过程，为从合情推理到逻辑推理过渡创造条件，有利于学生空间观念的培养。

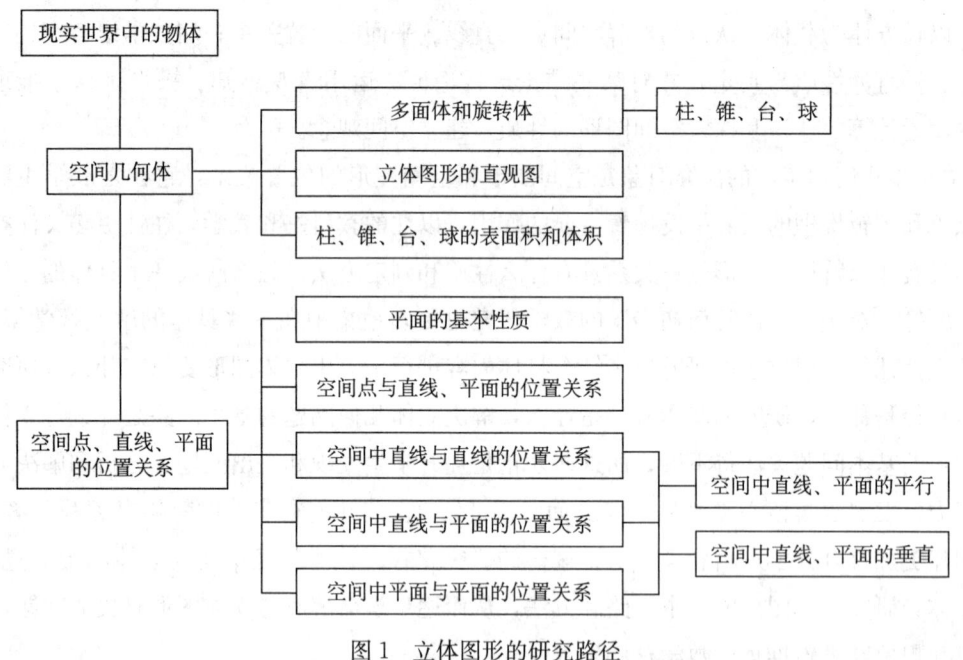

图1　立体图形的研究路径

在具体内容的展开过程中，也要遵从整体到局部、从一般到特殊的原则。例如，对于几何体的结构特征的认识，教科书首先呈现了大量的生活实物照片，并引导学生从整体上对它们的结构特征进行观察，对它们分类，得到多面体和旋转体的概念；在此基础上，进一步观察不同的多面体和旋转体的结构特征，从而得出棱柱、棱锥、棱台、圆柱、圆锥、圆台、球等基本几何体的概念。在对空间点、直线、平面位置关系进行研究的过程中，教科书也是先以长方体为载体，整体认识空间点、直线、平面之间的位置关系，在此基础上，按照直线与直线、直线与平面、平面与平面的从简单到复杂的顺序，对直线、平面的位置关系进行深入的研究，重点研究直线、平面之间平行和垂直这两种特殊情况的概念、性质和判定。

要注意，整体和局部是有机联系的。没有对整体的把握，就不易认知局部。例如，异面直线的概念（局部）是一个教学难点，把它放在长方体（整体）中来观察，就容易学习了。反之，没有对局部细微的认识，也不能真正认识整体。例如，不理解直线、平面间的垂直关系，就不能深入理解长方体与平行六面体之间的联系与区别。因此，在具体研究直线、平面的特殊位置关系时，也要注意呼应一些有关整体的问题。例如，在学习了直线与平面垂直、平面与平面垂直之后，教科书分别给出了点到平面的距离、直线到平面的距离、两个平行平面之间的距离的概念，从而进一步解释了"棱锥的高就是棱锥的顶点到底面的距离""棱柱、棱台的高就是它们的底面之间的距离"。作为直线与平面垂直的性质的应用，教科书还安排了借助相关性质推导棱台体积公式的例题，这样处理也进一步深入地刻画了棱柱、棱锥、棱台的结构特征，学生对相关的体积公式也有更深入地认识，从而加深了学生对相关内容的理解。

二、渗透立体几何研究的基本方法，发展直观想象素养

直观想象是指借助几何直观和空间想象感知事物的形态与变化，利用图形理解和解决数学问题的素养。[2] 在立体几何研究中，认识基本立体图形，认识基本图形位置关系，发现和探索直线与平面的平行、垂直关系的判定和性质等过程中，都要注意渗透立体几何研究的基本方法，发展学生直观想象的数学素养。

从人们认识世界的过程来看，对"形"的认识要先于对"数"的认识，"形"直观、具体、形象；"数"理性、抽象、逻辑，所以认识和探索空间图形、研究它们的性质的基本方法是直观感知（识图）—操作确认（画图）—度量计算（算图）—思辨论证（证图），教科书的安排也体现了上述过程。在本章，教科书通过对实物模型的直观感知和操作，认识空间几何体的结构特征，学习在平面上表示空间图形的方法，学会计算空间几何体的表面积和体积。通过对图形的直观想象，认识刻画平面性质的3个基本事实。结合长方体模型，直观认识空间点、直线、平面的位置关系。通过探究直线、平面平行（垂直）的充分条件，得到相应位置关系的判定定理；通过探究直线、平面平行（垂直）的必要条件，得到了相应位置关系的性质定理，并进行证明。

空间图形问题转化为平面图形问题，是解决空间图形问题的重要思想方法。具体地讲，就是要把相关的点、直线（段）转化到同一个平面上，而转化的基本依据就是关于平面性质的三个基本事实及其三个推论。例如，探究直线与平面平行的性质，就是在直线 $a/\!/$ 平面 α 的条件下，探究直线 a、平面 α 与空间中其他直线、平面的位置关系，首先需

要考虑的是直线 a 与平面 α 内的直线的位置关系。由于 $a/\!/\alpha$，所以 a 与平面 α 内的直线只能是平行或异面，而其中的平行又是我们重点要考虑的特殊情况。假设 a 与平面 α 内的直线 b 平行，那么由基本事实的推论 3，过直线 a，b 有唯一确定的平面 β，这样我们可以把直线 b 看成是过直线 a 的平面 β 与平面 α 的交线，就得到了直线与平面平行的性质定理：一条直线与一个平面平行，如果过该直线的平面与此平面相交，那么该直线与交线平行。对此问题进一步拓展，可以发现过 a 的与平面 α 相交的平面 β 有无数个，这些 β 与 α 的交线是相互平行的。

在研究直线、平面的位置关系时，由简单到复杂、由易到难是研究的一般思路。利用直线与直线的位置关系，研究直线与平面的位置关系，利用直线与平面的位置关系研究平面与平面的位置关系。反过来，由平面与平面的位置关系可进一步掌握直线与平面的位置关系，由直线与平面、平面与平面的位置关系又可进一步确定直线与直线的位置关系。具体地讲，在研究直线、平面的平行关系时，可以用直线与直线平行判定直线与平面平行（直线与平面平行的判定定理），用直线与平面平行判定平面与平面平行（平面与平面平行的判定定理），由平面与平面平行的定义可以得到直线与平面平行，由直线与平面平行、平面与平面平行可以得到直线与直线平行（直线与平面平行、平面与平面平行的性质定理）。在研究直线、平面的垂直关系时，由直线与直线垂直可以判定直线与平面垂直（直线与平面垂直的判定定理），由直线与平面垂直可以判定平面与平面垂直（平面与平面垂直的判定定理），由平面与平面垂直可以得到直线与平面垂直（平面与平面垂直的性质定理），由直线与平面垂直的定义可以得到直线与直线垂直，由直线与平面垂直还可以得到直线与直线平行（直线与平面垂直的性质定理）。以上直线、平面间的平行、垂直关系的相互转化可以用图 2 表示。

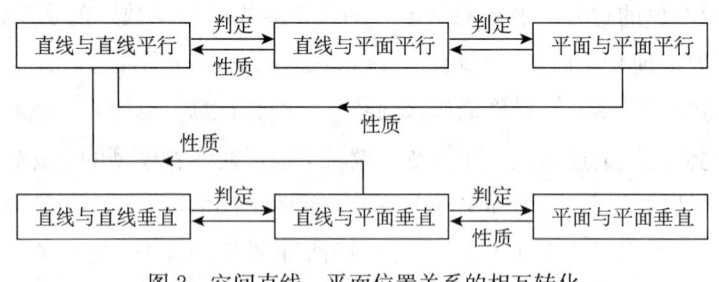

图 2　空间直线、平面位置关系的相互转化

三、经历抽象立体图形、研究立体图形的过程，提升发现和提出问题的能力

在本章，基本立体图形和基本图形位置关系是主要的学习内容。对于基本立体图形，主要研究空间几何体的结构特征和它们的表面积与体积，它们反映了立体图形的形状和大小；对于基本图形位置关系，主要研究空间点、直线、平面的位置关系，重点是直线、平

面之间的平行、垂直关系，它们反映了立体图形的位置关系。对于这些内容的教学，要注意加强研究过程中的"一般观念"的引导：首先要让学生明确研究对象，也就是要研究什么问题；其次要让学生知道怎么研究，也就是体会研究立体图形的基本思路和方法，使学生逐步学会抽象数学对象，提出数学问题的方法，提升发现和提出问题的能力。

1. 利用结构特征描述空间几何体的形状，抽象得到基本立体图形

如前所述，对于各种空间几何体，可以按照"定义→平面表示（直观图）→面积和体积"的研究路径展开。这一过程中，要重视各种空间几何体的概念的形成过程。认识一个几何体，要从它的结构特征入手，想象围成它的每个面的形状、面与面之间的关系。从组成它们的面的形状不同、面与面之间的关系不同，可以将它们分为多面体和旋转体；再进一步考察多面体和旋转体的组成元素的形状和位置关系，将它们分为具体的棱柱、棱锥、棱台、圆柱、圆锥、圆台、球等。对此，教科书呈现了如下建立各种空间几何体的概念的过程：

• 呈现一些实物（图片），并向学生提出问题："这些物体（图片所表示的物体）具有怎样的形状？数学中，具有这种形状的物体叫做什么？你是如何描述它们的形状的？"

• 对如何观察这些物体、描述它们的形状进行引导："观察一个物体，将它抽象成空间几何体，并描述它的结构特征，应先从整体入手，想象组成物体的每个面的形状、面与面之间的关系，并注意利用平面图形的知识。"

• 将实物（图片）所表示的几何体按照"由若干个平面多边形围成的"和"封闭的旋转面围成的"分成两类，得到多面体和旋转体的概念。

• 从多面体、旋转体组成元素的形状、位置关系入手，提出进一步认识特殊的多面体和旋转体的问题。

• 对于多面体，例如棱柱，结合表示棱柱的实物（图片），分析组成它们的每个面的形状、面与面、棱（交线）与棱之间的位置关系，发现其共同特征（有两个面互相平行，其余各面都是四边形，并且相邻两个四边形的公共边互相平行），进而抽象出棱柱的概念。

• 对于旋转体，重点分析经旋转得到旋转面的平面曲线的形状以及它们与轴的位置关系，以了解不同旋转体的结构特征，形成各种旋转体的概念。

• 回顾棱柱、棱锥、棱台等多面体，分析其结构上的相同点和不同点，建立这些概念之间的联系；对圆柱、圆锥、圆台等旋转体类似处理。

这样处理，紧扣用点、棱（线段）、面等组成要素的形状和位置关系刻画结构特征，用结构特征描述空间几何体的形状，体现了获得基本立体图形（空间几何体）这一立体几何的研究对象的过程，这也是"用数学的眼光观察世界"的过程，也是提升数学抽象、直观想象素养的过程。

2. 体现研究方法，研究基本图形位置关系

点、直线、平面是组成立体图形的基本元素，也是基本图形位置关系的研究对象。对

于基本图形位置关系的研究，在整体了解空间点、直线、平面位置关系的基础上，重点是研究直线、平面间的平行、垂直关系，主要研究它们的判定和性质。对于直线、平面间的判定和性质的研究，首先要理解什么是判定，什么是性质。例如，对于直线与平面垂直这种位置关系，其判定就是它的充分条件，也就是与已知直线、平面有关的直线、平面具备什么样的位置关系时，该直线和平面垂直；其性质就是它的必要条件，也就是在已知直线和平面垂直的情况下，与之有关的直线、平面具有什么样的位置关系。

明确了研究起点，在对直线、平面间平行、垂直的关系的研究中，还要重视前述"直观感知—操作确认—推理论证"的研究过程，在这一过程中从一般到特殊地思考问题，将高维问题转化为低维问题，同时关注确定平面的条件。这样处理，体现了从"一般观念"出发研究一个数学对象的基本过程，使学生不仅"知其然""知其所以然"，还要"何由以知其所以然"[3]，在掌握具体的知识、技能的同时，学会如何发现和提出问题，如何分析和解决问题，从而发展其数学核心素养。

例如，对于两个平面平行的判定的研究，可以按照如下思路展开：

• 首先明确研究方向：研究平面与平面平行的判定，就是研究它们的充分条件，也就是研究与这两个平面有关的直线、平面具备什么位置关系才能使得这两个平面平行。

• 类似于用直线与直线的位置关系研究直线与平面平行的判定，要把平面与平面平行的问题转化为直线与平面平行的问题。（高维向低维转化）

• 按照定义，如果一个平面内的任意一条直线都与另一个平面平行，那么这两个平面一定平行。

• 如何判定一个平面内的任意一条直线都平行于另一个平面呢？有没有更简便的方法？能不能由一个平面内的部分直线与一个平面平行来判定这两个平面平行？

• 联想到基本事实的推论 2，3，两条相交直线或两条平行直线能确定一个平面。如果一个平面内两条相交直线或两条平行直线都和另一个平面平行，是否就能使这两个平面平行？

• 利用矩形纸片和三角形纸片进行探究，并结合长方体模型进行说明，可以发现：如果一个平面内有两条相交直线和另一个平面平行，那么这两个平面平行；而由一个平面内两条平行直线和另一个平面平行，不能保证这两个平面平行。

• 由上述探究得到平面与平面平行的判定定理：若一个平面内的两条相交直线与另一个平面平行，则这两个平面平行。

• 进一步反思：两条相交直线和两条平行直线都可以确定一个平面。为什么可以利用两条相交直线判定两个平面平行，而不能用两条平行直线呢？能从向量的角度解释吗？

上述层层递进的问题，从要解决的问题出发（平面与平面平行），联系以往的学习经验（直线与平面平行），联系确定一个平面的要素（相交直线或平行直线），联系平面向量的知识（平面向量基本定理），既体现了研究平面与平面平行的判定这一问题的研究过程，也有得到判定定理之后的反思，突出了研究基本图形位置关系判定的一般思路和方法，有利于培养学生发现和提出问题的能力。

又如，对于平面与平面垂直的性质的研究，可以采用如下过程：

• 首先，要让学生明确，研究平面与平面垂直的性质，就是在两个平面垂直的条件下，能推出哪些结论。这些结论又该从哪个角度提出呢？实际上就是要研究与这两个互相垂直的平面有关的直线、平面之间的关系。

• 接下来，根据以往的研究经验（平面与平面的位置关系转化为直线与平面的位置关系），我们可以研究其中一个平面内的直线与另一个平面的位置关系。

• 对于一个平面内的直线与另一个平面的位置关系，一般情况是相交，这时这条直线与两个平面的交线这一特殊元素发生关系，它们相交。这启发我们要关注一个平面内的直线与两个平面的交线的位置关系。

• 进一步，从一般到特殊，这条直线和两个平面的交线的特殊位置关系是平行和垂直。一个平面内的直线与交线平行时，这条直线和另一个平面平行（已研究），一个平面内的直线与交线垂直时，这条直线和另一个平面有什么位置关系？

• 容易发现这条直线与另一个平面垂直，从而得到平面与平面垂直的性质定理：两个平面垂直，如果一个平面内有一直线垂直于这两个平面的交线，那么这条直线与另一个平面垂直。再对定理进行证明。

• 拓展探究：对于两个平面互相垂直的性质，前面探究了一个平面内的直线与另一个平面的特殊位置关系。如果直线不在两个平面内，或者把直线换成平面，你又能得到哪些结论？

上述过程，比较完整地体现了从什么是性质，到怎么研究几何图形的性质的过程，教科书也是按照上述思路呈现的。教学中，应注意引导学生经历上述过程，使学生不仅能学到具体的平面与平面垂直的性质定理，更能在这一过程中体会研究几何图形性质的一般思路和方法，学会"用数学的思维思考世界"，培养发现和提出问题的能力。

四、重视几何语言的使用，循序渐进地安排推理论证，发展逻辑推理素养

逻辑推理是指从一些事实和命题出发，依据规则推出其他命题的素养。逻辑推理主要包括两类：一类是从特殊到一般的推理，推理形式主要有归纳、类比；一类是从一般到特殊的推理，推理形式主要有演绎。[2] 逻辑推理是数学素养的核心，陈建功先生说：片段的推理，不但见诸任何学科，也可以从日常有条理的谈话得之。但是，推理之成为说理的体系者，限于数学一科。[4] 重论据、有条理、合乎逻辑的思维品质和理性精神，是数学学科育人最重要也是最独特的方面。

立体几何是发展学生逻辑推理素养的重要载体。在立体几何的学习中，通过对实物、模型、图片等的操作和感知，归纳、概括出空间几何体的结构特征；通过对图形的观察和实验，发现和提出描述直线、平面之间平行、垂直关系的命题，并逐步学会用准确的数学语言表达这些命题；直观解释命题的含义和证明思路，并能证明其中一些命题等，都蕴含了丰富的逻辑推理。

数学证明的过程就是"用符号表示推理"的过程，因此正确掌握几何语言是进行几何证明的必备条件。一般来讲，几何语言包括图形语言、文字语言和符号语言。图形是从实物和模型抽象后的产物，也是形象、直观的语言；文字语言是对图形的描述、解释与讨论；符号语言则是对文字语言的简化。显然，首先建立的是图形语言，然后引入文字语言和符号语言，最后形成三种语言的综合运用，而三种语言的综合运用和转化也是学生进行逻辑推理的基础。

在本章中，为使学生更好地认识几何图形，为逻辑推理打下基础，需要重视几何语言的使用和训练，帮助学生有逻辑地思考和表达。一方面，要重视"实物模型→图形→文字→符号"这个抽象过程。无论是对空间几何体的认识，平面的三个基本事实的抽象，还是相关定义、判定和性质定理的得出，都要从实物原型开始，让学生从实物原型中抽象出几何图形，再对其特征或关系进行文字表述，最后学会用符号语言表达。这一过程中，要重视图形语言的作用，对于图形的文字和符号描述，都是紧密联系图形，发挥图形直观的作用，在图形基础上发展其他数学语言。另一方面，要重视相反的"符号→文字→图形"的教学过程，让学生先理解符号或文字所表达的图形及关系，并把它们用图形直观表示出来，化"无形"为"有形"。这样，使学生能较快掌握三种语言的运用和相互转化，从而更好地掌握所研究的几何图形，也为更好地进行逻辑推理打下基础。

在本章中，对于逻辑推理的安排要注意循序渐进，使学生逐步达到要求。首先，对于几何体，要严格描述它的结构特征，会涉及线线平行、线面垂直、面面平行等，对于这些概念，学生能依赖直观感知理解即可，不必做严格的定义和推理论证；在几何体的表面积和体积的学习中，也要注意循序渐进，开始只要求学生知道公式，了解它们之间的联系，"会算"即可，推迟对"会证"的要求。接下来，在利用平面的基本事实作判断（包括基本事实的推论的推导），在以长方体为主要载体、通过对图形进行观察、操作、实验，发现直线、平面之间的位置关系时，要让学生逐步学会用表示集合关系的符号语言表示位置关系，加强三种数学语言的相互转化，为后续推理证明打下基础。进而，在发现直线、平面间平行、垂直的判定和性质，利用相关结论证明直线、平面之间平行、垂直的性质时，学会有条理地思考并用数学符号语言有逻辑地表达，逐步掌握相应的证明方法。最后，在利用基本事实、定义、判定定理、性质定理进行综合应用、解决立体图形问题时，对逻辑推理的技能进一步训练。这样处理，使得对于逻辑推理的要求循序渐进、逐步达到，降低了学生证明立体几何问题的难度，更有利于学生逻辑推理的素养的培养。

五、充分利用实物原型和基本图形，帮助学生理解基本立体图形及位置关系，发展数学抽象素养

现实世界中的各种物体都以其特有的形状、大小和位置存在于我们周围，立体几何就是研究现实物体的形状、大小和位置关系的学科。学习立体几何的知识能使人们更好地认识现实空间，并在实际工作和生活中运用有关知识解决问题。本章中的有关几何体的概念，就是采用分析具体实例的共同特点，再抽象其本质属性得到的。例如，对于棱柱的定义，教科书从生活中的纸箱和茶叶盒出发，引导学生观察其结构特征，观察组成它们的面的形状，面与面之间的关系，从而得到其"有两个面互相平行，其余各面都是四边形，并且相邻两个四边形的公共边都互相平行"的共同本质属性，进而给出棱柱的概念。对其他几何体的处理也是类似的。又如，对于直线和平面垂直的概念，教科书也是从生活中旗杆和地面、教室里相邻墙面的交线与地面的关系入手引出的。在教学中，应充分注意这些基本概念和基本位置关系与客观现实的联系，充分利用其所反映的实物原型，体现从具体到抽象的认知过程，引导学生初步用几何观点认识现实世界，发展数学抽象素养。

解决立体几何问题时，对于学生来说，总感到图形线条多，又处在不同平面内，难以发现要素之间的关系。实际上，空间图形有一些简单的"基本图形"，把这些基本图形的组成元素的位置关系搞清楚了，再解决其他问题时，就很容易排除干扰，提炼出本质特征来。

在空间几何体中，长方体、正四面体、球是基本图形，它们类似于平面几何中的直角三角形、等腰三角形、圆，而其中长方体又是最基本的。在各种多面体中，它是最基本的几何体。在研究基本图形位置关系时，无论对于空间点、直线、平面位置关系的整体认识，还是对于空间直线、平面的平行、垂直关系的定义、判定定理、性质定理等，都可以在长方体中找到对应的表示（图3）。长方体还可以和空间直角坐标系建立联系，因此它

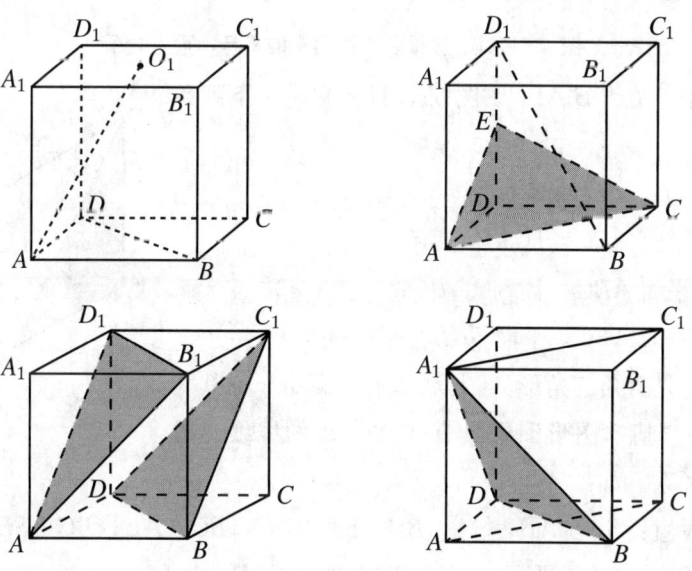

图3 长方体（正方体）中的平行、垂直关系

也是今后用向量方法解决立体几何问题的基础。因此，在教学中，一定要充分重视长方体的作用。在生活中，长方体形状的物体也是随处可见的，其中与学生最接近的就是学生所在的教室，在教学中也要利用好，以便将基本图形的位置关系在生活中找到对应的实例，加强直观性，以更好地培养学生的直观想象素养。

在解决各种立体几何问题时，空间直线、平面的平行、垂直关系是需要关注的核心问题，因此，直线、平面位置关系的定义、判定定理、性质定理等对应的图形也是需要关注的基本图形。除此之外，还有一些图形，其中包含了丰富的平行、垂直关系，也需要引起关注。例如，正三棱柱、四棱锥、长方体中切下一角、二面角的平面角与两个平面的垂线组成的图形等（图4）也都是反映空间图形位置关系的基本图形。

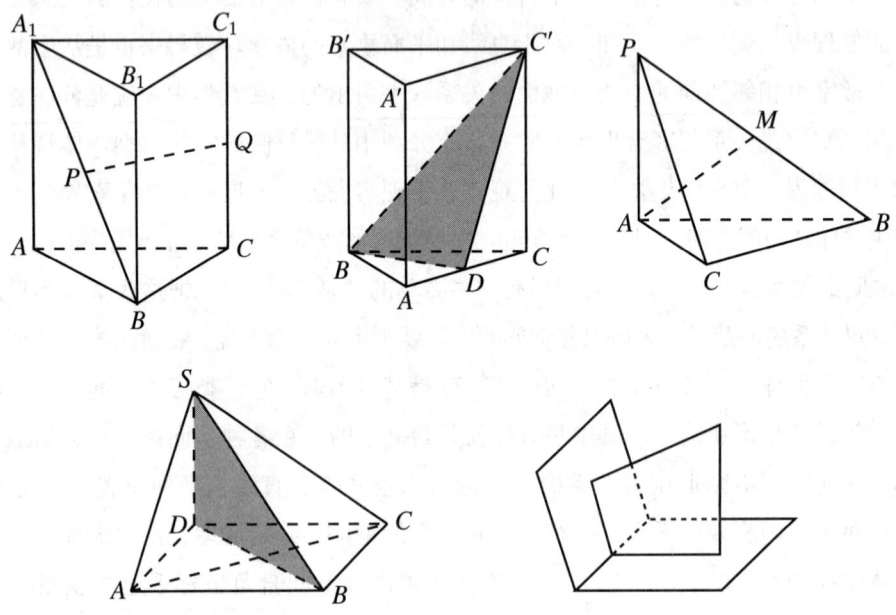

图4　棱柱、棱锥、二面角中的平行、垂直关系

又如，对于三棱锥 $S\text{-}ABC$（图5），只要它满足下列条件之一：

(1) SA，AB，BC 两两垂直；

(2) $SA\perp$平面 ABC，且 $AB\perp BC$；

(3) $SA\perp$平面 ABC，且 $SA\perp BC$；

(4) $SA\perp$平面 ABC，平面 $SAB\perp$平面 SBC。

则它的四个面都是直角三角形（《九章算术·商功》称其为"鳖臑"）。这一"基本图形"中具有非常丰富的线线、线面、面面垂直关系。如：

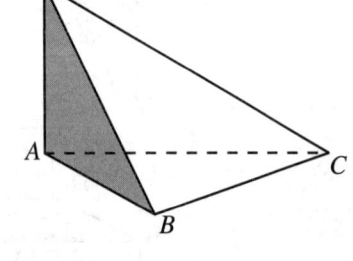

图5　鳖臑

(1) 线线垂直：$SA\perp AB$，$SA\perp BC$，$SA\perp AC$，$BC\perp AB$，$BC\perp SB$；

(2) 线面垂直：$SA\perp$平面 ABC，$BC\perp$平面 SAB；

(3) 面面垂直：平面 $SAB \perp$ 平面 ABC，平面 $SAC \perp$ 平面 ABC，平面 $SAB \perp$ 平面 SBC。

可以看到，上述"基本图形"都可以与长方体建立联系，它们或是长方体的一部分，或可以由它经过变形得到。因此，要特别关注长方体这一最基本的立体图形，充分发挥它在研究立体图形及其位置关系中的作用。

六、重视刻画平面的三个基本事实的作用，帮助学生理解平面的基本特征

"平面"是立体几何中一个只描述不定义的基本概念，贯穿于立体几何的始终，刻画平面的三个基本事实（公理）是立体几何公理体系的基石，是研究基本立体图形、基本图形位置关系及进行逻辑推理的基础。

从数学发展的角度来看，平面概念发展大致可分为三个阶段。第一阶段是基于对几何对象的具体原型进行直观描述的定义，将平面定义为一个光滑的直的表面，代表人物是欧几里得和帕梅尼德斯，例如欧几里得在《原本》中将平面定义为"直线关于自身的均匀分布"。第二阶段是试图通过揭示平面的性质来定义平面，代表人物有海伦、辛松和莱布尼茨，例如海伦将平面定义为"直线在任意方向可以以任意方式组合的几何体"，莱布尼茨将平面定义为"到两定点距离相等的点的集合"。这个阶段还有一个工作是给出平面的画法，以高斯的画法为代表，例如高斯认为"如果与直线 AB 垂直的每一条直线都在一个表面上，那么这个表面就是平面"，从而给出了平面的一种画法。第三阶段的工作是以公理的形式全面总结平面的性质，集大成于希尔伯特。希尔伯特在《几何基础》中将点、直线、平面作为不加定义的几何对象，将其符号化，并通过公理描述几何对象之间的关系，其中与平面有关的关联公理如下：[5]

公理 I_4：过三点必有一平面，一平面上有一点；

公理 I_5：过不同在一直线上三点至多有一个平面；

公理 I_6：若一直线上不同两点在一平面上，则其上每一点都在该平面上；

公理 I_7：两半面若有一个公共点，则它们至少还有一公共点。

可以看出，将平面作为一个不加定义的基本概念，是数学家长期地尝试如何更本质地描述和理解这个概念的结果。《标准（2017 年版）》中也是在直观给出平面概念的基础上，通过三个基本事实来认识平面（由公理 I_4，I_5 可以得到基本事实 1，由公理 I_6 可以得到基本事实 2，由公理 I_7 和关于点与直线关系的公理可以得到基本事实 3）。但从教学的角度看，教师对于三个基本事实的认识，往往强调其在确定平面中的作用，而对于其在刻画平面的特征中的作用的认识是不够深刻的。如何发挥好这 3 个基本事实在帮助学生从本质上认识平面，理解其"平"和"无限延展"的基本特征，就是教科书编写要考虑的问题。

教科书在处理"平面"这部分内容时，不仅注意其在研究空间图形、位置关系及进行逻辑推理的基础作用，也注意三个基本事实在刻画平面的"平"和"无限延展"这些本质特征中的作用。实际上，基本事实 1"过不在同一直线上三点，有且只有一个平面"提供了确定一个平面的方法，这里的确定，是确定平面在空间所处的位置。基本事实 2"如果一条直线上两个点在一个平面内，那么这条直线就在此平面内"是用点、直线与平面的关系对平面进行刻画，用直线的"直"说明平面的"平"，用直线的"无限延伸"说明平面的"无限延展"。结合基本事实 1，2，可以由给定的三点构造直线，再由这些直线编织一个直线网，也就形成了一个平面，进而由这些直线的"直"和向各个方向无限延伸，说明平面的"平"和"无限延展"。基本事实 3"如果两个平面有一个公共点，那么它们有且仅有一条过该点的公共直线"，是通过两个平面相交成直线来反映平面的"平"和平面的"无限伸展"这一属性的。

实际上，本章这种利用点、直线、平面这些基本对象之间的关系来刻画对象的基本特征的思想方法学生以前也接触过。在初中，我们就是通过一些基本事实，利用点、直线之间的关系来刻画直线这一基本概念的。为了加深这种理解，教科书在本节拓广探索习题中也安排了这样的一个习题，让学生回顾初中刻画直线的基本事实，体会这些基本概念之间的联系。

和以前的教科书版本不同，这次教科书对三个基本事实的顺序进行了调整，即把以往教科书的公理 1 和公理 2 对调了。这样处理，基本事实 1 首先是"三点确定一个平面"，是平面的存在性，接下来基本事实 2 和 3 是对平面的进一步刻画。另外，基本事实 1 描述的是点与平面的位置关系，基本事实 2 描述的直线与平面的位置关系（直线在平面上），基本事实 3 描述的是平面与平面的位置关系（相交），这也按照从简单到复杂，从点到直线、到平面，从它们的关系的角度对平面进行了刻画。因此，这是一个更符合认知逻辑的顺序，也与希尔伯特的公理体系的顺序是一致的。

在立体几何的研究中，关注确定图形的组成要素和特殊的位置往往是考虑问题的出发点。例如我们可以把直线和平面垂直转化为直线和平面上的两条相交直线垂直，而两条相交直线确定一个平面正是实现这种转化的条件。这就需要对确定平面的基本要素有所理解。在确定平面的要素中，除三个基本事实以外，还有它们的三个推论，即一条直线和这条直线外一点确定一个平面，两条相交直线确定一个平面，两条平行直线确定一个平面。教科书也将这三个推论在正文给出，并通过说理进行了证明，以更好地体现它们在后续研究直线、平面平行和垂直关系，以及证明几何命题中的作用。

七、融合使用信息技术工具，为理解和掌握立体图形提供直观

信息技术工具的使用能为学生的数学学习和发展提供丰富多彩的教育环境和有力的学习工具。在本章的学习中，信息技术工具可以给我们提供一个仿真的三维空间的学习环

境，帮助我们认识立体图形的结构特征，发现其中的基本位置关系，为我们把握和理解立体图形提供几何直观。

例如，如前所述，长方体是学生认识基本立体图形和基本图形位置关系的基本模型。可以利用信息技术工具制作长方体模型，让学生观察其结构特征，抽象其中点、直线、平面的位置关系；还可以利用信息技术工具在长方体模型中添加一些直线和平面，以及对它进行旋转，让学生从多角度进行观察，从而得到一些从正面看不到的直线和平面的位置关系；还可以作出一些过特殊点的截面，探究截面图形形状特点等。

又如，可以制作一个动态的课件，模拟三点确定一个平面，进而由这三点的连线上的点衍生出无数条直线，这些直线又可以密铺整个平面的过程，从而直观地理解用直线的"直"和"无限延伸"刻画平面的"平"和"无限延展"的过程；也可以模拟两个平面相交成一条直线的过程，从而加深对三个基本事实刻画平面基本特征的理解。

在"球的体积公式"的教学中，也可以再利用信息技术工具制作演示或交互动画，直观地展示随着分割次数 n 的增大，分割得到的"小棱锥"的底面积之和逼近球的表面积、体积之和逼近球的体积的过程，从而再利用"分割、求和、取极限"，由球的表面积公式推导球的体积公式的过程中，初步体会"以直代曲"的微积分基本思想。

在教学中，有条件的学校，应尽可能多地使用计算机或图形计算器等信息技术工具，为理解和掌握立体图形提供直观帮助。也可以引导学生制作相关课件，调动学生的主动性和积极性，不仅可以加深对相关知识的理解和认识，也培养学生的动手实践能力。

高中数学课程中，立体几何在发展学生的直观想象与逻辑推理等数学核心素养方面发挥着不可替代的作用。立体几何初步内容的教科书编写和教学，要结合立体几何内容的内在逻辑和学生的认知特点，构建研究框架和教科书的结构体系，让学生体会一般到特殊地研究立体图形及其位置关系的过程；通过直观想象、数学抽象得到立体几何研究对象，让学生学会用数学的眼光观察世界；通过类比、转化等方法发现和提出如何研究立体图形位置关系的问题，找到研究立体图形位置关系的思路，让学生学会用数学的思维思考世界；在解决具体立体几何问题中，重视基本图形的作用，循序渐进地安排推理训练，让学生学会用数学的语言表达世界。这样，使学生既掌握了"四基"，又提高了"四能"，并发展了"核心素养"，从而体现了立体几何教学的育人价值。

参考文献

[1] 中华人民共和国教育部. 普通高中数学课程标准（实验）[S]. 北京：人民教育出版社，2003.

[2] 中华人民共和国教育部. 普通高中数学课程标准（2017 年版）[S]. 北京：人民教育

出版社，2018.

[3] 傅种孙. 高中平面几何 [M]. 北京：算学丛刻社，1933：编写大意.

[4] 陈建功. 20世纪的数学教育 [J]. 中国数学杂志，1952：2.

[5] 希尔伯特. 希尔伯特几何基础 [M]. 江泽涵，等，译. 北京：北京大学出版社，2009：4.

（执笔人：李海东，人民教育出版社课程教材研究所）

第九章
统　计

一、统计学及其特点

统计学有多种不同的定义，综合来说，统计学是收集、处理、分析、解释数据并从数据中得出结论的科学。

根据数据分析所用的方法的不同，统计可分为描述统计和推断统计。描述统计研究如何取得反映客观现象的数据，并通过图表形式对所收集的数据进行表示、加工和处理，进而通过综合、概括与分析得出反映客观现象的规律性数量特征。推断统计研究如何根据样本数据去推断总体数量特征，它是在对样本数据进行描述的基础上，对统计总体的未知数量特征作出以概率形式表述的推断。这是一种从部分到整体的推断，从特殊到一般的推断，属于归纳推断。描述统计和推断统计都是现代统计的组成部分，虽然数据分析的方法有差异，但并不是截然分开的两部分，它们之间存在联系。描述统计关注数据本身的分析，推断统计关注通过样本数据的分析推断总体。在推断统计中，也需要对样本数据本身进行分析，只是这里样本数据的分析不再是目的，而是达到估计总体目的的手段，但在分析样本过程中必然会用到描述统计的很多方法。从这个角度，推断统计可以看成是描述统计的进一步发展，而构建从描述方法到推断方法的桥梁就是概率论。

统计学作为专门研究数据分析的科学，"可以说，凡是一个实际问题涉及一批数据，我们都应该利用统计学方法去分析它、解决它。"[1]统计方法不仅有用，而且对于理解我们周围的世界经常是不可或缺的，它提供了对许多现象获得新见解的方法。现在统计学已深入到科学、技术、工程和现代社会生活的各个方面，尤其当人类进入到大数据时代和"互联网+"时代，作为研究数据分析的重要数学技术，统计学方法在相关领域的应用已成为"数学应用的主要方法"[2]。

二、高中统计的特点与要求

从中华人民共和国成立以来，统计在中学数学课程中，经历了从无到有、从描述统计到推断统计、从选修变为必修的过程，要求和地位都在不断提高。按照《标准（2017年版）》的课程设计，"概率与统计"是四条内容主线之一，并贯穿高中必修、选择性必修和选修整个数学课程。

高中统计是在初中统计基础上,进一步学习数据收集和整理的方法、数据直观图表的表示方法、数据统计特征的刻画方法,通过样本的统计特征推断总体的统计特征,以及会合理选择统计方法解决简单的实际问题。必修课程中统计主要学习收集数据的方法和单变量数据的处理方法,以及对单变量总体统计特征的推断;选择性必修课程主要学习成对数据的处理方法,以及对两个变量之间关系的推断。在学习统计的概念和方法的过程中,应让学生感悟在实际生活中进行科学决策的必要性和可行性;体会统计思维与确定性思维的差异、归纳推断与演绎证明的差异;通过实际操作、计算机模拟等活动,积累数据分析的经验。通过统计的学习,还应帮助学生建立正确的随机观念,养成通过数据来分析问题的习惯,学会抓住事物的主要因素等,提升数据分析、数学建模、逻辑推理、数学运算和数学抽象等数学学科核心素养,实现统计的教育价值。

相比初中统计以描述统计为主,高中统计以推断统计为主,但除了选择性必修中的独立性检验,只要求能用样本的数字特征去估计总体的数字特征,没有要求对估计的结果给予概率形式的表述。事实上,高中概率内容也确实没有包括足以刻画统计推断结果所需的概率知识(如大数定律、抽样分布、中心极限定理等)。这决定高中统计内容不可能在理论上是完整和系统的,教科书和教学也不能完全按基于概率理论的方式进行,对于统计方法的科学性或合理性,需要结合案例,借助更多直观的手段去体现。

三、突出数据分析的基本过程,在过程中学习数据分析方法

统计是通过数据分析来解决问题的,数据分析的过程体现了统计解决问题的基本思路。让学生了解这个过程,对整体把握统计学科的特点,理解具体的数据分析方法和应用数据分析方法解决实际问题都是非常重要的。数据分析的过程存在多种不同的划分方法,如图1和图2所示,其中图2是《标准(2017年版)》的划分方法。虽然不同划分方法中的环节数、每个环节提法等不完全一致,但都遵循从收集数据到分析数据再到得出结论的基本过程。

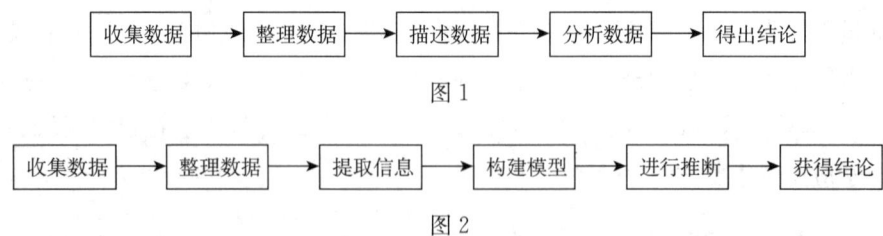

图1

图2

本章内容主要根据数据分析的基本过程进行安排,把学习内容分为三节,"9.1 随机抽样"主要学习收集和整理数据的方法,"9.2 样本估计总体"主要学习分析数据的方法,包括数据直观图表的表示方法和数据统计特征的刻画方法等,以及根据样本数据的统计特征估计总体的统计特征,"9.3 统计案例 公司员工的肥胖情况调查分析"是对前两

节所学知识的综合应用。

为了达到有效分析数据的目的，数据分析的每一个环节都会用到各种具体的数据分析方法，例如数据收集中有随机抽样方法，数据分析中有各种数字特征等，这些方法构成了统计研究和学习的主要内容。虽然很多具体的数据分析方法是针对数据分析过程中的某一个环节的，但其方法的合理性是要放在整个数据分析过程中去理解。例如，一种抽样方法好坏要通过其抽取的数据对总体估计的效果进行评价，一个数字特征的选取合适与否取决于是否达到最终的统计目的等。因此，要理解数据分析方法的合理性，不能只针对某个环节孤立地进行学习，而应该放在数据分析的过程中进行学习。本章不管是抽样方法的学习，还是样本估计总体的学习，都尽可能通过具体案例的完整解决，让学生经历数据分析的基本过程，在基本过程中来学习数据分析的方法，理解数据分析的思路，并运用所学知识和方法解决实际问题。

例如，简单随机抽样方法属于数据收集的内容，教科书并不是直接介绍简单随机抽样方法的定义和不同实现方法，而是设置了以下的问题：

问题 1 家具厂要为树人中学高一年级制作课桌椅，事先想了解整个年级学生的平均身高，以便设定可调节课桌椅的标准高度。已知树人中学高一年级有 712 名学生，如果要通过简单随机抽样的方法调查高一年级学生的平均身高，应该怎么抽取样本？

这是一个以估计总体均值为目的的抽样，为了估计总体均值必然要经历数据分析的基本过程。这个问题的解决过程中，不仅要有简单随机抽样方法的实现，还要通过总体均值和样本均值的比较，评价简单随机抽样方法的效果，体会简单随机抽样方法的特点。

四、结合典型案例学习数据分析方法

统计学是一门应用性很强的学科，它的概念和方法产生的动力基本都来自于解决实际问题的需要。与建立在概念和定义基础上，通过演绎方式进行研究的数学其他分支不同，统计学是建立在数据基础上，通过归纳方式研究随机现象，通过数据分析解决问题。因此，统计的学习有别其他数学分支，需结合具体案例，由具体问题驱动学习，在问题的解决中体会数据的随机性，学习统计的概念和方法，积累数据分析的经验。而且结合具体案例还可以克服由于概念和方法的抽象性带来的理解困难。因此，结合具体案例介绍概念和方法是统计教科书编写的一个主要原则。由于统计的概念和方法都有各自的特点和适用范围，因而根据不同内容的特点，如何选择典型的案例就成为一个关键的问题。在中学阶段，案例的典型性不仅要体现统计概念、方法引入的必要性和解决问题的适切性，案例的背景还要符合学生的认知特点，有助于理解相关的概念和方法。教科书要尽量采用学生熟悉的案例背景，通过设计恰当的统计问题，在问题的解决中学习有关统计知识。

例如，教科书在学习具体的抽样方法前，通过全国人口调查案例引入统计调查中涉及的一些基本概念。选用这个案例主要有两个方面的原因：一方面，全国人口调查是学生听说过的真实统计调查案例,让学生感受统计学科的重要性和应用性;另一方面,全国人口调查不仅有普查,还有抽样调查,除可以引入全面调查、抽样调查、总体、个体、样本、样本量等基本概念外,通过了解全国人口调查实施普查和抽样调查的背景及原因,可以进一步明确两种抽样方式的特点,以及抽样调查的必要性,帮助学生建立和完善有关统计调查的概观知识,这对后续进入具体随机抽样方法的学习是非常必要的。

又如,教科书结合"调查一个学校高一年级的平均身高"案例学习简单随机抽样和分层随机抽样。在简单随机抽样问题1的基础上,教科书在随机分层抽样中设置了以下问题:

问题2 在树人中学高一年级的712名学生中,男生有326名、女生386名。能否利用这个辅助信息改进简单随机抽样方法,减少这种"极端"样本的出现,从而提高对整个年级平均身高的估计效果呢?

之所以选用这个案例,主要是考虑到一所学校的高一年级的学生人数通常不会太多也不会太少,既有进行抽样调查的必要性,又有进行全面调查的可行性,即获得总体均值是可行的,这使教科书后续分析样本均值与总体均值的关系,进而评价随机抽样的效果显得比较自然。而两种抽样方法的学习使用同一案例背景,只是改变男生、女生人数这个条件,不仅有利于比较两种抽样方法的效果,而且有利于理解两种抽样方法的联系与区别。

五、加强数据分析方法的形成过程,体现方法的合理性

在数据分析方法中会用到很多数学的工具,如果不了解数学公式背后的统计思想和数学原理,容易把统计学习变成纯粹的画图列表、公式计算等程序性操作,学生体会不到数据分析方法的合理性。方法引入的必要性,可以通过合适的案例背景来体现,而方法合理性的体现,则需要加强从直观想法到数学表达的转化过程,这个过程也是积累数据分析经验的过程。体现了方法的必要性和合理性,不仅使得知识的产生显得自然,也有利于学生更好地把握方法的本质。

本章数据分析方法中,使用数学工具主要是在用数字特征刻画数据的统计特征中。对于数字特征,主要是要理解其统计含义。有些数字特征的定义形式比较简单,其统计含义相对比较容易理解。例如,平均数刻画了一组数据平均水平,众数是一组数据最典型的代表,极差刻画了一组数据的波动范围等。

但有些数字特征的数学表达相对复杂,其统计含义有时并不能一目了然,例如中位数、方差、标准差,尤其是分层抽样的方差公式。对于数字特征,往往是先有刻画数据某一方面的特征需要,再根据需要定义数字特征的。如果了解数字特征定义的目的是刻画数据哪一方面的特征,不仅有助于学生理解数字特征的统计含义,而且有利于理解数字特征定义的形式。例如,如果学生了解了中位数是把一组数据按大小分成相等两半的那个数,就很容易理解中位数为什么要根据数据的个数,分奇偶两种情况进行定义。又如,方差和标准差都可以用来刻画一组数据离散程度,它们的公式初看起来都比较复杂,但了解了它们定义的过程,

就容易理解它们在刻画数据离散程度上的特点,以及之所以定义成现在这种形式。

为了让学生更好地理解方差和标准差的统计含义,积累数据分析的经验,教科书详细呈现了方差概念的形成过程。教科书首先通过比较两名射击运动员成绩稳定性,让学生体会定义数字特征刻画数据离散程度的必要性。通过分析,把刻画一组数据的离散程度问题逐步转化为刻画与平均数的"平均距离"的数学问题。在数学中,距离可以有多种定义,教科书先呈现学生最容易想到的"绝对值距离",由于绝对值的数学性质不够好,为了避免含有绝对值,又引入"平方和距离",以此作为刻画数据的离散程度的数字特征,即方差。这个从统计直观到数学表达逐步优化的数据分析过程,在数字特征的定义中具有一般性,积累的经验有助于理解选择性必修中样本相关系数的定义。

六、加强信息技术与统计的融合

1. 培养学生使用信息技术的意识和初步能力

统计是通过数据分析解决问题的。在数据分析中经常会涉及数据的整理、可视化表示、计算等数据处理,尤其当样本量比较大时,工作量就会变得非常大。运用计算器、计算机等信息技术工具,不仅可以实现快速、准确地列表、画图、计算等数据处理,而且能使大量人工难以完成的数据处理变成可能。会使用信息技术处理数据是现代统计学习的重要组成部分。在高中统计的学习中,应该培养学生使用信息技术的意识和初步能力。为了给学生在统计学习中运用信息技术提供支持,在高中统计的起始章,教科书安排选学栏目"信息技术应用 统计软件的应用",集中介绍电子表格和 R 软件两款软件的基本统计功能,其中电子表格软件是使用比较普遍且具有一定统计功能的办公软件,而 R 软件则是统计专业人员中使用普遍且免费的专业统计软件。在后续统计的章节中,教科书结合有关内容,在适合使用信息技术的地方,以边注的形式给予提示。

2. 利用信息技术提高教学的效率和质量

信息技术既是现代统计的组成部分,也是统计学习的有效辅助手段。通过合理使用信息技术,可以把学生从机械、烦琐的数据处理中解放出来,把更多精力集中于统计概念和方法的理解,从而提高教学的效率和质量。例如,绘制频率分布直方图涉及数据的分组、频率的计算、图形的绘制等大量工作,用统计软件可以快速绘制出不同组距和组数的直方图,节约重复计算、机械性操作的时间,把更多的精力花在直方图信息的提取上。又如,平均数、方差等特征数的计算,在学生已经知道如何计算的情况下,统计软件的使用就可以大大节约时间,进而把更多的精力花在理解特征数的统计含义上。

3. 通过随机模拟直观解释数据分析方法的合理性

统计是研究数据收集和数据分析的科学,其研究重点是如何有效地收集和分析数据,所有数据分析方法都是为了达到这个目的。这里的"有效"既包括人力、物力、时间的节省,也包括估计精确度和可靠度的提高。在没有足够概率理论知识刻画估计的精确度和可靠度时，如何让学生了解样本和总体的关系，体会数据分析方法的科学性就成为统计内容呈现的重点。

在中学统计中，信息技术一个很大的作用是可以实现随机模拟，它使大量重复试验成为可能。通过随机模拟，可以让学生体会样本数据的随机性和规律性，了解样本和总体之间的关系，这可以在很大程度上直观解释一些数据分析方法的合理性，弥补由于理论知识不足造成的理解困难。例如，在随机抽样的学习中，需要讨论样本量对于抽样估计效果的影响，以及评价简单随机抽样和分层随机抽样的估计效果，在理论上进行说明并不容易。因此，教科书通过随机模拟的方式，让学生直观观察多次抽样的结果（图3和图4），在此基础上归纳概括随机抽样方法的特点。

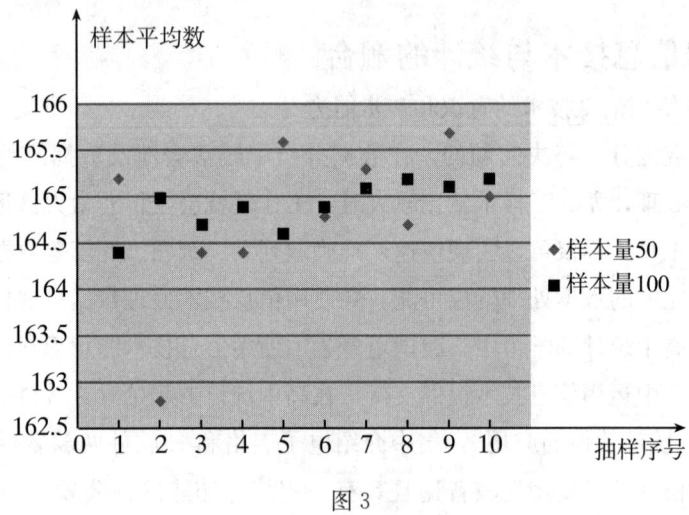

图 3

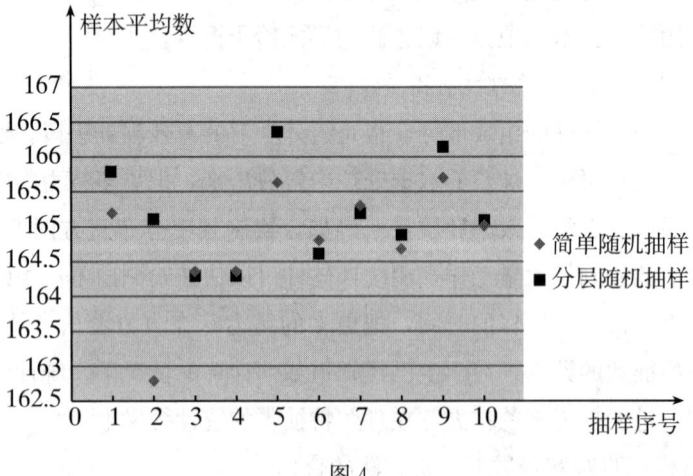

图 4

参考文献

[1] 茆诗松，程依明，濮晓龙. 概率论与数理统计教程（第二版）[M]. 北京：高等教育出版社，2011：252.

[2] 中华人民共和国教育部. 普通高中数学课程标准（2017年版）[S]. 北京：人民教育出版社，2018.

（执笔人：张唯一，人民教育出版社课程教材研究所）

第十章
概　率

概率论是研究随机现象规律的一门学科，为人们从不确定性的角度认识客观世界提供重要的思维模式和解决问题的方法。自17世纪中叶以来，概率论已由最初的研究博弈问题（主要是赌博问题）发展成为一门有鲜明特点的综合性学科。尤其是近些年来，概率论与其他学科不断交叉融合，越来越发挥不可替代的作用，不断有从事概率论研究的学者获得菲尔兹奖和沃尔夫奖等国际数学大奖。这充分说明，概率论学科不仅汇入了数学的主流，而且逐步走向数学的前沿而引领数学科学的发展。[1] 经过几十年的发展，在中小学数学课程中，概率从无到有，从选修到必修，从附属地位到中学数学课程的主线，概率内容在我国中小学课程中的地位有了明显的提高。

目前我们已进入大数据时代，为了适应社会与科学技术的发展和进步，"概率与统计"内容已经成为大学数学教育的基础课程，在高中阶段"概率与统计"成为数学课程的主线，概率内容变得越来越重要，在培养学生的随机观念和提升学生的核心素养方面具有不可替代的作用。概率课程的主要育人功能是培养学生分析随机现象的能力，提升学生的数学抽象、数学建模、逻辑推理以及数学运算等素养。通过对随机现象（主要是古典概型）的探索，在构建随机现象的研究路径、抽象概率的研究对象、建立概率的基本概念、发现和提出概率的性质、探索和形成研究具体随机现象的思路和方法、应用概率知识解决实际问题的过程中，发展学生认识不确定性现象的思维模式，使学生学会辩证地思考问题，成为善于认识问题、善于解决问题的人才。[2]

一、本章内容及学习要求

通过本章的学习，结合具体案例的教学，帮助学生理解样本点、样本空间、随机事件等概念，会计算古典概型中简单随机事件的概率，加深对随机现象的认识和理解；理解研究随机现象规律性的一般方法，通过构建概率模型解决实际问题，提高用概率的方法解决问题的能力。也为后续学习"条件概率、随机变量的分布、二项分布、正态分布"打好基础。按照《标准（2017年版）》的要求，高中数学必修课程中，概率主题内容和要求如下：

1. 随机事件与概率

结合具体实例，理解样本点和有限样本空间的含义，理解随机事件与样本点的关系；类比集合的关系与运算，了解随机事件的并、交与互斥的含义，能结合具体问题进行随机事件的并、交运算；理解古典概型，并能解决一些简单的实际问题；理解概率的性质，并能根据概率的运算法则求随机事件的概率。

2. 事件的相互独立性

独立性是事件之间的一种特殊关系，直观理解为两个事件发生与否互不影响，本质上是两个事件积的概率等于两个事件概率的乘积。独立性的相关内容从必修内容到选择性必修内容均有涉及，因此，对于独立性的认识，既要从直观上感悟，又要从本质上理解。《标准（2017年版）》要求在必修课程中介绍随机事件的独立性，在选择性必修课程中介绍条件概率，因此，无法借助条件概率来定义两个随机事件的独立性。我们可以从事件的关系和运算的角度出发研究概率的基本性质，结合问题"两个事件的积的概率与这两个事件的概率有什么关系？"，通过具体例子引入事件的独立性概念，先通过具体例子直观理解，再用数学表达式刻画两个随机事件的独立性，即从特殊到一般，从感性认识上升到理性认识。

3. 频率与概率

对某些随机试验，在一定的假设条件下，可以通过构建概率模型，直接计算事件的概率。例如，在古典概型中，由于每个样本点都是等可能发生的，并且样本点的个数是有限的，我们可以借助古典概型公式计算有关事件的概率。但在现实生活中，很多试验的样本点不是等可能发生的，大量随机事件的概率不能直接计算，只能借助于频率来估计概率，因此，必须清楚频率与概率的关系。在必修概率中，我们研究的主要内容是频率的稳定性，频率与概率的联系与区别，用频率估计概率，随机模拟等。

本章知识结构框图如下：

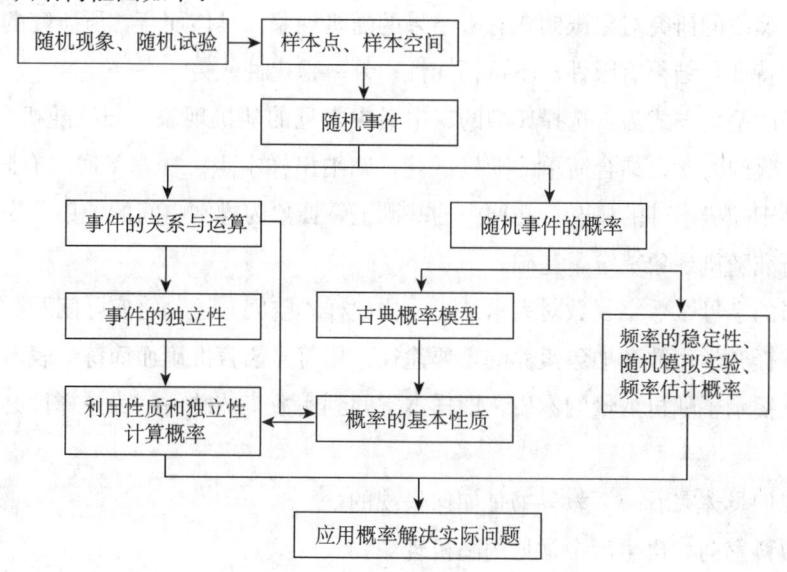

二、获得概率的研究对象，建构概率的研究路径及框架

《标准（2017年版）》中提出要发展学生的数学学科核心素养，在这样的理念下，教科书在编写过程中更加注重落实"四基"，培养"四能"，关注概率的研究对象是什么，研究内容是如何得到的，概念是怎么抽象的，概率的性质是如何发现的，等等。在编写过程中，教科书从认识概率的研究对象入手，围绕如何使学生获得概率的研究对象、发现概率的研究内容和方法等问题展开，不仅让学生知道"是什么""怎么做"，更重要的是让学生知道"为什么""怎么想"，最大限度发挥概率的育人功能和价值。

1. 概率的研究对象

数学历来被认为是确定性的科学，所谓"确定性"的含义就是在给定的条件下可以得到确定的结果，也就是说如果知道足够的信息，可以对未来进行精准的预测。但是，现实中还存在着大量的现象，即便是从相同的条件下出发，我们仍然无法预知其结果。例如，抛掷一枚硬币是正面朝上还是反面朝上，明天是否会下雨，彩票能否中奖，等等。类似这些问题中都包含了不确定性。这类在一定的条件下事先不能预知结果的现象称为不确定性现象。"不确定性"的含义是在一定条件下，某个结果可能发生也可能不发生，而且即使知道所有可能结果，我们也无法预知某一次观测时哪一个结果出现。

在现实生活中，我们会面对很多不确定性的问题，有的相对简单，有的比较复杂，甚至有些不确定性的现象，以人类目前的能力，根本无法解决。为此，我们缩小研究的范围，在高中阶段我们仅研究那些在相同条件下能进行重复观测且有规律的现象——随机现象。

随机现象：在一定条件下不能事先预知结果，且各个结果发生的频率都具有稳定性的现象。

考虑到随机现象的高度复杂性以及学生的认知准备状况，同时也不失一般性，把高中必修课程中概率的研究对象限制在有限结果的随机现象。具体而言，所研究的不确定现象具有以下的特征：结果有限性；不可预知性；频率稳定性。[2]

教科书的呈现方式为：选择典型的、生活中常见的随机现象，归纳随机试验的特点，引入随机试验的概念；结合简单的随机试验，归纳出样本点、样本空间（有限样本空间）的概念；对于随机事件的概念，在初中的基础上，抽象为样本空间的子集。为用数学的方法描述和研究随机现象奠定了基础。

用适当的字母、数字、数对表示结果，构建样本空间，这是将实际问题数学化的关键步骤，也是提升学生数学抽象素养的重要途径。用符号语言准确而简练地表示求解概率问题的过程，揭示了随机变量的本质，即样本空间到实数集的映射，为选择性必修内容奠定了基础。

下面我们具体来看一下教科书是如何呈现的。

首先教科书列举出生活中常见的随机现象：

例如，将一枚硬币抛掷 2 次，观察正面、反面出现的情况；从你所在的班级随机选择 10 名学生，观察近视的人数；在一批灯管中任意抽取一只，测试它的寿命；从一批发芽的水稻种子中随机选取一些，观察分蘖数；记录某地区 7 月的降水量；等等。

根据初中阶段学生对随机现象的认识和了解，教科书选择典型的、丰富的例子，引入随机试验的概念：

我们把对随机现象的实现和对它的观察称为随机试验。

但现实世界中的随机现象到处可见、纷繁复杂，很多现象是不能重复的，例如某场篮球赛的输赢是不能重复的，天空中流星的轨迹是不能重复的，等等。这些不能重复的随机现象，不容易把握和研究。因此，在高中阶段，主要研究具有以下特点的随机试验：

(1) 试验可以在相同条件下重复进行；
(2) 试验的所有可能结果是明确可知的，并且不止一个；
(3) 每次试验总是恰好出现这些可能结果中的一个，但事先不能确定出现哪一个结果。

紧接着给出如下思考：

体育彩票摇奖时，将 10 个质地和大小完全相同、分别标号 0，1，2，…，9 的球放入摇奖器中，经过充分搅拌后摇出一个球，观察这个球的号码。这个随机试验共有多少个可能结果？如何表示这些结果？

由于 10 个球除标号外完全相同，摇匀后每次取出一个，共有 10 种等可能的结果，因此可以用集合 $\{0, 1, 2, 3, 4, 5, 6, 7, 8, 9\}$ 表示所有可能的结果。通过对典型案例的学习，归纳出样本点、样本空间（有限样本空间）的概念，抽象出数学的研究对象，为用数学的方法描述和研究随机现象奠定了基础。紧接着，教科书通过例题的形式分析随机试验的可能结果，用适当的字母、数字、数对表示结果，构建样本空间，这是将实际问题数学化的关键步骤，也是提升学生数学抽象素养的重要途径。

在此基础上，给出思考：

在体育彩票摇号试验中，摇出"球的号码为奇数"是随机事件吗？摇出"球的号码为 3 的倍数"是否也是随机事件？如果用集合的形式来表示它们，那么这些集合与样本空间有什么关系？

在上述思考中，由于摇出"球的号码为奇数"和"球的号码为 3 的倍数"都是可能发生，也可能不发生，所以两个事件都是随机事件。并且"球的号码为奇数"用集合表示为 $\{1, 3, 5, 7, 9\}$，"球的号码为 3 的倍数"用集合表示为 $\{3, 6, 9\}$，即都可以表示为样本空间的子集。进而给出随机事件、基本事件、必然事件和不可能事件等概念。

纵观上述过程，教科书呈现了概率研究对象的获得过程，符合知识发生发展的内在逻辑和学生认知心理的特点，能较好地培养学生的数学抽象和直观想象素养。

2. 构建概率主题研究框架，整体设计研究路径由于概率的研究对象是随机事件，随机性本身就具有一定的难度。面对"随机事件"这一新的研究对象，有哪些问题需要研究？按照怎样的路径展开研究？可以采取哪些研究方法？教科书从学生的已有知识和经验出发，发挥学生在研究确定性现象中获得的知识经验，获得研究概率的内容、过程和方法，体现研究一个数学对象的基本路径。

数学的本质在于度量，无论是确定性问题，还是随机性的问题都是如此。[3]概率是对事件发生可能性大小的一种度量，引入了样本空间以后，随机事件可以看成样本空间的子集，对于一个具体的随机试验，通常含有许多随机事件，因此需要对每个随机事件都分配一个实数与其对应，从这种意义上看，概率可以看成定义在样本空间（有限样本点）子集上的"集函数"。所以我们可以类比函数的研究，建立概率的研究路径、发现概率的研究内容和方法，尽管函数的研究对象、研究内容和方法与概率有很大的不同，但这样的类比至少在入门阶段可以给学生提供研究方向的指引，有效消除学生对于概率的陌生感。

下面分析一下函数的研究路径。

（1）与初中给出的函数描述性定义比较，对函数的更为严格和精确的定义是基于集合这一基本概念的。把函数定义为两个非空数集 A，B 之间的一种特殊的映射 f，对 $\forall x \in A$，按照对应关系 f，都有唯一确定的数 $f(x) \in B$ 和它对应。因此，定义函数概念需要先有集合的有关知识。

（2）从概念学习的需要看，应该给学生提供典型丰富的具体例证，使学生经历具体事例共性的分析、归纳过程，概括得出函数的定义，并通过概念辨析深入理解概念的内涵。函数概念的学习应该从"事实"出发，用"概念形成"的方式。

（3）在定义函数概念、理解函数的各种表示法后，研究函数的值域、单调性、奇偶性、周期性、特殊点的取值等性质，它们从"关系""规律"等角度反映了函数的某些特征。

（4）针对某一类现象（如均匀变化、匀变速、指数增长、对数增长、周期现象等）建立函数模型。其核心内容有两个：一是建立关于这种变化现象中量与量之间的确切关系——函数模型 $y=f(x)$，从而精确地刻画一个量是如何随着另一个量的变化而变化的，据此就能准确地"预测未来"；二是通过对 $y=f(x)$ 的"纯数学"研究，发现这类函数的性质，包括定义域、值域、单调性、最大（小）值、衰减率、增长速度、函数的零点等，这些性质都是这类现象在某一方面变化规律的反映。

归结起来，对于函数的研究，其结构和内容大致如下：[2]

预备知识—集合（概念、关系、运算）；

函数的事实—函数概念的定义、表示—函数的性质—基本初等函数。

类比上述结构和内容，可以建立如下概率教科书的结构体系：[2]

预备知识—样本点、样本空间，随机事件，事件的关系和运算；

概率的事实（随机现象）—概率的定义及表示—概率的性质、运算法则—古典概型—

频率的稳定性等—概率的计算、随机模拟试验……

通过对比不难发现，前三部分是对概率的基本概念、基本性质的研究，相当于对函数的一般概念与性质的研究；古典概型是最简单的概率模型，也是高中概率课程重点研究的概率模型，与函数中的幂函数、指数函数、三角函数等具有同等重要的地位。另外，由于古典概型比较简单，便于解释相关概念，有利于学生体会概率的意义，考虑到学生的已有经验和认知水平，为了使学生在理解概率的概念和性质时有一个完整的具体例证支撑，教科书把古典概型提前安排。

下面以"10.1.4 概率的基本性质"为例，来看教科书是如何呈现研究路径和研究方法的：

- 在节引言中首先提出：给出了一个数学对象的定义，就可以从定义出发研究这个数学对象的性质。例如，在给出指数函数的定义后，我们从定义出发研究了指数函数的定义域、值域、单调性、特殊点的函数值等性质，这些性质在解决问题时可以发挥很大的作用。因此，在给出了概率的定义后，我们来研究概率的基本性质。类比函数性质的研究思路发现和提出概率的基本性质。
- 提出研究问题："你认为可以从哪些角度研究概率的性质？"类比研究函数的值域、特殊点的函数值等性质的研究，得出概率的非负性和规范性性质。
- 研究事件 A 与事件 B 互斥时，和事件 $A\cup B$ 的概率与事件 A，B 的概率之间的关系。可以引导学生从事件的关系和运算入手，或类比几何度量的性质，发现概率的可加性。
- 研究事件 A 与事件 B 对立时，根据概率的规范性与可加性得到 $P(A)+P(B)=1$。
- 根据事件之间的包含关系，类比函数的单调性，得出概率的单调性。
- 研究两个事件不互斥时，采用由特殊到一般的方式得到概率的加法公式，即 $P(A\cup B)=P(A)+P(B)-P(AB)$。

三、重视相关概念的数学本质和形成过程

1. 样本空间

集合作为数学的语言和工具，在概率中有广泛的应用，它为表达和处理事件提供了丰富的语言。把样本点看作随机试验的每个可能的基本结果，样本空间看作全体样本点的集合，这样的定义方式不仅使问题的讨论更方便，而且讨论的结果容易进行一般化的推广。样本点和样本空间的引入为我们用数学的方法描述和研究随机现象提供了方便，能够帮助我们深刻理解概率的定义及性质。

有了样本点和样本空间的概念，就可以把随机事件看成是样本空间的子集，即可以用集合的语言定义随机事件。同样地，可以借助集合的运算来表达事件的关系：

事件的关系或运算	含义	符号表示
包含	A 发生导致 B 发生	$A \subseteq B$
并事件（和事件）	A 与 B 至少一个发生	$A \cup B$ 或 $A+B$
交事件（积事件）	A 与 B 同时发生	$A \cap B$ 或 AB
互斥（互不相容）	A 与 B 不能同时发生	$A \cap B = \varnothing$
互为对立	A 与 B 有且仅有一个发生	$A \cap B = \varnothing$，$A \cup B = \Omega$

基于上面的运算性质，我们可以从数学的角度来研究概率的基本性质。例如，在研究和事件 $A \cup B$ 的概率与事件 A，B 的概率之间的关系时：(1) 当事件 A 与 B 互斥时，即事件 A 与 B 不含有相同的样本点时，两个事件和事件的概率等于两个事件概率的和，即性质 3；(2) 当两个事件不互斥时，由于在计算 $P(A)+P(B)$ 时，事件 $A \cap B$ 发生的概率被重复计算，因此 $P(A \cup B) = P(A) + P(B) - P(A \cap B)$，即性质 6。

对随机试验，用适当的符号表示试验的基本结果、列举样本空间，既是重点也是难点。不同的随机试验，样本空间的复杂性有很大的差别。在教学中，要控制随机试验的复杂性，从最简单的试验开始，经历用语言描述试验的基本结果，并用符号表示，进而思考更简洁的表示，同时要考虑等可能性；尽可能多地列举一些具有相同结构样本空间的随机试验。在确定随机试验的样本空间时，要注意不要把问题背景与问题本身混为一谈。

例如，抛掷一对骰子，要求"点数之和是偶数"的概率，有人认为建立样本空间 $\Omega_1 = \{(x, y) | x, y=1, 2, 3, 4, 5, 6\}$ 比较复杂，可以建立样本空间 $\Omega_2 = \{(偶，偶)，(偶，奇)，(奇，偶)，(奇，奇)\}$，将 Ω_2 中的每个元素看成是试验的基本结果，这 4 个结果也是等可能的，从而求得"点数之和是偶数"的概率为 0.5。但是，我们如果在同样的问题背景下，求"点数之和为 5"的概率，显然利用样本空间 Ω_2 就不行了，还是要用 Ω_1。这样，对于同样的问题背景，针对不同的问题，需要构建不同的样本空间，使得原本清晰的问题变得复杂了。

因此，选择样本点、建立样本空间的基本原则是"样本点和样本空间与问题背景有关，与问题本身无关"。

2. 概率的古典定义

概率定义的产生和发展经历了漫长的过程。概率的描述性定义为"概率是随机事件发生的可能性大小的度量"，但这个定义对确定具体随机事件的概率没有任何帮助。早期研究的概率问题绝大多数是古典概型，由于所有结果的等可能性，自然把随机事件 A 发生的可能结果数 k 与试验的可能结果总数 n 的比值作为事件 A 的概率定义。法国数学家拉普拉斯把它作为概率的一般定义，现在称为古典概率定义。随着人们遇到问题的复杂程度的增加，许多随机现象不符合古典概型的特征，而且对于同一事件，从不同的等可能性角度算出不同的概率，从而产生了种种悖论。随着经验的积累，人们逐渐认识到，在做大量重复试验时，随着试验次数的增加，一个事件出现的频率总在一个定数 p 的附近摆动，显示出一定的稳定性。瑞士数学家雅各布第一·伯努利对这一规律给予严格的描述和数学证明，奥地利数学家米泽斯把这个稳定值定义为事件的概率，称之为概率的频率定义。1777 年法国科学家布丰提出了著名的"投针问题"，引进了几何概率。但是无论是古典概率定义、频率定义还是几何概率定义，都有其局限性和不完善之处。于是，1933 年，苏联数学家科尔莫戈罗夫在总结前人的成果基础上提出了概率的公理化结构，使概率成为严谨的数学分支。

对于有限样本空间，概率的公理化结构为：设随机试验 E 的样本空间为 Ω，随机事件是样本空间的子集，所有事件构成的集类 $\mathbb{F}$ 称为事件域，定义在事件域 $\mathbb{F}$ 上的"集合函数" P 称为概率，如果满足如下三个条件：

①非负性：$P(A) \geqslant 0$；

②规范性：$P(\Omega) = 1$；

③可加性：如果 $A, B \in \mathbb{F}$，且 $A \cap B = \varnothing$，则 $P(A \cup B) = P(A) + P(B)$，

那么对每个事件 A 按照某种规则赋予一个实数 $P(A)$，满足①②③，称 $P(A)$ 为 A 的概率。

在公理化定义中，把①②③作为公理，概率的其他性质均由这三条公理推出。

概率的公理化定义是高度抽象的，这对深刻理解问题本质是重要的，但它是以舍弃直观为代价的。在概率论公理体系中，我们看不到随机事件，也感悟不到随机事件可能发生也可能不发生。可能以这种程度发生也可能以那种程度发生的那种变幻莫测的神秘感。特别是基于概率论公理体系，已经完全丧失了我们探讨随机现象的本意，正因为如此，许多学者把基于公理体系的概率论归于纯粹数学。[3]

由于在高中阶段我们不要求学生了解概率的公理化定义，故以日常生活中对随机现象发生可能性的定性陈述为基础，结合所有样本点的等可能性特点，给出古典概率定义。

下面看教科书是如何抽象古典概率的定义的。

考虑下面的两个随机试验，如何度量事件 A 和事件 B 发生的可能性大小？

(1) 一个班级中有 18 名男生、22 名女生。采用抽签的方式，从中随机选择一名学生，事件 $A =$ "抽到男生"；

(2) 抛掷一枚质地均匀的硬币 3 次，事件 $B =$ "恰好一次正面朝上"。

在学生思考的基础上，给出回答："事件 A 发生的可能性大小，取决于男生数在班级学生数中所占的比例大小，因此可以用男生数与班级学生数的比值来度量"；"事件 B 发生的可能性大小，取决于这个事件包含的样本点在样本空间包含的样本点中所占的比例大小，因此可以用事件包含的样本点数与样本空间包含的样本点数的比值来度量"。归纳它

们的共性，给出古典概型概率的定义：

设试验 E 是古典概型，样本空间 Ω 包含 n 个样本点，事件 A 包含其中的 k 个样本点，则定义事件 A 的概率为

$$P(A)=\frac{k}{n}=\frac{n(A)}{n(\Omega)},$$

其中，$n(A)$ 和 $n(\Omega)$ 分别表示事件 A 和样本空间 Ω 包含的样本点个数。

这是基于学生生活经验的数学抽象，关键是用"事件包含的样本点数与样本空间包含的样本点数的比值"来度量事件发生的可能性大小，它不仅给出了事件的古典概率的定义，而且给出了概率的算法（对应规则）。显然，上述定义完全符合概率的公理化定义的要求。

关于古典概型样本点等可能性的判断，首先，要根据问题表述中所含的信息进行判断。例如，抛掷"质地均匀"的硬币，抛掷一枚"质地均匀"的骰子，从 n 个"大小质地完全相同"的球中随机摸出一个球等，这样的表述本身含有基本结果的等可能性。其次，对有些试验，为建立理论模型，等可能性是一种假定。例如，假定生男孩和生女孩是等可能的，随机调查一个人的出生月份，假定出生在每个月份是等可能的。另外，对于两次或多次重复试验，利用二维表或树状图表示试验的所有结果，也有利于对基本结果等可能性的判断。对于"等可能性"，教学中必须给予足够的重视，要通过具体实例加强辨析。

案例 摸球试验样本点等可能性的分析

从含有 3 个红球和 2 个黄球的盒子中随机摸出 2 个球，求事件 $A=$"两次都摸到红球"的概率。为保证基本结果的等可能性，首先要对 5 个球进行编号。例如 3 个红球编号为 1，2，3，两个黄球编号为 4，5。两次摸球的结果用数对 (x,y) 表示。

（1）对于有放回摸球，类似于例 8 "抛掷两枚骰子"的试验，必须区分摸球的次序，例如，将 $(1, 2)$ 与 $(2, 1)$ 看成不同的样本点，否则不能保证样本点的等可能性。样本空间包含 25 个等可能的样本点，而事件 A 包含 9 个样本点，所以 $P(A)=\dfrac{9}{25}$。

（2）对于不放回摸球，可以区分摸球的次序，样本空间 Ω_1 包含 20 个等可能的样本点（表 1），其中事件 A 包含 6 个样本点，$P(A)=\dfrac{6}{20}=\dfrac{3}{10}$。也可以不考虑摸球次序，将 Ω_1 中的样本点两两合并，得到包含 10 个样本点的样本空间 Ω_2，这 10 个样本点仍然是等可能的，同样求得事件 A 发生的概率为 $\dfrac{3}{10}$。计算事件 A 发生的概率时，既可以认为是依次摸出两个球，也可以认为是同时摸出两个球，结果没有差异。

表1

	(1, 2)	(1, 3)	(1, 4)	(1, 5)
(2, 1)		(2, 3)	(2, 4)	(2, 5)
(3, 1)	(3, 2)		(3, 4)	(3, 5)
(4, 1)	(4, 2)	(4, 3)		(4, 5)
(5, 1)	(5, 2)	(5, 3)	(5, 4)	

3. 三个事件的相互独立性

《标准（2017年版）》对多个事件的独立性没有要求，但在后续的二项分布的研究中要用到。在此作一简单介绍，供教师参考。

由两个事件相互独立的定义，自然想到有两种方法定义三个事件相互独立。

方式一：对任意的三个事件 A，B，C，如果

$$P(ABC)=P(A)P(B)P(C) \tag{1}$$

成立，则称事件 A，B，C 相互独立。

方式二：如果事件 A，B，C 两两独立，则三个事件 A，B，C 相互独立。

从直观意义看，如果三个事件 A，B，C 相互独立，它们应该两两独立，即有

$$\begin{cases} P(AB)=P(A)P(B), \\ P(AC)=P(A)P(C), \\ P(BC)=P(B)P(C). \end{cases} \tag{2}$$

我们可以举出（2）式成立但（1）式不成立的反例，例如：设样本空间 $\Omega=\{a, b, c, d\}$ 含有等可能的样本点，且 $A=\{a, b\}$，$B=\{a, c\}$，$C=\{a, d\}$。可以验证 A，B，C 三个事件两两独立，但 $P(ABC)\ne P(A)P(B)P(C)$。

同样地，也可以举出（1）式成立但（2）式不成立的反例，例如：如图1，一个正八面体，八个面分别标以数字1到8，任意抛掷一次这个正八面体，观察它与地面接触的面上的数字，得到样本空间为 $\Omega=\{1, 2, 3, 4, 5, 6, 7, 8\}$，若令事件 $A=\{1, 2, 3, 4\}$，$B=\{1, 2, 4, 5\}$，$C=\{1, 6, 7, 8\}$，可以验证 $P(ABC)=P(A)P(B)P(C)$ 成立，但不满足 A，B，C 两两独立。

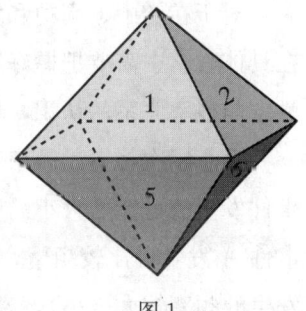

图1

通过上面的分析，可以知道这两种定义的方式都不合理。

实际上，将方式一和方式二相结合，可以得到三个事件相互独立的定义：对任意的三个事件 A，B，C，如果（1）式和（2）式同时成立，则称事件 A，B，C 相互独立。

显然，如果事件 A，B，C 相互独立，则 A，B，C 两两独立。并且以下7组事件都

是相互独立的：

$$(\bar{A}, B, C), (A, \bar{B}, C), (A, B, \bar{C}), (\bar{A}, \bar{B}, C),$$
$$(\bar{A}, B, \bar{C}), (A, \bar{B}, \bar{C}), (\bar{A}, \bar{B}, \bar{C})。$$

对于 n（$n>3$）个事件的独立性定义及性质，可以由 3 个事件的独立性直接推广得到。

4. 频率与概率的关系

概率是随机事件的固有属性[3]，在古典概率模型中，可以通过古典概型公式计算随机事件发生的概率，但对于样本点不是等可能或者等可能不容易判断的随机试验中，我们可以借助于随机事件发生的频率来估计其概率，频率的稳定性为我们提供了重要的理论基础。

借助频率估计概率，对于我们深刻理解概率发挥着重要作用，具有不可取代的地位！在一个具体试验中，如何理解一个随机事件发生的概率的大小呢？例如，一个口袋中装有 2 个白球，3 个黑球，除颜色外完全相同，现从中任取一个球，求取到白球的概率。通过古典概型公式计算可知，取到白球的概率为 $\frac{2}{5}$。但在一次试验中，取到的要么是白球，要么是黑球，很难体会取到白球的概率为 $\frac{2}{5}$。如果将该试验在相同条件下重复 1 000 次，那么根据频率的稳定性知，大约会有 400 次取到白球，600 次取到黑球。可见通过频率来解释一个随机事件发生的概率的大小，就变得易于理解了！

在后面的学习中，频率对理解数学期望的意义，由频率直方图引入正态分布等都有帮助。在独立性检验中，我们根据随机样本数据，通过频率估计概率，来推断两个事件是否独立或两个分类变量是否独立。因此，在教学中，对频率与概率关系的教学，应给予足够的重视。

对于在初中、高中和大学课程中都出现的这部分内容，一般不可能一次性理解到位，在具体教学中需要把握好度，可以根据学生的思维发展水平，螺旋上升地安排内容。对于频率与概率关系的认识，可以划分为以下几个层次。

第一层次：通过频率直观认识概率的意义。频率描述事件发生的频繁程度，而概率是事件发生的可能性大小的度量。一般地，如果事件 A 的概率较大，那么，在重复试验中，事件 A 发生得比较频繁，因此事件 A 的频率一般也较大。反之，在重复试验中，事件 A 发生的频率较大（小），说明该事件发生的概率也较大（小）。

第二层次：通过试验认识频率的稳定性。经历具体的随机试验，认识到当重复试验的次数较少时，频率的波动比较大。随着试验次数的增多，频率的波动越来越小，逐渐稳定在一个常数附近，这个常数就是概率。所以，当试验次数较大时，我们用频率来估计概率。

第三层次：认识频率与概率的本质区别。对确定的随机事件，其发生的可能大小是客观存在的，即事件的概率是唯一确定的一个数值。而事件发生的频率却具有随机性，试验次数不同，其频率可能不同，即使试验次数相同，不同的试验频率也可能不同。

第四层次：通过具体的计算或计算机模拟认识频率的稳定性。下面的案例仅供教师参考，它有助于将频率与概率的关系表述得更准确。

案例 分别抛掷 100 次、200 次、1 000 次、4 000 次硬币，用"正面朝上"的频率估计概率，在给定误差范围内，计算估计的可靠性（可以用电子表格中的函数 BINOM.DIST() 计算）。

设用 $f_n(A)$ 表示重复抛掷 n 次硬币，$A=$ "正面朝上"出现的频率。

抛掷次数	$P(|f_n(A)-0.5|\leq 0.1)$	$P(|f_n(A)-0.5|\leq 0.05)$	$P(|f_n(A)-0.5|\leq 0.01)$
100	0.964 8	0.728 7	0.231 1
200	0.996 4	0.862 6	0.273 6
1 000	1.000 0	0.998 6	0.492 5
4 000	1.000 0	1.000 0	0.794 1

例如，有人认为："用频率估计概率，重复试验次数越多，估计的结果就越精确。"但这样的表述并不准确。观察上面的计算结果，我们看到：做 100 次试验，频率与概率的偏差不超过 0.05 的概率为 0.728 7，做 1 000 次试验，频率与概率的偏差不超过 0.05 的概率为 0.998 6。因此，用频率估计概率，比较严格的表述为："当试验次数较少时，用频率估计概率误差较小的可能性较小，当试验次数足够多时，用频率估计概率误差较小的可能性大。"

第五层次：大数定律

设事件 A 的概率为 p，$f_n(A)$ 是 n 次试验事件 A 发生的频率，则对任意的 $\varepsilon>0$，都有

$$\lim_{n\to+\infty} P(|f_n(A)-p|\leq \varepsilon)=1 \text{ 或 } \lim_{n\to+\infty} P(|f_n(A)-p|>\varepsilon)=0.$$

第一层次、第二层次在初中已有初步认识，第三层次是高中的教学要求，第四层次可根据教学条件选择，第五层次超出了高中课程的要求。

四、重视从整体上把握概率内容和数学思想方法的渗透

1. 了解概率论的特点，整体把握逻辑关系

对于随机现象，每个结果的发生都具有偶然性，但是在大量重复观测下又呈现出必然规律。在学生的数学学习经历中，以往接触的问题主要是确定性现象，很少有意识地思考

随机现象的特点，又由于概率课程自身具有以下的特点：①概率概念比较抽象；②对随机性的不同理解会导致不同的结果；③利用概率进行一次决策，合理的决策未必一定得到好的结果等，所以一提到"随机性"学生就感觉难于把握。

在概率教学过程中，自始至终都要结合实例来展开。提供丰富的、典型的实例，分析归纳获得研究对象——随机现象的特征。同时鼓励学生提出有价值的概率问题。可以引导学生分类列举随机现象，例如，游戏中的随机现象（抛掷硬币、抛掷骰子、抽取扑克牌、电脑游戏）；生活中的随机现象（彩票、出生月份、摸球抽签、上学迟到等），实际应用中的随机现象（随机抽样、保险问题、投资理财等）。要注意避免人为虚构脱离数学本质的情境，情境也不宜过于复杂，更不能将生活常识、数学定理、成语俗语等当成事件。

在教学中，可结合知识框图，把握本章的整体结构。特别注意不同的顺序安排，对某些概念的呈现方式是不同的。例如，如果先研究概率的基本性质，然后定义古典概率，由于概率要满足规范性和可加性，只要对每个基本事件定义其概率为 $\frac{1}{n}$，那么所有事件的概率就完全确定了。本章教科书从认知经验出发，根据古典概型的特征，定义事件的概率为事件包含的样本点数与样本空间中样本点总数的比值，然后研究概率的基本性质。

2. 重视核心概念"随机事件"的抽象

"随机事件"是概率论的核心概念之一，如果理解不深刻，将影响整个概率的学习。引入样本点、有限样本空间概念，用样本空间的子集表示随机事件是随机现象数学化的关键一步，必须给予重视。

在教学中，应利用典型例子，以"随机现象数学化"为导向，以"不同语言的相互转化"为手段，针对样本点、样本空间、随机事件及其关系等提出问题，并要让学生自己提出问题。这样的训练是基础性的，对于"认识和理解随机现象"有重要意义，不能匆匆而过。加强用数学语言描述随机现象的教学，对于促进学生理解样本点和样本空间的含义，随机事件和样本点的关系，随机事件的发生，随机事件的关系和运算等都是非常有用的。

3. 重视数学思想方法的渗透

数学教学固然应该教会学生许多必要的基础知识，但是绝不仅仅以教会数学知识为目标，重要的是让学生在学习这些结论的过程中获得数学思想。在教学中应重视数学思想的提炼和渗透，把提升学生的数学学科核心素养落到实处。

对随机试验，用符号（字母、数字或数对）表示试验结果，抽象出样本点、样本空间，由事件发生的意义抽象出"随机事件"是样本空间的子集；抽象概括出随机试验的本质特征，建立各种概率模型；借助树状图表示试验的所有可能结果，判断样本点的等可能性；从两个事件的发生互相不影响，抽象事件的独立性等，都是数学抽象的体现。

本章中运用了类比、归纳等思想。例如，类比函数的研究，确定概率的研究路径，发现概率的性质；类比集合的关系和运算理解事件的关系与运算；对概率基本性质的研究采用由特殊到一般的归纳的方式；等等。

对古典概型的教学，重点应放在通过解决实际问题，了解构建概率模型的一般方法，理解事件概率的意义，渗透模型化思想，不要把重点放在计数上。

4. 加强"统计与概率的联系"

统计与概率既有联系，又有区别。概率论与统计学虽然研究的都是随机现象，但两者的差别很大。统计学的研究基础是数据，基于归纳的方法用样本数据推断总体；概率论的研究基础和传统数学类似，还是定义和假设，用演绎的方法进行计算和推理。从认知的角度看，统计比概率更具体，统计学以概率论为基础。我们知道，采用随机抽样，用样本推断总体，其结果也具有随机性。评价推断结果的精确程度，推断方法的"好"与"坏"，都需要概率知识。在概率的教学中，要适当地关注二者的联系。例如：

（1）关注统计中的总体与概率中的样本空间之间的联系。总体没有随机性，只有采用随机抽样，其结果才具有随机性。

（2）在古典概型教学中，从概率角度比较有放回简单随机抽样、不放回简单随机抽样、按比例分层随机抽样三种抽样方式对总体均值的估计效果。

（3）在频率与概率的教学中，结合"阅读与思考 孟德尔遗传规律"，让学生认识到：一方面可以通过统计发现规律，提出遗传机理的概率模型（正态分布模型也采用这种方式构建）；另一方面，也可以利用统计方法，用频率来验证理论模型的正确与否。

5. 重视信息技术的应用

随着科技的发展和技术的进步，传统的课堂教学已经很难满足教学的需求，信息技术与数学课程的深度融合，对教育教学方式产生了巨大影响。信息技术在教育教学中的运用是现代教育发展的必然趋势，也是实施高质量的教育的必然选择。

在本章的学习中，用频率估计概率时，需要做大量的重复试验，但这种方法费时费力。利用计算机等信息技术工具模拟某些随机试验，可以达到快速地进行大量重复试验的目的。从而用频率估计事件的概率，进一步认识频率的稳定性，频率与概率的关系，更好地体会统计思想和概率的意义。例如，"随机选取 6 个人，调查他们的出生月份"，如果进行实际调查，一是很难保证随机性，二是要将这个试验重复 100 次，实际上很难完成。因此，我们可以设计一个摸球试验来模拟试验。在袋子中装入编号为 1，2，…，12 的 12 个球，这些球除编号外没有差别。有放回地随机从袋中摸 6 次球，得到 6 个数代表 6 个人的出生月份，这就完成了一次模拟试验。这样做可以保证随机性，但做大量重复试验效率不高。这时可以借助随机数函数"RANDBETWEEN（1，12）"快速模拟试验，可以节省大量时间、提高效率，而且能帮助学生更好地体会随机性现象背后的概率思想。因此，在概率教学中，要充分发挥信息技术的作用，有条件的学校应尽可能多地使用计算机等信息技术工具辅助教学。

以上是对概率教科书在编写过程中的一些思考,并在教学中提出了一些具体的建议。概率主题内容是高中数学课程的核心而基础的内容,在发展学生的数学抽象、数学建模、逻辑推理以及数学运算等核心素养方面有重要作用。概率主题的教科书设计和教学,要结合概率的特点以及学生的认知心理,结合典型具体的案例逐步展开,让学生体会研究概率的基本路径,体现研究一个数学对象的基本套路。在学生获得"四基",提高"四能"的过程中,逐步学会数学地思考、表达和交流。

参考文献

[1] 徐传胜. 从博弈问题到方法论学科——概率论发展史研究[M]. 北京:科学出版社,2018:前言.

[2] 章建跃,程海奎. 高中必修课程中概率的教材设计和教学思考[J]. 课程·教材·教法,2017(5):27-33.

[3] 史宁中. 数形结合与数学模型——高中数学教学中的核心问题[M]. 北京:高等教育出版社,2018:87,92,94.

(执笔人:程海奎,河北师范大学;章建跃,人民教育出版社课程教材研究所;张伟,人民教育出版社课程教材研究所)

第四编　选择性必修课程教材编写研究

空间向量与立体几何

在必修课程学习平面向量的基础上,"空间向量与立体几何"这一章将把平面向量推广到空间,研究空间向量及其运算、空间向量基本定理及空间向量运算的坐标表示,并运用空间向量研究立体几何中图形的位置关系和度量问题,包括用空间向量描述空间直线、平面间的平行、垂直关系,用空间向量解决空间距离、夹角问题等。

本章的研究对象是几何图形,所用的研究方法是向量方法。通过本章学习,侧重提升学生的直观想象、数学运算、逻辑推理和数学抽象等数学学科核心素养[1]。

一、关注内容的联系性和整体性,构建本章的研究框架

与必修"平面向量及其应用"一样,本章也是《标准(2017年版)》中"几何与代数"主线的内容。空间向量既是代数研究的对象,也是几何研究的对象,是沟通几何与代数的桥梁。本章的内容安排充分考虑空间向量的这种联系性,突出几何直观与代数运算之间的融合,通过形与数的结合,感悟数学知识之间的关联,加强对数学整体性的理解。

与平面向量一样,空间向量研究的"暗线"也是向量空间理论。

空间向量的概念来源于现实生活。在数学中,以位移、速度等为背景,抽象空间向量的概念,定义空间向量的加法、数乘等线性运算,并给出线性运算满足的运算性质,这时空间中的向量所组成的集合就构成了一个实数域上的向量空间。进一步地,如果在这个向量空间里定义"数量积"运算并给出其性质,那么这个向量空间就是一个有度量概念的欧氏向量空间。欧氏空间中空间向量的加法、数乘、数量积等运算建立了空间向量与立体几何中的位置关系与度量问题之间的联系。

一般地,在构建一个向量空间后,通常会研究这个向量空间的一般规律。具体到空间向量,就是研究空间向量基本定理。根据空间向量基本定理,这个向量空间可以由三个线性无关的向量生成,这为空间向量的运算化归为数的运算奠定了基础。这样,空间任意一个向量都可以表示成三个不共面向量的线性运算,在用空间向量解决立体几何问题的过程中,这种表示发挥了"基本"作用。

从空间向量基本定理出发,选定空间中的任意一个定点 O,并给定一个单位正交基底

$\{i, j, k\}$，分别过点 O 作平行于向量 i，j，k 的数轴，就可以建立由 $\{O; i, j, k\}$ 确定的空间直角坐标系。在解决立体几何问题时，通过建立空间直角坐标系，可以把空间向量及其运算转化为数及其运算，从而可以将几何问题完全"代数化"，得到用空间向量解决立体几何问题的"坐标法"。

立体几何中的向量方法主要表现为：为了用空间向量解决立体几何问题，首先要把点、直线、平面等组成立体图形的要素用向量表示，使其成为可以运算的对象，将几何问题转化为向量问题；进而利用空间向量的运算，研究空间直线、平面间的平行、垂直等位置关系以及距离、夹角等度量问题；最后再利用向量运算的几何意义，将运算结果"翻译"成相应的几何结论，从而得到几何问题的解决。

基于以上分析，教科书构建了"空间向量与立体几何"的如下研究框架：

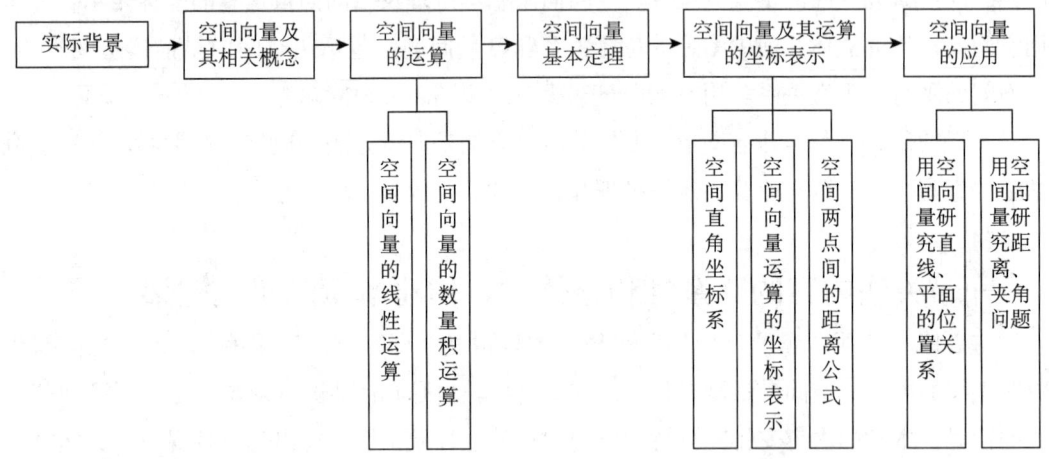

二、类比平面向量研究空间向量的概念及其运算，关注其中维数带来的变化

平面向量与空间向量都属于向量，平面向量是二维向量，空间向量是三维向量，两者有密切的联系。空间向量是平面向量的推广，两者除维数不同外，在概念、运算及其几何意义、坐标表示等方面具有一致性；平面向量基本定理与空间向量基本定理在形式上也具有一致性；利用空间向量解决立体几何问题，是利用平面向量解决平面几何问题的发展，主要变化是维数的增加，讨论对象由二维图形变为三维图形，基本方法都是将几何问题用向量形式表示，通过向量的运算，得出相应几何结论。

由于平面向量和空间向量具有相同的线性运算性质，在构建空间向量及其线性运算的结构体系时，我们把空间向量及其线性运算的内容进行了集中处理，相关概念和线性运算性质通过类比平面向量的方式呈现。这样，既使教科书在局部范围内整体性更强，也使知识的纵向联系更加紧密。

同样，空间向量的坐标运算与平面向量的坐标运算具有类似的运算法则。如在平面内，$a=(x_1, y_1)$，$|a|=\sqrt{x_1^2+y_1^2}$；在空间，$a=(a_1, a_2, a_3)$，$|a|=\sqrt{a_1^2+a_2^2+a_3^2}$。因此，教科书通过问题"有了空间向量的坐标表示，你能类比平面向量的坐标运算，得出空间向量运算的坐标表示并给出证明吗？"引出空间向量运算的坐标表示。

空间向量与平面向量的差异主要由其维数引起，对此教科书也给予了充分关注。例如，在证明空间向量线性运算的结合律时，通过问题"证明结合律时，与证明平面向量的结合律有什么不同？"引导学生思考向量从平面推广到空间时，研究对象维数的变化对运算律的证明带来的影响。这样处理，也使学生在平面向量的基础上进一步深入理解空间向量。

三、关注空间向量与立体几何知识间的联系

空间向量体系的建立需要立体几何的基本知识，反过来，立体几何中的问题可以用向量方法解决。因此，我们说空间向量与立体几何间有着天然的联系。"空间向量与立体几何"属于"几何与代数"内容主线，课程标准设计这条主线的一个基点是：让学生知道如何用代数运算解决几何问题，这是现代数学的重要研究手法。[2]

例如，教科书在定义共面向量时，通过画出向量与平面平行的立体图形帮助学生建立概念；在研究如何确定点的坐标和向量的坐标时，注意引导学生借助几何直观进行研究，并根据直线和平面垂直的判定定理解释其中的道理；等等。这些安排都凸显教科书在构建向量体系时对立体几何基本知识的重视。

又如，在空间向量的数量积运算后，教科书安排了证明直线与平面垂直的判定定理以及其他一些简单的立体几何问题；在空间向量基本定理后，安排了证明直线与直线垂直或平行以及求两条直线所成角的余弦值等简单立体几何问题；在完成空间向量体系的构建后，安排了运用空间向量研究空间直线、平面的位置关系和距离、夹角等度量的问题，这些安排都体现了"让学生知道如何用代数运算解决几何问题"的设计意图，为学生后续学习打下了基础。

四、突出用向量方法解决立体几何问题

向量方法是解决几何问题的常用方法。平面几何讨论的是平面上的点、直线等元素，它们可以与平面向量建立联系。由于平面向量可以表示平面内直线之间的平行、垂直关系以及两条直线夹角的大小，因此许多平面几何问题可以转化为平面向量问题，通过平面向量的运算得出几何结论。类似地，立体几何所讨论的是三维空间中的点、直线、平面等元素，由于它们可以与空间向量建立联系，因此许多立体几何问题可以转化为空间向量问题，通过空间向量的运算得出几何结论。解决这些问题，主要运用向量方法。

向量方法有别于综合几何方法。综合几何方法是借助图形直观,从公理、定义和定理等出发,通过逻辑推理解决几何问题;而向量方法则是用向量表示几何元素,通过向量运算使几何问题得到解决。一般地,利用空间向量解决立体几何问题,有如下的"三步曲":

第一步,建立立体图形与空间向量的联系,用空间向量表示问题中涉及的点、直线、平面,把立体几何问题转化为向量问题;

第二步,通过向量运算,研究点、直线、平面之间的位置关系以及它们之间的距离和夹角等问题;

第三步,把向量运算的结果"翻译"成相应的几何结论。

这种利用向量方法解决立体几何问题的"三步曲",在解决几何问题时具有程序性、普适性。

对于立体几何中的向量方法,教科书采取了先分散后集中的方式,即在学生系统学习空间向量知识的同时,安排利用空间向量解决简单的立体几何问题,渗透向量方法;而在建立空间向量的体系后,则集中围绕"使学生认识向量方法在解决立体几何问题中的作用,体会向量方法的'三步曲'"这个中心来设计,结合具体问题明确给出利用空间向量解决立体几何问题的"三步曲",安排用"三步曲"解决空间直线、平面的位置关系以及距离、夹角等度量问题的内容,进一步体会向量方法在解决立体几何问题中的普适作用。

五、关注投影向量的意义及其在解决距离问题中的作用

空间向量投影是《标准(2017年版)》新增加的内容,课程标准对空间向量投影的概念及其应用都有明确的要求。我们在编写教科书时,关注了课程标准的这一变化。

向量的投影是高维空间到低维子空间的一种线性变换,得到的投影向量是变换的结果。空间向量投影概念的建立对于学生利用投影向量研究立体几何问题有重要意义。教科书在引入向量数量积后,类比在必修课程中学习过的平面向量投影的概念,利用几何直观给出了空间向量投影的概念。

距离是空间中的重要度量。本章涉及的距离问题主要有:两点间的距离,点到直线的距离,平行线之间的距离,点到平面的距离,直线到平面的距离,平行平面之间的距离等。分析上述距离的内容,可以得到如下认识:

①除两点间距离外,垂直反映了距离的本质,因此借助勾股定理可以直观地研究距离问题。

②无论是对于平面还是直线,法向量都是反映垂直方向的最为直观的表达形式,因此利用法向量可以刻画表示"距离"的线段的方向。法向量的方向和法向量上投影向量的长度既体现了几何直观,又提供了代数定量刻画,因此利用法向量和向量投影可以研究距离问题。

由此可见,投影向量的几何意义和代数表示,不仅为研究立体几何的距离问题提供了

便利，而且提供了研究距离的方法。在研究距离问题时，参考向量、它的投影向量、二者的差，构成直角三角形，这样，利用勾股定理，结合空间向量的运算，距离问题也就迎刃而解。例如，教科书在利用空间向量研究点到直线的距离时，就采用了如下投影向量和勾股定理相结合的方式：

如图 1，P 为直线 l 外的一点，e 为直线 l 的单位方向向量。设 $\overrightarrow{AP}=a$，则向量 $\overrightarrow{AP}$ 在直线 l 上的投影向量的长 $|\overrightarrow{AQ}|=|a\cdot e|$。在 $Rt\triangle APQ$ 中，由勾股定理，得

$$PQ=\sqrt{|\overrightarrow{AP}|^2-|\overrightarrow{AQ}|^2}=\sqrt{a^2-(a\cdot e)^2}。$$

图 1

在本章中，教科书注意尽可能地使用投影向量研究立体几何中的距离问题，在"用空间向量研究距离、夹角问题"中，教科书采取了如下的对"距离"的研究顺序：

首先，通过问题"已知直线 l 的单位方向向量为 u，A 是直线 l 上的定点，P 是直线 l 外一点。如何利用这些条件求点 P 到直线 l 的距离？"引出对点到直线的距离的研究，进而利用投影向量得到求点到直线的距离的公式。这也为下一章利用投影向量，结合坐标法获得解析几何中的点到直线的距离公式进行了铺垫。

接下来，通过问题"类比点到直线的距离的求法，如何求两条平行直线之间的距离？"引导学生自己研究两条平行直线之间的距离。

进而，利用投影向量研究点到平面的距离，并渗透利用法向量和投影向量研究距离问题的一般方法：

第一步，确定法向量；

第二步，选择参考向量（如图 2，向量 $\overrightarrow{AP}$ 即为参考向量）；

第三步，确定参考向量到法向量的投影向量；

第四步，利用向量运算求投影向量的长度。

最后，结合例题、习题，解决直线到平面、平行平面间的距离问题（都可转化为点到平面的距离）。

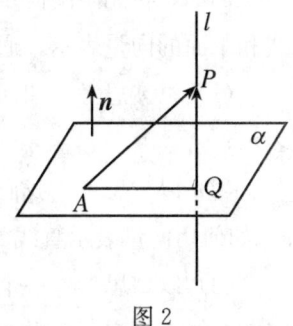

图 2

六、关注用空间向量研究空间中直线、平面间的夹角问题

与距离类似，角度是立体几何中的另一个重要的度量。空间直线、平面间的夹角问题，包括直线与直线所成的角、直线与平面所成的角、平面与平面所成的角，而直线、平面又都可以利用它的方向向量或法向量来刻画，因而空间直线、平面间的夹角问题就转化为求直线的方向向量、平面的法向量间的夹角问题，进而可以利用空间向量的数量积运算加以解决。

对于空间直线、平面间的夹角问题，教科书进行了系统考虑和处理。

学生在必修课程"立体几何初步"的学习中，已经知道如何用综合几何的方法求两条异面直线所成的角，即通过平移把两条异面直线转化为相交直线，再构造三角形来计算，因此教科书在解决"夹角"问题时，首先安排了一道求两条异面直线夹角的余弦值的问题。有了向量工具，两条直线的方向能用它们的方向向量表达，利用向量方法就能得到这两条异面直线的夹角，而不需要平移，从而既体现"角"的本质，也简化求解过程；同时为研究直线与平面所成的角，以及平面与平面的夹角奠定基础。

接下来，教科书通过归纳得出利用向量方法求空间两条异面直线夹角的计算方法，即把两条异面直线所成的角，转化为求两条异面直线的方向向量的夹角。类似地，求直线与平面所成的角，可以转化为求直线的方向向量与平面的法向量的夹角；求平面与平面的夹角，可以转化为求这两个平面的法向量的夹角或其补角，并给出其一般计算公式。最后，教科书通过求直线、平面间的夹角（或其余弦值）的例题和习题，使学生进一步掌握解决立体几何中角度问题的向量方法，体会向量方法在解决立体几何问题中的作用。

七、通过问题引导学习，获得"四基"，提升数学核心素养

为了使学生得到思维方法上的训练，教科书根据知识的发生发展过程，利用"观察""思考""探究"等栏目提出问题，引导学生层层深入地进行思考。在教学前，教师应深入理解教科书构建的问题链，并在此基础上进行教学设计。

例如，在用空间向量研究直线、平面的位置关系的学习中，教科书围绕空间中点、直线和平面的向量表示，通过空间向量的运算，以栏目为载体，构建了这样一条问题链：

（1）以"思考　如何用向量表示空间中的一个点？"引导学生思考空间中点的向量表示；

（2）以"思考　我们知道，空间中给定一个点 A 和一个方向就能唯一确定一条直线 l。如何用向量表示直线 l？"引导学生思考空间中直线的向量表示；

（3）以"思考　一个定点和两个定方向能否确定一个平面？进一步，一个定点和一个定方向能否确定一个平面？如果能确定，如何用向量表示这个平面？"引导学生思考空间中平面的向量表示；

（4）以"思考　由直线与直线、直线与平面或平面与平面的平行关系，可以得到直线的方向向量、平面的法向量间的什么关系？"为引导，研究空间中直线、平面的平行；

（5）以"思考　类似空间中直线、平面平行的向量表示，在直线与直线、直线与平面、平面与平面的垂直关系中，直线的方向向量、平面的法向量之间有什么关系？"为引导，研究空间中直线、平面的垂直。

上述栏目设计体现了"问题引导学习"的理念，逐步把学生的思维活动引向深入，帮助学生在获得"四基"的过程中，逐步提高"四能"，发展数学实践能力及创新意识，培育科学精神，促进学生学会学习。因此，教师要注意依托教科书中的问题链做好教学设计。

八、加强立体几何中向量方法的教学

由于学生在必修课程中已经系统地学习过立体几何知识,因此本章对立体几何知识没有作系统安排,而是通过解决一些立体几何具体问题,体现空间向量在解决立体几何问题中的应用,加强对立体几何中向量方法的一般性认识。因此,本章的教学,特别是"空间向量的应用"的教学,应注意把具体的立体几何问题作为学习向量方法的载体,通过问题的解决加深对向量方法和立体几何内容的理解。当前,教学中普遍存在着把向量方法等同于坐标法的现象,究其原因,主要是没有体会向量方法的特点。加强向量方法,应该强调综合运用向量及其运算解决几何问题。这里,一个是要注意使用"向量回路"、数乘向量、数量积等解决问题(平行、垂直、长度、角度等问题),另一个是要强调空间向量基本定理的核心地位。

"空间向量的应用"的主题是立体几何中的向量方法,教科书通过例题体现这一主题。教学时要注意结合例题,使学生对向量方法的认识逐步深化;结合习题进一步掌握向量方法;并通过引导学生自己归纳概括向量方法,提高他们的抽象概括能力。

九、通过具体问题加深对向量运算作用的理解

向量是躯体,运算是灵魂。向量是既有大小又有方向的量,规定了向量的运算法则后,向量才显示其威力。为了使学生体会向量运算的作用,本章中提出了如下问题:你同意"向量是躯体,运算是灵魂""没有运算的向量只能起路标的作用"的说法吗?

教科书安排这个问题的目的是要引导学生结合几何问题,关注向量运算在分析和解决问题中的作用。通过向量及其运算,不仅能表示空间中的点、直线和平面等基本元素,而且能使空间基本元素的位置关系、大小度量得到表达。例如,直线与直线垂直可以与向量的数量积运算建立对应关系,即

$$l \perp m \Leftrightarrow a \perp b \Leftrightarrow a \cdot b = 0$$(直线 l,m 的方向向量分别为 a,b)。

这样我们可以进一步通过向量运算研究立体几何中的位置关系或度量问题。因此,我们说向量的主要作用要通过其运算来实现的。

十、注意通过具体例子使学生体会维数增加对向量推广带来的影响

在教科书编写时,我们关注了维数增加对向量推广带来的影响。例如,在类比平面向量给出空间向量的线性运算满足的运算律时,教科书提出了如下问题:"你能证明这些运算律吗?证明结合律时,与证明平面向量的结合律有什么不同?"在教学时,教师可以类比平面向量的加法结合律的证明,让学生体会维数增加对运算律的证明带来的影响。

具体地,可以首先回顾平面向量的加法结合律的证明:

如图 3，因为
$$\vec{AD}=\vec{AC}+\vec{CD}=(\vec{AB}+\vec{BC})+\vec{CD}=(a+b)+c,$$
$$\vec{AD}=\vec{AB}+\vec{BD}=\vec{AB}+(\vec{BC}+\vec{CD})=a+(b+c),$$
所以
$$(a+b)+c=a+(b+c)。$$

这就证明了平面向量的加法结合律。

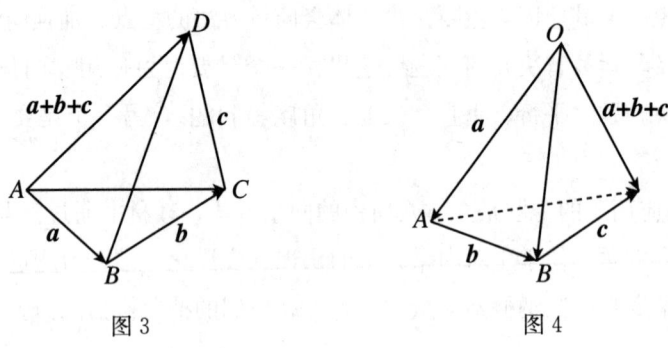

图 3　　　　　　　　图 4

在上面回顾平面向量的加法结合律证明的基础上，教师可以引导学生用类比的方法证明空间向量的加法结合律，类比时要注意引导学生关注向量从二维推广到三维时向量的几何意义的变化。在三维空间，由于维数的增加，三个向量 a，b，c 存在共面和不共面的情况，因此要分类讨论，共面的情况可以转化为图 3 的情况，不共面的情况则如图 4 所示。

参考文献

[1] 中华人民共和国教育部. 普通高中数学课程标准（2017 年版）[S]. 北京：人民教育出版社，2018.

[2] 史宁中. 数形结合与数学模型——高中数学教学中的核心问题 [M]. 北京：高等教育出版社，2018：51.

（执笔人：刘长明，人民教育出版社课程教材研究所）

直线和圆的方程

　　解析几何既是近现代数学的重要内容,又是高中数学课程的主干内容,历来占有重要地位。从数学分支上来说,解析几何属于几何学。几何学是研究现实世界中物体的形状、大小与位置关系的一门数学学科,解析几何是用代数方法研究几何图形的数学分支科学,研究方法是通过建立几何图形的代数方程(或不等式),运用代数运算,由代数运算的结果得到几何图形的性质。

　　解析几何分为平面解析几何和空间解析几何。平面解析几何主要研究直线、二次曲线以及三次以上的高次曲线,高中数学课程主要研究直线、圆、圆锥曲线(椭圆、双曲线和抛物线)。空间解析几何以空间向量及其运算(线性运算、数量积、向量积)为工具,研究平面、直线、曲线、曲面(主要是二次曲面),建立它们的方程,用方程研究它们的性质。目前高中数学课程不研究空间解析几何的内容。

　　直线和圆的方程是平面解析几何的内容。本章首先在平面直角坐标系中,探索确定直线位置和圆的几何要素;然后用代数方法刻画直线的斜率、两点间的距离。在此基础上,建立直线和圆的方程;用方程研究两条直线的位置关系、交点坐标、点到直线的距离,以及直线与圆、圆与圆的位置关系;解决简单的数学问题和实际问题,初步感悟平面解析几何蕴含的数学思想。

一、解析几何的学习为什么从"直线和圆的方程"开始

1. 综合法:欧氏几何中的直线和圆

　　直线和圆是两类基本几何对象,是欧氏几何研究的主要内容。欧氏几何包括平面几何和立体几何,直线和圆是平面几何的内容。在欧几里得《原本》的五大公设中,前三个就是关于"直线和圆"的公设,它们分别是:过相异两点,能作且只能作一直线;线段(有限直线)可以任意地延长;以任意一点为圆心、任意长为半径,可作一圆。关于点、直线有描述性的"定义":点是没有部分的,换言之,点只占有位置而没有大小,即点的长度等于0;线段只有长度而没有宽度;直线是其组成点均匀地直放着的线。

　　在平面几何的学习中,对于点、直线和圆等几何对象的研究,主要是通过具体实例,

对它们进行抽象，先归纳概括它们的定义。当然点、直线的"定义"是描述性的，只能是描述性的，因为没有其他工具对其进行描述。有了直线，以后陆续有射线、线段、角，进而有了"直线型"图形：三角形、四边形等多边形。圆是最简单的"曲线型"封闭图形，它的定义刻画了其几何特征：到定点的距离等于定长的点的轨迹。在定义的基础上，研究"直线型"图形——多边形和圆的有关性质。欧氏几何是度量几何，其性质就是：距离、角度、面积、体积以及它们之间的关系等。对欧氏几何研究主要采用综合法。综合法一般是借助图形的直观，以一些基本名词（如点、直线、平面等）和一些公理、公设，运用同一律、矛盾律和排中律，以及大前提、小前提、结论的"三段论"式的逻辑规则，经过一定的推理，导出一系列命题的研究方法。

直线和圆是平面上最简单的非封闭图形和"曲线型"封闭图形。从更高的观点（图形分类）、更广阔的角度（射影几何）看，直线和圆是一类图形：直线是半径无穷大的圆，直线和圆上任意一点的曲率相同，只不过，直线上任意一点的曲率为 0，圆上任意一点的曲率是其半径的倒数。

2. 坐标法：解析几何中的直线和圆

解析几何的研究对象是几何图形，但研究方法——坐标法是革命性的。坐标法就是通过点与坐标的对应，建立图形的代数表达式，如方程、不等式等，用代数表达式研究图形的几何性质。这种革命性使解析几何的创立成为数学发展史上的一个里程碑。解析几何沟通了代数与几何两大学科之间的联系，从此代数和几何互相吸取对方新鲜的活力，得到迅速的发展。在解析几何方法的基础上，陆续建立了微积分、微分方程、微分几何、代数几何等学科，极大地推动了近现代数学的发展；反过来，这些学科的发展和繁荣推动了几何图形性质的研究，比如，用微分、导数和积分等研究曲线的切线、长度、曲率以及曲面的面积、几何体的体积等。这种"反哺"现象，使解析几何的研究更加精致、更加深入、更加入微。

现在解析几何把直线和圆作为起始阶段的研究对象，通过建立直线和圆的方程，研究它们的有关问题。这样安排一方面容易建立与平面几何的联系，另一方面有利于学生构建研究的路径，使学生在比较中体会坐标法的特点。这是教科书安排解析几何的学习从"直线和圆的方程"开始的原因。

二、"直线和圆的方程"的主要内容和结构体系

本章首先在平面直角坐标系中，探索确定直线位置和圆的几何要素；然后用代数方法刻画直线的斜率、两点间的距离。在此基础上，建立直线和圆的方程；用方程研究两条直线的位置关系、交点坐标、点到直线的距离，以及直线与圆、圆与圆的位置关系；解决简单的数学问题和实际问题，初步感悟平面解析几何蕴含的数学思想。

本章内容包括两部分。第一部分是直线的方程，包括"直线的倾斜角与斜率""直线

的方程""直线的交点坐标与距离公式";第二部分是圆的方程,包括"圆的方程""直线与圆、圆与圆的位置关系"。

1. 直线的方程

"直线的倾斜角和斜率"的主要内容是直线的倾斜角和斜率的概念,倾斜角与斜率之间的关系,过两点的直线的斜率公式,以及运用直线的斜率判断两条直线平行和垂直的位置关系。为了用代数方法研究直线的有关问题,教科书首先探索在平面直角坐标系中确定直线位置的几何要素,然后用代数方法表示这些几何要素。通过一点和一个方向确定一条直线,引入直线倾斜角来刻画直线的倾斜程度(方向);然后通过具体实例,由具体到一般,通过向量法,用直线上两点的坐标刻画倾斜角,把倾斜角的正切值表示为这两点纵坐标的差与横坐标的差的商,进而引出直线的斜率的概念,建立过两点的直线斜率公式,以及直线的斜率与其方向向量的关系。由于两条直线的平行或垂直取决于它们的方向,因此由斜率的关系就能判断两条直线的平行或垂直关系。

直线的方程是在直角坐标系中对直线的代数刻画。"直线的方程"包括直线的点斜式、两点式和一般式方程,斜截式、截距式方程分别是点斜式、两点式方程的特例。点斜式方程是其他所有方程的基础,它是在经过两点的直线斜率公式的基础上,利用给定的点和斜率建立直线上任意一点所满足的代数关系。它一方面表示直线上的点满足这个关系式,另一方面表示满足这个关系式的点都在这条直线上。两点式方程是点斜式方程的"变式"表达或推论,两者之间的桥梁是直线的斜率。而一般式方程揭示的是任意一个二元一次方程表示一条直线,任意一条直线都可以用一个二元一次方程表示。点斜式方程、两点式方程都可以化为一般式方程。

"直线的交点坐标与距离公式"是运用直线的方程判断两条直线的位置关系,求出两条直线相交时交点的坐标;推导点到直线的距离公式、两条平行直线间的距离公式。距离问题是欧氏几何的基本问题之一,在欧氏几何中,把两点间线段的长度定义为距离。而两点间的距离公式与过两点的直线斜率公式是平面解析几何中两个最基本的公式。教科书中用向量方法得出平面上两点间的距离公式。对于点到直线的距离公式,教科书给出了两种推导方法,两种方法各有所长,在比较中可以体会坐标法与向量法的差异。而两条平行线间的距离可以转化为点到直线的距离求出,是点到直线的距离公式的"推论"。

2. 圆的方程

圆是本章研究的第二类图形。虽然圆与直线是两类图形,但研究方法是一致的,即根据确定圆的几何要素,建立圆的方程,运用圆的方程研究与圆有关的几何性质。

"圆的方程"包括圆的标准方程、圆的一般方程两部分内容。教科书从确定圆的几何要素(圆心、半径)出发,根据两点间的距离公式,得到圆的标准方程。把圆的标准方程展开,得到圆的一般方程。圆的标准方程和一般方程是圆的方程的两种形式,它们各有自己的特点,而且两者之间可以互化。

"直线与圆、圆与圆的位置关系"综合运用直线和圆的方程研究直线与圆、圆与圆的位置关系,以及一些简单的实际问题。图形之间的位置关系,既可以直观定性描述,也可以严格定量刻画。定量刻画的方法既可以完全运用代数的方法,通过运算求解,得到图形之间的位置关系;也可以综合运用几何方法和代数方法,这种综合是充分借助图形的几何性质,一定程度上简化代数运算,最后得到图形之间的位置关系。

本章还安排了"方向向量与直线的参数方程""笛卡儿与解析几何""坐标法与数学机械化"等选学内容,目的是拓展学生的知识面,让学生从多种角度认识直线方程的表示形式,了解解析几何产生的过程,以及我国数学家吴文俊先生运用坐标法进行几何定理机器证明的杰出贡献。

本章知识结构如下:

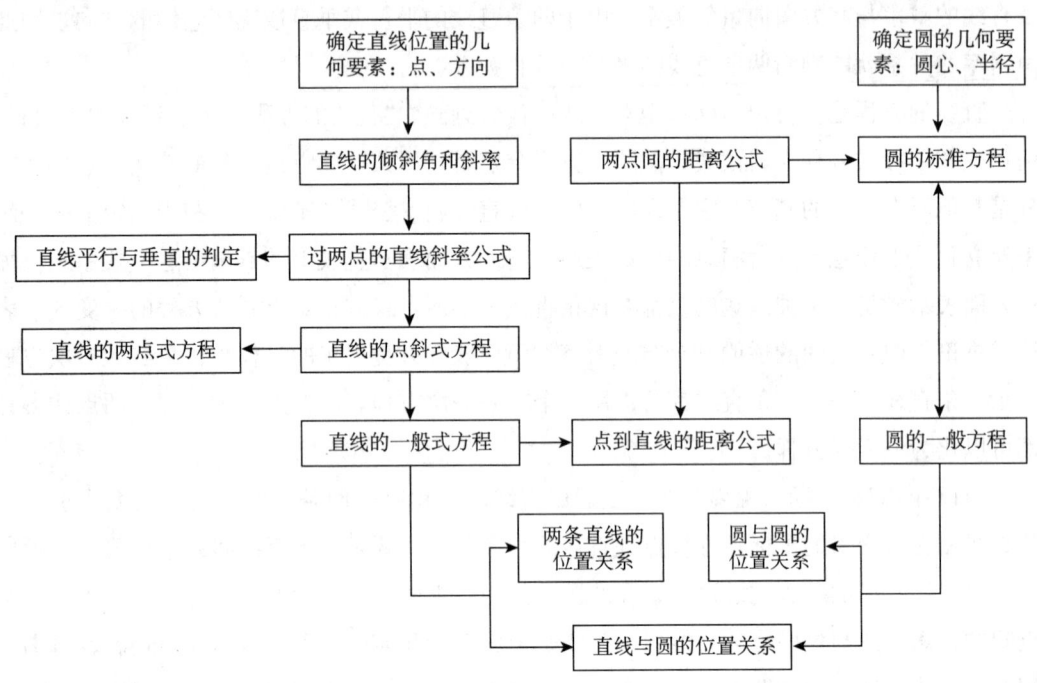

三、如何建立直线和圆的方程

1. 代数与几何的结合:解析几何

代数和几何分别是"数"与"形"的科学。数形结合从现在看是常用的思想方法,但是从数学历史发展的角度看,解析几何创立之前,几何和代数两门学科基本各自沿着自己的轨道前进。尽管欧氏几何中常常借助图形给出代数量的表示,如用线段的长、矩形的面积、正方体的体积分别表示数 a, a^2, a^3,用线段的和表示 $a+b$ 等,但是在数学领域中对欧氏几何的研究具有统治地位,而算术、代数等学科,特别是代数的研究极其薄弱,而且很多代数问题的解决需要借助几何直观。这时候的学科有时称之为"几何代数",亦即用几何的方法研究代数问题，如对于像$\sqrt{2}$这样的无理数的认识，就是通过几何手段，用线段的长去认识它，而不对它的无限不循环等本质特征进行解读；再比如求解二次方程、三次方程等问题时，通常借助面积、体积等几何量进行研究；对于四次以上的方程由于没有几何直观，当时认为这样的方程是没有意义的。之所以出现上述情况，一个主要的原因是欧几里得《原本》在西方具有根深蒂固的统治地位，其公理化结构，演绎推理的方式被认为是数学的唯一规范。

总之，这时代数与几何的"结合"，充其量是代数问题的图形直观表示，而且这种"结合"是不自觉的，对图形的研究没有突破。

从解析几何的产生和发展的历史看，最初叫做坐标几何或代数几何，亦即用代数方法处理几何问题。用解析几何不恰当，因为"解析"一词是指这样的过程：从所要证明的结论开始，一直往回推，直至达到已知的东西，其实就是现在我们所说的"分析"：执果索因。在这个意义下"解析"与"综合"相反，"综合"指演绎的表达。韦达认为，代数（algebra）一词在欧洲语言中没有意义，当时建议用解析（analysis）。韦达和笛卡儿认为，用"解析"一词的意思是把代数应用到几何上，因为他们是用代数来分析几何作图问题的。"代数"和"解析"是同义词，"解析"一词逐渐变为专指代数方法而言，而新的坐标几何大约到18世纪末，在形式上几乎一律被描写成代数在几何上的应用。到了18世纪末，解析几何成为标准的名词，常常用作书的名字。

解析几何一词含有证明和使用代数方法的意思。现在把解析几何和综合几何相提并论，不再认为一个是发明的手段，而另一个是证明的方法了，两者都是演绎的。微积分和无穷级数进入了代数后，牛顿和莱布尼茨认为微积分是代数的扩展，是"无穷"的代数，或者具有无穷多项的代数，例如无穷级数。因为"代数"和"解析"是同义词，所以微积分也叫解析（分析）。当时解析（analysis）一词用来描写微积分和建立在微积分上的数学分支科学，它们是所有建立在极限过程上的数学，而解析几何（analytic geometry）则与极限过程无关。"几何看起来有时候要领先于分析，但事实上，几何先行于分析，只不过像一个仆人走在主人前面一样，是为主人开路的。"

毫无疑问，对于解析几何来说，革命性的是其方法。正如笛卡儿所说："我决心放弃那个仅仅是抽象的几何，这就是说，不再去考虑那些仅仅是用来练习思想的问题。我这样做，是为了研究另一种几何，即目的在于解释自然现象的几何。"他认为，没有任何东西比几何图形更容易印入人脑，代数在提供广泛的方法论方面高于欧几里得的几何学。代数具有一般性，代数中的公式可以使解题过程机械化，代数具有作为一门普遍的科学方法的潜力。的确，解析几何沟通了数学内部数与形、代数与几何两大学科之间的联系。

2. 直线和圆的几何特征

为了建立直线和圆的方程，我们需要从它们的几何特征出发，寻求几何特征的代数表示。

圆的几何特征非常明显，平面几何中给出了圆的定义：到定点的距离等于定长的点的轨迹，定点称为圆心，定长称为半径，轨迹就是圆。显然，圆的几何特征本质上是两点间的距离，这个距离是个定值。如果能够刻画这个距离，那么就建立了圆的代数表达式，问题就归结为两点间距离的表示。

直线的几何特征是什么？很多人可能一下子答不上来，这不奇怪。在欧氏几何中，直线是原始概念，对它的"定义"是描述性的。教科书不研究它自身的几何性质，而是由直线出发，得到射线、线段、角等几何图形。与欧氏几何不同的是，解析几何把直线这个几何图形作为一个研究对象，从确定直线位置的几何要素出发，根据直线上点的规律，用代数方法表示这些几何要素。通过表示这些几何要素，建立直线上点的坐标满足的代数关系式，通过代数关系式研究直线。

为此，教科书通过设置系列化的活动刻画确定直线位置的几何要素，按照"方向→倾斜角→倾斜角的正切值→斜率→直线上任意两点纵横坐标的差商"过程展开。这个过程是对"直线"这个几何研究对象逐步代数化的过程，把"形"逐步转化为"数"，用"数"表示"形"。这个过程是解析几何研究几何图形的基本过程，它是不断深化、不断精致的过程。这个过程是解析几何研究一个几何对象（直线）的范本。

同样，由上述过程，我们可以这样描述直线的几何特征：经过其上任意两点，直线的倾斜角不变。直线这种没有定义的几何对象，描述其几何特征需要用比它本身复杂的几何对象，如倾斜角进行描述。

3. 直线的斜率公式和两点间的距离公式是平面解析几何两个基本的公式

距离和角度是欧氏几何中两个基本的度量。平面解析几何的研究对象是平面几何图形，刻画距离和角度是平面解析几何的基本任务。过两点的直线斜率公式和两点间的距离公式是平面解析几何中刻画距离和角度的两个基本公式。这两个公式在平面解析几何的学习中具有基础地位，它们是几何图形代数化的起点和重要工具。

一点和一个方向可以唯一确定一条直线，而方向可以用角度刻画。在平面直角坐标系中研究直线，直线的几何特征是经过其上任意两点，直线的倾斜角不变，这就是直线上的点在运动变化过程中保持不变的东西。而倾斜角无法直接用直线上任意两点的坐标定量刻画，这时需要转化，倾斜角的正切值可以用直线上任意两点的坐标定量刻画。这种定量刻画为研究直线带来方便。教科书把直线倾斜角的正切值定义为直线的斜率 $k = \tan \alpha = \dfrac{y_2 - y_1}{x_2 - x_1}$。这样，斜率 k 完全刻画了直线的几何特征，并用 $(1, k)$ 表示这条直线的一个方向向量。

用坐标法刻画两点间的距离，本质上是把二维平面中线段的长度问题，转化为一维数轴上线段的长度来解决。通过平面直角坐标系，把关于直角三角形的勾股定理用坐标表示，得到两点间的距离公式。圆是到定点的距离等于定长的点的集合（轨迹）。动点在运动变化中，不变的是定长（半径），这个定长就是两点间的距离。刻画这个距离的过程实际上就是建立圆的方程的过程。运动变化中的不变性，就是规律。这个规律就是圆的几何特征：半径保持不变。

4. 直线和圆的方程的建立

直线和圆的方程是对直角坐标系中直线和圆的代数刻画。

获得过任意两点的直线的斜率公式是建立直线点斜式方程的基础。这是教科书为什么先讲直线的倾斜角和斜率，然后讲直线的方程的缘由。因为没有对直线几何特征的代数刻画，没有斜率，我们无法建立直线的方程。由此点斜式方程是其他所有形式方程的基础，实际上，它是经过两点的直线斜率公式的一种"变式"表达，把

$$k = \frac{y-y_0}{x-x_0}$$

变形，得到过点 $P_0(x_0, y_0)$，斜率为 k 的直线 l 的表达式

$$y - y_0 = k(x - x_0)。$$

表达式是方程：一方面表示直线上点的坐标都满足这个方程，另一方面表示满足这个方程的点都在这条直线上。两点式方程是点斜式方程的"变式"表达或推论，两者之间的桥梁是直线的斜率；而一般式方程揭示的是任意一个二元一次方程表示一条直线，任意一条直线都可以用一个二元一次方程表示。点斜式方程、两点式方程都可以化为一般式方程；在斜率存在的前提下，一般式方程也可以化为点斜式方程或两点式方程。

同样，根据两点间的距离公式 $|P_1P_2| = \sqrt{(x_2-x_1)^2 + (y_2-y_1)^2}$，得到

$$\sqrt{(x-a)^2 + (y-b)^2} = r,$$

进而得到以 (a, b) 为圆心，半径等于 r 的圆的标准方程

$$(x-a)^2 + (y-b)^2 = r^2。$$

四、用直线和圆的方程研究它们的有关性质

图形的性质一般包括图象的形状，也就是图形是什么；大小，主要包括长度、面积、体积等度量；位置关系，如相交（垂直）、平行等。建立直线和圆的方程是研究它们有关性质的第一步。

1. 突出坐标法，初步感悟用坐标法研究几何图形性质的程序性和普适性

研究几何图形的性质有很多方法，本章采用了一种新方法——坐标法研究它们。

在用坐标法研究几何图形性质的过程中，常常把图形看成点的集合或点运动形成的轨迹。由直线（圆）上每一个点的坐标 (x, y) 都满足方程，以方程的解为坐标的点都在直线（圆）上，确立了直线（圆）与其方程之间的关系：直线（圆）可以由方程表示，相应的方程表示直线（圆）。从而，可以由直线和圆的方程研究与它们相关的几何性质。这种研究几何图形性质的过程，教科书用一个非常形象的词"三步曲"来概括：

第一步：建立适当的平面直角坐标系，用坐标和方程表示问题中的几何元素，把平面几何问题转化为代数问题；

第二步：通过代数运算，解决代数问题；

第三步：把代数运算的结果"翻译"成几何结论。

"三步曲"说明了坐标法解决问题的程序性。

用坐标法解决几何问题的普适性，是指一旦直线和圆的方程确定，那么它们的主要几何性质，如距离、角度等原则上可以由它们的方程得到，而综合法处理这些问题时有时需要很强的技巧，往往"就事论事"。

例如，"2.5 直线与圆、圆与圆的位置关系"中的"例6 已知圆 O 的直径 $AB=4$，动点 M 与点 A 的距离是它与点 B 的距离的 $\sqrt{2}$ 倍，试探究点 M 的轨迹，并判断该轨迹与圆 O 的位置关系（图1）"。

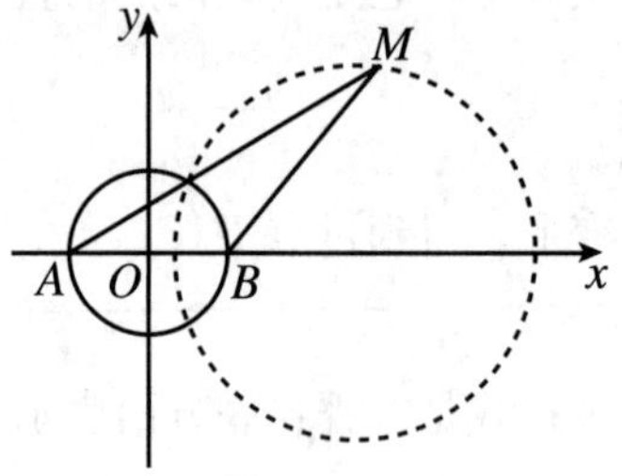

这是典型的用坐标法通过求轨迹方程，"翻译"轨迹方程，从而判断动点轨迹形状的问题。

虽然直观上可以判断轨迹的形状是条封闭的曲线，但很难想到是一个圆，更无法想到这个圆的圆心以及半径长。坐标法为解决这类问题提供了普适的方法，而且这种方法完全是程序性的。用综合法解决这一问题需要应用三角形内角、外角平分线以及圆周角的性质等内容，综合性很强，有一定难度。

图1

2. 在强调坐标法特点的基础上，充分利用图形的几何性质简化运算

多边形和圆是初中阶段学习的两类基本图形，通过直线和圆的方程，原则上可以研究有关多边形和圆的距离、角度等所有几何性质方面的问题。但是，有时完全运用代数方法，通过代数运算，很难一路通畅地解决问题，这时需要充分利用图形的几何性质简化运算。在用方程研究直线与圆、圆与圆的位置关系的有关问题中尤其如此。

在直线与圆的位置关系的研究中，教科书通过表示直线的二元一次方程与表示圆的二元二次方程联立，通过方程组的解判断它们之间的位置关系；也可以通过圆心到直线的距离判断它们之间的位置关系。一个依据的是两类图形公共点的个数，另一个依据的是半径与圆心到直线距离的大小关系，两种方法殊途同归，都可以判断直线与圆的位置关系。只不过第一种方法需要用二次方程解决，第二种方法只需要运用一次方程，一次方程的运算量一般来说小于二次方程的运算量。在圆与圆的位置关系的研究中，利用圆的几何性质的方法更加明显，如圆心距、两圆相交时两圆圆心所在直线垂直平分两圆的公共弦等，利用这些性质都可以达到简化运算的目的。

在直线与圆的位置关系，圆与圆的位置关系的研究中，教科书还重点关注了相切这一特殊的位置关系。相切常常与优化问题有关，很多优化问题可以转化为相切问题，如最短距离、最大角度等。

3. 充分发挥平面向量及其方法在研究几何图形性质方面的作用,体会不同方法的差异

向量既是代数研究对象,也是几何研究对象,是沟通几何与代数的桥梁。向量方法的运用突出了几何直观与代数运算之间的融合。向量是描述直线、曲线、平面、曲面以及高维空间数学问题的基本工具,是进一步学习和研究其他数学领域问题的基础,在解决实际问题中发挥着重要作用。

本章通过直线的方向向量引入直线的倾斜角概念,通过向量方法由具体到一般讨论直线上两点的坐标与直线的倾斜角的正切的关系,进而得到过两点的直线的斜率公式,建立直线的斜率 k 与其方向向量 $(1,k)$ 或 (x,y) $\left(\text{其中}\ k=\dfrac{y}{x}\right)$ 之间的关系。运用直线的方向向量与斜率的关系推导两条直线垂直与它们的斜率之积等于 -1 的关系,特别是运用向量方法推导点到直线的距离公式,体会运用坐标法、向量法证明点到直线的距离公式时的差异。

点到直线的距离公式是平面解析几何中非常重要的一个公式,它是直线方程的一个直接应用。推导这个公式有多种方法。教科书完整地给出了两种方法,一种方法是把点到直线的距离转化为两点间的距离,由两点间的距离公式得到结论,这种方法思路自然,但运算复杂;另一种方法是运用向量的投影和数量积运算进行推导,虽然运算量不大,但是需要有一定的整体观和构造技巧,包括与已知直线垂直的单位向量的选择,以及由向量及其投影向量的模表示点到直线的距离。如图 2,从点 $P(x_0,y_0)$ 与直线 l:$Ax+By+C=0$ 上的任意一点 $M(x,y)$ 构成的向量 $\overrightarrow{PM}$(参考向量)出发,通过构造与直线 l:$Ax+By+C=0$ 垂直的单位向量 $\boldsymbol{n}$,得到向量 $\overrightarrow{PM}$ 在 $\boldsymbol{n}$ 上的投影向量 $\overrightarrow{PQ}$,把点 $P(x_0,y_0)$ 到直线 l:$Ax+By+C=0$ 的距离转化为投影向量 $\overrightarrow{PQ}$ 的模,即 $|\overrightarrow{PQ}|=|\overrightarrow{PM}\cdot\boldsymbol{n}|$,进而求得点 $P(x_0,y_0)$ 到直线 l:$Ax+By+C=0$ 的距离。

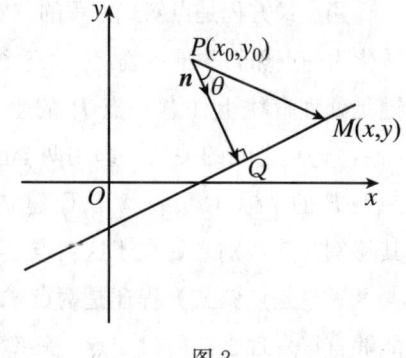

图 2

这两种方法的差异是显而易见的:

第一种方法是典型的坐标法。它是解析几何研究问题最基础、最常用的方法,即把点到直线的距离问题转化为已知点与交点之间的距离,交点的坐标可以由两条直线的方程得到,表示点到直线的距离的线段所在直线的方程可以由点斜式得到,其斜率可以由与它垂直的直线的斜率的负倒数求得。它完全通过代数运算,中间过程都是带字母系数的表达式,形式很复杂,得到最终结果需要较强的数学运算能力,这对提升学生的数学运算素养是有利的。

第二种方法是典型的向量法。用投影向量的模表示点到直线的距离,把求距离转化为

向量数量积的运算,而且把点到直线的距离这个点与已知直线上的点的距离的最小值,用已知点与已知直线上任意一点构成的向量在与已知直线垂直的单位向量上的投影向量的模表示。这种方法构造性强,需要较高的思维水平以及对向量的深入认识,但是运算较为简便。这种用一般化的向量(参考向量)处理最特殊的距离(点到直线的距离)的思路给了解决此类问题的一种通法。

五、教学实施及建议

1. 突出点斜式方程在直线方程中的核心地位

直线方程的类型很多:点斜式、斜截式、两点式、截距式、一般式等,教学时要分清主次轻重,不能"一视同仁",眉毛胡子一把抓。突出点斜式方程在直线方程中的核心地位。

推导过两点的直线斜率公式本质上是建立直线的点斜式方程的过程,而点斜式方程是建立其他所有形式的直线方程的基础,其他形式的直线方程都可以作为点斜式方程的"变式"表达或推论。

直线的斜截式方程 $y=kx+b$ 是点斜式方程的特例,它的形式与初中学习的一次函数解析式完全类似。在一次函数 $y=kx+b$ 的学习中,我们只知道 k,b 是常数,但是没有说明它们的几何意义。现在教科书给出了 k,b 的几何意义:k 表示直线的斜率,b 表示直线在 y 轴上的截距。

两点式方程是点斜式方程的"变式"表达或推论,变化的依据是两点确定一条直线可以转化为一点和斜率唯一确定一条直线,而斜率可以由过这两个已知点的坐标求得。转化的关键是处理直线上任意一点 P 的坐标 (x,y) 与两个已知点 P_1,P_2 的坐标 (x_1,y_1),(x_2,y_2) 之间的关系,即用两个已知点 P_1,P_2 的坐标 (x_1,y_1),(x_2,y_2) 表示任意一点 P 的坐标 (x,y),从而建立直线的两点式方程。在两点式方程中,截距式方程是其特例,其特别之处在于这两点是直线与两条坐标轴的交点,它在具体问题中用途广泛。

无论是点斜式方程还是两点式方程,其表达式都具有明显的几何意义,由方程的形式能够直接发现直线所过定点、斜率,以及两个已知点。另外,它们都是二元一次方程。为了在一般意义下研究直线的方程,教科书探讨了二元一次方程的一般表达式 $Ax+By+C=0$ 与直线的关系。一方面,任意一个二元一次方程 $Ax+By+C=0$,当 $B\neq 0$ 时,都可以写成点斜式方程的形式;当 $B=0$ 时,表示垂直于 x 轴的直线,从而任意一个二元一次方程 $Ax+By+C=0$ 都表示一条直线。另一方面,由于二元一次方程的每一组解都可以看成平面直角坐标系中一个点的坐标,所以这个方程的全体解组成的集合,就是坐标满足二元一次方程的全体点的集合,这些点的集合组成一条直线。这样,在平面直角坐标系中,任意一个二元一次方程表示直角坐标平面上一条确定的直线;反之,直角坐标平面上的任意一条直线都可以用一个确定的二元一次方程表示。

2. 在建立直线的方程、圆的方程的过程中认识曲线与方程之间的关系

一般地，在解析几何中把研究的图形称为曲线，曲线用方程表示。曲线与方程之间一一对应的关系是解析几何的基石。虽然教科书正文中没有明确提出曲线与方程的关系，但是两者的对应关系在直线的点斜式方程、圆的标准方程的建立过程中都有所体现。如用过两点的直线斜率公式 $k=\dfrac{y_2-y_1}{x_2-x_1}$ 得到关于直线 l 的代数关系式 $y-y_0=k(x-x_0)$ 后，教科书指出，直线 l 上每一个点的坐标 (x, y) 都满足关系式 $y-y_0=k(x-x_0)$；反过来，坐标满足关系式 $y-y_0=k(x-x_0)$ 的每一个点都在直线 l 上。同样，用两点间的距离公式得到关于圆的代数关系式 $(x-a)^2+(y-b)^2=r^2$ 后，教科书指出，若点 $M(x, y)$ 在圆上，则点 M 的坐标满足方程 $(x-a)^2+(y-b)^2=r^2$；反过来，若点 M 的坐标 (x, y) 满足方程 $(x-a)^2+(y-b)^2=r^2$，就说明点 M 与圆心的距离为 r，即点 M 在圆上。这就是曲线的方程、方程的曲线中所说的"纯粹性"与"完备性"，也只有满足了纯粹性与完备性，我们才可以说，方程是直线（圆）的方程，直线（圆）是方程的直线（圆）。这样，直线（圆）与方程就一一对应了，即方程就是直线（圆），直线（圆）就是方程，通过方程得到的性质就是直线（圆）的性质。在具体的问题中，"直线的方程"和"方程的直线"可以不做严格区分，例如，可以说"直线 $l: x+2y+1=0$"。

对"纯粹性"与"完备性"的表述不是"绕口令"，它表达了点、直线（圆）与坐标、方程之间的关系：点在直线（圆）上，坐标满足方程；坐标满足方程，点在直线（圆）上。教学时，我们需要逐步认识曲线与方程的关系，学生对于它的理解不是一蹴而就的。

从大的范围看，曲线与方程之间的一一对应反映了数量关系与空间形式之间的关系。有了这种关系，就可以用方程表示曲线，对曲线进行"运算"；建立方程的几何直观表达，把方程"形象化"，进一步体会数形结合的思想。

3. 关注直线、圆的方程的一般形式与特殊形式的互相转化，提高数学运算等素养

直线和圆的方程形式多种多样，但直线的方程都是二元一次方程，圆的方程都是二元二次方程。进一步，它们都是关于 x，y 的二元方程。在直线各种形式的方程中，当斜率存在或表达式有意义时，一般式方程与其他形式的方程可以互化。一般式方程几何意义不明显，其他形式的方程正如其名称一样，具有明显的几何特征，它们反映了确定直线位置的几何要素。转化的目的是发现确定直线位置的几何要素：点和斜率，或两个点；以及认识方程 $Ax+By+C=0$ 表示一条直线，是直线方程的一般形式。

圆的一般式方程中，x^2，y^2 的系数相等，不含 xy 二次项。由于方程 $x^2+y^2+Dx+Ey+F=0$ 可化为 $\left(x+\dfrac{D}{2}\right)^2+\left(y+\dfrac{E}{2}\right)^2=\dfrac{D^2+E^2-4F}{4}$，当 $D^2+E^2-4F>0$ 时，它表示以 $\left(-\dfrac{D}{2}, -\dfrac{E}{2}\right)$ 为圆心，$\dfrac{1}{2}\sqrt{D^2+E^2-4F}$ 为半径的圆。圆的一般方程与标准方程虽然形式不同，但本质上是一致的，两者形式之间可以互相转化。由圆的标准方程可以直接得到

圆心的位置和圆的半径，而圆的一般方程无法直接得到其圆心位置和半径，要得到其圆心位置和半径，需要把圆的一般方程转化为标准方程。圆的一般方程代数特征明显，但是圆的两个典型几何特征：圆心、半径无法直接体现。在圆的标准方程和一般方程的转化中，涉及配方等二次式的恒等变形，这对数学运算提出了更高的要求。而代数式的恒等变形，是数学运算能力的重要表现。

4. 注意复习平面几何、三角函数、平面向量等知识

解析几何的内容比较综合，它通过方程的运算和几何图形性质的研究发展学生数学运算、直观想象、逻辑推理等素养，需要综合运用平面几何、三角函数、平面向量等知识。

多边形和圆是义务教育阶段学习的两类基本图形，对这两类图形的研究，当时是从图形的形状出发，建立图形的概念，运用直观感知、操作确认、思辨论证、度量计算等方法，获得这些图形的性质，即组成这些图形的要素之间的关系，如线段的大小、平行或垂直关系等。解析几何的研究对象与平面几何完全一样，都是几何图形。因此在本章教学和学习中，需要复习多边形、圆这两类图形的知识，其中三角形的高、中线、角平分线、三边的垂直平分线，三角形的外接圆、内切圆，垂径定理，圆的切线长定理等知识是复习的重点。

另外，解析几何与义务教育阶段学习的平面几何的研究方法不一样，解析几何是在平面直角坐标系中研究图形，通过点与有序数对 (x,y) 的对应，建立曲线的方程，通过方程定量地研究曲线的性质。如在平面几何中，只知道两条相交直线相交，但是不知道具体在何处相交；而在平面直角坐标系中，可以完全量化这个交点，得到交点的坐标，进而确定交点的位置。从这个侧面说明，通过解析几何的学习，可以进一步加深和巩固对于多边形、圆两类基本图形的认识，两者是相辅相成的。

本章中角度也是重要的研究问题，角度常常涉及三角函数，如用直线倾斜角的正切值定义直线的斜率。另外，在本章中，建立直线的方程，推导点到直线的距离公式时，反复运用直线的方向向量、平面向量的投影、数量积运算等，这些都涉及向量的知识。因此，三角函数、向量等知识是本章学习的基础，也需要不断复习巩固。

5. 既重视几何图形的代数表达，也关注代数表达式的几何直观

数形结合一方面是"以数示形"——几何图形的代数表达，另一方面是"以形释数"——代数表达式的几何直观。它们是数形结合的两个方面，相辅相成。如教科书中的问题：

（1）已知 λ 为任意实数，当 λ 变化时，方程 $3x+4y-2+\lambda(2x+y+2)=0$ 表示什么图形？图形有何特点？

从式子的特点不难看出，当 $3x+4y-2=0$，$2x+y+2=0$ 时，方程 $3x+4y-2+\lambda(2x+y+2)=0$ 恒成立，而使 $3x+4y-2=0$，$2x+y+2=0$ 同时成立的是这两个方程表示的直线的交点坐标，这样上述方程的几何意义就很明显了：经过直线 $3x+4y-2=0$，

$2x+y+2=0$ 的交点的所有直线.

(2) 已知 $0<x<1$, $0<y<1$. 求证：
$$\sqrt{x^2+y^2}+\sqrt{x^2+(1-y)^2}+\sqrt{(1-x)^2+y^2}+\sqrt{(1-x)^2+(1-y)^2}\geqslant 2\sqrt{2},$$
并求使等式成立的条件；说明上述不等式的几何意义.

同样，由代数表达式
$$\sqrt{x^2+y^2}+\sqrt{x^2+(1-y)^2}+\sqrt{(1-x)^2+y^2}+\sqrt{(1-x)^2+(1-y)^2}\geqslant 2\sqrt{2} \qquad ①$$
容易想到，$(0, 0)$, $(0, 1)$, $(1, 0)$, $(1, 1)$ 是平面直角坐标系中的四个定点，它们可以表示边长为 1 的正方形的四个顶点，(x, y) 是这个正方形内的任意一点，上式表示该点与正方形四个顶点的距离之和大于或等于 $2\sqrt{2}$ 的点的特征. 从几何图形上看，当点 (x, y) 是这个正方形的中心时，①式中的等号成立；当点 (x, y) 不是这个正方形的中心时，由三角形中两边之和大于第三边可得，①式中的">"号成立.

上述两个问题说的是代数表达式的几何直观，这是数形结合的重要方面，在处理某些代数问题时，利用几何直观，发挥图形的功能，有助于代数问题的解决.

总之，本章内容可以用一句话概括：用坐标刻画过两点的直线斜率和两点间的距离，以此建立直线和圆的方程，进而用方程研究它们的性质.

(执笔人：张劲松，人民教育出版社课程教材研究所)

圆锥曲线的方程

解析几何是数学发展过程中的标志性成果,是微积分创立的基础。本章将在"直线和圆的方程"的基础上,通过行星运行轨道、抛物运动轨迹等,使学生了解圆锥曲线的背景与应用;帮助学生在平面直角坐标系中,认识椭圆、抛物线、双曲线的几何特征,建立它们的标准方程;运用代数方法进一步认识圆锥曲线的性质以及它们的位置关系;运用平面解析几何方法解决简单的数学问题和实际问题,感悟平面解析几何中蕴含的数学思想;提升直观想象、数学运算、数学建模、逻辑推理和数学抽象素养。

一、本章编写的总体思路

首先,本章的研究对象是圆锥曲线(几何图形),研究过程中,数形结合思想和坐标法统领全局。教科书按椭圆、双曲线、抛物线的顺序安排,因为它们的研究内容、过程和方法是"同构"的,所以对每一种圆锥曲线都按照"曲线的几何特征—曲线的标准方程—通过方程研究曲线的性质—应用"的过程展开,并把椭圆作为重点,强调它的典型示范作用,注重数学思想和基本方法的引领性,双曲线、抛物线的研究通过类比椭圆来完成。

第二,曲线与方程的关系(一种充要条件)是讨论各种具体问题的基础,与前一章内容的处理方式一样,本章仍然采取在建立圆锥曲线的标准方程后,就着方程的建立过程讨论"曲线上点的坐标都满足方程""以方程的解为坐标的点都在曲线上"。这样处理,既不失科学性,又不让学生感到过于抽象,可以使学生在潜移默化中体验曲线与方程之间的一一对应关系,进一步理解通过方程研究曲线性质的合理性,使理性思维得到培养。

第三,圆锥曲线是高中解析几何中的核心内容,是平面几何没有涉及的。根据解析几何的学科特点,教科书在对这些曲线的研究中都贯彻了"先用几何眼光观察与思考,再用坐标法解决"的策略。对于每一种圆锥曲线,都加强了概念的抽象过程,强调在探索、明确其几何特征(主要是对称性)的基础上,再利用几何特征建立坐标系、求出标准方程,然后通过方程、运用代数方法进一步认识圆锥曲线的性质以及它们的位置关系,从而促进学生的直观想象、数学运算等素养的发展。

第四,圆锥曲线的统一定义表明三种曲线之间的内在联系,是非常重要的,而"个性定义"的几何特征非常突出。特别地，我们可以根据椭圆的定义方便地得到其图形，通过直观就能发现椭圆的基本特征——对称性。因此，与以往的处理方式一样，教科书以三种曲线的"个性特征"为明线，分别定义三种曲线。同时，为了使学生能了解统一定义，教科书以"具体例子＋拓展性素材"的方式进行渗透和明确，并在引出抛物线概念时进行适当归纳。

第五，教科书虽然没有明确给出求曲线的方程的一般步骤，但在求圆锥曲线的方程时进行了渗透：

（1）建立适当的坐标系，用有序实数对 (x, y) 表示曲线上任意一点 M 的坐标；

（2）写出适合条件 p 的点 M 的集合 $P=\{M | p(M)\}$；

（3）用坐标表示条件 $p(M)$，列出方程 $f(x, y)=0$；

（4）化方程 $f(x, y)=0$ 为最简形式；

（5）说明以化简后的方程的解为坐标的点都在曲线上。

同时，通过"思考""探究"等栏目，让学生自己推出不同坐标系下的标准方程，达到既熟练推导过程又加强代数运算的训练，并使学生把握标准方程的多样性表示。

第六，在研究圆锥曲线的范围、对称性、顶点、离心率等性质时，教科书特别注意发挥"几何图形的性质指什么""如何利用方程研究几何图形的性质""先直观感知图形的性质，再用方程进行论证"等一般观念的引领作用，通过栏目、边空等作出明确提示，将坐标法具体结合到几何性质的研究过程中去，在增强教科书的思想性的同时，也为直观想象、逻辑推理等素养的培养和理性思维的发展提供了载体。对于椭圆的离心率，教科书要求学生探究怎样利用"基本量"刻画椭圆的扁平程度；对于双曲线的渐近线，教科书安排了一个从特殊到一般的过程，以增强直观性和操作性，使学生在信息技术的帮助下体会"渐近"的含义。

第七，用坐标法解决几何问题，其基础是利用坐标系将点表示为有序数对，建立起平面内点与有序数对之间的一一对应，由此可以将曲线表示为一个方程，几何问题就归结为代数问题；然后借助于代数运算和逻辑推理，对这些数、代数式及方程之间的关系进行讨论；最后再把讨论的结果利用坐标系"翻译"成相应的几何结论。这就是我们熟悉的"三步曲"：几何问题翻译为代数问题—代数运算与推理—代数结论"翻译"为几何结论。与圆锥曲线相关的主要问题是：（1）求有某种几何特征的曲线方程；（2）根据曲线的方程，用代数方法证明（或讨论）曲线的几何性质；（3）赋予代数方程以几何意义，用几何方法研究它的代数性质，例如通过方程研究直线与圆锥曲线的位置关系等。为此，教科书在解决（1）（2）两个问题后，通过例题、习题解决问题（3）。教科书特别注意把圆锥曲线丰富多彩的性质选作例题和习题，不仅使题目的思想内涵得到增强，而且通过这些题目加强了知识间的相互联系，从而帮助学生建立对圆锥曲线的整体认识。例如，椭圆的例题中，就包含了椭圆与圆的联系、定义椭圆的其他方式、椭圆的光学性质等，这些题目的"数学含金量"是非常高的。另外，这些题目的可拓展性也是很强的。

第八，教科书在三种圆锥曲线中都注意安排实际应用问题，并通过拓展性资源对"圆锥曲线的光学性质及其应用"进行归纳总结，以落实"通过行星运行轨道、抛物运动轨迹等，使学生了解圆锥曲线的背景与应用"的要求。同时，教科书特别注意发挥信息技术的作用，在正文中明确提出利用信息技术进行探究的要求，而且安排了利用信息技术探究圆锥曲线性质的栏目、拓展性材料等。另外，还安排了"文献阅读与数学写作　解析几何的形成与发展"，要求学生查阅与解析几何有关的文献，了解解析几何形成与发展的过程，以及解析几何对人类文明的主要贡献，以体现本章内容在数学文化中的特殊作用。

第九，本章教科书的编写，注意吸收以往教科书的优点，强调在继承基础上进行创新。在内容的选择上，围绕圆锥曲线的核心概念，以椭圆、双曲线、抛物线的主要性质及其应用为重点，做到削枝强干；在结构体系上，强调知识发生发展的逻辑合理性，加强背景和应用，从而使学生在三种曲线的学习中经历完整的研究过程；注重按照学生学习心理组织教科书内容，加强数学思想的引导和解题方法的分析，循序渐进地逐步提高论理要求；注重坐标法思想内涵的理解和应用，减少机械套用、死记硬背；注重与平面几何、函数等的联系与综合，强调代数运算与逻辑推理的融合，体现解析几何的学科特征；注重利用数学史料，渗透数学文化；等等。贯彻"问题引导学习"思想，通过"观察""思考""探究"等栏目，以层层递进、逻辑连贯的"问题串"为载体创设系列化数学活动，引导学生开展创造性学习活动；强调根据学生的认知规律，采用"归纳式"呈现学习内容，引导学生自己归纳和概括数学结论；注意使用"先行组织者"手段，从方法论高度，对如何观察、发现圆锥曲线的几何特征，如何构建研究路径，如何发现圆锥曲线的性质，如何用坐标法研究几何问题等加强指导，以提高教科书的思想性；采用单元整体设计，在坐标法的统领下，以直线和圆的方程为基础，从椭圆、双曲线到抛物线顺次展开内容；在语言叙述上尽量做到条理清楚、简洁明快；等等。

二、关于研究对象的定义

我们知道，因为一个数学对象的本质特征可以有多种等价的表现形式，所以数学对象的定义是不唯一的。数学定义是选择的结果。这就带来一个问题：如何选择才更有利于我们展开对这个对象的研究？对这个问题的回答可能是没有统一标准的。事实上，数学定义是一代代数学家不断研究、改进的结果，特别是一些处于基础地位的概念，例如函数的定义。有时，对一个数学对象的不同定义也反映了人们对其本质属性的认识的不同抽象层次。因此，在编写教科书的过程中，就需要思考怎样的定义才能既反映数学对象的本质特征，又能与学生的认知水平相适应。

在阿波罗尼奥斯的《圆锥曲线论》中，三种圆锥曲线的定义是基于平面截圆锥的。由平面与圆锥的轴所成角的不同范围，可将截线区分为三类，阿波罗尼奥斯将它们分别称为齐曲线（抛物线）、超曲线（双曲线的一支）、亏曲线（椭圆）。利用相似三角形、圆的有关性质，通过一系列的几何推理，他推出了三类曲线的一些性质，具体地，用解析几何的语言叙述，如"椭圆上任意一点到两个焦点的距离之和为 $2a$""椭圆上任意一点到焦点的距离与到准线的距离之比为大于 0 小于 1 的常数"等。[1]

综上所述，由平面截圆锥得到三种截线，这是最原始的定义。由这个定义可以容易地区分截线的类型，但每一种截线的几何特征却不明显。由此出发推导圆锥曲线的方程，需要用到较多的几何知识，推理过程比较复杂，对大多数学生而言难度太大，显然不合适。其他定义实际上都是从这个原始定义推出的性质。因为"平面内，与两个定点的距离的和等于常数的点的轨迹叫做椭圆"的几何特征非常明确，可以与圆的定义相衔接（当两个定点的位置逐渐接近时，椭圆的形状就逐渐接近圆），容易作图，其基本几何性质（对称性）也易于直观想象，由此就方便我们合理地建立直角坐标系求出椭圆的方程，而由"距离的和等于常数"联想到"距离的差等于常数"也是非常自然的，所以教科书对椭圆、双曲线的定义作出如此选择。

不过，这样的选择存在一个缺陷，即与抛物线的定义无法衔接。为了解决这个问题，教科书在椭圆、双曲线的内容设置中作了一定的铺垫。

在"椭圆"一节设置例题："动点 $M(x, y)$ 到定点 $F(4, 0)$ 的距离和它到定直线 $l: x = \dfrac{25}{4}$ 的距离的比是常数 $\dfrac{4}{5}$，求动点 M 的轨迹"和"用信息技术探究点的轨迹：F 是定点，l 是不经过点 F 的定直线，动点 M 到定点 F 的距离和它到定直线 l 的距离的比 e 是小于 1 的常数。用信息技术软件画出动点 M 的轨迹，观察这个轨迹，可以发现它是一个椭圆。在 $0 < e < 1$ 的范围内，改变 e 的大小，或改变点 F 与直线 l 的相对位置，可以发现动点 M 的轨迹仍然是一个椭圆。"

在"双曲线"一节设置例题："动点 $M(x, y)$ 与定点 $F(4, 0)$ 的距离和它到定直线 $l: x = \dfrac{9}{4}$ 的距离的比是常数 $\dfrac{4}{3}$，求动点 M 的轨迹"和习题："设动点 M 与定点 $F(c, 0)$ $(c > 0)$ 的距离和它到定直线 $l: x = \dfrac{a^2}{c}$ 的距离的比是 $\dfrac{c}{a}$ $(a < c)$，求动点 M 的轨迹方程，并说明轨迹的形状"。

在"抛物线"的节引言中先进行引导："通过前面的学习可以发现：如果动点 M 到定点 F 的距离与 M 到定直线 l（不过点 F）的距离之比为 k，当 $0 < k < 1$ 时，点 M 的轨迹为椭圆；当 $k > 1$ 时，点 M 的轨迹为双曲线。一个自然的问题是：当 $k = 1$ 时，即动点 M 到定点 F 的距离与它到定直线 l 的距离相等时，点 M 的轨迹会是什么形状？"然后通过"探究"栏目，让学生用信息技术画出动点的轨迹，在此基础上再给出抛物线的定义。

教科书的这种处理方式，兼顾了三种圆锥曲线的"个性"与"共性"，使概念的引入、定义的给出基本做到了衔接自然、光滑。

三、对解析几何学科特点的思考

解析几何的创建是为了科学发展的需要,而从数学内部看,则是出于对数学方法的追求。认识清楚这一点,对于我们理解解析几何的基本思想特别重要。追溯笛卡儿创立解析几何的心路历程,可以明显看出这种追求。

笛卡儿不仅在数学上作出了重要的开创性贡献,而且在哲学、生物学、物理学等众多领域都有杰出贡献。他是机械自然观的第一个系统表述者,被誉为近代哲学的开创者。他以大哲学家的眼光审视数学,认为数学立足于公理上的证明是无懈可击的,而且是任何权威所不能左右的。数学提供了获得必然结果以及有效地证明其结果的方法。数学方法"是一个知识工具,比任何其他由于人的作用而得来的知识工具更为有力,因而它是所有其他知识工具的源泉⋯⋯所有那些目的在于研究顺序和度量的科学,都和数学有关。"[2]他研究数学,目的是想寻找一种能在一切领域里建立真理的方法。他认为,以往的几何、代数研究都存在很大缺陷:欧氏几何中没有那种普遍适用的证明方法,几乎每一个证明都需要某种新的、技巧性很强的想法;代数的方法具有一般性,其推理程序也是机械化的,但它完全受法则和公式的控制,以至于"成为一种充满混杂与晦暗、故意用来阻碍思想的艺术,而不像用来改进思想的科学"。所以,代数与几何必须互相取长补短。不过,他推崇代数的力量,认为代数方法在提供广泛的方法论方面要高出几何方法,因此代数具有作为一门普遍的科学方法的潜力。于是,他提出了一个计划,即:

任何问题→数学问题→代数问题→方程求解。

他把精力集中在把代数方法用于解决几何问题的研究,其结果是创立了解析几何。

笛卡儿的理论建立在两个观念的基础上:坐标观念;利用坐标方法把带有两个未知数的任意代数方程看成是平面上的一条曲线的观念。基于坐标法思想,给出了一系列新颖的结论,例如:曲线的"次"与坐标轴的选择无关,因此选择的坐标轴要使方程越简单越好;在同一坐标系内写出两条不同曲线的方程,解它们的联立方程组可以求出两条曲线的交点;用方程的"次"给几何曲线分类,圆锥曲线的方程是二次的(没有证明);等等。

总之,笛卡儿创立解析几何的原动力是他对普适性方法的追求,"创造一种方法,以便用来解决所有的几何问题,给出这些问题的所谓一般的解法"的思想指引着他的创新之路,而几何、代数和一般变量概念的结合是坐标法的起源,所以解析几何具有浓厚的"方法论"色彩。了解这一点很重要,因为这能使我们理解为什么在解析几何的教学中要把重点放在对坐标法的理解和应用上,而不是把精力浪费在一些复杂的求曲线方程的代数变换上。

基于上述分析,我们把"解析几何是一种方法论"作为本章内容的一个核心定位,并在编写过程中把如何讲好"方法论"作为教科书的一个关键问题。具体而言,教科书作出了如下安排。

首先,在章、节引言及小结中,用明确的语言表述数形结合思想、坐标思想。例如,本章小结中明确指出：

用坐标法研究几何问题，首先要注意观察相应几何图形的特征，把握确定几何图形的要素，例如椭圆是平面内到两个定点的距离之和等于定长的点的轨迹，这里"两个定点""距离之和为定长"等就是确定椭圆的几何要素；然后用坐标法解决，即利用几何特征合理建立坐标系，用坐标表示点，用方程表示几何要素的关系。在此基础上，利用方程研究曲线的性质。可以看到，解析几何中研究椭圆、双曲线、抛物线的过程和方法是一致的。这表明，用代数方法研究几何问题（如圆锥曲线的性质），其处理方法具有统一性。实际上，通过代数方法研究几何图形，不但有利于发现和证明图形的性质，而且这种解决问题的方式基本上是程序化的，这是解析几何的优势所在，是体现数形结合思想方法威力的典范。

第二，在正文的表述中，教科书注重强调坐标法的基本思想，加强"先用平面几何眼光观察，再用坐标法解决"的过程，并在"如何以直角坐标系为参照，确定问题中的几何要素"上加强引导，体现"从推理几何到解析几何"的过渡。按上一章小结中给出的坐标法基本步骤呈现标准方程的推导过程、例题的解答过程，强调用坐标法研究问题的规范，完整地给出利用方程讨论图形的几何性质的示范，并以"三步曲"为指导，在小结中进一步给出用坐标法解决圆锥曲线问题的基本思路。

第三，从圆锥曲线的标准方程出发，用坐标法研究圆锥曲线的性质及数学内外的各种应用问题，引导学生理解坐标法的基本思想，体会坐标法的力量。为使学生集中精力于坐标法的学习，在素材选择上，教科书特别关注了圆锥曲线的性质，把那些通过不太复杂的代数运算就能得出的性质及其在现实中的应用设计为例题、习题。例如，鉴于三种圆锥曲线的定义都是从"距离"间的关系给出的，在例题中专门设置了从"角度"间的关系反映的性质：

设 A，B 两点的坐标分别为 $(-5, 0)$，$(5, 0)$。直线 AM，BM 相交于点 M，且它们的斜率之积是 $-\dfrac{4}{9}\left(\text{或}\dfrac{1}{9}\right)$，求点 M 的轨迹方程。

事实上，把这个题目反过来，就是圆锥曲线的一条性质：椭圆、双曲线上的点（长轴（或实轴）端点除外）与长轴（或实轴）的两个端点连线的斜率之积是定值。同时，这条性质还具有可推广性，给教学留下了空间。

另外，与这套教科书的其他章比较，本章设置的拓展性资源是比较多的，其目的也是为了给学生提供从不同角度感悟解析几何思想与方法的机会。

四、根据学生学习心理安排教学内容

与以往比较，在强调教科书的科学性、逻辑性、结构性的同时，特别关注学生的学习心理，注意按学生的心理逻辑组织教学内容，这是本套教科书的一个总体特色。本章内容编写中注意了如下几个方面：

（1）强调"先行组织者"的使用。认知心理学认为，"先行组织者"有助于学生形成有意义学习的心向，能为学生提供一个学习的整体架构，避免学习的盲目性，同时也能为新旧知识搭建联系通道。前面已指出，解析几何具有"方法论"的学科特征，在解决具体问题之前明确其结构、方向和主要过程正是"先行组织者"的"强项"。所以，在教科书内容的展开过程中，特别是在章节的开篇、内容之间的衔接与过渡等地方，我们赋予"先行组织者"以重要地位，特别注重用坐标法讨论问题基本思路的引导。实际上，这既是解析几何思想的教学，又是一种思维策略的教学，对于学生获得数学基本思想、积累基本活动经验，增加发现和提出问题的可能性，以及培养理性思维等都能起到非常重要的作用。

（2）对坐标法、数形结合、运动变化思想等"默会知识"，采取"渗透—明确—应用"的过程。我们知道，坐标法、数形结合思想等都是数学中关于"怎么想""怎么做"的知识，属于"默会知识"范畴。这种知识的掌握，更多地依赖于实践中的体悟。因此，本章在前一章明确坐标法思想、提供用坐标法解决平面几何问题的示范和练习的基础上，进一步明确了坐标法和数形结合思想，并加强了用坐标法解决综合性问题的训练，使学生在实践中加深理解，逐步养成用坐标法思考和解决问题的思维习惯。

（3）尽量用"归纳式"呈现教科书，注意从简单到复杂、从单一到综合地组织内容，按照从具体到抽象、从特殊到一般的方式，给学生提供归纳、概括的机会。这是与以往教科书有很大区别的地方。例如，对"曲线的方程""方程的曲线"概念的处理，虽然它在培养学生思维的逻辑性和严谨性方面都是很好的载体，但这也是一个不容易把握的概念，没有足够的知识准备，不仅会导致学生理解的困难，还会使他们产生"为什么要这样来要求"的疑问。因此，教科书在圆锥曲线方程的推导中，继续采取"结合具体曲线呈现相关内容"的方式，最后再在本章小结中对"曲线与方程的关系"进行归纳，并指出"利用坐标系建立曲线与方程的这种关系，是解析几何的基础，在今后的学习中可以进一步体会到"。

五、设计系列化的数学活动引导学生开展有结构、有逻辑的系统学习

以发展学生数学学科核心素养为导向，创设合适的教学情境、提出数学问题，引导学生以独立思考、自主学习、合作交流等多样化的方式开展数学学习，是《标准（2017 年版）》的基本理念。为此，教科书强调构建系列化数学活动，注重创设与学生的现实紧密关联的真实问题情境，引导学生开展体验学习、合作学习、建构学习，通过有结构、有逻辑的系统学习，逐步形成数学学科观念、数学思维方式和探究技能，促进数学知识和技能的持续结构化，使学生的理性思维不断走向成熟。系列化的数学活动涵盖了通过数学抽象

获得研究对象,构建研究数学对象的基本路径,发现和提出值得研究的数学问题,探寻解决问题的数学方法,获得有价值的数学结论,直至建立数学模型解决现实问题,这是通盘考虑课程内容基础上作出的设计。

在本章的数学活动设计中,教科书根据圆锥曲线的内容特点,首先注意发挥史料的作用,从整体上提出圆锥曲线的产生以及所要研究的问题。如前所述,解析几何的发明既是为了解决人类实践活动中提出的问题,又是为了探寻科学研究的普适性方法。教科书以历史资料为素材,以用坐标法研究几何图形的过程与方法为导向,从宏观上提出系列问题,引导学生感受坐标法。这样的处理对学生把握解析几何的基本思想和学习方向很有好处,这是教师在分析和理解教科书编写意图时需要关注的一个问题。

在每一种圆锥曲线的研究中,教科书从节引言开始,通过"观察""思考""探究"等栏目,根据知识的发生发展需要提出层层递进的问题,从而形成环环相扣的系列化数学活动。这些问题是学生在学习具体内容时普遍都会遇到的,教科书通过它们来引导学生的思考方向,为学生独立思考、自主探究构建平台。例如,在"椭圆"一节中,教科书按知识的发展过程顺次提出了如下问题:

(1) 节引言以"椭圆到底有怎样的几何特征?我们该如何利用这些特征建立椭圆的方程,从而为研究椭圆的几何性质奠定基础?"从宏观上提出问题,给出研究目标。

(2) 在引入椭圆概念时,以"探究 移动的笔尖(动点)满足的几何条件是什么?"引导学生探究椭圆的几何特征,为抽象椭圆概念、展开后续内容做好必要准备。

(3) 以"思考 观察椭圆的形状,你认为怎样建立坐标系可能使所得的椭圆方程形式简单?"引导学生思考如何利用椭圆的几何特征合理建立坐标系。

(4) 以"思考 观察图 3.1-3(图1),你能从中找出表示 a,c,$\sqrt{a^2-c^2}$ 的线段吗?"引导学生思考 a,c,$\sqrt{a^2-c^2}$ 的几何意义,使学生理解引入 b 的合理性。

(5) 以"思考 如果焦点 F_1,F_2 在 y 轴上,且 F_1,F_2 的坐标分别为 $(0,-c)$,$(0,c)$,a,b 的意义同上,那么椭圆的方程是什么?"引导学生通过类比,自主推导焦点在 y 轴上时的标准方程。

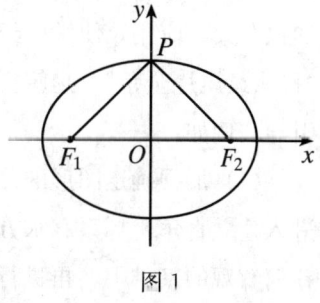

图1

(6) 以"先用几何眼光观察,再用坐标法解决"为指导,以"与利用直线的方程、圆的方程研究它们的几何性质一样,我们利用椭圆的标准方程研究椭圆的几何性质,包括椭圆的范围、形状、大小、对称性和特殊点等"为导入语,设置"观察"栏目,提出问题"观察椭圆 $\dfrac{x^2}{a^2}+\dfrac{y^2}{b^2}=1$($a>b>0$)的形状,你能从图上看出它的范围吗?它具有怎样的对称性?椭圆上哪些点比较特殊?"从整体上明确椭圆性质的主要研究内容,再以系列化的栏目引导学生具体探究性质:

①思考：观察图 3.1-7，容易看出椭圆上的点都在一个特定的矩形内，你能利用方程（代数方法）确定出它的具体边界吗？

②探究：观察椭圆的形状，可以发现椭圆既是轴对称图形，又是中心对称图形。如何利用椭圆的方程说明椭圆的对称性？

③思考：你认为椭圆 $\frac{x^2}{a^2}+\frac{y^2}{b^2}=1$ $(a>b>0)$ 上哪些点比较特殊？为什么？如何得到这些点的坐标？

④思考：观察图 3.1-9，我们发现不同形状的椭圆的扁平程度不同，相同形状的椭圆的扁平程度相同。扁平程度是椭圆的重要形状特征，你能用适当的量定量刻画椭圆的扁平程度吗？

⑤在"边空"中提出问题：你能运用三角函数的知识解释，为什么 $e=\frac{c}{a}$ 越大，椭圆越扁平？$e=\frac{c}{a}$ 越小，椭圆越接近于圆吗？

教科书以上述系列化情境与问题为载体，构建了"分析背景—探索几何特征—选择坐标系、建立标准方程—探索不同形式的标准方程—通过方程研究几何性质"的系列化数学活动。

六、加强背景和应用，完善学习过程

解析几何是一门方法论色彩浓厚的学科，应当以"用坐标法研究问题"为主线，以让学生领会坐标法和数形结合思想为主要任务，仅靠做题目是无法达成这一目标的。为此，加强背景和应用，使学生经历完整的用坐标法解决问题的过程，变"掐头去尾烧中段"为"接头续尾烧全鱼"，是解析几何教学中必须予以充分重视的问题。教科书在这方面加强了引导，例如：

（1）加强确定图形的几何特征的分析，在明确要解决的几何问题是什么的基础上，再进入建立直角坐标系、求方程等环节。实际上这是"先用几何眼光观察"的体现，在建立几何直观的基础上，再进行代数表达与运算、推理，可以提高运算效率，这也是化解解析几何学习中运算、代数推理难点的举措。

（2）加大用坐标法思想分析问题的力度。从简洁性考虑，以往教科书往往直接呈现逻辑过程，这是一种思考的"结果"，而对"为什么这样思考"则需要学生自己去体会，但这对学生而言是比较困难的。为此，教科书特别加强了用坐标法分析问题的环节，既展示了过程，又体现了对学生思维的引导。

例如，教科书在"3.3.2 抛物线的简单几何性质"中专门安排了两个例题（例 4、例 5），通过这两个例题，一方面让学生体会在用坐标法解决问题时，如何利用圆锥曲线的定义和性质去研究相关图形的性质、解决问题；另一方面，通过不同解法的比较，使学生体会坐标法中的运算所具有的特点：先分析清楚研究对象的几何特征，将几何元素及其关系代数化，在运算过程中还要充分利用相应的几何特性以简化运算。教科书就是想通过这样的示例，使学生逐步建立起这样的观念：用坐标法解决问题，建立在几何直观基础上的运算是有效解题的关键，这里的运算具有"数形结合"的特征，而不仅仅是代数运算。

七、体现单元教学设计思想

发展学生的数学学科核心素养是《标准（2017年版）》的根本理念，也是数学教学中立德树人的抓手。那么，一个基于核心素养的教学到底应该包括哪些要素呢？

首先，从教学目标看，应当以发展数学学科核心素养为目标导向，使学生在掌握知识与技能的同时，体悟知识所蕴含的数学思想和方法，积累思考和解决问题的经验，发展理性思维。

其次，实现上述目标，有赖于高水平的教学活动设计，要根据数学知识的本质和学生的认知规律，设计教学情境（生活情境、数学情境、科学情境等）并提出数学问题，用以激发学生的学习欲望，开展独立思考、自主探究、合作交流等学习活动。

最后，高水平的教学设计，有赖于教师"理解数学，理解学生，理解教学，理解技术"的水平。把握教学内容的本质，了解学生的数学思维过程，懂得学生的数学学习心理，是设计高质量数学教学活动的前提。

显然，围绕碎片化的知识点，以"知识点讲解＋例题＋练习"的方式设计教学活动，已经无法承载数学基本思想和基本活动经验教学的要求，对"四能"的提高不利，对核心素养发展更不利。总之，这样的教学是无法实现核心素养教学目标的。为了帮助教师提升"四个理解"的水平，根据《标准（2017年版）》提出的"教材编写应体现整体性""要便于教师把握知识本质，驾驭课程内容；要便于教师把握知识结构，统筹教学安排；要便于教师教学设计，创设教学情境、提出合适问题、有效组织教学；要为教师自主选择、增补和调整教学内容预留必要空间"等要求，教科书注意引导教师在整体把握圆锥曲线内容的基础上，展开教学活动的整体设计。教科书将本章内容分为三个单元，以每一种圆锥曲线的几何特征、方程、性质和应用为明线，以坐标法和数形结合思想为暗线，以逻辑连贯、环环相扣的"问题串"为脚手架，设计系列化的学习活动。这是一种以单元整体设计思想为指导的设计思路，可以比较好地实现课程标准提出的要求。

具体地，在"椭圆"一节中，如前所述，教科书用前后连贯、循序渐进的十多个问题组成"问题串"，将内容连成一体，引导学生有逻辑地展开学习与探究。这些问题既有针对整体思路的，也有针对具体内容的；既有针对思想方法、研究策略的，也有操作性的、针对特例或细节的。它们是以椭圆知识的内在逻辑为依据而设置的、自然而然的学习主线，解决了这些问题就可以形成思想内涵丰富的"椭圆与方程"知识体系。在"问题串"的引导下，学生可以完整地经历如下过程：

通过具体情境（如行星运行轨道），了解椭圆的背景与应用；

结合情境、通过动手操作清晰地描述图形的几何特征与问题，即椭圆是到两个定点的距离之和为定长的动点的轨迹；

结合几何特征合理地建立坐标系，用代数语言描述这些特征与问题；

借助几何图形的特点，形成研究椭圆性质的思路，利用方程，并通过直观想象和代数运算得到结果；

给出代数结果的几何解释，解决问题。

显然，教师只要按照教科书设计的上述过程进行教学设计并展开教学，就可以引导学生展开结构化的系统学习，建立清晰、稳定和可利用的"椭圆与方程"的认知结构。

双曲线、抛物线两节内容与椭圆同构，所以设计思路完全一致。如果椭圆的基础扎实，那么就可以让学生通过类比椭圆的研究过程展开双曲线和抛物线的自主学习，只要在双曲线的渐近线、抛物线的背景和定义等几个点上适当启发指导即可。

八、发挥信息技术的作用，为几何直观提供方便

解析几何是形数结合的学科，"通过几何建立直观，通过代数予以表达"是其基本理念[3]。在圆锥曲线的研究中，对它们的几何特征的直观认识是第一步，但要画出这三种曲线以及相关的图形并非易事。为此，教科书根据本章内容的特点，较充分地发挥信息技术的作用，注意利用动态几何软件，既为作图提供方便，又向学生展示动点的运动变化规律，引导学生观察方程中参数的变化对方程所表示的曲线形状、大小的影响，并通过信息技术软件探究图形之间的关系。例如，研究椭圆的离心率、双曲线和抛物线的定义、双曲线的渐近线等都利用了信息技术软件的优势，让学生在获得充分的直观认识基础上，再进行代数运算得出结果。

九、本章教学中几个需要关注的问题

1. 以坐标法为核心和纽带

在本章教学中，只有体现好解析几何的学科特点，抓住它的核心，才能真正发挥这一课程内容的作用，达成它的教学目标。圆锥曲线的内容非常丰富，本章只是最基础的、最简单的部分，但其中蕴含的思想具有一般意义。因此，教学中应以圆锥曲线与方程为载体，把让学生掌握坐标法这一工具去解决一些几何、代数的问题作为核心和重点。

坐标法是数形结合思想的完美体现。面临具体问题，用数形结合的眼光去看，从几何、代数的不同角度去分析，就使我们对问题的条件、结论以及它们的联系和转化方式有

了多角度的理解，从而也就可以使条件、结论得到不同形式的表达，形成多样化的解题方法，使得几何直观、代数推理综合地发挥作用，这就是解析几何中解决问题的方法总是不唯一，且有方法的难易、代数运算的繁简之分的原因。事实上，用坐标法解决问题的过程中，引导学生数形结合地看问题，探寻简洁的解题方法并深入思考其原因，就是在解析几何中发展学生直观想象、逻辑推理、数学运算等素养的关键举措。

2. 重视对研究对象几何特征的分析

解析几何是"以代数方法研究几何问题"，但教学中要注意代数运算与几何直观的相互为用。因为研究对象是几何图形，所以把握所研究对象的几何特征、明确面临的几何问题，这是首要的一步，然后才是用代数方法进行研究。所以，教学中一定要注意"先用几何眼光观察，再用坐标法推理、论证和求解"的基本思路，不要忽视"几何要素的分析"这一环。实际上就是要处理好"代数求解"与"几何直观"之间的关系。如果只把注意力集中在代数角度研究，虽然能达到细致入微的境界，但没有直观形象的支撑，最后还是不能很好地把握几何性质。所以，教学中适当地进行"代数关系的几何意义"的训练也是很有必要的。

下表给出了中学平面解析几何中的主要研究对象和问题：

基本图形	点，直线，圆，椭圆，双曲线，抛物线
特征量	距离，斜率，半径，长、短轴，实、虚轴，焦距，离心率等
位置关系	平行，垂直，相交，相切等
度量和计算	长度，角度，面积
研究的主要问题	直线、圆、圆锥曲线的方程及其几何性质，位置关系，图形在运动变化中的不变性、不变量等

3. 使学生正确理解解析几何中的运算

解析几何的学习对运算能力的要求颇高。对学生而言，代数运算是主要拦路虎之一。解题过程中，许多学生都是因为不能顺利完成代数运算而导致失败。为了使学生更好地把握坐标法的基本思想，控制代数运算的难度和技巧是必须的。但必要的运算是不可避免的，这是由解析几何的学科特点决定的。关键是要把握解析几何中运算的特点。解析几何中的运算是建立在几何背景下的代数运算，所以先用几何眼光观察，分析清楚几何图形的要素及其基本关系，再用代数语言表达，而且在运算过程中时刻注意利用图形的几何特征及图形间的关系来简化运算，这是解析几何教学中突破运算难点的关键举措。在解析几何教学中，提高运算能力不能仅仅从代数角度入手，还要努力提高学生的几何图形分析能力，也就是要在落实数形结合思想上下功夫。

4. 注意用好教科书中的例题、习题

教科书中的例题与习题，其选编的原则是帮助学生深入理解圆锥曲线的几何特征，熟练运用坐标法研究圆锥曲线的性质以及它们的位置关系，并能解决有一定综合性的问题，通过解题感悟解析几何中蕴含的数学思想。具体的题目主要是研究圆锥曲线的性质。教学中应注意这些题目的教学功能，使学生认识到认真解答这些题目的重要性，必要时可以对有关题目进行适当的变式拓展。

5. 注意循序渐进地提高综合与联系的要求

解析几何的学科特点就在于它的综合性，但对学生而言，综合解决问题的能力需要逐步培养。有些问题，虽然其需要的基础知识学生都具备，但由于综合与联系所带来的思想方法要求会极大提高，伴随着的是对学生思维能力的高要求，因而这样的问题也不能过早出现。同时，要注意正确理解"综合与联系"的含义，通过知识点的叠加、加大题目的难度并不是日常教学所需要的，综合与联系的目光要聚焦在核心概念上，目的在于促使学生从整体上更好地把握圆锥曲线。

例如，在本章的小结教学中，可以引导学生针对圆锥曲线的统一、整体认识展开综合研究：

我们知道，"运算"是代数的核心概念，"距离""角度"是几何的核心概念，"斜率"是几何概念代数化的结果，是解析几何的核心概念……前面分别研究了椭圆、双曲线、抛物线，获得了许多结论，初步学会了用坐标法研究几何问题。在"个别研究"的基础上，如果把这些曲线的定义放到一起，从这几个关键词出发考察它们的共性，会不会有所发现？

椭圆：到两个定点的距离之和为常数的点的轨迹；

双曲线：到两个定点的距离之差为常数的点的轨迹；

抛物线：到定点的距离与到定直线的距离相等的点的轨迹；

统一定义：动点到定点的距离与到定直线的距离之比为常数的点的轨迹。

可以发现，它们都是以几何基本元素（点、直线）的相互关系为考察对象，以"距离"为纽带，以"运算"为方法，通过"运算中的不变性"发现规律，给出定义。

我们知道，定义揭示了概念的内涵，给出了数学对象的本质属性，是数学对象基本性质的反映。类似地，能否以"角度"换"距离"，通过"运算"发现规律呢？

平面几何中有"直径所对的圆周角是直角"，稍作改造就能得到如下结论：

动点 $P(x, y)$ 与定点 $A(-a, 0)$ 和 $B(a, 0)$ 的连线的斜率之积是 -1，则动点的轨迹是圆（不包含 A，B 两点）。

由 $\dfrac{y}{x+a} \cdot \dfrac{y}{x-a} = -1 \Leftrightarrow x^2 + y^2 = a^2 \ (x \neq \pm a)$ 获得启发，对椭圆方程做适当变换：

$\dfrac{x^2}{a^2} + \dfrac{y^2}{b^2} = 1(x \neq 0) \Leftrightarrow \dfrac{y^2 - b^2}{b^2} = -\dfrac{x^2}{a^2}(x \neq 0) \Leftrightarrow \dfrac{y^2 - b^2}{x^2} = -\dfrac{b^2}{a^2} \Leftrightarrow \dfrac{y-b}{x} \cdot \dfrac{y-(-b)}{x} = -\dfrac{b^2}{a^2}$，

这说明，平面直角坐标系中，动点 $P(x，y)$ 与定点 $A(0，-b)$ 和 $B(0，b)$ 的连线的斜率之积是 $-\dfrac{b^2}{a^2}$，则动点的轨迹是椭圆（不包含 A，B 两点），其方程是 $\dfrac{x^2}{a^2}+\dfrac{y^2}{b^2}=1$（$x\neq 0$）。把定点换为 $A'(-a，0)$ 和 $B'(a，0)$ 也有类似的结果。

类似地，可以得到双曲线的类似结论。

解析几何的结论体现了数与形的内在统一性。将已有的几何元素、几何关系代数化，通过代数运算可以发现几何性质。因为代数变形可以有不同途径，通过考察不同途径下代数运算的几何意义，也可以发现几何性质，这对深化理解内容也很有好处。例如，在推导椭圆标准方程时，中间一步是 $a\sqrt{(x-c)^2+y^2}=a^2-cx$。用"距离"的眼光看待，可以把它变形为 $\dfrac{\sqrt{(x-c)^2+y^2}}{\dfrac{a^2}{c}-x}=\dfrac{c}{a}$，这说明从"个性定义"可以推出"统一定义"。事实上，也可以从"统一定义"推出"个性定义"，所以两种定义是等价的。

根据圆锥曲线的方程，a，b，c，p，e 等是决定圆锥曲线性质的关键量。圆锥曲线的焦点、顶点、轴、准线、弦及其中点、切线、焦距、长（短）轴的长、面积、内接图形（特别是内接三角形、内截矩形等）、角（与焦点、中心等相关）等以及它们之间的相互关系，都可以用这些不变量来表示。对此展开一番研究，能极大地提升学生对圆锥曲线的认识水平。

以上过程，先是把握圆锥曲线的基本要素、不变量，然后从"相互关系""相互转化"等角度发现和提出问题、获得性质，然后再通过逻辑推理证明其正确性。在发现曲线性质的过程中，运算、距离、角度、斜率、不变量等核心概念提供了基本思路和方法。

参考文献

[1] 阿波罗尼奥斯. 圆锥曲线论：卷Ⅰ—Ⅳ（第 2 版）[M]. 朱恩宽，等，译. 西安：陕西科学技术出版社，2007：汉译者序.

[2] M. 克莱因. 古今数学思想：第二册 [M]. 北京大学数学系数学史翻译组，译. 上海：上海科学技术出版社，1979：6.

[3] 史宁中. 数形结合与数学模型——高中数学教学中的核心问题 [M]. 北京：高等教育出版社，2018：前言.

（执笔人：章建跃，人民教育出版社课程教材研究所）

第四章
数　　列

　　数列是一类特殊的函数,是数学重要的研究对象,是研究其他类型函数的基本工具,在日常生活中也有着广泛的应用。"第四章　数列"是根据《标准(2017年版)》对"数列"单元的内容要求编写的。通过本章的学习,学生将了解数列的概念;掌握等差数列和等比数列的变化规律,了解等差数列与一元一次函数、等比数列与指数函数的联系,感受数列与函数的共性与差异,体会数学的整体性;能运用等差数列、等比数列解决简单的实际问题和数学问题,感受数学模型的现实意义与应用。

　　本章的编写遵从了整套教科书的指导思想,即以发展学生的核心素养为导向[1]。本文将结合本章的编写过程,从如何在理解本章核心内容及其育人价值的基础上,构建整章内容的研究路径、设计核心内容的学习过程以及甄选数学史素材和融入信息技术等方面,探讨如何编写以发展学生的核心素养为导向的新高中课程中的数列内容。

一、把握数列内容的本质,明确数列内容的育人价值

　　编写以发展学生数学学科核心素养为导向的教科书,必须挖掘每一个数学内容的育人价值,这就要求我们深入理解、准确把握数学内容的本质。

　　数列是数学中一个古老的内容,同时它历久弥新,在现代数学中仍然发挥着重要作用,而且它的实际应用也是不容忽视的。所以在探寻高中数学课程中数列内容的本质时,我们需要回到历史中去,看看它最初的模样,梳理一下它的发展脉络,了解今天它在数学中的地位和价值。此外,还要从数列与高中数学课程中的其他内容的联系,特别是与核心概念之间的联系中认识它的教育价值。

　　早在古埃及的加罕纸草书(约成书于公元前1800年)中就记载了一道等差数列的题目:将100份分成10份,第一份最大,从第二份开始,每一份较前一份少 $\frac{2}{3}+\frac{1}{6}$,求各份的大小?[2]而人们对等比数列的研究可能开始得更早。后来,希腊古算家研究了调和数列,印度古算家研究了正整数的平方、立方数列等[3],中国古算家则对高阶等差数列表现出了浓厚的兴趣。古代算学家研究这些数列的一个共同的兴趣点是推导它们的求和公

式。到了 18 世纪，伴随着表示代数函数和超越函数的需求，对数列求和问题的关注点从有限项推广到无限项，从数项扩展到函数项，逐渐发展成了今天作为分析学的一个分支的级数理论。而数列的收敛理论也在 19 世纪随着极限理论的发展得到完善，使数列成为了研究函数等数学结构的基本工具，例如用二分法求函数的零点就是数列在研究函数性质中的应用之一，数列在研究级数收敛半径、探测拓扑性质中也都有用武之地。

除此之外，数列本身的特性也是数学研究的内容，例如古希腊的毕达哥拉斯学派对三角形数、正方形数、五边形数等多边形数进行过研究，中国的刘徽、张邱建等求解过等差、等比数列问题，中世纪的斐波那契以及后来的人对斐波那契数列进行过深入探讨，而素数数列至今仍是数论研究的热点之一。

由此可以看出，数列从古到今都是数学重要的研究对象，数学家们研究各种数列中项的取值规律，发现它们的性质，这些性质逐渐被发展为成熟的理论（如级数理论、数列的收敛理论等），使得数列成为了研究其他数学结构的重要工具。而高中教科书中的数列内容，属于数列发展史中最初的阶段，即对"最简单的"两类数列——等差数列、等比数列的研究。这说明，高中阶段数列的育人价值体现在，让学生像数学家那样经历探索"最简单的"两类数列中项的取值规律、发现数列的性质、并应用数列的性质解决问题的过程。这个过程有利于学生积累数学活动经验，提高发现和提出问题、分析和解决问题的能力，为他们今后的数学学习打下基础。

数列是一种特殊的函数。从整个高中课程的内容来看，函数是贯穿整个高中数学课程的主线，函数的概念及其反映的数学思想方法对高中许多其他内容具有统领作用，是沟通不同内容的纽带。同时，对于像函数这样的核心概念，也必须让学生以一种螺旋上升的方式来展开学习，让学生有多次接触、反复体悟的机会，这样他们才能逐步加深理解，真正掌握并灵活运用。[4] 所以在高中阶段，应该把数列纳入函数体系，让学生用函数的观点看待数列问题，在数列与函数、等差数列与一次函数、等比数列与指数函数之间进行联系与综合。由于核心概念及其反映的数学思想方法的内在统一性，学生就能逐步体会到研究一个数学对象的基本框架和路径，学习数学的思维方式，培养理性精神。

数学归纳法是一种特殊的数学演绎证明方法，是证明与正整数 n 有关的数学命题的一种实用的数学工具。它从萌芽、源起、形成到完善，共经历了两千多年的时间，倾注了众多数学家的心血和智慧。一般认为，数学归纳法的思想在古希腊数学中已有萌芽。1653 年，法国数学家帕斯卡最先明确而清晰地阐述并使用了数学归纳法的两个步骤，并用其证明了"帕斯卡三角形"等命题。而到了 19 世纪，数学归纳法的理论依据才由意大利数学家皮亚诺给出。数学归纳法的本质是建立一种无穷递推机制，实现有限到无限的飞跃。我国著名数学家华罗庚指出："数学归纳法这个方法很重要，对学好高等数学有帮助，对认识数学的性质也有裨益，同时可以帮助我们深思。"所以数学归纳法不仅为学生提供了一种有力的证明工具，使他们既能证明数列学习中由猜想获得的结论，还能证明更一般的与

正整数 n 有关的数学命题，而且对方法本身及其蕴含的数学思想的学习有利于提升学生的逻辑推理素养。

二、类比函数的研究，构建数列内容的研究框架

由于学生对数学的学习要建构在已有经验（知识体系）的基础上，因此教科书对内容的编排要为学生提供当前学习内容的联系方式和类比对象[4]。本套教科书建构了以函数等核心概念及其反映的数学思想方法为连接点的知识网络，对这些核心概念的研究也揭示了研究一个数学对象的基本框架和路径。因此在设计数列内容的研究框架时，考虑到数列与函数的联系，以及本章内容与学生已学函数内容的相似性，采用了"用函数的观点看待数列"的整体思路，构建了与函数的研究过程完全类似的研究路径。这样不仅能让学生进一步熟悉研究一个数学对象的基本路径，还可以在这条路径的指引下，明确数列的学习方向和学习重点，更加自主地开展数列的学习。

首先，在构建本章的整体结构时，考虑到数列的内容与函数的内容类似，都包含一般概念和具体对象两部分，因此本章采用了与函数类似的结构，按照"一般数列→特殊数列"的顺序展开内容。在"一般数列"中，构建数列的一般概念，使学生了解数列的研究内容和基本方法；"特殊数列"则针对现实世界的事物所具有的某一类递推规律（等差、等比）建立数列模型，研究其概念、性质和应用。数学归纳法是一种证明与正整数 n 有关的数学命题的特殊方法，可以用于证明数列的一些结论，作为选学内容，被编排在本章的最后。

本套教科书在介绍函数的概念时，采用了从事实出发的"概念形成"方式，让学生经历从典型丰富的具体例证中分析、归纳出函数的共同特征，并给函数下定义的过程，还让学生通过概念辨析深入理解函数概念的内涵；然后，考虑到数学对象的表示方法是学生进一步认识它的基础，接下来介绍了函数的表示方法；最后，研究了函数的一些常用性质。本章在编排"一般数列"所包含的内容时，考虑到数列概念的学习内容和学习方式与函数的概念是完全类似的，教科书采用了与研究"一般函数"类似的框架，也就是

事实—概念—表示—性质。

具体说来，教科书先详细分析了几个典型的具体实例，再归纳出它们的共同特征——按照确定的顺序排列的一列数，然后推广到一般情形，抽象出数列的一般形式 $a_1, a_2, \cdots, a_n, \cdots$，并给出数列的定义。然后，教科书将数列的定义与函数概念建立联系，得到了数列是定义在正整数集（或正整数集的有限子集）上的离散函数的结论。接下来，研究了数列的三种表示方法——表格、图象和通项公式。考虑到数列的递推公式在研究数列中的特殊作用，数列的前 n 项和公式是数列的一个主要研究内容，所以在"一般数列"的最后，教科书介绍了数列的递推公式和前 n 项和公式的定义，为本章后面的内容作了铺垫。

需要说明的是，由于每种数列都有自己独特的性质，而且本章只涉及数列的代数性质（数列的分析性质在选修课程的 A 类课程《微积分》中作介绍），所以本章对数列性质的

研究，主要放在对代数规律明确的等差、等比数列的研究中。对于一般数列，只涉及了其项数是否有限（定义了"有穷数列"和"无穷数列"）和数列的单调性。

其次，与在函数的一般概念之后研究基本初等函数类似，本章研究了两类特殊的数列——等差数列和等比数列。对这两类数列的研究，都采用了与研究基本初等函数类似的路径，即

事实—概念—表示—性质—应用。

等比数列与等差数列在内容、研究思路和方法上有很强的可类比性，因此本章对等比数列的编排采用了与等差数列完全类似的路径，都是通过运算发现实例中数列的共同取值规律、获得定义，根据定义归纳得到通项公式，通过与相应函数类比探索性质，通过运算、代数变换等思想方法推导前 n 项和公式（数列的特殊性质）、解决相关问题等。这样的编排为学生提供了很好的自主学习的机会，教学时可以让学生在与等差数列类比的基础上，自己发现研究对象，并针对研究对象提出研究内容、探索研究方法、获得研究结论，而只侧重提醒学生注意新的研究对象的独特性。

本章的最后安排了数学归纳法的内容：先通过具体情境，介绍了数学归纳法的原理，然后运用数学归纳法证明了数列中的一些简单问题。

本章的研究框架如下图（图1）所示：

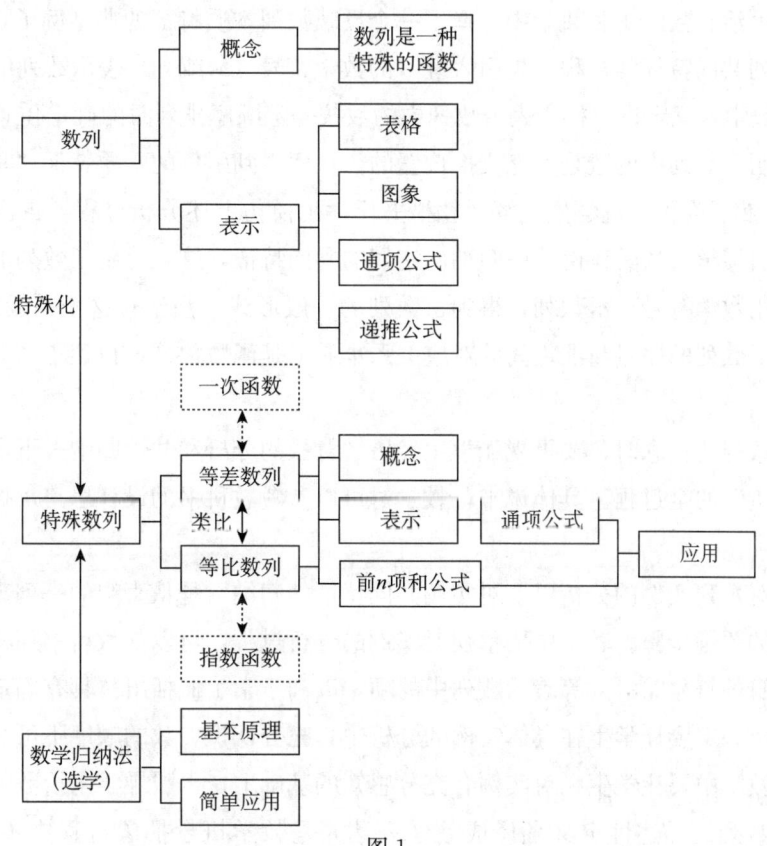

图 1

三、创设数列内容的学习活动,让学生经历完整学习过程

章建跃老师认为,核心素养的发展离不开知识的理解和应用,因此必须让学生经历从数学研究对象的获得,到研究数学对象,再到应用数学知识解决问题的完整过程。[5] 为了让学生在数列的学习中经历完整的学习过程,教科书在获得数列的概念、研究数列的性质和应用数列知识解决问题三个环节都构建了合理的情境,创设了系列学习活动,引导学生通过自主探究、合作学习来建构本章知识,发展技能,感悟和提炼思想方法,积累数学活动经验。

(一)创设适合的概念(或原理)的形成过程

本章涉及"数列""等差数列""等比数列"的基本概念,以及数学归纳法的原理。教科书根据不同概念或原理的特点和学生的认知基础,设计了不同的概念或原理的形成过程,在过程中逐步揭示概念或原理的本质特征,形成概念或原理的数学定义。让学生经历从"事实"出发,归纳、概括事物本质的过程,有利于提升他们的数学抽象和逻辑推理素养。

1. 数列、等差数列、等比数列概念的抽象过程

对于数列的概念,教科书呈现了"事实—概念—表示"的数学抽象过程。与2004年版人教A版教科书的呈现方式相比,修订后的教科书精简了用于抽象数列定义的例子,分别从现实生活、数学史和数学中选择了一个反映数列本质特征的典型例子,细化了从实例抽象出数列共同特征的过程:先引入统一的数学符号(h_i或s_i)表示数列中的数,并揭示下标i的数学含义,即下标i表示数列中的数按一定顺序排列时的确定位置,这就从数学的角度说明了数列中的数是不能交换位置的,从而得到引例的本质特征"具有确定顺序的一列数";然后为了促进学生理解,教科书让学生模仿上述分析过程,自己分析实例的特征;最后引导学生从具体例子中归纳出它们的共同特征,这就得到了数列的定义。接下来,教科书用数学符号表示数列,得到了数列的一般形式。基于对这个一般形式的分析,教科书揭示了数列的序号与项之间的对应关系本质上是函数关系,得到了"数列是一种函数"。

在教学数列的概念时,要重视让学生经历"背景的分析和共性归纳—下定义—数学表达—概念辨析"的全过程。具体说来,教学时可以参考教科书的设计思路,按照下列步骤展开。

首先,对数列实例的分析以及对实例共同特征的归纳,是从直观的一列数过渡到数列的数学定义的关键步骤。教学中要重视对实例的分析过程,可以如教科书那样,用集序号与取值于一身的符号h_i,s_i等表示数列中的项,以利于学生概括出"具有确定顺序的一列数"的结论。一定要让学生在具体实例的分析中,充分认识"数的顺序不可交换"。

其次,教学中要让学生在对实例有充分感知的基础上,再引导学生给数列下定义。

再次,数列的描述性定义翻译成数学表达,是数学概念抽象过程中不可或缺的环

节。教师可以引导学生结合前面三个实例的分析过程，引导学生思考如何用数学的语言刻画"确定的顺序"，得到用数学的方法表示顺序的技巧，从而得到数列的一般形式 $a_1, a_2, \cdots, a_n, \cdots$。

最后，对数列的定义进行辨析，发现数列每一项的序号与项之间的对应关系，得到数列是一种函数的结论。

对于等差数列、等比数列的概念，教科书采取了类似的处理方式，并在分析、归纳实例的共性时，重点引导学生通过运算去发现数列的规律。运算是代数学的核心，本章通过具体例子说明了如何通过运算发现和提出问题。例如，对于等差数列，教科书在"思考"栏目（图2）中提到了运算对于发现规律的作用，并引导学生回忆指数函数的学习中所经历的用运算发现"A，B两地旅游人数"的变化规律的过程，从而获得通过运算发现等差数列的取值规律的启示。对于数列 9，18，27，36，45，54，63，72，81，学生可能自然地想到"$18=9+9, 27=18+9, \cdots, 81=72+9$"，教科书把这种表达方式改成了"$18-9=9, 27-18=9, \cdots, 81-72=9$"，并在边空的提示中指出"改变表达方式使数列的取值规律更突出了"。然后，教科书用字母代替数列中的具体项，得到 $a_2-a_1=9, a_3-a_2=9, \cdots, a_9-a_8=9$，从而使"规律"有了一般性，由此就容易概括出这个数列的取值规律：从第2项起，每一项与它的前一项的差都等于同一个常数。

> **? 思考**
>
> 在代数的学习中，我们常常通过运算来发现规律．例如，在指数函数的学习中，我们通过运算发现了 A，B 两地旅游人数的变化规律．类似地，你能通过运算发现以上数列的取值规律吗？

图 2

2. 数学归纳法原理的形成过程

对于数学归纳法原理，教科书设计了类比、推广活动，引导学生经历从特殊到一般的过程，形成数学归纳法原理：以证明一个具体的数学命题为背景引出问题——如何通过有限个步骤的推理，证明 n 取所有正整数时命题都成立；然后，先分析多米诺骨牌全部倒下的过程中蕴含的数学原理，再通过类比得到证明一个与正整数 n 有关的数学命题的递推结构以及证明方法；最后，抽象出数学归纳法的两个步骤，得到原理。接下来，教科书对数学归纳法原理进行了辨析，先让学生思考两个步骤之间的关系，再用逻辑的语言表达数学归纳法，突显了第二步是要证明一个具有递推关系的命题的本质，以及只要完成数学归纳法的两个步骤就能最终完成证明。

对于数学归纳法原理的教学，可按如下思路展开：

第一步，创设情境，提出问题。提出一个与正整数有关的命题的证明问题，引发学生寻求证明方法，即如何通过有限个步骤的推理，证明 n 取所有正整数时命题都成立。

第二步，探究游戏，发现规律。观察多米诺骨牌游戏，分析、归纳其全部倒下的条件，揭示第 2 个条件中蕴含的递推关系。

第三步，迁移规律，解决问题。将多米诺骨牌全部倒下的条件类比、迁移到对上述数学命题的证明过程中，得到证明方法。

第四步，抽象方法，获得原理。抽象上述证明方法，得到数学归纳法的原理。

第五步，辨析步骤，理解原理。辨析数学归纳法的两个步骤及步骤之间的关系，进一步揭示其第二步实际上是要证明一个数学新命题。

第六步，简单应用，熟悉步骤。用数学归纳法证明简单的命题，重点是示范第二个步骤的证明过程。

（二）构建恰当的数列性质的研究过程

本章对数列性质的研究，既包括对等差、等比数列的项与项之间关系的研究，也包括对它们的前 n 项和公式的推导。对于前者，教科书从"数"和"形"两个方面来发现和证明性质；对于后者，教科书设计了自然合理的系列学习活动，让学生能够在有效引导之下自主探究出结论。经历这样的研究过程，有利于培养学生的逻辑推理和数学运算素养。

1. 数形结合研究等差、等比数列性质的过程

在研究等差、等比数列的性质时，教科书既通过运算、代数变换来发现和证明性质，又利用了等差数列与一次函数、等比数列与指数函数的联系，使学生能借助这两种函数的图象和性质来发现或理解相应数列的性质。例如，在研究等差数列的性质"若数列 $\{a_n\}$ 是等差数列，$p, q, s, t \in \mathbf{N}^*$，且 $p+q=s+t$，则 $a_p+a_q=a_s+a_t$"时，教科书先运用等差数列的通项公式证明了这一性质，又安排了一个"思考"栏目（图 3），在图象上寻求对等差数列的性质的几何解释，不难发现点 $(p, a_p)(q, a_q)$ 与点 $(s, a_s)(t, a_t)$ 有相同的中点，这就使这条性质的意义变得明显了。

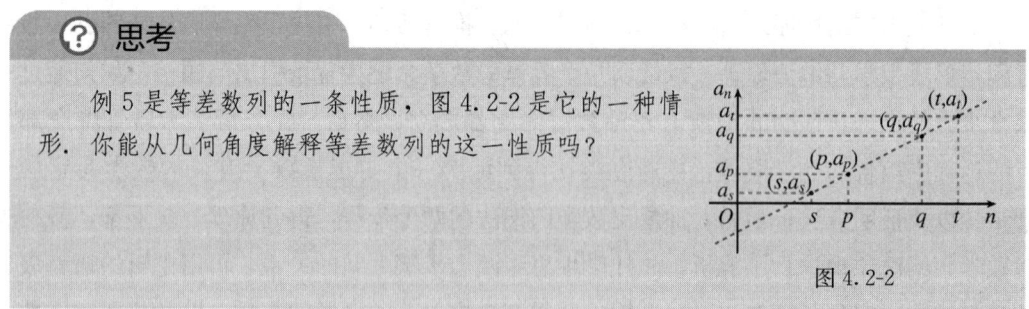

图 3

2. 等差数列前 n 项和公式的推导过程

教科书把等差、等比数列的前 n 项和公式分别看成了这两种数列的一个性质，即这个公式是可以根据前面学习的等差或等比数列的概念、通项公式和性质推导出来的。例

如，对于等差数列的前 n 项和公式，历史上出现过的最简便的方法可能是"倒序相加法"，这也是一个被广泛引用的方法。虽然我们已经无从知道古代数学家们是如何想到这种方法的，但有一点是肯定的——这种方法建立在对等差数列深入理解的基础上，即掌握等差数列的某些性质的基础上。基于上述认识，教科书创设了探究等差数列前 n 项和公式的系列数学活动，让学生经历利用等差数列性质得出"倒序相加法"的过程，不仅使这一方法的引入更加自然而然，而且把提高"四能"渗透其中，过程大致如下：

（1）以高斯求 $1, 2, 3, \cdots, 100$ 的和的故事创设情境。选择这个故事，一是它有趣且著名，很多学生已经对它耳熟能详；二是以 $1, 2, 3, \cdots, 100$ 为对象展现的"首尾配对"的求和过程非常直观；第三点也是最重要的，高斯算法与"倒序相加法"的思想是一样的，都是把不同数求和转化成相同数求和，都利用了上一小节例 5 中的性质。

（2）接着，通过"思考"栏目，让学生探究高斯算法中蕴含的数学思想。事实上，数列 $1, 2, 3, \cdots, n, \cdots$ 的性质具有一般性，或者说，这些性质可以方便地推广到一般的等差数列中去。因此，研究清楚高斯算法到底利用了数列 $1, 2, 3, \cdots, n, \cdots$ 的什么性质，我们就可以非常方便地把高斯算法推广为求 $1, 2, 3, \cdots, n, \cdots$ 的前 n 项和的方法，并进一步地推广到求一般等差数列的前 n 项和上去。另一方面，由 $S_n = a_1 + a_2 + \cdots + a_n = na_1 + [1 + 2 + \cdots + (n-1)]d$ 可知，求一般等差数列的前 n 项和问题都可以转化成求 $1, 2, 3, \cdots, n, \cdots$ 的前 $n-1$ 项和问题，这也说明求 $1, 2, 3, \cdots, n, \cdots$ 前 $n-1$ 项和，可以作为研究等差数列求和问题的一个基础。

为了便于探究性质，教科书再次用符号代替具体的数（探究等差数列的取值规律时也是这样做的），从而发现了高斯求和过程中的"秘密"，即利用性质 $a_1 + a_{100} = a_2 + a_{99} = \cdots = a_{50} + a_{51}$ 把不同数求和转化成相同数求和。

（3）紧接着，教科书把高斯算法推广用于求数列 $1, 2, 3, \cdots, n, \cdots$ 的前 n 项和。由于推广的指导思想就是高斯算法的思想，即利用上一小节例 5 中的性质把不同数求和转化成相同数求和，所以学生不难独立完成这次推广。难点在于要对项数 n 分奇偶讨论，以及处理一般化的符号。

为了降低难度，教学中，可以先让学生解决教科书边空中的问题"你能用高斯的方法求 $1 + 2 + \cdots + 100 + 101$ 吗？"，这实际上是项数 n 为奇数时的一个特殊情况，需要确定配对后的余项，即中间项（51）；然后，再思考项数 n 为一般正整数时的情况。这样，学生就不难想到要对项数 n 分奇偶讨论了。当处理项数 n 为一般正整数时的情况时，难点是用符号表示中间若干项的序号。教学时，应该在"中间项的序号如何用 n 表示"上加强引导，必要时可以让学生借助具体的数进行尝试。

（4）接下来，教科书设置了一个"思考"栏目，让学生思考如何避免对 n 分奇偶进行讨论，这就为引出"倒序相加法"提供了契机。考虑到学生很难自己提出"倒序相加法"，于是，教科书提出了一个可能发现"倒序相加法"的思路——在 $S_n = 1 + 2 +$

$3+\cdots+n=\dfrac{n(1+n)}{2}$ 的两边同乘以 2，得到 $2S_n=2(1+2+3+\cdots+n)=n(1+n)$，这相当于把两个 S_n 相加，而结果变成 n 个 $(n+1)$ 相加。在这个等式的启发下，想到用"倒序相加法"求 $1+2+3+\cdots+n$。这样的引导，展现了数学发现中的"触类旁通""灵感"等要素，为学生分析问题和解决问题作出了示范。

（5）最后，教科书设置了一个"探究"栏目，让学生体会"倒序相加法"的妙处，并把它推广用于求一般等差数列的前 n 项和。

（三）设计合理的数列知识的应用过程

本章无论是对于一般数列的通项公式，还是等差、等比数列的通项公式、前 n 项和公式，都编排了不同层次的例题和练习，对例题的分析和回顾中注重引导学生从概念、公式等角度来分析问题，体现用数列模型刻画现实世界中递推规律的全过程。通过这样的知识应用过程，使学生提高分析问题、解决问题的能力，提升数学建模和数学运算素养。

例如，对于等差数列的前 n 项和公式，教科书设置了"理解公式、简单应用"和"掌握公式、综合应用"两个层次的题目。对于第 1 个层次（例 6，例 7），让学生通过应用公式解决基本问题，了解用公式解决问题的基本思路，进一步理解公式所确定的等差数列的"基本量"之间的关系，同时加深对等差数列的理解（"一般地，对于等差数列，只要给定两个相互独立的条件，这个数列就完全确定"）。教科书在例 7 之后设置了一个通过电子表格进行探究的活动，向学生展示了解决数列问题的一种常用方法：利用计算工具计算数列的项，通过对项的取值规律的观察，形成猜想，然后证明猜想。这个过程可以帮助学生积累发现和提出问题，分析和解决问题的经验。第 2 个层次的例 8 说明了用公式建立数学模型，刻画现实世界事物取值规律的基本思路和方法，例 9 是一道综合应用问题，展现了对数列的项的取值规律的分析过程，以及如何应用数值和函数两种方法来解决问题，有利于提高学生的应用能力。

四、甄选数学史素材，丰富数列的文化内涵

数列自古以来都是人们感兴趣的问题，古代埃及、巴比伦、中国和印度的文献中都有丰富的数列问题，中外许多著名的古算家都曾对某类数列问题进行过深入研究。本章在编写过程中，特别注意引用或改编数学史中的例子，不仅丰富了本章内容，而且有利于提升学生的人文素养。

例如，考虑到最初的数列中蕴含了数列产生的动因，即"当人类祖先需要用一组数有序地表达一类事物、记录某个变化过程时，数列也就应运而生了"[6]，这种动因显然有利于揭示数列的本质特征，教科书选用了古巴比伦人刻在泥版上用来刻画一个月中从第 1 天到第 15 天每天月亮可见部分的数列作为引入的例子。

又如，修订后的教科书保留了 2004 年版人教 A 版高中数学教科书中的"阅读与思考　斐波那契数列"，同时进一步丰富了阅读材料的内容，介绍了斐波那契数列有趣的例子，揭示了它与代表"美的标准"的黄金比例有不可分割的关系，还配了斐波那契螺旋和向日葵螺旋的图片，使这个古老的数列更加栩栩如生地呈现在学生面前。

还如，本章多处引用中外数学史上的数列原题作为习题，或将数学史上有关数列的结论改编为习题，如"远望巍巍塔七层，红光点点倍加增，共灯三百八十一，请问尖头几盏灯？""传说古希腊毕达哥拉斯学派的数学家用沙粒和小石子来研究数。他们根据沙粒或小石子所排列的形状把数分成许多类，如图中第一行的 1，3，6，10 称为三角形数，第二行的 1，4，9，16 称为正方形数，第三行的 1，5，12，22 称为五边形数……"。这样的题目背景丰富、有趣、画面感强，容易把学生带入到一定的情境中，有利于激发学生的感性体验与理性体验，促进问题的解决。

再如，等差数列求和的"倒序相加法"和等比数列求和的"错位相减法"都是历史上积淀下来的方法，学生几乎不可能独立创造出它们，因此常常认为它们是"巧妙"而"不自然的"。为此，教科书设计了一个阅读材料，介绍了中国古算家求数列和的故事，帮助学生认识到这两种方法都建立在对等差、等比数列性质深入理解的基础上。而且，透过这些小故事，学生既能学到古算家求数列和的思想方法，又能体会到这些数学思想方法诞生的曲折过程，感受到数学家在进行数学研究时的探索精神和创新意识。

五、利用信息技术工具，动态、直观研究本章内容

在学生对数列的学习中，信息技术工具可以在如下两个方面发挥作用：一是绘制数列的图象；二是计算数列某一项的值，以及计算数列前 n 项的和等。在教学中，可以通过设计融入信息技术的数学活动，充分发挥信息技术工具的绘图和计算优势，减少学生的重复计算，让学生方便地获得数列的数值和图象，探索和发现规律、探究解决问题的策略、提出新的问题、反思或验证结果等，同时为学生更好地理解数列的知识（如数列与函数的关系、递推过程、求和过程、解方程（组）在解决问题中的应用等），以及用多种手段解决问题提供便利。

例如，教学中可以让学生利用数列的递推公式或通项公式，在电子表格软件中生成数列的若干项，以探究数列的项的变化规律或项与参数之间的关系等，还可以用电子表格软件或其他包含绘图功能的技术工具画出数列的图象，从图象上或者结合数值和图象，探究数列的取值规律。又如，可以让学生借助计算机代数系统（CAS）解决数列问题，既减少了运算量，又获得了解决问题的明确步骤；而借助金融计算器，则既可以验算结果，又可以加深学生对问题的实际背景的理解。再如，在数学归纳法的教学中，可以通过播放多米诺骨牌游戏的视频等方式，充分发挥这个模型的直观、动态效果，让学生感受到第一块骨牌倒下的推动作用，以及相邻两块骨牌中，前一块倒下对后一块的推动作用，再把这种感

受迁移到对数列通项公式的证明中,从类似的角度去理解证明过程。

综上所述,在本章内容的编写过程中,我们通过回顾数列的发展历史、了解它在今日数学中的地位和价值,以及它与高中数学课程中核心内容的联系,认识了数列在高中数学阶段的教育价值。在此基础上,通过类比研究函数的基本框架和路径,搭建了数列内容的研究框架;通过构建合理的情境、设计系列学习活动,创设了"获得数列的概念→研究数列的性质→应用数列知识解决问题"的完整学习过程;还通过甄选数学史素材,丰富了数列的文化内涵,以及融入信息技术,为学生提供了自主学习的多种手段。通过本章的学习,学生不仅能够掌握数列的知识,而且能够进一步积累以"数学的方式"学习的经验,培养理性精神,提高数学素养。

参考文献

[1] 章建跃. 核心素养导向的高中数学教材变革(续3)——《普通高中教科书·数学(人教A版)》的研究与编写 [J]. 中学数学教学参考:上旬, 2019 (9): 6.

[2] 汪晓勤. 纸草书上的数列问题 [J]. 数学教学, 2010 (1): 1-29.

[3] 李俨. 中算家之级数论 [J]. 科学, 1929 (9): 1139-1401.

[4] 章建跃. 核心素养导向的高中数学教材变革(续2)——《普通高中教科书·数学(人教A版)》的研究与编写 [J]. 中学数学教学参考:上旬, 2019 (8): 7, 9.

[5] 章建跃. 核心素养导向的高中数学教材变革(续1)——《普通高中教科书·数学(人教A版)》的研究与编写 [J]. 中学数学教学参考:上旬, 2019 (7): 9.

[6] 汪晓勤. 泥版上的数列问题 [J]. 数学教学, 2009 (12): 封二.

(执笔人:宋莉莉,人民教育出版社课程教材研究所)

第五章
一元函数的导数及其应用

按照《标准（2017年版）》的设置，学生在必修课程的函数主题学习函数的概念和性质，总结研究函数的基本方法，掌握一些具体的基本函数类，探索函数的应用的基础上，在选择性必修的函数主题中，通过具体情境，引导他们直观理解导数概念，感悟极限思想，知道极限思想是人类深刻认识和表达现实世界必备的思维品质；理解导数是一种借助极限的运算，掌握导数的基本运算规则，能求简单函数和简单复合函数的导数；能够运用导数研究简单函数的性质和变化规律，能够利用导数解决简单的实际问题。通过本章的学习，提升学生的数学抽象、数学运算、直观想象和逻辑推理素养[1]。

一、理解本章核心内容，认识其育人价值

1. 对本章核心内容的理解与育人价值的认识

导数的本质是函数的瞬时变化率，它是微积分的核心内容之一，是现代数学的基本概念，蕴含微积分的基本思想。从数学的公理化体系的角度看，导数是一种特殊的极限，因此在大学微积分教科书中，先给出极限的有关理论，再研究导数概念。但在现在的中学数学结构体系中，学生没有极限基础，因此就不能直接用极限去定义导数，而必须兼顾导数的意义和极限这两个方面，在此过程中体现极限思想，让学生认识导数的内涵与思想。这就要求在呈现导数的概念时，必须基于学生的认知基础，从导数是函数的平均变化率的极限出发，通过变化率的典型实例，让学生充分经历从平均变化率过渡到瞬时变化率的过程，以直观的方式，从特殊到一般，既引出导数的概念，又让学生体会极限思想。

我们知道，中学阶段研究的函数性质主要包括单调性、极值、最值等，其中单调性最为重要，它也是研究函数的极值、最值的基础。导数定量地刻画了函数的局部变化，从数学的理论体系上看，微分中值定理尤其是拉格朗日中值定理架起了导数与函数值之间联系的桥梁，为利用导数研究函数性质提供支撑。但在中学阶段不介绍微分中值定理，因此如何利用导数研究函数的性质必须另辟蹊径，通常可以借助导数的几何意义，通过直观的方式，从特殊到一般，"归纳出"函数的单调性与导数的正负之间的关系，从而体现导数是

研究函数性质的基本工具。

2. 对本章重点、难点的认识

导数的概念是微积分学的最重要的概念之一，在微积分学中具有基础性地位，也是本章最为核心的内容。利用导数的基本运算法则求简单函数和简单复合函数的导数，是运用导数研究函数性质的基础和必备技能。对很多运动变化问题的研究最后都会归结为对各种函数的研究，其中函数的增减，以及增减的范围、增减的快慢等是最基本的问题。导数简明地回答了这些问题：由 $f'(x)$ 的符号可知函数 $f(x)$ 是增还是减，由 $f'(x)$ 绝对值的大小可知函数变化的快慢。不仅如此，导数也是研究函数极值问题、解决优化问题的一种通法。导数定量地刻画了函数的局部变化规律，是研究函数性质的基本工具。因此本章的重点是：导数的概念，利用基本初等函数的导数公式和导数法则求简单函数和简单复合函数的导数，运用导数研究简单函数的性质。

导数是瞬时变化率的数学表达，学生对导数的内涵——瞬时变化率的认识有一定难度；同时，从平均变化率过渡到瞬时变化率得到导数概念的过程，蕴含着"用运动变化的观点研究问题""逼近（极限）""以直代曲"等微积分的重要思想，需要学生不断感悟。因此，导数的概念是本章的一个教学难点。在导数概念及其几何意义的得出过程中，让学生充分经历从平均变化率过渡到瞬时变化率的过程，不断渗透解决问题的思想方法，并借助具体数值和几何直观体会极限思想是突破难点的关键。由于复合函数的求导是"从外往内"分两层求导，需要准确分析复合函数的结构，而学生对复合函数的复合过程的认识存在一定困难，因此求简单复合函数的导数是本章的另一个教学难点。加强对复合函数的复合过程的分析，厘清复合函数中的自变量、中间变量、因变量，是突破这一难点的关键。

二、把握内容要求，构建本章内容结构框架

1. 本章主要内容与要求

按照《标准（2017 年版）》对本单元设置的内容与要求，本章通过丰富的实际背景和典型实例，引导学生经历由平均变化率过渡到瞬时变化率的过程，抽象出导数的概念及其几何意义，通过这些过程让学生了解导数是如何刻画瞬时变化率的，体会导数的内涵，感悟极限思想。本章还学习基本初等函数的导数公式，导数的四则运算法则和简单复合函数的导数，并从中进一步感悟极限思想。在此基础上，引导学生通过具体实例感受导数在研究函数和解决实际问题中的作用，认识导数是研究函数单调性、最大（小）值等性质的基本方法，体会导数的意义。本章的主要内容包括：导数概念及其意义、导数运算、导数在研究函数中的应用、*微积分的创立与发展[1]。

2. 内容安排

"5.1 导数的概念及其意义"，首先通过高台跳水运动员的速度、抛物线的切线的斜

率两个典型变化率实例,引导学生两次完整经历从平均变化率过渡到瞬时变化率的过程,进而概括这两个实例在解决问题的思想方法和结果形式上的共同特征,并用这种思想方法研究一般函数 $y=f(x)$ 从平均变化率过渡到瞬时变化率的过程,抽象出导数的概念——导数是瞬时变化率的数学表达。在此基础上,通过研究从曲线的割线过渡到切线、从割线斜率过渡到切线斜率的过程,得到导数的几何意义,让学生又一次经历从平均变化率过渡到瞬时变化率的过程。在介绍两个典型实例、导数的概念及其几何意义的过程中,教科书不断渗透"用运动变化的观点研究问题""逼近""以直代曲"等微积分的重要思想,不断让学生体会极限的思想和方法,提升学生的数学抽象和直观想象素养。

高中阶段研究的函数是由基本初等函数通过有限次四则运算和复合得到的,因此,引入导数的概念之后,"5.2　导数的运算"先研究基本初等函数的导数、导数的四则运算法则以及复合函数的导数,然后解决计算简单初等函数导数的问题。本节首先根据导数的定义求 6 个常用的具体函数 $y=c$,$y=x$,$y=x^2$,$y=x^3$,$y=\dfrac{1}{x}$,$y=\sqrt{x}$ 的导数,进而从特殊到一般直接给出基本初等函数的导数公式。接着,通过具体实例让学生直观感知两个函数和、差的导数与它们的导数的和、差之间的关系。在此基础上,直接给出导数的四则运算法则。最后,通过具体实例,在让学生直观感知求复合函数导数的方法的基础上,直接给出复合函数的求导法则。在本节相关内容的展开过程中,着重引导学生利用基本初等函数的导数公式和导数的运算法则,求简单函数及简单的复合函数(限于形如 $f(ax+b)$)的导数,并从中进一步体会极限思想,提升学生的数学运算素养。

导数定量地刻画了函数的局部变化,"5.3　导数在研究函数中的应用"利用导数研究函数的性质,主要研究函数的单调性、极值与最大(小)值等重要性质。"5.3.1　函数的单调性"首先就高台跳水运动问题,考察运动员的重心距离水面的高度函数 $h(t)$ 的单调性与 $h(t)$ 的导数 $v(t)=h'(t)$ 的正负之间的关系;接着,通过更多的具体函数的图象,探讨函数导数的正负与这个函数单调性的关系;进而,从具体到抽象、从特殊到一般,概括出它们的共性规律,给出一般可导函数 $f(x)$ 的单调性与其导函数 $f'(x)$ 的正负之间关系;最后利用这个关系,用导数研究函数的单调性,求简单函数的单调区间,并讨论一些函数的增长快慢问题。"5.3.2　函数的极值与最大(小)值"仍然采用从具体到抽象、从特殊到一般的方法,从导数的角度给出可导函数极值点的特征(极值的必要条件),并利用可导函数的单调性与函数导数的正负之间的关系,用导数求函数的极值、最大(小)值以及实际问题的最大(小)值,并利用导数研究函数图象和性质的综合性问题。通过本节的学习,让学生认识导数是研究函数性质的基本工具,也是解决优化问题的一种通法,提升学生的逻辑推理、直观想象和数学运算素养。

按照上述内容安排,本章构建了如下知识结构体系:

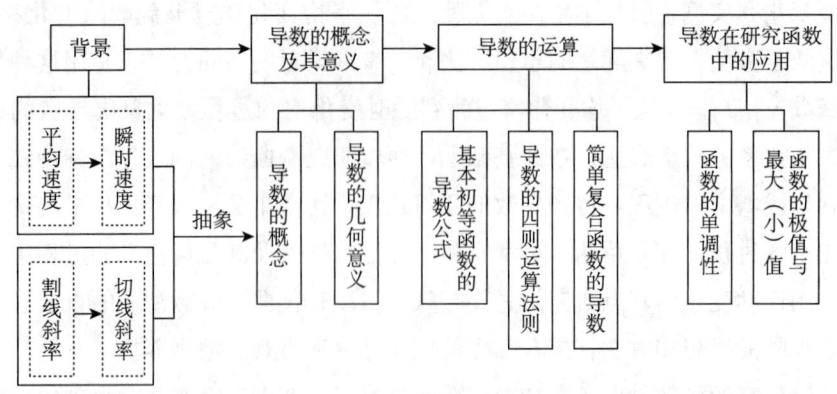

三、重视导数概念的抽象过程,凸显导数内涵与思想

导数概念的本质是瞬时变化率,它高度抽象,为使学生初步理解导数的内涵与思想,应按照概念教学的基本环节展开内容。为此,教科书以两个典型的变化率问题为载体,以导数概念的本质及其反映的思想方法为指引,引导学生充分经历从平均变化率过渡到瞬时变化率的过程,展开观察、分析各实例的属性的数学活动,并挖掘其中所蕴含的重要思想方法,进而析出各实例中蕴含的导数的本质属性。

具体地,对于"问题1 高台跳水运动员的速度",教科书设置了如下的探究过程:

• 提出问题

探究:在一次高台跳水运动中,某运动员在运动过程中的重心相对于水面的高度 h(单位:m)与起跳后的时间 t(单位:s)存在函数关系

$$h(t)=-4.9t^2+4.8t+11。$$

如何描述运动员从起跳到入水的过程中运动的快慢程度呢?

• 探究问题

从学生已有知识基础出发,遵循学生的认知规律,引导学生开展以下解决问题的活动。

①从平均速度到瞬时速度

先用平均速度近似描述高台跳水运动员在某些时间段内的运动状况;接着用平均速度近似描述高台跳水运动员在 $0 \leqslant t \leqslant \dfrac{48}{49}$ 这段时间内的运动状态,引起与现实情况之间的冲突:在这段时间内,运动员的平均速度为0,但运动员几乎一直处于运动状态。要化解这个冲突,就自然地引出了瞬时速度问题:

计算高台跳水运动员在 $t=1$ 时的瞬时速度。

同时也让学生初步体会研究瞬时速度的必要性。

②细致地对"探究"中的问题进行解剖,感知解决问题的思想与方法

基于学生已有的认知基础,尤其是基于在研究平均变化率时,用平均速度近似地描述

运动员的运动状态的过程与方法,首先从联系的角度对解决问题 1 的思想方法进行引导:

如何求运动员的瞬时速度?瞬时速度与平均速度有什么关系?
从而引发学生思考解决问题 1 的思路与方法:设运动员在 t_0 时刻附近某一时间段内的平均速度是 $\bar{v}$,可以想象,如果不断缩短这一时间段的长度,那么 $\bar{v}$ 将越来越趋近于运动员在 t_0 时刻的瞬时速度。

其次,借助信息技术工具,让学生从直观上感受当 $\Delta t \to 0$ 时,平均速度 $\bar{v}$ 的变化趋势——无限趋近确定的数 -5;进而引导学生从解析式 $\bar{v}=-4.9\Delta t-5$ 上,考察当 $\Delta t \to 0$ 时,直观感知平均速度 $\bar{v}$ 的变化趋势——无限趋近确定的数 -5,并由此感受理性直观的力量。

最后,再从物理角度,交代这个确定的数 -5 就是高台跳水运动员在 $t=1$ 时的瞬时速度。

这样就彻底解决了运动员在 $t=1$ 时的瞬时速度问题。

在上述过程中,注重引导学生把瞬时速度与熟悉的平均速度相联系,使学生获得解决瞬时速度的思想方法。对于极限思想与方法,在解决问题 1 的过程中也得以充分体现,学生不断获得感受。

③求更多时刻的瞬时速度,进一步感受解决问题的思想与方法

在经历求高台跳水运动员在 $t=1$ 时的瞬时速度全过程后,让学生模仿解决 $t=1$ 时瞬时速度的过程和方法,解决运动员在其他时刻的瞬时速度,如 $t=2$ 时的瞬时速度,使他们对解决问题的思想和方法以及极限思想有更多感受,也为学生发现解决运动员的瞬时速度问题中蕴含的规律进一步奠基。

④从感性到理性,提升对解决问题的思想与方法的认识

教科书让学生模仿上述求瞬时速度的过程和方法,从特殊到一般,求任意一点 $t=t_0$ 时的瞬时速度,形成抽象导数概念的更多具体经验,然后再将上述过程与方法一般化,形成瞬时速度的一般形式化表示,从感性到理性,提升了对解决问题的思想与方法的认识。

通过上述详尽"解剖麻雀"的过程,让学生较为充分地经历由平均速度过渡到瞬时速度的过程和方法,并多次体会极限思想和方法。

对于"问题 2 抛物线的切线的斜率",教科书类比解决问题 1 的过程与方法,引导学生探究"如何定义抛物线 $f(x)=x^2$ 在点 $P_0(1,1)$ 处的切线?""如何求抛物线 $f(x)=x^2$ 在点 $P_0(1,1)$ 处的切线 PT 的斜率 k_0?"让学生充分经历从割线到切线、从割线斜率到切线斜率的过程,进一步感受解决问题的过程和方法。

• 抽象概括出导数的概念

在详细分析两个典型变化率问题的基础上,抽象概括这两个实例在解决问题的思想方法和结果形式上的共同特征,并用这种思想方法研究一般函数 $y=f(x)$ 从平均变化率过

渡到瞬时变化率的过程，给出导数的概念——导数是瞬时变化率的数学表达。

教学时，应充分体现概念教学的基本环节，至少让学生经历 4 次由平均变化率过渡到瞬时变化率的过程：

过程 1　物理学中由平均速度过渡到瞬时速度的过程——典型实例分析；

过程 2　几何学中特殊曲线由割线过渡到切线、由割线斜率到切线斜率的过程——典型实例分析；

过程 3　一般函数 $y=f(x)$ 从平均变化率过渡到瞬时变化率的过程——给出导数的概念；

过程 4　一般曲线 $y=f(x)$ 由割线过渡到切线、由割线斜率过渡到切线斜率的过程——给出导数的几何意义。

前 3 个过程的重心是对两个不同类型的典型实例进行属性的分析、比较、综合，概括它们的共同本质特征得到本质属性，进而抽象概括出导数概念——用准确的数学语言表述的导数概念，属于概念教学一般进程中的"概念的形成"和"概念的明确与表示"环节；过程 2、过程 4 是从特殊到一般得到一般切线概念以及导数的几何意义的过程，其中第 4 个过程让学生又一次经历由平均变化率过渡到瞬时变化率的过程，有利于建立多元联系，进一步理解导数的概念，这样多次、反复经历由平均变化率过渡到瞬时变化率的过程，极大地助力学生初步理解导数的内涵——导数是瞬时变化率。

需要特别注意的是，在上述 4 个过程尤其是过程 1 和过程 2 中，还应不断渗透和多次使用"运动变化的观点""在局部小范围内以不变代变、以直代曲"等微积分基本思想以及"极限思想"解决问题，这样在抽象概括导数的概念和几何意义时，可以对研究问题的思想方法、过程，极限思想和结果形式的一致性等"内容及其蕴含的思想、方法"一并进行适度总结概括；在过程 2 和过程 4 中，让学生通过函数图象直观体会割线逼近切线过程，理解导数的几何意义。

通过上述过程和方法，就能真正达成初步"感知微积分的基本思想，理解导数的内涵和思想，理解导数的几何意义，体会极限思想"的单元教学目标，把提升数学抽象、直观想象素养落到实处。

四、从具体到抽象，适度进行规则的抽象概括

由于高中阶段不专门介绍极限的有关知识，因此不可能通过严格逻辑推理的方式，推导出基本初等函数的导数公式、导数的四则运算法则、复合函数的求导法则，以及导数与函数单调性之间关系等公式与"规则"。这样，如何以适当的方式给出这些"规则"，就成了编写教科书时需要着重思考的问题之一。

教科书从高中学生的认知规律出发，结合"规则"的具体特点，从具体实例出发，进而从具体到抽象、从特殊到一般给出"规则"，使得过程自然、合理、不突兀。

例如,在"基本初等函数的导数公式"中,首先根据导数的定义求 6 个常用的具体函数 $y=c$, $y=x$, $y=x^2$, $y=x^3$, $y=\dfrac{1}{x}$, $y=\sqrt{x}$ 的导数,在此基础上,从特殊到一般给出基本初等函数的导数公式。

又如,在"导数的四则运算法则"中,对于两个可导函数和差的导数运算法则,设计了如下从特殊到一般的得出法则的过程:

• 引入

在例 2 中,当 $p_0=5$ 时,$p(t)=5\times 1.05^t$。这时,求 p 关于 t 的导数可以看成求函数 $f(t)=5$ 与 $g(t)=1.05^t$ 乘积的导数。一般地,如何求两个函数的和、差、积、商的导数呢?

• 探究

设 $f(x)=x^2$,$g(x)=x$,计算 $[f(x)+g(x)]'$ 与 $[f(x)-g(x)]'$,它们与 $f'(x)$ 和 $g'(x)$ 有什么关系?再取几组函数试试,上述关系仍然成立吗?由此你能想到什么?

首先对 $f(x)=x^2$,$g(x)=x$,计算 $[f(x)+g(x)]'$ 与 $[f(x)-g(x)]'$,探究出它们与 $f'(x)$ 和 $g'(x)$ 之间的关系:$[f(x)+g(x)]'=f'(x)+g'(x)$,$[f(x)-g(x)]'=f'(x)-g'(x)$。

• 更多感受

再取几组函数,感受上述关系仍然成立。

• 抽象概括公式

基于上述过程,从特殊到一般,给出两个函数的和(或差)的导数运算法则
$$[f(x)\pm g(x)]'=f'(x)\pm g'(x)。$$

再如,在"简单复合函数的导数"中,先从两个角度研究具体函数 $y=\sin 2x$ 的导数。

• 第一个角度

对 $\sin 2x$ 进行恒等变形,得 $y=2\sin x\cos x$,进而直接利用两个函数的积的导数运算法则求出它的导数 y'_x。

• 第二个角度

利用函数 $y=\sin 2x$ 是由 $y=\sin u$,$u=2x$ 复合而成的,猜想函数 $y=\sin 2x$ 的导数一定与函数 $y=\sin u$,$u=2x$ 的导数有关,进而求出 y'_u,u'_x,并考察 y'_x,y'_u,u'_x 之间的关系,得到 $y'_x=y'_u\cdot u'_x$。

• 给出复合函数的求导法则

从特殊到一般,给出复合函数的求导法则:

一般地,对于由函数 $y=f(u)$ 和 $u=g(x)$ 复合而成的函数 $y=f(g(x))$,它的导数与函数 $y=f(u)$,$u=g(x)$ 的导数间的关系为 $y'_x=y'_u\cdot u'_x$。

对于"函数导数的正负与函数单调性的关系",由于高中阶段不介绍微分中值定理,因此无法进行证明。教科书借助具体实例,从具体到抽象、从特殊到一般,概括出它们的共性规律,给出一般函数 $f(x)$ 的单调性与导函数 $f'(x)$ 的正负之间关系。具体地,

• 首先就高台跳水运动问题,考察运动员的重心距离水面的高度函数 $h(t)$ 的单调性,与它的导数 $v(t)=h'(t)$ 的正负之间的关系。

• 接着,通过 4 个具体函数 $y=x$,$y=x^2$,$y=x^3$,$y=\dfrac{1}{x}$ 的图象,进一步探讨函数导数的正负与函数单调性的关系。

• 最后,从具体到抽象、从特殊到一般,概括出它们的共性规律,给出一般函数 $f(x)$ 的单调性与导函数 $f'(x)$ 的正负之间关系。

类似地,对于"可导函数极值点的特征",教科书仍然采用从具体到抽象、从特殊到一般的方法,从导数的角度给出可导函数极值点的特征,得到极值的充分条件。

通过这样的"抽象概括"过程,让学生在对"规则"有一定直观感知的基础上给出"规则",有效化解了由于无法证明"规则"造成的"不严密"的问题和"规则"的抽象性问题。

五、强调"逼近"过程,不断渗透极限思想

由于高中阶段不专门讲授极限的具体知识,因此极限的思想和方法必须结合具体内容的展开加以渗透。教科书抓住一切机会渗透极限思想,把"体会极限思想"落到实处。

例如,在求高台跳水运动员在 $t=1$ 时的瞬时速度时,通过列表,对于 Δt 的一系列值,给出对应的平均速度 $\bar{v}$ 的值,观察当 Δt 趋近于 0 时,平均速度 $\bar{v}$ 的变化趋势,直观感受极限过程,体会极限思想,得到:

我们发现,当 Δt 趋近于 0 时,即无论 t 从小于 1 的一边,还是从大于 1 的一边无限趋近于 1 时,平均速度 $\bar{v}$ 都趋近于 -5。

进一步地,从解析式的角度观察平均速度 $\bar{v}$ 的变化趋势。由 $\bar{v}=\dfrac{h(1+\Delta t)-h(1)}{(1+\Delta t)-1}=-4.9\Delta t-5$ 可以发现,当 Δt 趋近于 0 时,$-4.9\Delta t$ 也趋近于 0,所以 $\bar{v}$ 趋近于 -5。这样就从解析式的角度,更为理性地感受极限过程,体会极限思想。

与求高台跳水运动员在 $t=1$ 时的瞬时速度的研究过程和方法一样,对于抛物线 $f(x)=x^2$ 在点 $P(1,1)$ 处切线的斜率,教科书也作类似地处理,以帮助学生直观感受极限过程,体会极限思想。

引入导数概念后,教科书在巩固导数概念的例题中,直接利用导数的定义求函数在一点处的导数;利用导函数的定义求 6 个常用的具体函数 $y=c$,$y=x$,$y=x^2$,$y=x^3$,$y=\dfrac{1}{x}$,$y=\sqrt{x}$ 的导函数。例如,求函数 $y=f(x)=x^3$ 的导数:

因为
$$\frac{\Delta y}{\Delta x} = \frac{f(x+\Delta x)-f(x)}{\Delta x} = \frac{(x+\Delta x)^3 - x^3}{\Delta x}$$
$$= \frac{x^3 + 3x^2 \cdot \Delta x + 3x \cdot (\Delta x)^2 + (\Delta x)^3 - x^3}{\Delta x}$$
$$= 3x^2 + 3x \cdot \Delta x + (\Delta x)^2,$$

所以
$$y' = \lim_{\Delta x \to 0} \frac{\Delta y}{\Delta x} = \lim_{\Delta x \to 0} [3x^2 + 3x \cdot \Delta x + (\Delta x)^2] = 3x^2.$$

教科书就是这样通过具体实例渗透极限思想的。

六、加强形与数的融合，培养直观想象素养

由于高中阶段没有建立完整的微积分知识体系，因此，只能通过直观的方式，尤其是几何直观的方式，认识微积分的一些重要思想方法，"获得"一些"法则"。本章注重形与数的融合，帮助学生利用图形直观，理解一些重要思想方法和"法则"。

例如，通过研究导数的几何意义，从"形"的角度加深对导数概念的理解，进一步地，通过将点 P 附近的曲线不断放大，发现点 P 附近的曲线越来越接近于直线，即在点 P 附近，曲线 $y=f(x)$ 可以用点 P 处的切线 PT 近似代替，从而帮助学生初步感受微积分的重要思想方法——以直代曲：

继续观察图1，可以发现点 P 处的切线 PT 比任何一条割线更贴近点 P 附近的曲线。进一步地，利用信息技术工具将点 P 附近的曲线不断放大，可以发现点 P 附近的曲线越来越接近于直线。因此，在点 P 附近，曲线 $y=f(x)$ 可以用点 P 处的切线 PT 近似代替。

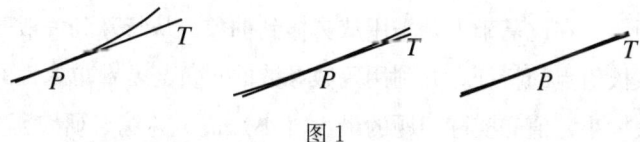

图1

又如，通过4个函数 $y=x$，$y=x^2$，$y=x^3$，$y=\dfrac{1}{x}$ 的图象，并利用导数的几何意义，从"形"的角度直观认识函数单调性与导数符号之间的关系。

对于函数的极值、最大（小）值研究，也充分借助函数图象，从图形直观的角度归纳出相应的"法则"。

七、从直观和理性两个角度，利用导数研究函数性质

在学习导数之前，通常借助图象直观，利用不等式、方程等知识，通过代数运算研究

函数的性质。导数是关于瞬时变化率的数学表达，它定量地刻画了函数的局部变化，有了导数工具，就可以利用导数更加"精确地"研究函数的性质，因此导数是研究函数性质的基本工具。

单调性是函数最重要的性质，也是研究函数其他性质的基础。研究单调性的理论基础是拉格朗日中值定理，根据这个定理可以得出函数的单调性与导数符号之间的关系。关于函数的单调性，有如下重要定理：

如果函数 $y=f(x)$ 在区间 $[a,b]$ 上连续，在区间 (a,b) 内可导，则 $\exists \xi \in (a,b)$，使得 $f'(\xi) = \dfrac{f(b)-f(a)}{b-a}$。

事实上，如果在区间 (a,b) 内恒有 $f'(x) > 0$，则 $\forall x_1, x_2 \in [a,b]$，且 $x_1 \neq x_2$，$\exists \xi \in (a,b)$，使得 $\dfrac{f(x_1)-f(x_2)}{x_1-x_2} = f'(\xi) > 0$，因此函数 $y=f(x)$ 在区间 $[a,b]$ 上单调递增。

鉴于高中阶段不介绍拉格朗日中值定理，因此，教科书只能采用从特殊到一般的方式"归纳"出函数 $f(x)$ 的单调性与导函数 $f'(x)$ 的正负之间关系。具体地，首先使用了大量篇幅研究函数的单调性，从具体实例抽象概括出函数 $f(x)$ 的单调性与导函数 $f'(x)$ 的正负之间关系：

一般地，函数 $f(x)$ 的单调性与导函数 $f'(x)$ 的正负之间具有如下的关系：

在某个区间 (a,b) 上，如果 $f'(x) > 0$，那么函数 $y=f(x)$ 在区间 (a,b) 上单调递增；

在某个区间 (a,b) 上，如果 $f'(x) < 0$，那么函数 $y=f(x)$ 在区间 (a,b) 上单调递减。

进而利用这个关系，用导数研究函数的单调性，求简单函数的单调区间，并讨论一些函数的增长快慢问题。在此基础上，采用从具体到抽象、从特殊到一般的方法，从导数的角度给出可导函数极值点的特征，并利用函数导数的正负与函数单调性的关系，用导数求函数的极值、最大（小）值和实际问题的最大（小）值，并综合研究函数的图象和性质。教科书注意在上述具体内容的展开中，提炼研究函数性质的一般步骤，让学生体会到用导数研究函数性质体现了通性通法，认识导数研究函数性质具有程序性，是研究函数性质的基本工具。

考虑到单调性在函数性质中具有"基础性"地位，教学中还应尽可能引导学生从"理性"的角度，加深对核心结论的认识。为此，教科书设置了以下"思考"：

请同学们回顾一下函数单调性的定义，并思考某个区间上单调的函数 $y=f(x)$ 的平均变化率的几何意义与 $f'(x)$ 的正负的关系。

启发学生从一般意义上认识导数的符号与函数的单调性之间的关系。

学生可以根据函数单调性定义，从导数的几何意义及几何直观着手进行思考。下面从理性的角度说明结论"设函数 $f(x)$ 在区间 (a, b) 上的导数 $f'(x) > 0$，则 $f(x)$ 在区间 (a, b) 上单调递增"成立。

事实上，函数 $f(x)$ 在区间 (a, b) 上单调递增，等价于 $\forall x_1, x_2 \in (a, b)$，$x_1 \neq x_2$，在 x_1 与 x_2 之间函数的平均变化率恒为正，即 $\forall x_1, x_2 \in (a, b)$，$x_1 \neq x_2$，恒有

$$\frac{\Delta y}{\Delta x} = \frac{f(x_1) - f(x_2)}{x_1 - x_2} > 0, \qquad ①$$

①式的几何意义是经过点 $A(x_1, f(x_1))$，$B(x_2, f(x_2))$ 的割线 AB 的斜率大于 0。

由于 $f(x)$ 在区间 (a, b) 上处处有导数，所以函数 $f(x)$ 的图象在区间 (a, b) 上处处有切线。$\forall x_1, x_2 \in (a, b)$，不妨设 $x_1 < x_2$，当 x 在区间 (x_1, x_2) 上从左端点 x_1 变化到右端点 x_2 时，函数图象的切线也会随着变化，直观上看，能找到一点 $T(x_0, f(x_0))$，使函数 $f(x)$ 的图象在点 T 的切线与直线 AB 平行（图2）。所以，存在 $x_0 \in (x_1, x_2)$，使得

$$\frac{\Delta y}{\Delta x} = f'(x_0) > 0,$$

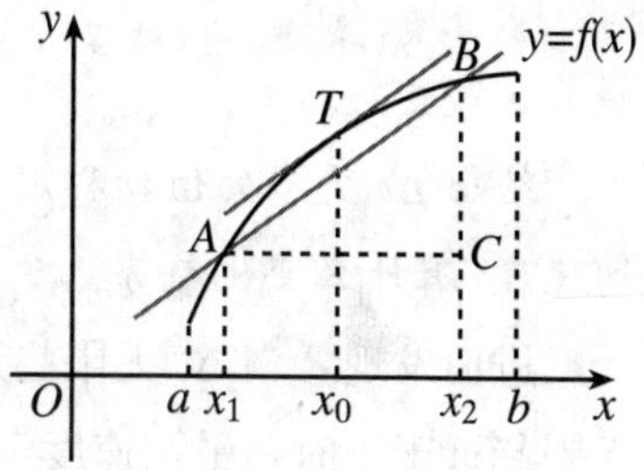

图 2

从而①式成立，所以函数 $f(x)$ 在区间 (a, b) 上单调递增。

教科书将直观与适度理性结合，利用导数研究函数性质。

八、注重信息技术工具的使用

本章注重借助信息技术手段，让学生直观认识极限、切线，以及"以直代曲"的重要思想。

例如，在"问题 1 高台跳水运动员的速度"中，计算时间段 $[1, 1+\Delta t]$ 内的平均速度 $\overline{v}$，用平均速度 $\overline{v}$ 近似表示运动员在 $t = 1$ 时的瞬时速度。给出 Δt 更多的值，利用计算工具计算对应的平均速度 $\overline{v}$ 的值，便于学生观察当 Δt 趋近于 0 时，平均速度 $\overline{v}$ 的变化趋势。具体地：

• 为了提高近似表示的精确度，我们不断缩短时间间隔，得到如下表格（表1）。

表 1

	$\Delta t < 0$ 时，在时间段 $[1+\Delta t, 1]$ 内		$\Delta t > 0$ 时，在时间段 $[1, 1+\Delta t]$ 内
Δt	$\overline{v} = \dfrac{h(1) - h(1+\Delta t)}{1 - (1+\Delta t)}$ $= \dfrac{4.9(\Delta t)^2 + 5\Delta t}{-\Delta t}$ $= -4.9\Delta t - 5$	Δt	$\overline{v} = \dfrac{h(1+\Delta t) - h(1)}{(1+\Delta t) - 1}$ $= \dfrac{-4.9(\Delta t)^2 - 5\Delta t}{\Delta t}$ $= -4.9\Delta t - 5$

续表

$\Delta t<0$ 时，在时间段 $[1+\Delta t, 1]$ 内		$\Delta t>0$ 时，在时间段 $[1, 1+\Delta t]$ 内	
−0.01	−4.951	0.01	−5.049
−0.001	−4.995 1	0.001	−5.004 9
−0.000 1	−4.999 51	0.000 1	−5.000 49
−0.000 01	−4.999 951	0.000 01	−5.000 049
−0.000 001	−4.999 995 1	0.000 001	−5.000 004 9
……		……	

• 观察

给出 Δt 更多的值，利用计算工具计算对应的平均速度 $\bar{v}$ 的值。当 Δt 趋近于 0 时，平均速度 $\bar{v}$ 有什么变化趋势？

进而发现，当 Δt 无限趋近于 0 时，即无论 t 从小于 1 的一边，还是从大于 1 的一边无限趋近于 1 时，平均速度 $\bar{v}$ 都趋近于 −5。

在"问题 2 抛物线的切线的斜率"中，为了研究抛物线 $f(x)=x^2$ 在点 $P_0(1, 1)$ 处的切线，对于抛物线上的点 $P_0(1, 1)$ 的附近任意一点 $P(x, x^2)$，利用信息技术工具，借助图形直观，易于观察割线 P_0P 的变化趋势，得到割线 P_0P 趋近于确定的位置就是抛物线 $f(x)=x^2$ 在点 $P_0(1, 1)$ 处的切线。在列表计算割线 P_0P 的斜率值时，利用信息技术工具计算更多割线 P_0P 的斜率的值，有助于帮助学生观察出割线斜率的变化趋势。

利用信息技术工具将点 P 附近的曲线不断放大，可以发现点 P 附近的曲线越来越接近于直线。因此，在点 P 附近，曲线 $y=f(x)$ 可以用点 P 处的切线 PT 近似代替。

九、加强运算训练，提升学生的数学运算素养

本章的数学运算主要有三类：①利用导数的定义求导数值、计算一些简单函数的导函数；②利用基本初等函数的导数公式，导数的四则运算法则以及复合函数的导数，计算简单初等函数的导数；③利用导数研究函数的单调性、极值、最大（小）值等性质，通过①掌握用定义求导数的步骤，并体会极限思想；通过②掌握计算简单初等函数的导数的方法，并进一步体会极限思想；通过③掌握利用导数研究函数性质的一般步骤和方法，因此这些运算必须熟练掌握。"运算"是贯穿本章的一条主线，教学时应加强这些运算的训练，不断提升学生的数学运算素养。

十、适当介绍微积分创立的史实，让学生感受理性精神

微积分的创立是具有划时代意义的伟大创造，被誉为数学史上的里程碑。教学中应结合章引言、"文献阅读与数学写作"等，适当介绍微积分创立的史实，让学生感受理性精神。

例如，在章引言中，适当介绍微积分的创立与处理四类科学问题直接相关。一是已知物体运动的路程作为时间的函数，求物体在任意时刻的速度与加速度，反之，已知物体的加速度作为时间的函数，求速度与路程；二是求曲线的切线；三是求函数的最大值与最小值；四是求长度、面积、体积和重心等。历史上科学家们对这些问题的兴趣和研究经久不衰，终于在 17 世纪中叶，牛顿和莱布尼茨在前人探索与研究的基础上，凭着他们敏锐的直觉和丰富的想象力，各自独立地创立了微积分。其中对"已知物体运动的路程作为时间的函数，求物体在任意时刻的速度与加速度""求曲线的切线""求函数的最大值与最小值"三类问题的研究，导致了导数的产生。

在"文献阅读与数学写作"中，组织学生收集、阅读对微积分的创立和发展起重大作用的有关资料，包括一些重要历史人物（牛顿、莱布尼茨、柯西、魏尔斯特拉斯等）和事件，让他们论述微积分创立与发展的过程、重要结果、主要人物、关键事件及其对人类文明的贡献，从中感受理性精神。

参考文献

[1] 中华人民共和国教育部. 普通高中数学课程标准（2017 年版）[S]. 北京：人民教育出版社，2018.

（执笔人：李龙才，人民教育出版社课程教材研究所）

第六章

计数原理

分类加法计数原理和分步乘法计数原理是解决计数问题的基础,称为基本计数原理。计数原理的内容包括两个基本计数原理、排列与组合、二项式定理。

《标准(2017年版)》将计数原理安排在"主题三 概率与统计"中,要求学生能够结合具体实例,识别和理解分类加法计数原理和分步乘法计数原理及其作用,并能够运用这些原理解决简单的实际问题;能够结合具体实例,理解排列、组合、二项式定理与两个计数原理的关系,能够运用两个计数原理推导排列、组合、二项式定理的相关公式,并能够运用它们解决简单的实际问题,特别是概率中的某些问题。

一、内容与学习要求

在《标准(2017年版)》中,高中数学选修课程中计数原理主要学习分类加法计数原理、分步乘法计数原理及其意义,排列、组合的概念,排列数公式、组合数公式,以及二项式定理。

计数原理这部分内容既相对独立,又是后续概率与统计内容学习的基础。就其本身而言,两个基本计数原理——分类加法计数原理和分步乘法计数原理是学习排列、组合、二项式定理的基础,利用它们,可以推导出排列、组合、二项式定理的相关公式;就其应用而言,利用它们,可以解决一些简单的实际问题,特别是概率中的某些问题。

下图展示了计数原理的内容结构。

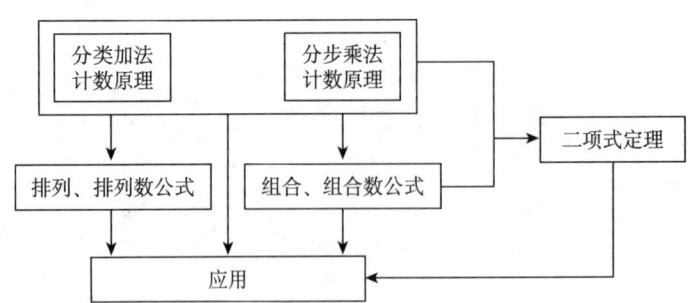

二、采用归纳式的概念建构方式，加强概念理解，提升数学抽象素养

两个计数原理是人们在大量实践经验的基础上归纳出来的基本规律，几乎可以说它们是一种常识，简单又朴素，易学、能懂、好用。但是从常识抽象到数学原理，从数学原理逐步推导出各种公式，再从原理、公式到灵活应用，并不容易。因此计数原理的编写，既要注重知识发生发展过程的展开，又要注重分析、抽象、推理和论证等思维能力的运用，从而提升学生的数学素养。

在教科书编写中，首要考虑的就是概念的建立。这部分知识主要涉及的概念有两个计数原理、排列和排列数、组合和组合数，以及与二项式定理相关的一些概念。这些概念都有一定的抽象性，如何使学生建立理解这些概念的认知基础，是教科书编写过程中重点考虑的问题。总的来说，教科书采取"归纳式"来构建概念的理解过程，即先引导学生分析一些典型事例，从中抽象出共同特征，再进一步概括出本质特征，最后以一定量的应用题示例，在应用中加深对概念的理解。

例如两个计数原理，它们近乎于常识，就原理本身而言，难度不大，困难在于根据具体问题的背景选择相应的原理，这就涉及基于问题的背景分析，将问题转化和对应到相应的原理上。特别是综合应用两个计数原理解决问题时，学生常常会在该用哪个原理、该如何分解不同情况、如何合理安排计数步骤、如何避免重复计数等方面感到困难。为了从根本上解决这些困难，就要回归到两个基本原理的理解上。分析这两个原理的理解，关键是两点：(1) 何为"完成一件事"；(2) 方法是分类还是分步。其中，"完成一件事"是一个比较抽象的词汇，一方面，它比学生熟悉的"完成一件工作""完成一项工程"……的含义要广泛得多，例如"选一个专业""选男生和女生各一名"；"从中任取一本书""从中任取数学书、语文书各一本"；"从甲地到乙地"等，这些都是原理中所说的"完成一件事"。排列、组合中的"确定一个满足条件的排列""确定一个满足条件的组合"也是指"完成一件事"；另一方面，学生容易把"完成一件事"与"计算完成这件事的方法总数"相混同。例如，在分析"从1～9这九个数字中任取两个，共可组成多少没有重复数字的两位数"时，学生容易把要完成的事理解成为"求满足条件的两位数的个数"。所以为了让学生更准确、更好地理解原理，教科书并非直接给出原理，而是营造了一个"问题情境—引导探究—抽象概括"的原理建构场景，让学生从分析问题背景，提炼问题特征，如要完成的一件事是什么，"或""和"等字词的含义是什么等；到探究数学方法，如解决问题的方法及步骤是什么等；再从特殊到一般，是否能推广到一般情形，获得一般原理等（示例见表1）。

表 1 两个基本计数原理的构建

分类加法计数原理	原理构建方式	分步乘法计数原理
思考 用一个大写的英文字母或一个阿拉伯数字给教室里的一个座位编号，总共能够编出多少种不同的号码？	问题情境	**思考** 用前 6 个大写英文字母和 1～9 这 9 个阿拉伯数字，以 A_1，A_2，…，A_9，B_1，B_2，…的方式给教室里的一个座位编号，总共能编出多少种不同的号码？
探究 你能说一说这个问题的特征吗？	分析问题、提炼问题特征	**探究** 你能说一说这个问题的特征吗？
上述计数过程的基本环节是： （1）确定分类标准，根据问题条件分为字母号码和数字号码两类； （2）分别计算各类号码的个数； （3）各类号码的个数相加，得出所有号码的个数。	探究解决问题的方法（或步骤）	上述要完成的一件事仍然是"给一个座位编号"，其中最重要的特征是"和"字的出现：一个座位编号由一个英文字母和一个阿拉伯数字构成。因此得到一个座位号要经过先确定一个英文字母，后确定一个阿拉伯数字这两个步骤。
一般地，有如下分类加法计数原理： 完成一件事有两类不同方案，在第 1 类方案中有 m 种不同的方法，在第 2 类方案中有 n 种不同的方法，那么完成这件事共有 $$N=m+n$$ 种不同的方法。	由特殊到一般，获得原理	一般地，有如下分步乘法计数原理： 完成一件事需要两个步骤，做第 1 步有 m 种不同的方法，做第 2 步有 n 种不同的方法，那么完成这件事共有 $$N=m\times n$$ 种不同的方法。
探究 如果完成一件事有三类不同方案，在第 1 类方案中有 m_1 种不同的方法，在第 2 类方案中有 m_2 种不同的方法，在第 3 类方案中有 m_3 种不同的方法。那么完成这件事共有多少种不同的方法？ 如果完成一件事有 n 类不同方案，在每一类中都有若干种不同方法，那么应当如何计数呢？	进一步推广	**探究** 如果完成一件事需要三个步骤，做第 1 步有 m_1 种不同的方法，做第 2 步有 m_2 种不同的方法，做第 3 步有 m_3 种不同的方法，那么完成这件事共有多少种不同的方法？ 如果完成一件事需要 n 个步骤，做每一步都有若干种不同的方法，那么应当如何计数呢？

再如排列与组合，它们是两类特殊的计数问题，是两个计数原理的典型应用。因此，作为两个基本原理学习的一种自然的延续，从反思基本原理一节最后一个例题——例8开始，提出问题："用分步乘法计数原理解决问题时，因做了一些重复性工作而显得烦琐。能否对这类计数问题给出一种简捷的方法呢？"遵循"减少重复、避免烦琐、简便计数"的想法，在具体的问题情境中，引导学生详细分析计数过程，并抽象概括出排列、组合的概念。比如排列概念的建立，教科书首先选择了两个学生熟悉的问题创设问题情境；然后在对这两个具体问题解答基础上，结合具体问题让学生体会"一定顺序"的含义，即安排工作时"上午在前下午在后"是"一定顺序"；"从几个数字中选三个不同数字组成三位数"中，"百十个位"也是"一定顺序"，进而分别从数学化角度"归结"表述这两个具体的问题；最后，归纳这两种问题的共同特点，抽象概括出一般的数学概念（详见表2）。

表2 排列概念的构建

排列	构建方式
在上节例8的解答中我们看到，用分步乘法计数原理解决问题时，因做了一些重复性工作而显得烦琐。能否对这类计数问题给出一种简捷的方法呢？为此，先来分析两个具体的问题。	提出问题
问题1 从甲、乙、丙3名同学中选出2名参加一项活动，其中1名同学参加上午的活动，另1名同学参加下午的活动，有几种不同的选法？ 问题2 从1，2，3，4这4个数字中，每次取出3个排成一个三位数，共可得到多少个不同的三位数？	创建问题情境
如果把上面问题中被取出的对象叫做元素，那么问题可叙述为： 从3个不同的元素a，b，c中任意取出2个，并按一定的顺序排成一列，共有多少种不同的排列方法？ 所有不同的排列是 ab，ac，ba，bc，ca，cb， 不同的排列方法种数为 $3\times2=6$。　　　　问题1中的"顺序"是什么？	归结为"将元素排成一列"的问题
思考 上述问题1，2的共同特点是什么？你能将它们推广到一般情形吗？	归纳共同特点
一般地，从n个不同元素中取出m（$m\leqslant n$）个元素，并按照一定的顺序排成一列，叫做从n个不同元素中取出m个元素的一个排列（arrangement）。	抽象概括一般概念

总之，在这样一个强调知识展开和思维运用的"过程"中，学生不仅通过分析和比较、抽象和概括，获得和理解了概念，而且还提升了数学抽象素养。

三、强调两个计数原理的基础性作用，提升逻辑推理素养

两个计数原理是解决计数问题的"基本方法"，排列、组合及二项式定理都是两个计数原理的典型应用。因此，教科书编写时，一是注意引导学生"追本溯源"，把排列、组合和二项式定理的研究引导到如何应用计数原理的思考上来；二是注意引导学生根据原理分析和解决问题，灵活运用，避免机械套用公式。

例如二项式定理，从历史上来看，它源于解决高次幂开方的问题，当帕斯卡建立了正整数次幂的二项式定理之后，这个定理又运用到了自然数幂和、组合理论及概率计算等方面[1]；牛顿则把指数从整数推广到了有理数，而他的弟子泰勒则将其进一步推广到泰勒定理[2]，这个定理是引进多项式的微分学的一个重要起点[3]。在中学阶段，二项式定理安排在计数原理、排列组合知识之后，随机变量及其分布知识之前，意在能让学生看到二项式定理的"联系性"——既能运用计数原理和组合知识推导出二项式定理，也能运用二项式定理解决相关概率问题。因此，对于二项式定理常见的两种推导方式：一是观察运算结果，分析归纳项、项数和系数的变化规律，猜想出定理；二是观察运算过程，分析算法，即展开式每一项是如何组合的，发现推理方法，由此推导出定理。虽然第一种是一种较为自然的发现方式，但是教科书仍然采用了第二种方式，即通过分析 $n=2$ 时的运算过程，明确算法，发现了从组合角度获得展开式的每一项的方法，并将此推理方法一般化，得到了二项式定理。这种方式的难点在于跨领域知识的运用，即用计数原理的知识去解决多项式展开的问题，学生是很难想到的。但是一旦建立起知识之间的联系，转换角度之后，学生又会感到这种方法的巧妙与简单。所以，这种方式对于建立不同领域知识之间的联系，灵活运用数学知识是有好处的，而且也能潜移默化地让学生看到数学的"整体性"，并且从计数原理到二项式定理的整个推导过程能够很好地培养学生的推理能力，从而提升学生的逻辑推理素养。

为了突破难点，一个基本的考虑是从学生已有的认知基础出发，循序渐进地建立二项式定理：(1) 在"探究"中提出如何利用两个计数原理得出 $(a+b)^2$，$(a+b)^3$，$(a+b)^4$ 的展开式的问题；(2) 详细写出用多项式乘法法则得到 $(a+b)^2$ 展开式的过程，并从两个计数原理的角度对展开过程进行分析，概括出项数以及项的形式；(3) 用组合知识分析展开式中具有同一形式的项的个数，从而得出用组合数表示的 $(a+b)^2$ 的展开式；(4) 让学生模仿上述过程推导 $(a+b)^3$，$(a+b)^4$ 的展开式；(5) 得出关于 $(a+b)^n$ 的展开式的猜想，并予以说明。

在历史上，二项式方面的工作和计数问题并无关联，是帕斯卡指出了组合公式也能给出二项式系数，雅各布第一·伯努利在研究概率问题时，推广了组合理论，并用组合公式

证明了 n 为正整数时的二项式定理。[4] 所以，当没有一定实际问题情境时，让学生只是从多项式乘法法则分析角度，想到这种多项式展开和计数问题的联系是很不容易的。因此，给出了探究的一组问题后，关键在第（2）步，这里需要从两个方面进行细致分析：一是多项式相乘如何转化为计数问题；二是运用分步乘法计数原理确定项数，用组合知识确定展开式每一项的形式和系数。关于第一个方面，重点在于思考"展开式的每一项是如何得到的"。

$$(a+b)^2 = (a+b)(a+b) \quad ①$$
$$= a(a+b)+b(a+b) \quad ②$$
$$= aa+ab+ba+bb \quad ③$$
$$= a^2+2ab+b^2。$$

从①到③可以看到，相乘时，根据多项式的乘法法则，每一个括号中的 a 或 b 都要相乘（如①②式），所以展开式的每一项就有两个因子（如③式），就相当于两个位置，一个位置从第一个括号的 a 或 b 中选择，另一个位置从第二个括号的 a 或 b 中选择。这样，根据多项式乘法法则的分析，我们就将多项式展开式的问题转化为一个计数问题。

关于第二个方面，当转换为计数问题，即"$(a+b)^2$ 的每一项就是 2 个 $(a+b)$ 中每个里任取一个字母的乘积"之后，利用分步乘法计数原理，就可以得到项的形式是 $a^{2-k}b^k (k=0, 1, 2)$，利用组合知识，就可以得到项的系数为 $C_2^k (k=0, 1, 2)$。

除应用计数原理推导二项式定理外，教科书还选取了一些典型的、多角度的应用问题，设计例题和习题，让学生通过一定量的训练，应用两个计数原理进行分析、推理和论证，从而灵活应用。像计数原理概念之后安排难度逐步增大的 8 个例题，排列组合习题中安排辨析排列与组合，内含重复或遗漏等情况的问题，让学生在分析问题和解决问题中认识到两个计数原理的基础性地位，而这些问题的选材又同时关注了典型性、时代性和贴切性，如经典又灵活多变的"几位数"问题，富有时代气息的共享单车问题，以及贴近学生生活的食堂选菜问题等。

无论是从原理出发推导公式，还是回归到原理解决问题，都是培养学生推理能力的好时机，而充分经历这些过程，就能逐步提升学生的逻辑推理素养。因此，教科书始终把两个计数原理的理解放在突出位置，并给学生提供辨别容易混淆的概念、用不同思路分析和解决问题的机会。教学中，　是要把握好这种定位，避免在技巧和难度上做文章；二是要让学生意识到原理的重要性，往往很多时候，无法直接套用公式时，需要回归到原理本身来分析问题和解决问题。

四、精心设计思维活动，展开过程，体现数学思想方法

计数原理这部分知识涉及分类、化归、多元联系表示等众多数学思想方法。适当渗透并及时归纳数学思想方法也是教科书编写中考虑的一个重要问题。

首先，教科书通过联系和比较，引入、渗透这些数学思想方法。例如在两个计数原理中，联系实际情境的分类和分步需求，渗透了分类以达到"以简驭繁"目的的基本思想：运用分类加法计数原理解决问题就是将一个复杂问题分解为若干"类别"，然后各个击破，分类解决；运用分步乘法计数原理则是将一个复杂问题的解决过程分解为若干"步骤"，先对每一个步骤进行细致分析，再整合为一个完整的过程。再如在排列、组合中，通过比较的方法，引导学生讨论排列与组合的关系；运用多元联系表示思想，采用树形图、表格、等值语言叙述、构造模型等多种方法，探讨排列、组合的概念及其计数公式等。为此教科书编写中最为关注的一点就是"过程"，即充分展现知识发生发展的过程和数学思维过程，只有在这些过程中，学生才能充分运用各种数学思维，充分体会数学思想方法的作用。所以，根据知识特点，精心设计思维活动，是教科书需要特别用心做的一件事。例如组合数公式的推导过程，有这样一个关键的思维活动，它包括两个方面：

（1）从特殊到一般，将方法一般化。首先，明确求"3 个不同元素中取出 2 个元素的组合数"的方法：①3 取 2 的排列数，②以"元素相同"分组。然后，"运用同样的方法"，求"4 个不同元素中取出 3 个元素的组合数"，并转换角度，获得等式 $A_4^3 = C_4^3 \times A_3^3$。最后，"同样地"将获得上述等式的方法推广到一般情形，得到组合数公式。

（2）从不同角度看问题，灵活转换。如何得出等式 $A_4^3 = C_4^3 \times A_3^3$，既是组合数公式推导的关键，也是教学难点。虽然以"元素相同"分组，可以求得 C_4^3，C_5^4 等组合数，但是很难得到一般的公式，这就需要"一条路走不通时，寻找另一条路"，事实上，在数学上，这是很普遍的，而且也由此产生了许多新思想、新方法。教学中，重点是引导学生转换角度来重新分析已有结果，即"还可以怎样理解"求解的过程，获得新的推理方法。

事实上，"从不同角度看问题"不仅可以解决求组合数的教学难点，它也可以解决本章很多学习难点。这是因为计数问题一般都涉及实际背景，有一个数学化的过程，这个过程中容易出现理解上的错漏；而且分类或分步过程中都有可能产生重复或遗漏的情况。但是从不同角度思考，对一个问题给出不同的解决方法，既可以加深对问题本质的理解，又可以检验解答是否正确，而且对于培养学生思维的灵活性，提高他们分析和解决问题的能力等都是十分有利的。

其次，教科书通过"归纳"栏目和章小结，明确总结每一节以及本章所学习的数学思想方法。例如在学完两个计数原理之后，教科书安排了"归纳"，细致说明了分类和分步，并提出问题，让学生通过类比加法和乘法两种运算的关系，思考两个计数原理之间的关系。再如在章小结中，教科书不仅明确指出何为重要而基本的思想方法及其具体体现，说明数学学习中常用的思维方法，而且要求学生结合具体的问题，自己思考和归纳重要的思想方法和思维方法（请见表 3）。

表3 思想方法的归纳

教科书表述	学生反思与归结
当我们面对一个复杂问题时,通过分类或分步,将它分解成为一些简单的问题。先解决简单问题,然后再将它们整合起来得到整个问题的解答,达到以简驭繁的效果,这是一种重要而基本的思想方法。两个计数原理就是这种思想的体现。分类加法计数原理对应着"分类"活动,而且每一类方法都能完成相应的事;分步乘法计数原理对应着"分步"活动,而且只有完成每一个步骤才能完成相应的事。如果从集合的角度来考虑,那么分类加法计数原理表明了这样一个事实:将集合 U 分成一些两两不交的子集 $S_1, S_2, \cdots, S_k$,而且 S_i $(i=1, 2, \cdots, k)$ 的元素个数分别为 n_i,那么集合 U 的元素个数 $n=n_1+n_2+\cdots+n_k$。	2. 加强数学知识间的联系,是深入理解知识的重要方法。例如,把本章的知识与集合的有关内容联系起来,可以简洁地表述有关原理。你能举例说明吗?
在本章中,无论是概念的得出还是数学公式的推导,都是从特殊到一般,从具体到抽象,通过归纳而得出的规律,这是代数中研究问题的基本方法,也是数学学习中经常使用的思维方法。	5. 请你回顾本章学习过程,结合具体知识,如计数原理、排列数公式、组合数公式或二项式定理,谈谈这项知识的获得是如何从特殊到一般,或从具体到抽象的?

五、选择具有时代性和历史感的事例,增强应用意识和文化素养

应当说,计数问题非常多,而且可以人为地大量编制。实际上这也是造成这部分内容学习困难的原因之一。为了体现"能够结合具体实例,理解相关知识,并能够运用它们解决简单的实际问题"的要求,教科书将"学以致用"的思想贯穿本章始终,而且特别注意选材的典型性、时代性、现实性和历史感,不把那些人为编制的计数难题、需要特殊技巧的计数问题纳入教科书中。

在引入概念和原理时,教科书一般选择典型性事例创设问题情境,这些事例背景简单、贴近学生生活,有利于学生聚焦于解决问题时需要的方法的探索上,从而自然地过渡到新知识的学习。例如两个基本原理的引入事例是"给教室座位编码",排列组合的引入事例是"从3名同学中选择2名参加活动"和"4个数字选择3个组成三位数"。

在理解和巩固概念和原理时,教科书选择了背景不同、多种多样的事例作为例题和习题,这些事例既有经典的计数问题,又有充满现代感的情境问题。例如计算机程序设计中程序模块命名、字符编码、程序测试路径问题,以及贴近学生生活实际的大学专业选择、汽车牌照号码问题(如表4)等。这些丰富的问题既可以让学生感受到计数问题的时代

性，增强应用意识，还可以让学生在应用过程中加深对原理的理解，提高学生分析问题和解决问题的能力。

表4 具有现代感的事例

事例	方式	背景
例5 给程序模块命名，需要用3个字符，其中首字符要求用字母A～G或U～Z，后两个要求用数字1～9，最多可以给多少个程序模块命名？	计数原理例题	计算机、汽车牌照等
16. 根据某个福利彩票方案，每注彩票号码都是从1～37这37个数中选取7个数。如果所选7个数与开出的7个数一样（不管排列顺序），彩票即中一等奖。 （1）多少注不同号码的彩票可有一个一等奖？ （2）如果要将一等奖的中奖机会提高到$\frac{1}{3\,000\,000}$以上且不超过$\frac{1}{2\,000\,000}$，可在37个数中取几个数？	排列组合习题	现实生活（彩票）、社交平台等

此外，考虑到二项式定理是一个非常有历史内涵的数学知识，教科书专门设计了相关的数学文化方面的习题。

下图反映了二项式定理产生、完备和推广所走的漫长历程。

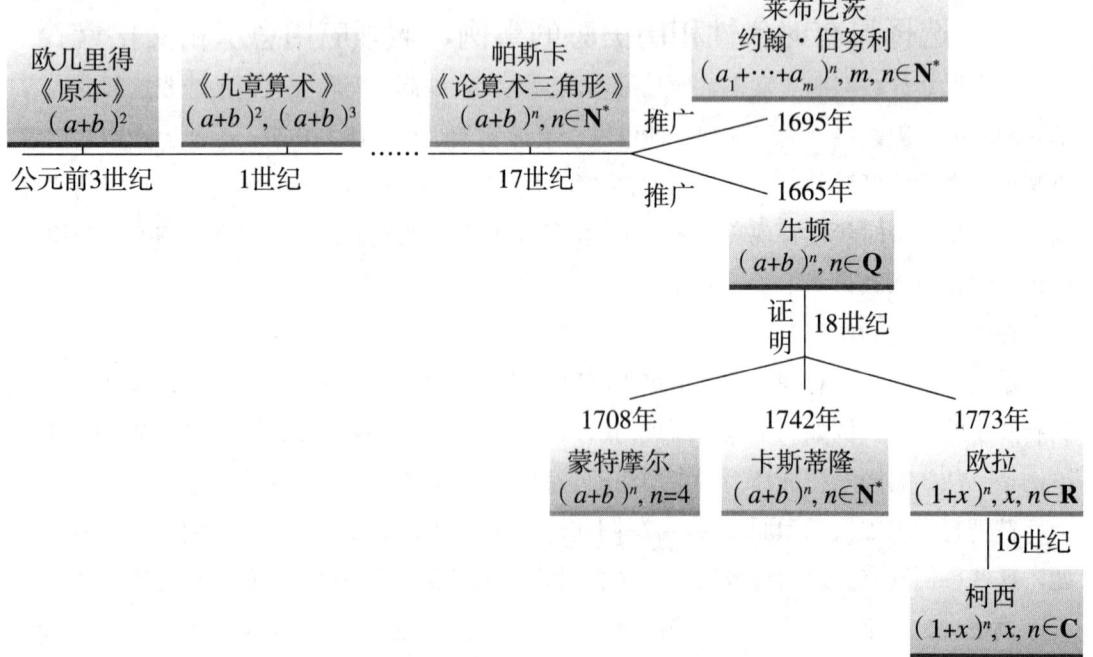

(1) 在上述发展过程中，无论是推广还是证明，都是从特殊到一般，如今，数学研究的一个发展趋势就是尽可能地一般化。请你试一试，从 $(a+b)^n$ 推广到 $(a_1+\cdots+a_m)^n$ $(m, n \in \mathbf{N}^*)$。

(2) 请你查阅相关资料，细化上述发展历程中的某段过程，例如从3次到 n 次，从二项到 m 项等，说说数学家是如何发现问题和解决问题的。

这个题目的目的是让学生通过自己细化和完善二项式定理的发展脉络图，感受到：(1) 数学的整体性，比如二项式定理的"数""形"特征，以及其对不同数学分支（算术、几何、概率、组合数学）的联结作用。正如英国著名数学家摩根曾说：一个数学家需要知道不同数学分支中的发明过程，他需要明白：牛顿是在沃利斯已经给出的更高等的定理提示下才发明二项式定理的。(2) 数学的文化性：某一个命题或一个公式的发展完善，可能会需要几百年甚至几千年的漫长旅程，从中可以看到不同时期数学家的思维特点和局限性，以及数学发展和社会文明的互动性。在教学中，甚至还可以提出一些问题让学生思考，例如，在二项式定理的发展中，不同民族的数学家对它都作出了贡献，但是为什么有的停滞不前，有的却不断前进？我们希望通过教科书有关数学文化的栏目或习题的系列化设计，逐步提升学生的数学文化素养。

参考文献

[1] 汪晓勤，韩祥临. 学数学中的数学史 [M]. 北京：科学出版社，2002：32-45.

[2] F. 柯朗，F. 约翰. 微积分和数学分析引论 [M]. 北京：科学出版社，2001：497.

[3] 项武义. 基础代数学 [M]. 北京：人民教育出版社，2004：69.

[4] 莫里斯·克莱因. 古今数学思想：第一册 [M]. 张理京，等，译. 上海：上海科学技术出版社，2002：318-319.

（执笔人：王嵘，人民教育出版社课程教材研究所）

第七章
随机变量及其分布

　　高中课程中的概率内容，按知识发生发展的逻辑顺序分为两章，以使学生整体把握概率研究的一般路径，理解概率的思想方法。在必修中安排了如下内容：抽象概率的研究对象——随机现象，分析随机试验的可能结果并用数学符号表示，建立样本空间的概念；利用集合工具或语言刻画随机事件，理解事件的关系与运算的意义；建立古典概率模型，理解概率的意义；通过类比和由特殊到一般的方法，研究概率的基本性质；从直观经验出发归纳两个事件相互独立的定义，利用性质和独立性计算概率。

　　在本章，首先结合古典概型，采用归纳的方式建立条件概率的概念，导出乘法公式和全概率公式，从而为计算复杂事件的概率提供有力工具。在此基础上，引入随机变量的概念，在更高的观点下，利用数学工具，采用统一的方式系统、全面地研究离散型随机变量取值的概率分布以及数字特征。类似于函数的学习，在学习了函数的概念、表示、性质等一般知识后，通过学习幂函数、指数函数、对数函数、三角函数等基本函数类，不仅加深了对一般函数概念的理解，而且为我们奠定了建立适当的函数模型解决不同类型实际问题的数学基础。本章我们通过研究二项分布、超几何分布等重要离散型随机变量的分布，不仅进一步理解了离散型随机变量在描述随机现象中的作用，而且对随机思想在解决实际问题中的作用也有了更深入的理解。本章最后根据频率稳定到概率的事实，借助于误差数据频率分布直方图，建立正态分布模型。

　　本章中重要概念的得出、概率公式的推导、概率模型的建立都是从特殊到一般、从具体到抽象通过归纳而得出，这是数学研究中经常使用的方法，也是数学教学应该遵循的原则。通过本章的教学，要使学生体会利用研究对象的性质探寻解决问题的方法，将复杂问题化归为简单问题的数学思想；掌握用随机变量及其分布列，将不同背景的概率问题转化为统一的数学问题，从而利用各种数学工具，系统、全面地研究随机现象的规律的一般方法；通过构建二项分布、超几何分布、正态分布概率模型解决实际问题，提高用概率的方法解决问题的能力，从而提升学生的数学抽象和数学建模素养。

一、本章内容要求及内容解析

本章是必修课程概率内容的延续。通过本章的学习，可以帮助学生了解条件概率及其与独立性的关系，能进行简单计算；感悟离散型随机变量及其分布列的含义，知道可以通过随机变量更好地刻画随机现象；理解伯努利试验，掌握二项分布，了解超几何分布；感悟服从正态分布的随机变量，知道连续型随机变量；基于随机变量及其分布解决简单的实际问题。[1]

按照《标准（2017年版）》的要求，高中数学选择性必修课程中，概率主题内容和内容解析如下。

1. 随机事件的条件概率

内容要求：结合古典概型，了解条件概率，能计算简单随机事件的条件概率；了解条件概率与独立性的关系；会用乘法公式计算概率；会用全概率公式计算概率，了解贝叶斯公式。[1]

随机事件的条件概率是概率论的重要概念之一。由条件概率得到两个不独立事件的概率乘法公式、全概率公式，它们是求很多复杂事件概率的有力工具。

在必修课程中，我们学习了概率的基本概念，结合古典概型，研究了简单随机事件及其概率的计算方法，运用集合语言研究了随机事件的表示和概率的一些性质。随着研究的深入，我们需要研究一些较复杂的随机事件的概率，即在某些限制条件下的随机事件的概率。结合古典概型，研究随机事件的条件概率，建立概率的乘法公式和全概率公式，并用它们计算较复杂事件的概率是概率学习的深化和提高。条件概率顾名思义是指在一个事件 A 已经发生的条件下另一个事件 B 发生的概率。已知事件 A 发生，试验的样本点属于 A，因此 A 成为新的样本空间，所以条件概率 $P(B|A)$ 本质上是在缩小的样本空间 A 上事件 AB 的概率。从概念体系上看，无条件概率 $P(B)$ 可以看成特殊的条件概率 $P(B|\Omega)$，显然条件概率也同样具有概率的三条基本性质。在古典概型中，条件概率很容易通过缩小样本空间得到，但条件概率的概念及其相关公式对于一般随机事件的概率都适用，具有普遍意义。如果两个事件的发生是有先后次序的，则先发生的事件可以是后发生事件的条件，这为我们处理较复杂概率问题提供了方法。

有些随机事件 B 的概率直接计算比较困难，如果附加一个条件后变得容易计算。因此可以用一组两两互斥且与事件 B 有联系的事件 A_1，A_2，$\cdots$，A_n，将事件 B 表示为 $B = A_1B \cup A_2B \cup \cdots \cup A_nB$，再利用概率的加法公式和乘法公式求得事件 B 的概率。将这种思想一般化，构建一个公式，就得到全概率公式。利用全概率公式求事件的概率，充分体现了化难为易的转化思想。贝叶斯公式又称为逆概率公式，用来描述两个条件概率之间的关系，被广泛应用于各个领域，是许多统计推断的基础。

2. 离散型随机变量及其分布列

通过具体实例，了解离散型随机变量的概念，理解离散型随机变量分布列及其数字特征（均值、方差）。[1]

研究随机现象的规律性，第一步是建立试验的样本空间，用样本空间的子集表示随机事件。进而根据样本空间的特征建立概率模型，计算事件的概率。接着建立一系列概率运算法则（公式），求复杂事件的概率。在此基础上，引入随机变量，使我们可以量化地描述各种随机现象；利用数学工具和方法，系统全面地研究随机现象的规律；建立概率模型，解决实际问题；研究随机变量的数字特征，为决策提供依据。

在有些随机试验中，样本点与某个数量指标有关，可以直接建立样本点与实数之间的对应关系；对某些与数值没有直接联系的随机试验，也可以根据需要建立由样本空间到实数集的一个对应关系，这样就可以利用随机变量来统一刻画随机现象的规律了。现实世界中有各种各样的随机现象，它们的复杂性差异很大。从随机试验的样本空间看，有的只包含有限个样本点，有的包含可列无限个样本点，有的包含不可列无限个样本点。定义于不同样本空间上的随机变量最常见的有离散型和连续型两类。《标准（2017年版）》要求，在高中只研究取有限个值的离散型随机变量以及服从正态分布的连续型随机变量。对于取有限个值的离散型随机变量及其分布列，教科书通过创设具体的随机试验情境，引导学生归纳试验中的数值指标（变量）的共同特征，领悟随机变量是样本空间到实数集的映射，用分布列描述随机变量取值的概率规律，理解利用随机变量可以更好地刻画随机现象。对于离散型随机变量，除随机变量的可能取值以及取值的概率外，在实际决策中，还关心这个变量的均值、方差等特征。引入随机变量概念后，可以用随机变量的表达式表示相关的随机事件，类比函数的表示方法表示离散型随机变量的分布列，计算随机变量的数字特征，进行决策。重要的是引入随机变量是更高层次上的抽象，可以按照随机变量的类型，用不同的数学工具表示随机变量的概率分布，从而建立各种概率分布模型。

随机变量和普通变量有着本质的区别，随机变量的定义与函数的定义类似。通过具体实例，有助于更好地理解用随机变量刻画随机现象，感悟随机变量与随机事件的关系，体会随机思想在解决实际问题中的作用，提升学生的数学抽象、逻辑推理、数学运算素养。

3. 二项分布与超几何分布

通过具体实例，了解伯努利试验，掌握二项分布及其数字特征，并能解决简单的实际问题；了解超几何分布及其均值，并能解决简单的实际问题。[1]

二项分布是最常见的一种分布，19世纪以前的概率统计可以说是二项分布的天下。生活中，保险业是最早应用概率论的领域，在有关保险的问题中涉及大量的二项概率计算问题。另外，在很长的一个时期内，统计方法在社会问题中的应用主要限于人口统计，特别是出生的男、女婴儿的性别比例问题，这也是一个典型的二项分布问题。教科书通过具体的问题情境，归纳概括出 n 重伯努利试验的特征，由特殊到一般推导其分布列，探究二项分布的均值和方差；通过比较有放回和不放回随机抽样中次品数的分布，抽象出超几何分布的特征，推导出超几何分布的均值，讨论二项分布与超几何分布的联系与区别，并进行简单应用。在这个过程中，用到了事件的表示、概率的运算法则、组合计数等知识，以及由特殊到一般的推理方法。教学时要让学生独立思考、相互交流，充分经历这个探究过程，提升学生数学抽象、逻辑推理和数学运算的素养。

4. 正态分布

通过误差模型，了解服从正态分布的随机变量。通过具体实例，借助于频率直方图的直观，了解正态分布的特征。了解正态分布的均值、方差及其含义。[1]

正态分布是概率论中最重要的连续型概率模型，由于《标准（2017年版）》不要求对一般的连续型随机变量及其分布进行讨论，因此教科书从一组误差数据出发，了解连续型随机变量，借助误差频率直方图刻画误差分布，建立正态分布模型。教科书的主要内容为正态密度曲线、密度函数、正态分布的特征、随机变量落入某个区域内的概率表示、正态分布的均值和方差、3σ 原则及简单应用。通过这些内容的学习，体会依据频率与概率的关系，由经验模型进而建立理论模型的思想，以及刻画连续型随机变量概率分布的方法。

本章的重点为条件概率，乘法公式和全概率公式，事件的独立性与条件概率的关系；离散型随机变量的概念及其分布列、数字特征、二项分布，超几何分布，正态分布。

本章难点为条件概率意义的理解，全概率公式的应用；在实际问题中抽象模型的特征，识别二项分布和超几何分布；描述正态分布随机变量的概率分布。

下图展示了本章的内容结构。

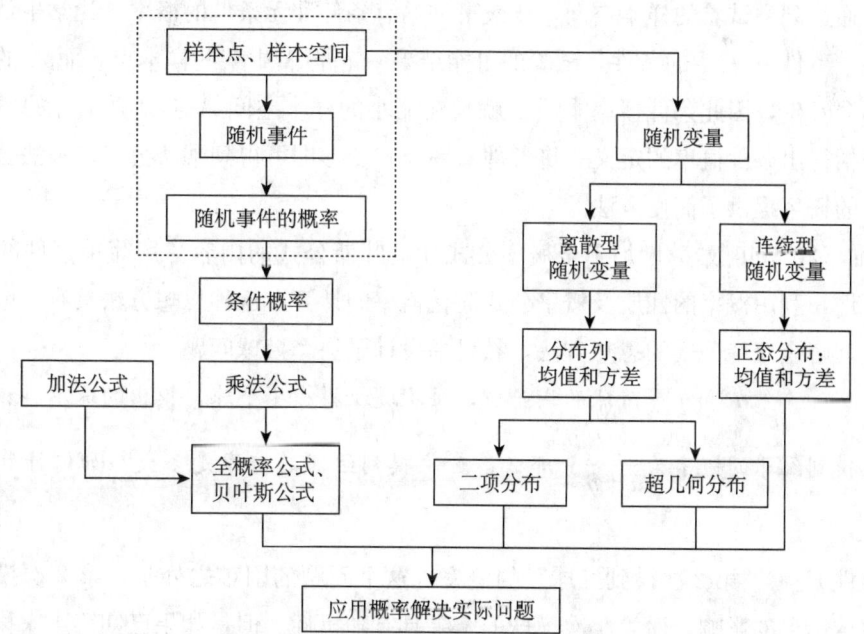

二、核心素养导向的教科书设计

本章内容属于《标准（2017 年版）》选择性必修课程的"主题三　概率与统计"，是必修概率知识的延续。在必修概率中，学生在掌握相关知识的过程中，对于如何构建随机现象的研究路径、抽象概率的研究对象、建立概率的基本概念、发现概率的性质、探索和形成研究具体随机现象的思路和方法、应用概率知识解决实际问题等，积累了比较丰富的经验。本章教科书以学生掌握的必修概率知识技能、思想方法以及积累的活动经验为基础，以发展学生数学学科核心素养为宗旨，设计合理的逻辑结构，突出重点内容，便于学生把握知识结构，有利于学生达成学业标准提出的要求。教科书重视核心概念（条件概率、随机变量、随机变量的均值等）的归纳和抽象，提升学生数学抽象的核心素养；强化二项分布、超几何分布、正态分布模型本质特征的抽象及建模过程，渗透模型思想，促进学生数学建模和数据分析素养的发展。

1. 从简化概率的计算出发，引入公式计算概率，渗透概率思想

概率论的重要研究课题之一，是希望从已知的简单事件的概率推算出未知的复杂事件的概率。必修中已经建立了求和事件概率的加法公式，以及两个相互独立事件的积事件概率的乘法公式。一个自然的问题是，当随机事件 A 和 B 不相互独立时，如何计算 $P(AB)$ 呢？此时条件概率将扮演重要角色。条件概率在理论和实际中都有重要的应用，同时也是比较抽象、学生难理解的概念之一。

教科书采取"问题情境—思考探究—抽象概括"的方式，结合古典概型的实例介绍条件概率。通过列举试验的样本空间，比较事件的有条件和无条件的概率，让学生认识到如果附加某个事件 A 发生的条件，试验的可能结果一定是 A 中某些样本点，而 A 的对立事件一定不会发生，因此条件概率本质上就是在缩小的样本空间 A 上计算事件的概率，据此抽象概括得出条件概率的定义。将条件概率公式变形即可得到乘法公式，乘法公式为计算积事件的概率提供了简便方法。

《标准（2017 年版）》增加了全概率公式和贝叶斯公式的内容。用简单事件的运算表示复杂事件，利用概率的性质及概率公式简化概率的计算，这种思想方法具有一般性。为了更好地理解全概率公式的思想方法，教科书设计了一个摸球问题：

从含有 a 个红球和 b 个蓝球的袋子中，每次随机摸出 1 个球，摸出的球不再放回。显然第 1 次摸到红球的概率为 $\dfrac{a}{a+b}$。那么第 2 次摸到红球的概率是多大？如何计算这个概率呢？

记事件 $R_2=$ "第 2 次摸到红球"的概率，这个问题的困难之处是，第 2 次摸球受到第 1 次摸球结果的影响，而第 1 次摸球的结果具有随机性。但是如果已知第 1 次摸到红球或蓝球的条件下，容易求得 R_2 的概率（条件概率）。于是利用第 1 次摸球的结果，将 R_2 分解为两个互斥事件的和事件，即 $R_2=R_1R_2 \cup B_1R_2$，其中 $B_1=$ "第 1 次摸到蓝球"，然

后利用概率的加法公式和乘法公式顺利求得 $P(R_2)$。将这种方法一般化就得到全概率公式。全概率公式的思想为，先用 n 个两两互斥事件 A_1，A_2，$\cdots$，A_n（$A_1 \cup A_2 \cup \cdots \cup A_n = \Omega$）分割事件 B，再利用加法公式和乘法公式求得事件 B 的概率。这个过程体现了化难为易的转化思想。

上面的摸球问题，虽然可以直接利用古典概型求解，但是利用全概率公式计算概率，简洁且条理清晰；对于有些问题，利用全概率公式求解则是唯一的选择，看下面的案例：

案例 1 有两个盒子，Ⅰ号盒子装有 6 个红球，4 个白球，Ⅱ号盒子装有 5 个红球，3 个白球。抛掷一枚质地均匀的骰子，如果点数不超过 2，则从Ⅰ号盒子中任取 1 球，否则从Ⅱ号盒子中任取 1 球，求取出红球的概率。

解：设事件 A＝"骰子的点数不超过 2"，B＝"取到红球"，则 $B = AB \cup \overline{A}B$。

根据题意，得

$$P(A) = \frac{1}{3},\ P(\overline{A}) = \frac{2}{3},\ P(B|A) = \frac{6}{10},\ P(B|\overline{A}) = \frac{5}{8}。$$

由全概率公式，得

$$P(B) = P(A)P(B|A) + P(\overline{A})P(B|\overline{A})$$
$$= \frac{1}{3} \times \frac{6}{10} + \frac{2}{3} \times \frac{5}{8} = \frac{37}{60}。$$

因此，取到红球的概率为 $\frac{37}{60}$。

贝叶斯公式在概率统计中有着多方面的应用，虽然其本质上是求条件概率，但隐含着深刻的数学思想。假定 A_1，A_2，$\cdots$，A_n 是导致试验结果的"原因"，$P(A_i)$ 称为先验概率，它反映了各种"原因"发生的可能性大小，它们在试验之前是已知的。现在试验结果是事件 B 发生了，这个信息将有助于探究事件发生的"原因"。条件概率 $P(A_i|B)$ 称为后验概率，它反映了试验之后对各种"原因"发生的可能性大小的新的认识。历史上，以贝叶斯公式为基础，发展出了系统的统计推理与决策方法。

按《标准（2017 年版）》的要求，贝叶斯公式作为选学内容。教科书通过两个典型的例题，渗透了贝叶斯公式的思想。在选学栏目"阅读与思考 贝叶斯公式与人工智能"中，结合实例介绍了贝叶斯公式是学习型人工智能的基础。

2. 理解用随机变量刻画随机现象规律的思想方法，提升数学抽象素养

概率是从量化的角度研究随机现象的统计规律性，根据随机试验建立样本空间，运用概率计算公式，可以求出所关心随机事件的概率，进而描述和解决随机现象有关的理论和应用问题。但是，这种方法只是孤立地考虑个别事件的概率，研究方法缺乏一般性。解决这个问题的关键是引入随机变量及其分布的概念。随机变量的引入是概率论发展史上的重大事件，也是概率研究对象的进一步抽象。随机变量是对随机试验可能结果的量化表示，本质上是样本空间到实数集上的映射。有了随机变量的概念就可以根据随机变量的类型，选择适当的数学工具描述其概率分布和构造其数字特征，进行概率决策。现实世界中的随机现象多种多样，有的简单，有的复杂，与之相应的随机变量也有各种不同的类型。概率论主要研究两类最常见的随机变量，即离散型随机变量与连续型随机变量。在高中课程中，我们只研究取有限个值的离散型随机变量与服从正态分布的连续型随机变量。

为了更好地理解随机变量概念的内涵及用随机变量描述随机现象的思想方法，教科书结合具体实例，按下面的路径展开离散型随机变量的研究：

随机现象（问题情境）—样本空间—归纳抽象离散型随机变量概念—分布列及其表示—分布列的性质。

在现实中，有很大一部分随机试验的结果本身就是用数表示的，而与数值无关的试验结果则可以根据实际需要，通过建立对应法则用数值进行表示。教科书通过分析具体随机试验，说明任何一个随机试验，总可以把它的每个样本点与一个实数对应。接着设计探究问题，使学生经历抽象出样本空间，建立样本点与实数之间的对应关系，进行共性分析和归纳，概括得出随机变量是样本空间到实数集的映射，然后进一步将取值可以一一列举的随机变量定义为离散型随机变量，并用随机变量简化表示相关的随机事件。

对随机事件，我们不仅关心试验会出现什么结果，也要知道这些结果将以多大的概率出现。对于离散型随机变量也一样，不仅要知道它的所有可能取值，而且还要知道它取这些值的概率，分布列就是描述离散型随机变量取值概率的工具。教科书采用从特殊到一般的方式，得出分布列的概念，并类比函数的表示方法，用表格、公式或图形表示分布列，类比概率的基本性质探究分布列的性质，由分布列计算复杂事件的概率等。在这个过程中使学生初步体会用离散型随机变量描述随机现象的好处及一般方法，提升数学抽象的素养。下面的案例说明了利用随机变量研究概率问题具有一般性。

案例 2 10 张奖券中有 4 张有奖，采用不放回的方式随机抽取 3 张，求中奖的概率。

这是一个古典概型问题，用组合（或排列）表示试验的样本点，样本空间包含 $C_{10}^3=120$ 个等可能的样本点。而事件 $A=$ "中奖"是一个复杂事件，计算事件 A 的概率比较麻烦，且不具有一般性。我们可以定义一个随机变量，令 X 表示抽取的 3 张奖券中有奖的张数，则 X 是一个可能取值为 0，1，2，3 的离散型随机变量，事件"中奖"表示为 $\{X \geqslant 1\}$，X 的分布列为

$$P\{X=k\}=\frac{C_4^k C_6^{3-k}}{C_{10}^3}, \; k=0, 1, 2, 3。$$

根据概率的可加性，中奖的概率为

$$P\{X \geqslant 1\}=1-P(X=0)=1-\frac{C_6^3}{C_{10}^3}=\frac{5}{6}。$$

3. 构造离散型随机变量的数字特征，进行概率决策

随机变量的概率分布完整地描述了随机变量的规律性，但在实际问题中，我们往往还

需要知道一些从某个方面刻画随机变量特征的数量。例如，一批产品的次品率为 p，随机抽取 n 件，其中的次品数 X 是一个离散型随机变量。在某些假定之下，可以得到 X 的分布列，但有时我们更关心次品数的平均值是多少。对某一物理量进行测量，测量误差是一个连续型随机变量，我们既需要知道测量的平均误差，也关心误差分布的离散程度。如果平均误差接近 0，而且离散程度较小，说明测量结果比较精确。这些例子表明，一些与随机变量有关的数值，虽然不能完整地描述随机变量的规律性，但能集中反映随机变量在某些方面的重要特征。在高中我们主要研究离散型随机变量的均值（期望）、方差这两个数字特征。

对随机变量的均值和方差，重点要关注这些数字特征的意义是什么，概念是怎么抽象的，在决策中如何应用等。如果仅仅会计算简单随机变量的均值和方差，就失去了它应有的教育价值。因此，教科书突出概念的抽象过程，揭示均值和方差的意义，并使学生通过具体问题情境和典型例题，了解随机变量的均值与观测值的平均数的关系，以及随机变量的期望在决策中的应用。

采用什么方式引入离散型随机变量均值的概念呢？17 世纪中叶，法国数学家帕斯卡和费马通信讨论"赌本分配"问题时，首次提出了"赌本值"的概念，即获胜的概率与得到赌金的乘积。后来荷兰数学家惠更斯将"值"改称为"期望"。对于取有限个值的随机变量，将其均值直接定义为可能取值与对应概率乘积之和的方式，符合概念产生的历史，但不利于学生理解均值的含义。

下面我们具体来看教科书是如何呈现的：

(1) 问题情境：甲、乙两名射箭运动员射中目标箭靶的环数的分布列如表 1 所示，如何比较他们射箭水平的高低呢？

表 1

环数 X	7	8	9	10
甲射中的概率	0.1	0.2	0.3	0.4
乙射中的概率	0.15	0.25	0.4	0.2

(2) 计算观测值的平均值：类似两组数据的比较，首先比较击中的平均环数，如果平均环数相等，再看稳定性。计算某 n 次射箭的平均环数（样本均值）。假设甲射箭 n 次，射中 7 环、8 环、9 环和 10 环的频率分别为 $\frac{n_1}{n}, \frac{n_2}{n}, \frac{n_3}{n}, \frac{n_4}{n}$。甲 n 次射箭射中的平均环数

$$\bar{x}=7\times\frac{n_1}{n}+8\times\frac{n_2}{n}+9\times\frac{n_3}{n}+10\times\frac{n_4}{n}。$$

(3) 根据频率稳定到概率的事实，当 n 足够大时，$\bar{x}$ 稳定于

$$7\times 0.1+8\times 0.2+9\times 0.3+10\times 0.4=9.$$

即甲射中平均环数的稳定值为 9，这个平均值的大小可以反映甲运动员的射箭水平。

同理，乙射中环数的平均值为

$$7\times 0.15+8\times 0.25+9\times 0.4+10\times 0.2=8.65.$$

从平均值的角度比较，甲的射箭水平比乙高。

（4）定义：一般地，将离散型随机变量的均值定义为：可能取值与取相应值的概率乘积之和，它是样本均值的稳定值。

统计中的随机抽样，本质上是对某个随机变量进行的 n 次观测。将抽样所得的 n 个观测值整理成频率分布表，计算可得观测值的平均数（样本均值）。根据频率稳定到概率的事实，将随机变量的均值定义为样本均值的稳定值，形式上就是随机变量的可能取值与其概率乘积之和，这也是教科书采用的随机变量均值的展开过程。这种展开方式有如下优点：第一，揭示了随机变量的均值与样本均值的关系；第二，在未知随机变量的分布列的情况下，可以用样本均值估计随机变量的均值。利用随机变量的均值进行决策，适用于在大量重复试验的场合。例如，保险公司面对大量的保险客户，估计平均理赔金额，设计合理的费率是有意义的。仅就一次试验来说，用期望值决策的结果未必是最好的。

下面看一个利用均值（期望值）进行决策的问题。

案例 3　某公司计划购买一台机器，该种机器使用 5 年后即被淘汰，机器有一易损零件，在购进机器时，可以额外购买这种零件作为备件，每个 200 元。在机器使用期间，如果备件不足再购买，则每个 500 元。假设这台机器在使用期内更换的易损零件数为随机变量 X，根据历史记录的数据，估计 X 的分布列如表 2 所示。

表 2

X	8	9	10	11	12
P	0.1	0.2	0.3	0.3	0.1

现需要决策在购买机器时应同时购买几个易损零件？

首先明确决策的准则是购买易损零件总费用最少。设购买易损零件的费用为 Y，则 Y 是的 X 函数，仍是一个离散型随机变量，所以应选择使 $E(Y)$ 达到最小的购买零件数 n，若在购买机器时同时购买 n 个易损零件，显然 n 可取 8，9，10，11，12，对应 n 的每个取值，可求出 Y 的分布列，进而求出 $E(Y)$，结果如表 3 所示。

表 3

n	8	9	10	11	12
$E(Y)$	2 650	2 400	2 250	2 250	2 400

由表 3 可知，在购买机器时同时购买 10 个或 11 个易损零件，可使平均费用最少。

对于离散型随机变量方差的概念，我们采用通过典型问题情境，在思考问题的引导下，类比定义一组数据方差的方式，来定义离散型随机变量的方差。先回顾定义一组数据方差的过程。

设一组数据 x_1，x_2，$\cdots$，x_n 的均值为 $\bar{x}$，我们的目的是构造一个数值，来定量描述这组数据相对于其均值的离散程度。

(1) 计算每个数据与均值的偏差：$(x_i - \bar{x})$，$i = 1$，2，$\cdots$，n。

(2) 为避免正、负偏差相互抵消，可取绝对值 $|x_i - \bar{x}|$，$i = 1$，2，$\cdots$，n。因为绝对值不方便运算，所以取偏差的平方 $(x_i - \bar{x})^2$，$i = 1$，2，$\cdots$，n。

(3) 计算总偏差平方和 $\sum_{i=1}^{n}(x_i - \bar{x})^2$。

(4) 为了消除数据个数 n 的影响，对总偏差平方和取平均，称 $s^2 = \frac{1}{n}\sum_{i=1}^{n}(x_i - \bar{x})^2$ 为这组数据的方差。

(5) 因为方差的量纲与原始数据不一致，所以取方差的算术平方根 $s = \sqrt{\frac{1}{n}\sum_{i=1}^{n}(x_i - \bar{x})^2}$ 为这组数据的标准差，则标准差的量纲与原始数据相同。

(6) 有时为了比较两组均值差异较大的数据的离散程度，还可以将标准差除以均值，构造差异系数 $\frac{s}{\bar{x}}$ 来衡量一组数据的离散程度。

按照目的，从直观出发，逐步修正，直到构造出一个合理的数值指标，这种方法在概率统计中非常重要。例如，在后续统计学习中，构造成对数据的相关系数，用于刻画两组数据线性关系的密切程度，在独立性检验中，构造检验的统计量都用到类似的思想。

类比一组数据方差的定义，定义离散型随机变量的方差为其可能取值相对于均值的偏差平方的均值，即 $D(X) = \sum_{i=1}^{n}[x_i - E(X)]^2 p_i$，本质上方差是随机变量 X 的函数 $[X - E(X)]^2$ 的均值（期望），即 $D(X) = E[X - E(X)]^2$。

随机变量的均值反映随机变量取值的平均状况，它是将随机变量不同取值的差异抹平的结果。而方差刻画随机变量分布的离散程度，则要突出变量不同取值的差异。为了防止正、负偏差相互抵消，将每个可能取值与其均值的偏差平方后再取加权平均。这样带来的问题是，方差的量纲与原始变量的量纲不一致。为了克服这个问题，取方差的算术平方根，于是产生了标准差的概念。虽然方差和标准差都可以度量随机变量取值与其均值的偏离程度，但当了解了正态分布 3 倍标准差原则后，可以发现标准差的含义更明确一些。

4. 抽象随机试验的特征，构建概率模型，落实数学建模的素养

现实世界中有各种各样的随机现象，可以通过不同的概率模型对它们进行刻画。在众

多概率模型中，离散型的二项分布、连续型的正态分布等应用广泛的概率模型是人们重点研究的。

雅各布第一·伯努利在其生命的最后两年里写成的《猜测术》是一部概率论发展史上里程碑式的著作，他在论及重复操作的博弈中有关概率的计算时，着重解决了具有一般规律性的概率计算问题。例如，将一枚骰子抛掷 5 次，他首次指出在每次重复中所涉及的事件概率不变，且各次试验相互独立，他还明确给出了独立事件的概率乘法定理，严格证明了二项分布的概率公式。现在，人们将符合这种条件的试验模型称为伯努利概型。

二项分布和超几何分布作为两个特殊的离散型随机变量的分布，在多数概率论与数理统计教材中都是作为例子出现的。本套教科书的安排是，学习了离散型随机变量及其分布列、数字特征的一般性知识后，分别研究二项分布和超几何分布，一是体现其重要性，二是突出模型特征的抽象及分布列的推导过程，落实数学抽象和数学建模素养。

(1) n 重伯努利试验与二项分布模型构建

当用频率估计概率，或通过随机抽样用样本中的次品率估计总体的次品率时，都需要做大量重复试验，同时也需要了解估计的精确度及可信度，这就需要了解频率的特性。因此，我们最关心的是 n 次重复试验中事件 A 发生的次数 X 的分布列。一般地，将一个伯努利试验独立重复进行 n 次的试验，称为 n 重伯努利试验。n 次重复试验中事件发生的次数 X 所服从的分布称为二项分布。

教科书重点放在抽象 n 重伯努利试验特征，突出建立模型的过程，探究服从二项分布的随机变量的均值和方差，通过有放回和不放回抽样问题，认识二项分布与超几何分布的区别与联系，并通过解决简单的实际问题帮助学生加深理解。研究路径如下：

问题情境—归纳随机试验的特征—定义随机变量 X—推导 X 的分布列—简单应用。

首先，教科书通过列举重复掷硬币、重复射击、有放回随机抽样等不同背景的试验，根据试验的特征来判断这些试验是否为 n 重伯努利试验。例如，这些试验中的伯努利试验是什么？表示"成功"的事件 A 是什么？$P(A)$ 是否已知？重复试验的次数是多少？各次试验的结果是否相互独立？然后，考虑特殊的试验，借助树状图列举样本空间，利用概率的加法公式和乘法公式（默认多个独立事件的乘法公式），类比二项式定理的推导，并用组合符号表示，求得随机变量 X 的分布列。再由特殊到一般得出一般的二项分布的分布列。这是已学概率知识的综合应用过程，对提升学生逻辑推理素养具有重要意义。最后，通过 7.4 节例 2（高尔顿钉板试验）及例 3（象棋赛制）的学习，强化抽象试验特征的过程。例如，"高尔顿钉板试验"与"抛掷 10 枚硬币试验"具有完全相同的特征。

(2) 二项分布与超几何分布的区别与联系

了解二项分布与超几何分布的区别与联系，对于正确识别（选择）概率模型，解决实际问题至关重要，这也是教学的一个难点。那么这两个分布模型有哪些共同点？有哪些不同点？又有什么样的联系呢？教科书设计有放回和不放回两种随机抽样，分别求样本中次

品数 X 的分布列的问题。让学生在解决实际问题的过程中，了解二项分布和超几何分布的区别与联系。

采用有放回随机抽样，显然 X 服从二项分布，采用不放回抽样，由于各次抽样结果之间不相互独立，不符合 n 重伯努利试验的特征，可以利用古典概型计算 X 的分布列。在随机抽样问题中，假设全体个体按某个属性分成 2 类，分别标记为 $T=$ "成功"和 $F=$ "失败"。无论采用有放回还是不放回抽样，每次抽取一个个体都是一个伯努利试验，区别是有放回抽样时各次试验结果相互独立，而不放回抽样各次试验结果不独立。因此，在有放回随机抽样中，样本中"T"出现的次数服从二项分布；而在不放回随机抽样中，样本中"T"出现的次数服从超几何分布。

在计算 n 次试验中"T"出现次数的分布列时，对于有放回抽样，只要知道总体中"T"所占的比例 p；而不放回抽样，则必须知道总体中个体总数 N 及标记"T"的个体数 M。当 N 很大，而样本容量 n 远小于 N 时，采用不放回抽样，每次抽样的结果之间影响很小，可以近似认为是独立的，此时超几何分布可用二项分布近似。教科书在 7.4 节的例 6 中，利用统计软件计算二项分布和超几何分布的分布列，借助于图形的直观，可以发现：超几何分布比二项分布的概率分布更集中些。因此，用样本中黄球的比例估计总体中黄球的比例，不放回抽样的估计效果要好些。

（3）由误差模型构建正态分布模型

现实中有大量的随机变量，它们的取值不能一一列举，实际上它们取每个单点值的概率都为 0，不能使用分布列来描述其概率分布规律。将这类随机变量称为连续型随机变量（不是严格定义）。在高中阶段只研究服从正态分布的变量。

正态分布是概率论中最重要的一种分布。一方面，正态分布是自然界最常见的一种分布，例如，测量误差、射击时弹的落点、人的生理特征的指标（身高、体重等）、自动流水线生产的各种产品的质量指标（如零件的尺寸、袋装食盐的质量）等，都近似服从正态分布。一般来说，若影响某一数量指标的因素很多，而每个单一因素影响非常微小时，则这个指标服从正态分布。另一方面，正态分布有许多优良的性质，许多分布可用正态分布来近似，在统计中一些重要的分布可以通过正态分布来导出。因此在理论研究中，正态分布十分重要。在高中阶段，由于受知识的限制，正态分布的许多结论无法严格证明或直接计算。例如，密度曲线与 x 轴围成的面积为 1，概率 $P(a \leqslant X \leqslant b)$ 的计算，3σ 原则，连续型随机变量的均值和方差（没有定义）等。

二项分布、超几何分布都是离散型概率模型，建立模型的过程为：抽象概括试验的本质特征，利用概率的运算法则，或直接利用古典概率公式，求出随机变量的分布列。与建立二项分布、超几何分布概率模型的方法不同，教科书建立正态分布模型采用的是由经验分布模型过渡到理论模型的方法。对误差随机变量 X 进行观测，获得误差样本数据，借助于直方图的直观，描述样本数据的分布规律，根据频率与概率的关系，加以直观想象，得到一条钟形曲线。这条曲线位于 x 轴上方，具有对称性且与 x 轴围成的面积为 1，从而可用区间 $[a, b]$ 上对应的曲边梯形面积表示概率 $P(a \leqslant X \leqslant b)$。当给出曲线对应的解析表达式（密度函数）时，就完成正态分布模型的构建过程。接着考察密度曲线的特征，参数对密度曲线的影响及意义，通过正态分布的 3σ 原则，加深对正态分布的认识，通过例题，初步了解利用概率进行决策的思想方法。

三、教学建议

在概率的教学中，应引导学生通过具体实例，理解可以用随机变量更好地刻画随机现象，感悟随机变量与随机事件的关系；理解随机事件独立性与条件概率之间的关系；通过二项分布、超几何分布、正态分布的学习，理解随机变量及其分布。在教学过程中，应引导学生在利用所学知识解决一些实际问题的基础上，适当进行严格、准确的描述。

1. 结合典型问题开展概念的教学，培养学生数学抽象素养

条件概率、随机变量、随机变量的均值和方差，都是本章的重要概念。本章教学中，要通过丰富的、有趣的、学生熟悉的问题情境，由具体到抽象，深入分析这些概念的内涵、概念的各种属性及其关系。

（1）对于条件概率的概念，应选择从 2×2 分类的总体中抽样的问题（如 7.1 节的问题 1、问题 2），使学生认识到：附加事件 A 发生的条件下，试验的样本空间缩小了，即事件 A 发生的条件下，事件 B 的条件概率本质上是在缩小的样本空间上求积事件 AB 的概率。再考虑一般的古典概型，进一步认识条件概率的意义。最后从特殊到一般，归纳条件概率的定义。从这个抽象过程中，可归纳出求条件概率的两种方法。对随机事件的独立性与条件概率之间的关系的理解，可采用先直观描述再数学推理的方法。

（2）引入随机变量的概念，即将随机试验的样本点数量化，建立样本空间到实数集的对应关系，这是随机现象数学化的进一步抽象，为利用丰富的数学工具全面、系统地研究随机现象的规律性提供了研究的新方法。对离散型随机变量概念的教学，应结合典型的随机试验，引导学生建立样本空间，根据需要建立样本点到实数的对应关系，在共性分析的基础上归纳概括出随机变量的定义。同时，要让学生通过用随机变量的关系式表示随机事件，用分布列描述变量取值的概率规律，充分理解基于随机变量及其分布解决实际问题的一般方法。

（3）随机变量的均值与方差都是度量性概念，度量性概念一般因比较而产生。教学中可选择有关比较的问题情境，例如比较两名运动员的射箭水平，从 n 次射箭命中环数的均值出发，根据频率稳定到概率的事实，引入随机变量均值的概念。

2. 充分展开抽象试验的特征、推导分布列的过程

抽象随机试验的特征及推导分布列的过程，是体现数学思想方法、提升学生数学素养的最好时机。在二项分布、超几何分布、正态分布的教学中，要精心设计教学活动，要让

学生经历归纳概括随机试验的特征和推导分布列的过程，这对正确选择概率模型，解决实际问题非常重要，也是落实数学抽象素养的需要。

为了充分展开 n 重伯努利概型特征的抽象，教学中应提供不同实际背景的随机试验，例如：

（1）掷一枚质地均匀的硬币 10 次，恰好有 4 次正面朝上的概率是多少？

（2）某妇产医院一天共出生了 8 个婴儿，其中恰有 4 个男婴的概率是多少？

（3）1 000 名中学生购买了"意外伤害保险"，假设每名学生一年内发生意外伤害事故的概率为 0.001，那么一年内恰好 2 人发生意外伤害事故的概率是多少？

（4）甲、乙两人进行乒乓球比赛，每局比赛甲获胜的概率为 0.6，采用 5 局 3 胜制，甲最终获胜的概率是多少？

（5）袋子中有 4 个红球、6 个白球，从中不放回地抽取 4 个球，那么其中有 2 个红球的概率是多少？

然后引导学生进行思考：每个问题中的伯努利试验是什么？定义"成功"的事件为 A，那么 A 的概率是多大？重复试验的次数是多少？各次试验的结果是否独立，如何判断？关注的随机变量是什么？将思考问题的结果进行列表，如表 4 所示。

表4

编号	伯努利试验	事件 A	$P(A)$	重复试验的次数 n	各次试验是否独立	关注的随机变量 X
1	掷硬币	正面朝上	0.5	10	是	正面朝上的次数
2	观察婴儿性别	男婴	0.5	8	是	出生的男婴数
3	观察是否发生意外伤害	发生意外伤害	0.001	1 000	是	发生意外伤害的人数
4	乒乓球比赛	甲获胜	0.6	5	是	甲获胜的局数
5	摸球试验	摸到红球	0.4	4	否	摸到红球的个数

要特别关注关键词"伯努利试验""重复""独立"的含义。其中只包含两个可能结果的试验称为伯努利试验，这两个结果用 $A=$ "成功"，$\overline{A}=$ "失败"表示，事件 A 的概率已知为 p；"重复"是指每次试验的条件完全相同，且事件 A 的概率保持不变；"独立"指的是各次试验之间的独立性，在高中可以直观描述为各次试验的结果互相不受影响。

类比二项式定理的探究过程，采用由特殊到一般的方法，推导二项分布的分布列。设计"探究"栏目，先考虑特殊情形，以 3 次射击为例，求中靶次数 X 的分布列。借助树状图，表示事件 $\{X=k\}$，利用概率的加法公式及独立事件的乘法公式求 $P\{X=k\}$。接着思考射击次数为 4 时，如何表示事件 $\{X=k\}$？如何求 $P\{X=k\}$？最后由特殊到一般地得到 X 的分布列。

下面是直接从一般情形推导的过程，供教师参考。

如果每次试验"成功"用 1 表示，"失败"用 0 表示，则 n 重伯努利试验的样本空间
$$\Omega=\{(x_1, x_2, \cdots, x_n)|x_i=0, 1; i=1, 2, \cdots, n\}。$$
Ω 包含 2^n 个基本事件，每个基本事件用 0 和 1 组成的长度为 n 的数串表示，而事件
$$\{X=k\}=\{(x_1, x_2, \cdots, x_n)|x_i=0, 1; x_1+x_2+\cdots+x_n=k\}。$$
事件 $\{X=k\}$ 是由 C_n^k 个基本事件构成的子集，由独立性条件，每个基本事件的概率都为 $p^k(1-p)^{n-k}$，因此，根据概率的加法公式，得
$$P\{X=k\}=C_n^k p^k (1-p)^{n-k}, k=0, 1, \cdots, n。$$

对于超几何分布的教学，要借助于有放回抽样和不放回抽样的对比，重点是判断各次试验结果是否独立。可以让学生思考，建立二项分布和超几何分布模型的过程与建立古典概率模型的过程有什么不同之处？实际上，古典概率模型是根据试验的特征，用定义的方式规定了事件的概率计算公式，二项分布是根据试验的特征，利用概率的加法公式与乘法公式推导出分布列，而超几何分布是根据试验的特征，借助排列组合的知识推导分布列。

3. 深刻理解频率与概率的关系，建立正态分布模型

对于正态分布的教学，从描述误差数据的分布引入，首先应引导学生认识误差随机变量的取值不能一一列举，而且它取任意单点值的概率都是 0。不能用分布列描述其概率分布，需要寻找新的工具来刻画变量的概率分布。在思考问题的引导下，从频率分布直方图出发，根据频率稳定到概率的事实，加以直观想象，认识到可以用分布密度曲线描述随机变量的概率分布，根据密度曲线的特征，建立正态分布。让学生领悟由经验模型建立理论模型的思想方法。

由于在高中阶段，不研究一般的连续型随机变量，这对学生的理解造成了一定的困难。教学中可以对下面的问题用随机变量的观点进行分析，提供解决问题的思路，为理解正态分布作铺垫。

问题 在某城市一个有红绿灯的路口，红灯持续 40 s，绿灯持续 60 s，交替循环。小明骑车来到这个路口，求他遇到绿灯的概率。

由直观容易得出"遇到绿灯"的概率为 0.6。但如何用概率模型来描述这个问题呢？

由于来到路口的时刻具有随机性，这个时刻位于红绿灯一个循环周期内。如图 1，设点 A 的坐标为 0，则点 C 的坐标为 100，小明来到路口的时刻为 t。假设 t 落在任意一个小区间内的概率，只与这个小区间的长度成正比。当且仅当 t 落在线段 BC 内时，事件"遇到绿灯"发生，所以"遇到绿灯"的概率可用线段 BC 的长度与线段 AC 的长度之比 0.6 来刻画。

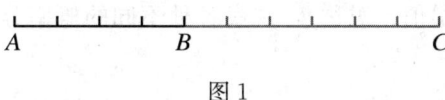

图 1

用随机变量的观点描述如下：样本空间 $\Omega=\{t|0\leqslant t\leqslant 100\}$，定义随机变量 T 为小明来到路口时的时刻，则 T 是一个连续型随机变量，它的取值充满区间 $[0,60]$。T 服从均匀分布，可以用函数（称为密度函数）

$$p(x)=\begin{cases} \dfrac{1}{100}, & 0\leqslant x\leqslant 100, \\ 0, & \text{其他} \end{cases}$$

描述随机变量 T 的分布，即 T 落在区间 $[a,b]$ 内的概率用小矩形的面积表示（图 2）。事件 $A=\{$遇到绿灯$\}=\{40\leqslant T\leqslant 100\}$，所以

$$P(A)=P(40\leqslant T\leqslant 60)=0.6。$$

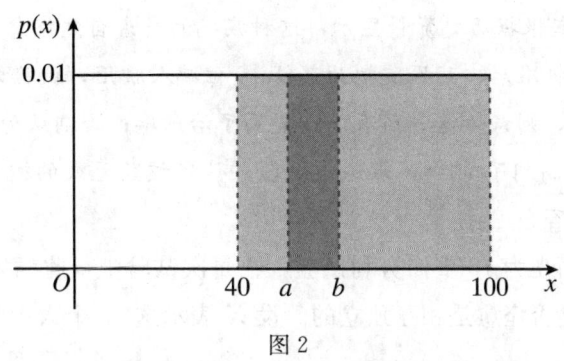

图 2

对于连续型随机变量，一般关注的是随机变量取值落入某个区间内的概率，这个概率用区间上方与密度曲线下方这个区域的面积表示，即 $P(a\leqslant X\leqslant b)=\int_a^b p(x)\mathrm{d}x$。

4. 在适当的数学思想方法指导下研究相关性质，培养直观想象和推理能力

本章概率内容基于随机变量描述随机现象，侧重概念、模型。在对相关对象的性质的教学中，要运用类比、特殊到一般、直观想象加计算验证等方法，培养学生的推理能力。例如：

（1）对于条件概率的性质，根据条件概率是缩小样本空间上的概率的意义，可得其具有和概率相同的性质——非负性、规范性、可加性等，再由条件概率的定义进行验证。

（2）对于分布列的性质，由于分布列中的项是随机变量取某个值的概率，因此由概率的非负性得到 $p_i\geqslant 0$，由概率的规范性得到 $\sum\limits_{i=1}^{n}p_i=1$，由概率的可加性得到 $P(a\leqslant X\leqslant b)=\sum\limits_{a\leqslant x_i\leqslant b}P(X=x_i)$。

（3）对于随机变量均值和方差的性质，可以根据数字特征的意义以及随机变量的实际意义猜想结果，再计算验证。对于选学栏目"阅读与思考 二项分布的性质"的探究，可

以类比函数性质（单调、最值、对称），观察各种不同的概率分布图，提出二项分布有哪些性质，并尝试进行证明。

5. 加强随机思想应用的教学

概率研究随机现象的规律性，为人们从不确定性的角度认识客观世界提供重要的思维模式和解决问题的方法。所以概率教学应以理论联系实际为导向，利用概率知识解释直观事实，解释某些规则的合理性，进行风险决策或统计推断。

问题1 人们在长期的实践中认识到，概率很小的事件在一次试验中可以认为是不会发生的（即小概率原理），但是在现实生活中，总有一些小概率事件发生，该如何解释呢？

概率很小的事件只是在一次试验中认为不会发生，但在大量重复试验中它至少发生一次的概率却可能很大。例如，飞机失事的概率很小，假设为千万分之一，那么观察两千万次飞行，至少有一次失事的概率 $p=1-\left(\dfrac{10^7-1}{10^7}\right)^{2\times 10^7}\approx 0.864\,665$。

问题2 某种疾病根据历史资料显示，这种疾病的患者自然痊愈率为20%。为试验一种新药，在有关部门批准后，某医院把此药给10位病人服用，试验方案：若这10个病人中至少有5人治好了，则认为这种药有效，提高了治愈率；否则认为这种药无效。如果新药有效，把治愈率提高到了70%，求通过试验却认定该药无效的概率 p；并根据 p 值的大小解释试验方案是否合理。

将10人服用新药视为10重伯努利试验，在每次试验中，此病人痊愈的概率为0.7，且这10个人每个人是否痊愈是相互独立的。设 X 表示这10个人中痊愈的人数，则 $X\sim B(10,0.7)$。

设事件 $B=$"经过试验该药被认定无效"，事件 B 发生等价于 $\{X\leqslant 4\}$。

$$p=P\{X\leqslant 4\}=\sum_{k=0}^{4}C_{10}^{k}\times 0.7^k\times 0.3^{10-k}\approx 0.047\,3。$$

由题意，实际上新药是有效的；当痊愈的人数不超过4人时，认定新药无效，此时作出了错误的判断；因为这个概率很小，所以试验方案是合理的。

问题3 某种疾病根据历史资料显示，这种疾病的患者自然痊愈率为20%。一种新药，给100位病人服用，结果至少有40人痊愈了，请判断这种新药是否有效。

假设新药无效，由于该疾病的自愈率只有20%，100人中至少有40人痊愈的概率为

$$p=P\{X\geqslant 40\}=\sum_{k=40}^{100}C_{100}^{k}\times 0.2^k\times 0.8^{100-k}\approx 3.61\times 10^{-6}。$$

依据小概率原理，这么小概率的事件在一次试验中通常被认为是不会发生的，认定假设"新药无效"是一个错误的判断，所以认为新药有效。

问题4 要估计一批产品的优等品率 p，采用有放回的方式，随机抽取了20件，发现其中有优等品8件，如何估计 p？

方法1：用样本中的优等品率估计总体中的优等品率，估计值为40%。

方法 2：设抽取的 20 件产品中优等品数为 X，则 $X \sim B(20, p)$。
$$f(p) = P(X=8) = C_{20}^{8} p^{8} (1-p)^{12}。$$

现在事件 $\{X=8\}$ 发生了，我们认为这个概率最大，由于这个概率是 p 的函数，所以取使 $f(p)$ 达到最大的 p_0（$p_0 = 0.4$）作为 p 的估计值。

6. 加强与信息技术的融合，加深概率分布的理解

二项分布、超几何分布、正态分布中有关概率的计算、概率分布图或正态密度曲线的绘制都需要借助信息技术工具来完成，因此强调与信息技术的融合是由本章的内在需要决定的，为此，教科书也在边空中给出了使用它们的提示。例如，利用电子表格或 GeoGebra 软件计算二项分布和超几何分布的分布列，了解二项分布与超几何分布的区别与联系；通过随机模拟试验，了解样本均值（方差）与随机变量的均值（方差）的关系；利用正态分布随机数函数产生随机数，绘制频率分布直方图，了解正态分布的特征；利用 GeoGebra 软件计算正态分布相关概率等。

在高中数学课程中，"随机变量及其分布"一章在发展学生的数学抽象、数学建模、逻辑推理等核心素养方面具有不可替代的作用。以上是对本章内容的学习要求及简单解读，以及教科书在编写过程中的一些思考和具体的教学建议。在教学实施的过程中，要根据学生的特点，结合丰富、典型的案例，充分展开揭示概念本质的抽象归纳过程，分析随机试验的本质特征，构建概率模型，渗透研究概率问题的一般思想方法，提高学生应用随机思想解决实际问题的能力。

参考文献

[1] 中华人民共和国教育部. 普通高中数学课程标准（2017 年版）[S]. 北京：人民教育出版社. 2018.

（执笔人：程海奎，河北师范大学；张伟，人民教育出版社课程教材研究所）

第八章
成对数据的统计分析

本章属于选择性必修课程概率与统计主题，是在必修课程统计基础上的进一步学习。在必修课程中主要学习了收集和整理数据的方法、数据直观图表的表示方法、数据统计特征的刻画方法等，其中数据的表示方法（如直方图等）和统计特征的刻画方法（如集中趋势参数、离散程度参数、取值规律、分位数等）主要适用于单变量数据，即一维数据。本章将通过成对样本数据（二维数据）研究两个变量之间的关系，学习成对数据的数据处理方法，并根据样本估计总体的思想，通过成对样本数据的统计特征推断两个变量（二维总体）的统计特征。在本章的学习过程中，学生将进一步感悟根据实际情况进行科学决策的必要性和可能性；体会统计思维与确定性思维的差异、归纳推断与演绎证明的差异；积累数据分析的经验，培养数据分析、数学建模、逻辑推理等数学学科核心素养。

一、根据数据类型构建结构体系，根据数据分析过程组织内容

内容的结构体系与组织方式是教科书编写首先要考虑的问题，既需要符合学科的逻辑，又需要符合学生的认知规律。本章内容主要包括成对数据的统计相关性、一元线性回归模型、2×2 列联表三部分。成对数据的统计相关性、一元线性回归模型都是关于定量数据分析的内容，通过数据分析研究两个数值变量之间的关系，其中成对数据的统计相关性侧重考察变量之间相关的形态和相关的程度，而一元线性回归模型侧重考察变量之间具体的数量关系，这可以看作在相关分析基础上的进一步深入刻画；而 2×2 列联表是关于定性数据分析的内容，通过数据分析研究两个分类变量是否存在关联。从认知的角度看，相对定量数据分析的内容，定性数据分析中的独立性检验是学生理解的难点。综合内容逻辑和认知规律，教科书本章按先研究数值变量后研究分类变量的顺序，安排了三节内容："8.1　成对数据的统计相关性""8.2　一元线性回归模型及其应用""8.3　列联表与独立性检验"。

本章的知识结构如下图所示。

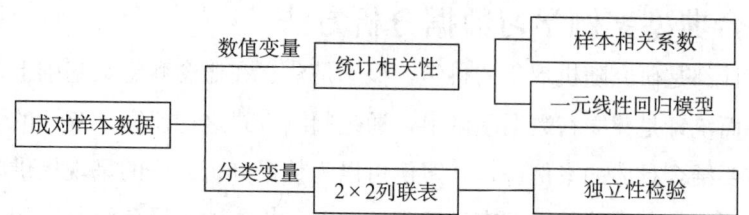

由于收集数据的方法在必修课程中已经学习，本章主要是学习成对数据的分析方法，因此本章主要在假定已有成对数据的基础上展开学习。在进行具体数据分析时，一般先用统计图表表示数据，从直观上观察数据的统计特征，然后根据提取的信息，构建合适的统计模型，作进一步定量的分析。也就是说，在统计的数据分析中，先直观判断后定量刻画是数据处理的一个基本原则。本章每一节内容主要是根据这个基本原则进行组织，而且这种先直观判断后定量刻画的安排顺序，符合认识事物由粗浅到精细逐渐深入的过程。

"8.1 成对数据的统计相关性"主要是通过成对样本数据研究两个数值变量之间的相关性，包括相关的形态和相关的程度。根据先直观判断后定量刻画的原则，本节内容分为"8.1.1 变量的相关关系"和"8.1.2 样本相关系数"两小节。第8.1.1节除了引进变量的相关关系，主要是学习用散点图表示成对数据，并根据散点图直观判断成对数据的统计相关性，包括正相关还是负相关、线性相关还是非线性相关；而第8.1.2节则是在根据散点图直观判断基础上，学习用样本相关系数刻画成对样本数据相关的正负性以及线性相关的程度，并根据样本相关系数推断变量之间的相关性。

"8.2 一元线性回归模型及其应用"主要是利用一元线性回归模型刻画两个数值变量的相关关系，并利用估计得到的经验回归方程进行预测。根据先建立模型再估计模型参数的顺序，本节内容分为"8.2.1 一元线性回归模型""8.2.2 一元线性回归模型参数的最小二乘估计"两小节。第8.2.1小节通过结合具体案例，在一次函数模型的基础上，通过引入随机误差项，建立一元线性回归模型刻画两个变量之间的线性相关关系。第8.2.2小节是在直观探索回归直线方程的基础上，用最小二乘法估计一元线性回归模型中的参数，并利用得到经验回归方程进行预测。

"8.3 列联表与独立性检验"主要是基于2×2列联表推断两个分类变量的独立性。按照先直观推断再定量刻画，本节内容分为"8.3.1 分类变量与列联表""8.3.2 独立性检验"两小节。第8.3.1小节主要是基于2×2列联表直观推断两个分类变量的独立性。教科书为了降低学习的难度，先研究普查数据的问题，再研究抽样数据的问题。对于抽样数据是通过频率进行直观推断。第8.3.2小节则是在用频率直观推断无法获知犯错误概率的基础上，基于2×2列联表构造χ^2统计量，利用χ^2统计量根据假设检验的思想推断两个分类变量的独立性。

二、结合典型案例学习数据分析方法

概率与统计都是研究随机现象的科学,概率是建立在概念和定义基础上,通过演绎方式进行研究,而统计是建立在数据基础上,通过归纳方式进行研究。统计的学科特点决定统计的学习需要结合具体的案例进行,案例可以为数据分析方法的呈现提供归纳所需的基础——数据,同时借助具体的案例有助于理解数据分析方法,避免没有案例支撑的抽象叙述带来的理解困难。因此,与必修课程中的统计编写思路一样,本章主要通过学生熟悉的典型案例提出恰当的统计问题,由问题驱动学习,在问题的解决过程中学习数据分析方法,了解统计解决问题的思路和特点。

例如,对于成对数据的统计相关性,以案例"人体的脂肪含量和年龄之间的关系"贯穿始终。在"8.1.1 变量的相关关系"中,主要是根据成对样本数据直观推断两个变量的相关性。教科书通过设置一个"探究"栏目,要求根据成对样本数据判断人体的脂肪含量与年龄两个变量之间的关系。为了观察成对样本数据的变化特征,教科书引进散点图对数据进行可视化表示。根据散点图直观推断人体的脂肪含量与年龄的相关性,并给出正相关、负相关、线性相关等概念。在"8.1.2 样本相关系数"中,主要是引入样本相关系数的定义及根据样本相关系数定量推断两个变量的相关性。为了得到样本相关系数的定义,教科书以人体的脂肪含量与年龄的成对样本数据为例,考察数据"中心化"后散点图的特征与正相关的联系,并在此基础上得到一般情况下散点图的特征与正负相关性的联系,进而初步构造出刻画成对样本数据正负相关性的统计量 L_{xy}。在得到样本相关系数的定义后,教科书通过设置例1,对于人体的脂肪含量与年龄的线性相关程度,在上一节直观推断的基础上,通过样本相关系数从定量的角度进行推断。

三、加强概念和方法的形成过程

统计学习不应只是记住一些概念、公式或方法的实施或操作步骤,更重要的是要了解概念的统计含义和方法的统计思想,以及积累数据分析的经验。只有准确理解统计的内容,正确运用所学知识去解决实际问题才成为可能;只有不断积累数据分析的经验,数据分析素养的培养才成为可能。达到这个目的最主要的途径,是要让学生经历概念、方法的产生和形成过程,在过程中体会概念、方法的必要性和合理性,积累数据分析的经验。教科书对于核心的概念和重要的方法,例如相关系数的定义、一元线性回归模型参数的最小二乘估计、独立性检验中 χ^2 公式的构造等,都比较详细地呈现从统计直观到数学表达的过程,让学生在过程中了解数据分析方法,积累数据分析经验。

下面以样本相关系数的定义为例,介绍教科书如何呈现从统计直观逐步得到最终定义形式的过程。教科书在 8.1.1 节中主要是根据成对数据的散点图直观判断两个变量的相关关系。由于散点图无法度量成对数据的相关程度,这就导致寻求定量指标的必要性。在

8.1.2节，首先通过类比单变量数据的数字特征，提出构造定量刻画成对样本数据相关性数字特征的可能性。接着，根据正相关或负相关成对数据的特点，利用数学方法构造刻画这种特点的统计量，经逐步优化后最后得到样本相关系数的定义公式。样本相关系数公式的构造过程主要分两个步骤：

第一步，根据散点图特征，初步构造统计量。通过对"人体的脂肪含量和年龄"散点图进行"中心化"处理，即成对样本数据关于均值进行平移，观察散点图的特征可以发现，正相关的散点大多数分布在第一、第三象限，即大多数散点的横、纵坐标同号。在此基础上，得到一般情况下正相关成对数据关于均值平移后也具有类似特征，而负相关数据则大多数散点的横、纵坐标异号。根据这个特点，构造出统计量

$$L_{xy}=\frac{1}{n}[(x_1-\overline{x})(y_1-\overline{y})+(x_2-\overline{x})(y_2-\overline{y})+\cdots+(x_n-\overline{x})(y_n-\overline{y})]。$$

其中用 $(x_i-\overline{x})(y_i-\overline{y})$ 反映两个分量的相互变化趋势，求平均则是从整体上反映成对数据的相互变化趋势，且不受样本量大小的影响。

第二步，通过数据标准化，优化统计量。因为 L_{xy} 大小受量纲的影响，对数据进一步"标准化"处理（除以各自标准差），仿照 L_{xy} 的构造，最终得到样本相关系数的定义

$$r=\frac{\sum\limits_{i=1}^{n}(x_i-\overline{x})(y_i-\overline{y})}{\sqrt{\sum\limits_{i=1}^{n}(x_i-\overline{x})^2}\sqrt{\sum\limits_{i=1}^{n}(y_i-\overline{y})^2}}。$$

经历样本相关系数定义的过程，不仅容易理解样本相关系数公式之所以是这种形式，也容易了解样本相关系数的统计含义，例如为什么样本相关系数大于0表示正相关，小于0表示负相关；为什么样本相关系数绝对值越大，表示线性相关程度越强，而绝对值越小，表示线相关程度越弱等。在样本相关系数定义的过程中，利用数学的性质刻画数据的统计特征的过程，先初步构造再逐步优化，体现了数据分析的一般性思路。而对数据进行的"求平均""中心化""标准化"等处理，则是数据分析中消除数据的个数、位置、尺度等对数字特征影响的常用数据处理方法。因此，经历这个定义的过程，了解每一步处理的原因，就是在积累数据分析的经验。

四、重视内容严谨和表达通俗的平衡

高中统计处理带有随机性的数据，因此属于推断统计。但是由于高中概率知识的不足，对于统计推断的结果并不能给予概率形式的表述，主要根据直观进行判断，从理论上讲是不完整的。因此，教科书在呈现这部分内容时，既要把握好内容的严谨性，又要考虑表达形式的通俗性，让学生了解统计的含义和思想。

例如，通过样本相关系数 r 可以推断两个变量的相关程度，一般来说 r 的绝对值越

大，两个变量的相关程度越强。但严格地说这里的推断是对总体相关系数 ρ 的推断，必须建立在对相关系数显著性进行检验（但高中不具备检验所需的抽样分布知识）的基础上。换句话说，即使 r 绝对值很大，单凭 r 值推断两个变量的线性相关程度是不可靠的。一个极端的例子是，如果只有两对样本数据，可以计算 r 的绝对值等于 1（如果存在的话），但显然据此推断两个变量是完全线性相关是荒谬的。其实这个推断的可靠性还受样本量的影响。因此，教科书对根据样本相关系数推断两个变量的线性相关程度，从两个方面来叙述：一是当 $|r|$ 越接近于 1 时，成对数据的线性相关程度越强，当 $|r|$ 越接近于 0 时，成对数据的线性相关程度越弱；二是明确样本相关系数具有随机性，一般样本容量越大，用样本相关系数推断两个变量的相关程度效果越好。

又如，独立性检验是高中唯一一个对统计推断的结果给予概率刻画的内容。对推断结果的概率刻画需要用到 χ^2 统计量的分布，它是一个近似的 χ^2 分布。严格表述 χ^2 分布要用很多数学知识，而且独立性检验中只是需要一个判断的临界值标准。考虑到常用的临界值不多，教科书在介绍独立性检验原理之后，就以表格的形式提供显著性水平和临界值的对应关系，可供实际应用中查询，既解决了独立性检验临界值的问题，又没有过度增加概率知识。

五、加强与已有知识的联系

概率与统计之所以成为高中数学的一个独立主题，最主要的原因是它与其他主题的研究对象存在根本的不同。概率与统计是以随机现象为研究对象，而函数、几何与代数则以确定现象为研究对象。相比随机现象，学生更熟悉确定现象的研究。因此，加强与已有确定现象知识的联系，可以借助"旧知"理解"新知"，还有利于以后用统一的观点看问题。

例如，相关关系是两个变量之间的一种不确定性关系，而函数关系是两个变量之间的一种确定关系。教科书在引入相关关系的概念时，特意与学生熟悉的函数概念进行比较，把它们作为两种对立关系，目的是通过对比突出各自特点。函数关系的特点是自变量取值一旦确定，因变量的值也就随之唯一确定。相关关系既然不同于函数关系，那么一个变量确定，另一个变量就不具有唯一确定的特点。再结合人的身高与体重之间关系这个案例，学生就容易抓住相关关系的特点：两个变量有关系，但又没有确切到可由一个变量确定另一个变量的程度。等了解了相关关系的概念后，可以用统一的观点看两种关系，把函数关系看作一种特殊的相关关系。这就像学习随机事件时，开始时把随机事件和确定事件作为对立的概念，但了解了随机事件概念后，可以用统一的观点看两种事件，可以把确定性事件看作特殊的随机事件。

又如，一元线性回归模型是用来刻画两个变量之间的线性相关关系，而一次函数模型是用来刻画两个变量之间的线性关系。教科书在引入一元线性回归模型时，先结合儿子身高与父亲身高之间关系的案例，明确用函数模型不能刻画线性相关关系。然后根据散点大致分布在一条直线附近,以及对影响儿子身高因素的分析,用一次函数刻画父亲身高对儿子身高的影响,用随机误差刻画其他的影响因素,这样在一次函数模型的基础上通过引入随机误差,构建出一元线性回归模型。这个过程既体现了两种模型的区别,又建立了它们之间的联系。从统一的观点看,可以把一次函数关系看作特殊的一元线性回归模型。

六、重视信息技术与统计内容的融合

数据分析是统计的核心。在数据分析时,经常需要对大量数据进行整理、画图、计算等处理。历史上,由于数据处理的困难,导致很多统计方法的实施和推广受到阻碍。信息技术不仅可以实现快速、准确地列表、画图、计算等数据处理,而且能使大量人工难以完成的数据处理变成可能。自从统计中引进了信息技术,大大促进了统计的发展。在大数据时代,利用信息技术处理数据就变得尤为必要。因此,学会使用信息技术处理数据,是统计学习的重要组成部分。在高中统计的学习中,应该培养学生使用信息技术的意识和初步能力。当数据的处理不再是一个困难时,学生主动使用所学统计方法去解决实际问题才成为可能。

本章成对数据的处理计算量比较大的内容,在成对数据的统计相关性中,主要是画散点图和计算样本相关系数;在一元线性回归模型及其应用中,主要是画散点图、求回归方程、画回归直线、计算残差和决定系数R^2;在2×2列联表与独立性检验中,主要是计算χ^2统计量的观测值。其中一元线性回归模型有关的计算量尤其大,因此对这部分内容《标准(2017年版)》明确要求"会使用相关的统计软件"。为降低使用信息技术的困难,教科书对于可以使用信息技术的地方,会通过边注的形式给予提示,并给出R软件和电子表格两种软件对应函数或操作方法。

在数据的处理中,数据分析的思路是重要的,而计算基本是程序性的,不是这里学习的重点。为把学生从机械、烦琐的数据处理中解放出来,把更多精力集中于了解数据分析的思路,理解统计的概念和方法,教科书在使用概念和方法解决问题时,重点呈现数据分析的思路和过程,而对于具体数据的处理,在计算量比较大时经常会直接采用统计软件的结果。例如,在"8.1.2 样本相关系数"应用样本相关系数解决实际问题时,例1是通过样本相关系数推断人体的脂肪含量与年龄的线性相关程度,为了让学生对样本相关系数的计算有一个感性的认识,教科书在解答过程中详细呈现了样本相关系数的具体计算过程,但例2根据样本相关系数推断居民年收入和A商品的相关程度,教科书就不再给出计算过程,而是直接采用统计软件的计算结果,把问题解决的重点放在样本相关系数的统计含义解释上。又如,应用一元线性回归模型解决实际问题时,由于计算量非常大,也是迫使学生使用统计软件进行计算,教科书不给出参数、残差的具体计算过程,而是直接采用统计软件的结果,重点放在对模型参数统计含义的解释、预测值的解释以及模型的评价上。

(执笔人:张唯一,人民教育出版社课程教材研究所)